小笠原弘幸［編］

トルコ共和国 国民の創成とその変容

アタテュルクとエルドアンのはざまで

九州大学出版会

はしがき

一九二三年に建国されたトルコ共和国は、あと四年で建国一〇〇年を迎える。多民族・多宗教国家であったオスマン帝国が崩壊したのちに、トルコ民族主義を国是として成立したトルコ共和国は、近代化と西洋化に「成功」し、中東の地域大国にして中東安定化の大きな鍵を握る国であるとして、その存在感はますます大きくなっているようだ。

そのトルコでは、国父ムスタファ・ケマル（アタテュルク、一八八〇／八一～一九三八年）の時代に原型が作られた国のかたちが、現大統領であるレジェプ・タイイプ・エルドアン（一九五四年～）の挑戦によって、いま大きく変わろうとしている。二〇一七年の憲法改正による議院内閣制から大統領制への移行決定、二〇一八年の大統領選での勝利によって、エルドアン大統領はアタテュルクを超える権力を手に入れることになった。世俗主義を国是としてきた建国以来のトルコ共和国にとって、親イスラム的な傾向を隠さない現在のエルドアン政権の政策は、日本のメディアによってもセンセーショナルに報道されている。

こうしたトルコの現在を理解するために、学界やメディアにおいてさまざまな試みが行われている。しかし、現状分析的な解説や説明は多く見受けられるものの、長期的な視座からその拠って立つところを検討した研究は、いまなお少ないように思われる。そうした状況のなかで本書は、トルコという国とその国民が、アタテュルクの主導によってどのように形成されたのか、そしてそれが現在に至るまでのあいだにいかに問い直されてきたのかを、実証的に明らかにすることを目的として編まれた。この作業を通じて、現代のトルコが経験している変容をより深く理解するための視座が提示されるはずである。

本書は、狭い意味での研究論文集ではない。各章は基本的に、オリジナリティのある実証研究を核としつつも、当該の研究テーマを俯瞰的に提示するよう配慮されている。また、執筆者による専門性の高い既発表論文を、わかりやすく書き直して読者に提供するという意図も込められている。ゆえに、必ずしもトルコを専門としない、隣接する地域や分野を専門とする研究者や、学部生・大学院生にも手に取っていただければ幸いである。

＊＊＊

本書のもととなった企画は、二〇一五年度から三年間にわたって行われた九州大学教育研究プログラム・研究拠点形成プロジェクト「近現代イスラーム世界の国家形成をめぐる宗教・暴力・民族共存の総合的研究」である。このプロジェクトのもと開催された研究会やシンポジウムを通じて、トルコ共和国の国民形成のありかたに軸を置いた議論の重要性が共有されていった。それに伴い、JSPS科学研究費基盤研究（C）「戦間期トルコ共和国における国民意識の内面化」（二〇一六〜一八年度、16K03090。本書は本科研費の成果である）の研究グループも合流し、両プロジェクトの研究代表者である小笠原が中心となって、論集の計画が立ち上がった。近現代の中東全域を取り扱う類書は多いが、トルコ共和国に焦点を当てた論集は、その重要性にもかかわらず、これまで刊行されていなかったからである。

本書の各章を担当するのは、いずれもこれからの日本における中東・トルコ研究を担う若手研究者たちである。特筆すべきは、執筆陣のディシプリンの多様さであろう。執筆者たちは、歴史学、社会学、音楽学、建築学、人類学、法学そして政治学と、さまざまな学問的背景を持っている。かつて日本における中東・イスラム研究は、比較的新しい研究分野だということもあり、ディシプリンを問わない学際的な共同研究を「お家芸」としてきた。しかし、近年では個別研究の進展に伴い、研究のたこ壺化が懸念される状態となっている。本書は、こうした研究の分断を乗り越えるための、新しい世代による共同研究の試みでもある。

編者と執筆者以外にも、本書とそれに関わるプロジェクトに携わってくださった方は多い。秋葉淳氏（東京大学）、佐藤尚平氏（早稲田大学）、内田直義氏（名古屋大学・院）、そして勝本英明と坂田舜の両氏（ともに九州大学・院）には、研究会での報告や議論を通じて、示唆に富んだ知見を提供していただいた。本書の直接の原型となったシンポジウム「トルコ共和国の歴史と現在」（九州史学会イスラム文明学部会、二〇一六年一二月一一日開催）でディスカッサントを務めてくださった新井政美氏の厳しくも熱意溢れるコメントがなければ、本書を編もうという思いを編者が抱くことはなかっただろう。また、九州大学出版会の奥野有希氏には、企画の立ち上げから編集まで、あらゆることでお世話になった。

そしてなによりも、過去と現在のトルコに生きる人々に、心からの感謝と敬意を捧げる。

編者

目次

第Ⅱ部　トルコ国民像をめぐるネゴシエーション

凡　例

・トルコ語のカナ表記は、原則として林佳世子・千條真理子・永山明子（編）『トルコ新聞記事翻訳ハンドブック　二〇一三年版』（東京外国語大学、二〇一三年）に準拠する。ただし、オスマン帝国時代の人物・事項については学界の慣例に従った場合もある。

・姓氏法制定（一九三四年）前後に活動した人物について、名前のあとの〔　〕は、姓氏法制定後の姓であることを示す。例：イスメト〔・イノニュ〕。ただし、ムスタファ・ケマル〔・アタテュルク〕については、一九三四年以前についても「アタテュルク」と表記することがある。また、活動時期が姓氏法制定後のみに限られる人物については、〔　〕を使用しない。

・引用文における〔　〕は執筆者による補足、〔……〕は中略を示す。

・本書の各章は、さまざまな事項や話題を共有している。章同士の相互参照については、⇩で表す。

ロシア
ジョージア
ギュムシュハーネ
サムスン
アルトヴィン
アルダハン
マスヤ
オルドゥ
ギレスン
トラブゾン
リゼ
トカト
カルス
アルメニア
バイブルト
エルズルム
ウードゥル
スィヴァス
エルズィンジャン
アール
トルコ
トゥンジェリ
ビン
ギョル
ムシュ
エラズー
イセリ
ビトリス
ヴァン
イラン
マラティヤ
ディヤルバクル
カフラマン
マラシュ
アドゥヤマン
スィイルト
シュルナク
ハッキャーリ
ナ
シャンルウルファ
マルディン
ガーズィアンテプ
バトマン
キリス
ハタイ
イラク
シリア
100km
バノン

トルコ共和国と周辺諸国

序章　「アタテュルクのトルコ」を問い直す
――共和国史をめぐる研究潮流と本書の射程

小笠原弘幸

トルコ共和国とトルコ国民はアタテュルクによって創られた――ひとりの英雄に建国という偉業のすべてを負わせる言説は神話にすぎないとしても、トルコという国民国家の誕生とトルコ国民の形成における最も重要なアクターが、国父アタテュルクであることは論を待つまい。本書があてる焦点のひとつも、アタテュルクとその時代におかれている。現在トルコが経験しつつある変容を理解するためには、トルコ共和国の誕生にさいし、トルコ国民がアタテュルクの主導によってどのように形作られ、そしてそれが現在にいたるまでのあいだ、いかに問い直されてきたのかを理解する必要があるゆえである。

それでは、アタテュルクの時代における国民形成は、これまでどのように研究され、位置づけられてきたのだろうか。先人たちによる研究の蓄積を十全に把握するのは学術研究において当然の作法であるが、この問いに答えることは、まさにトルコ共和国の歴史に向き合うことに他ならない。建国と国民形成の位置づけは、トルコの時勢を反映して大きく移り変わり、しばしば政治的なタブーを内包してきたという難しさを持つ。しかし、そうしたタブーを批判的に乗り越える試みもまた積み重ねられており、本書もその末席に連なるものである。

この序章では、まずトルコ共和国の建国をめぐる歴史的経緯といまのトルコが直面している状況を概観し、ついでアタテュルク時代をめぐる研究動向とそこで提示されている分析視角を整理する。しかるのちに、その延長線上に本書を位置づけることを試みたい。

第一節　アタテュルクの戦いとエルドアンの挑戦

トルコ共和国の建国とトルコ国民の創成――アタテュルクの戦い

オスマン帝国は第一次世界大戦に敗北し、セーヴル条約（一九二〇年）によって分割の危機に晒された〔⇒第八章〕。イスタンブルのスルタンとオスマン政府は、イギリスを中心とする連合国の意向に従い、イギリスの後押しでギリシャ王国軍がエーゲ海岸の都市イズミルに上陸したさいも、それを黙認した。それに対しアナトリアの抵抗勢力は、大戦中ゲリボル（ガリポリ）の戦いの勝利で名声を得たムスタファ・ケマルを指導者として、大国民議会と国民軍を組織する。この独立戦争あるいは国民闘争とも呼ばれる戦いは、一九二二年、ギリシャをアナトリアから撤退させることで終結した。国民闘争を戦い抜いたケマルはガーズィー（イスラムの信仰戦士）と呼ばれ、救国の英雄となった。同年、ケマルと大国民議会はスルタン制の廃止を宣言、ここにオスマン帝国は滅亡する。

翌一九二三年、セーヴル条約に代わるローザンヌ条約を締結、新たにアンカラを首都とし〔⇒第四章〕トルコ共和国の建国を宣言して初代大統領に就任したケマルは、国民闘争をともに戦った、いまや政争のライバルとなった戦友たちを排除することで自身の権力を確立する。新生トルコ共和国という国のかたちを定め、その内実を創り出すための政策が精力的に推し進められたのは、このアタテュルク――一九三四年の姓氏法制定時に議会からケマルに贈られた「父なるトルコ人」という意味のこの名を、以降は用いることにしよう――の時代である。多民族・多宗教国家であったオスマン帝国から、トルコ民族主義と世俗主義を国是とするトルコ共和国への転換は、国民闘争に劣らぬ、困難な歴史的試みであった。アタテュルクの浩瀚な評伝を著したアンドリュー・マンゴーは、一九三〇年代の、トルコ国民形成をめぐるアタテュルクの文化活動を扱った章を、「最後の戦い」と題している(1)。アタテュルクにとって、トルコ国民の形成は、国民闘争とトルコ共和国の建国に次ぐ使命であった。その意味で、彼はこの時代も「ガーズィー」だったのである。

トルコ国民の創生を実現するため、ケマリズム盛期と呼ばれる一九三〇年代には、さまざまなイデオロギー、学問、政策が総動員された〔⇒第一章、第二章、第三章〕。この時代に制定され、トルコ共和国の基本的政治方針となった一連のイデオロギーは、ケマリズムあるいはアタテュルク主義と呼ばれる。[2]六本の矢――共和主義、民族主義、人民主義、国家資本主義、革命主義、そしてライクリキ（世俗主義とも訳されるが、単純な政教分離政策と見なすことはできない〔⇒第五章〕）――と呼ばれる原則が、その骨子である。こうして「アタテュルクのトルコ」は船出することとなった。

一九三八年にアタテュルクが死去すると、トルコ国民創成の急進的な方針は大きく鈍化する。トルコ共和国の理念は原則としては保たれていたが、強権的に形成されたトルコ国民とその社会がいくたびもの危機と動揺を経験するなかで、共和国の理念を読み替え、トルコの社会に適合させるための努力が積み重ねられていった〔⇒第五章、第六章〕。しかし、共和国の理念と、変容する社会の現実が過剰な摩擦を起こし閾値を超えたとき――言い方を変えれば、世俗主義をはじめとした国体が危機に陥ったとみなされるたびに、アタテュルク主義の守護者を自任する軍部がクーデタを起こし、共和国の理念の回復が試みられた。軍部の介入による政権の交代は、実際の武力行使を伴わないものも含めると、一九六〇年、一九七一年、一九八〇年そして一九九七年に起こっている。

共和国建国一〇〇年に向けて――エルドアンの挑戦

アタテュルク没後八〇年を経た二〇一八年六月二四日、トルコでは議会選挙と大統領選挙の同時選が行われた。与党である公正発展党（ＡＫＰ）は、連立する民族主義者行動党（ＭＨＰ）とあわせて過半数の議席を獲得、エルドアン大統領も再選され、二〇二三年の建国一〇〇周年を大統領として迎えることが確実となった。これに先立つ二〇一七年には、それまで名誉職に近かった大統領の持つ権限を大幅に拡大する憲法改正が、国民投票によって可決されている。閣僚の直接の任命権などの権限を大統領に与える一方、首相制や議院内閣制を廃止するこの改正によって、エルドアン大統領は、国父アタテュルクを超える権力をその手に握ることになった。[3]

公正発展党は、親イスラム政党であった福祉党（ＲＰ）の流れをくむ政党である。福祉党党首ネジメッティン・

エルバカンは一九七〇年より政治活動を始め、一九九六年には首相に就任したが、そのイスラム的な言動がアタテュルク主義と世俗主義の守護者を自任する軍部の介入を招き、一九九七年に辞任、翌年に福祉党は解党される。当時、福祉党の若手有力政治家であったのがエルドアンである。そのエルドアンが中心となって結党した公正発展党は、二〇〇二年の選挙で勝利して以来、長期政権を樹立している。公正発展党政権は中道保守を唱え、世俗主義や民主化に配慮した政権運営を行って支持を固め、トルコ経済は大きく発展した。その一方で、二〇一〇年の憲法改正やそれに続く一連の政策によって、軍部の持つ政治的影響力は徐々に削がれていった[4]。二〇一六年七月、エルドアン政権の転覆を狙う軍事クーデタが未遂に終わると、それをうけて大統領は非常事態宣言を発令、クーデタに関与していると目される人々に加えて政権に批判的なジャーナリストなども多数逮捕された〔⇒第七章〕――その状況下での、大統領権限の拡大と総選挙における公正発展党の勝利であった〔⇒終章〕。

こうした近年の展開は、アタテュルクが定めたトルコ共和国の理念に、不可逆的な変化をもたらすのではないかと囁かれている。あらゆる施策のなかでオスマン的あるいはイスラム的価値観を誇示する現政権が、アタテュルク時代に作られた国のかたちに挑戦していることは、衆目の一致するところであるからだ。

こうしたエルドアンによるアタテュルクへの挑戦は、しばしば親イスラム派と世俗派の対立という図式で説明される。しかし、宗教は極めて重要な要素である一方で、それのみで説明しきるのは難しい。実際、二〇一八年の総選挙において公正発展党と連立した民族主義者行動党はその世俗主義的な性格が指摘されているし[5]、エルドアンと対立した野党連合の側にも親イスラム政党が加わっていた。また、二〇一〇年ごろまでは、公正発展党と世俗的なリベラル勢力は、民主化を共通の目的として利害を共にしていたのである[6]。

第二節　アタテュルク時代への二つの視角

とすれば、アタテュルク時代に原型が作られたトルコという国のかたちと、それに対する現在の挑戦をよりよく理解するには、どのような視座に立つ必要があるのだろうか。

ここで、ふたつの時代を貫く分析視角を提示するために、二本の補助線を引いてみたい。どちらも一九八〇年代より、リベラルかつ実証的な研究者たちによって議論されてきた、アタテュルク体制への批判的視座に基づいたものである。すなわち、アタテュルクとトルコ共和国がその始まりから抱えていた「権威主義的な政治体制・政治文化」と、共和国イデオロギーが抑圧しようと試みた「オスマン帝国からの政治的・社会的連続性」である。[7]

権威主義的な政治体制・政治文化への批判

反動的で前近代的なオスマン帝国を否定し、救国の英雄であるアタテュルクがその超人的な努力と才能でもってトルコに近代化と西洋化をもたらしたとする公定歴史学（⇒第一章）は、一九二七年にアタテュルクが独立戦争の総括として行った「演説（*Nutuk*）」を源泉として、トルコ共和国において広く教授された。その代表作は、一九三一年に編纂された歴史教科書『歴史（*Tarih*）』の第四巻である。こうした公定歴史学のなかでアタテュルクは、トルコ国民に「知恵を授ける賢者」あるいは「哲学王」のように描かれ、アタテュルクの伝記作家は「無謀にも史実のイエスを描こうとする、前近代の歴史家のようであった」。[8]

一方、欧米の歴史学界においても、トルコ革命とアタテュルクに対する評価は大きく変わらなかった。トルコ共和国の成立を、健全なナショナリズムの成長と世俗主義の発展の成果であるとみなす「近代化パラダイム」で説明する史観は、一九七〇年代まで主流の見解であった。その代表的研究は、バーナード・ルイス『近代トルコの登場』（一九六一年）[9]であり、アタテュルクの伝記としてはパトリック・キンロス『アタテュルク――国民の再生』（一九六四年）が挙げられよう。[10]

しかし、一九七〇年代を通じて徐々に進行し、トルコを揺り動かした社会変動は、こうした幻想に亀裂を生じさせ[11]、この国の体制についての批判的検討を生み出すことになる。トルコ政治思想研究の大家シェリフ・マルディンは一九八一年に著した論説で、近年の社会的流動化にケマリズムは対応できず、宗教勢力の台頭を生んだと指摘している[12]。たしかに一九七〇年代のトルコは、親イスラム政党（福祉党）の誕生や極右勢力（民族主義者行動党）の台頭、経済の停滞に伴って隆盛した労働運動・学生運動に対する弾圧（⇒第七章）、さらにはテロやリンチが横行するなど混乱と昏迷のなかにあり、共和国の理念が大きく揺らいだ時期であった。この混乱を収束すべく断行された一九八〇年クーデタに続く軍事政権が、社会におけるアタテュルク崇拝を強権的に推し進めたのは、「共和国イデオロギーの危機」の裏返しである。

こうした社会的状況のなか、政治学者メテ・トゥンチャイが、「ケマリスト体制研究のブレイクスルー[13]」と評される『トルコ共和国における一党体制の形成[14]』を著したのは一九八一年である。すでに七〇年代を通じてケマリズムに対する批判的論説[15]を発表してきたトゥンチャイであるが、過去に発表した論考も参照しつつまとめられたのがこの著作である。トゥンチャイは、アメリカの政治学者サミュエル・ハンティントンによる一党独裁・権威主義体制の研究など比較政治学の視点を導入し、ケマリズムを民主的・進歩的ではなく権威主義的イデオロギーであるとして再定義し、当時トルコと同じように独裁体制を採用していた近隣諸国（オーストリア、ハンガリー、ギリシャ）や、イタリアのムッソリーニ政権との類似性を指摘した。また、「アタテュルクはトルコ民主化の後見人である」という通念に疑義をはさみ、アタテュルク時代の一九二五年と一九三〇年に試みられた野党結成から廃止の展開と、のちにトルコで繰り返されたクーデタの位相を同じものと位置づけた。

いうなれば、トルコ共和国の歴史に間欠泉のように断続的に現れる権威主義体制は、アタテュルク時代から存続する政治文化であるという痛烈な批判である[16]。先駆的なトゥンチャイによるケマリズム体制の再解釈は、二〇〇四年、タハ・パルラとアンドリュー・デイヴィソンによる『ケマリスト・トルコにおけるコーポラティスト・イデオロギー』という継承者を得ることになる[17]。パルラとデイヴィソンは、「六本の矢」のイデオロギー性を否定しプラグマティックな意味のみを読み取るそれまでの通説——広く共有された解釈であり、後述するツルヒャーすらこうした理解をしている——を厳しく批判する。彼らは、ケマリズムと「六本の矢」に関するテキストの綿密な読解を通じて、これらに通底するコーポラティズム的な思想傾向を白日の下に晒した。

アタテュルク時代を専門とする政治学者で、現在はエルドアン政権に対する厳しい批判者となっているソネル・チャープタイは、二〇一七年の著書『新しいスルタン』のなかで、エルドアンを「反アタテュルクであるアタテュルク」であると評し、アタテュルクとエルドアンのあいだに見られる政治手法の類似性を指摘している。[18] エルドアンは、アタテュルクへの挑戦者であると同時に、彼の後継者ともいえるのである。

オスマン帝国からの政治的・社会的連続性

それでは次に、二本目の補助線を引いてみよう。

公定歴史学やそれに影響を受けた歴史観においては、オスマン帝国の滅亡とトルコ共和国の成立のあいだに断層を認め、後者は前者から隔絶した新しい時代であると強調することが一般的であった。近代化に失敗した、遅れたイスラム国家というネガとしてのオスマン帝国に対し、近代化と世俗化に成功したポジとしてのトルコ共和国という位置づけは、上述したルイスなど、影響力のある欧米の研究者にも基本的に継承された。

こうした史観に反対し、オランダのトルコ近代史研究者エリック・ツルヒャーが、「トルコ共和国の公定歴史学で神聖視されたすべてへのカウンター」[19]と自ら評した『統一派という要素——トルコ国民運動における統一進歩委員会の役割』を著したのは一九八四年である。[20] トルコ共和国の成立を、オスマン帝国との連続性のなかでとらえ、アタテュルク以外の運動家たちの役割に着目したこの研究は、だれもが時代の画期とみた一九二三年ではなく、一九〇八年から一九五〇年までをひとつの時代として区分した。この区分を踏襲したツルヒャーによる通史『トルコ近代史』は、それまでスタンダードであったルイス『近代トルコの登場』にとって代わり、現在もっとも広く読まれている英語の近代トルコ通史となっている。[21] ツルヒャーはトルコ共和国初期のエリートの政治闘争に関する単著[22]も発表しており、そこで彼は、アタテュルクによって反動分子と断罪され一九二五年に解党処分を受けた「進歩主義者共和党は保守でも反動でもなく、青年トルコ人運動の世俗的・ナショナリスト的主流の一部」であることを論じた[23]。「トルコ人には到底踏み込みえない「偶像破壊」」と新井政美が評すように[24]、ツルヒャーの一連の研究は[25]、その後のアタテュルク時代の研究に大きな影響をあたえることとなった。

こうしたトルコ革命前後の時期における連続性への着目には、ギュルプナルが指摘するように、一九七〇年代に進展したフランス革命研究における潮流の変化が影響を与えていることに疑いはない[26]。一九七八年に『フランス革命を考える』を著し斯界に衝撃を与えたフランソワ・フュレの所論は要するところ、これまでフランス革命の結果と考えられてきた変化は、革命前にはすでに契機を待つだけの状態となっていた——すなわち、革命を待たずしても起こるべくして起きた——のであり、革命が始まっていた時にはすでに終わっていたと見なすべきである、とまとめることができる[27]。歴史の構造的な深層における潮流は、表層における政治的な革命によっては左右されない。フランス革命がそうであるとすれば、トルコ革命——そもそもこれが「革命」の名に値するか否かの議論もある[28]——も同様に、歴史の水面に咲いた一時の「あだ花」に過ぎないのではないか、という発想が導かれるのである。

ツルヒャーの一連の研究を受け[29]、オスマン帝国との連続性は、いまや共和国初期史研究の前提となっている感がある。一九三〇年代のケマリズム盛期に、オスマン帝国という過去を否定して新しい国家・国民・社会の形成が進められたにもかかわらず、オスマン帝国の遺産は逃れがたくトルコ共和国の下部構造を規定していたことが、さまざまな分野で指摘されている[30]。とすれば、エルドアン政権が進めるオスマン帝国の再評価、イスラムも含めたその遺産の継承のアピールは、アタテュルクによっていったん断ち切られたかに見えた、抑圧されたオスマン帝国という「正統」をふたたび取り戻す行為である、と位置づけることができる。

アタテュルクとその時代に対して、一九八〇年代から進められてきた研究潮流である「権威主義的な政治体制・政治文化」への批判と「オスマン帝国からの政治的・社会的連続性」への着目。このふたつは、そのまま「エルドアン政権の現在を準備したトルコの政治文化」そして「エルドアン政権によるオスマン帝国の遺産継承の主張」という、直近の問題とつながっている。アタテュルクとエルドアンのあいだの関係でいえば、前者は彼らの共通性、そして後者は対立軸を示しているといえよう。

第三節　トルコ共和国の国民形成を脱構築する――本書の射程と三つの視角

アタテュルクが[31]、その権威主義的体制のもと、オスマン帝国からの断絶を意図して精力的に取り組んだ「トルコ国民の創成」。であれば、その「創成」のプロセスを逆向きに解きほぐしてゆくことは、いまのトルコを理解するヒントになりえよう。これが、本書の問題意識の底流にある。

実際、トゥンチャイやツルヒャーの研究を契機として、一九九〇年代から徐々に、そして二〇〇〇年代以降は急激に、アタテュルク時代の国民形成を取り上げる研究潮流が進展している[32]。粕谷元が「建国以来きわめて強権的に国民統合を推し進め、極端なトルコ民族主義を打ち出してきた歴史を持つトルコだけに、実際研究材料には事欠かない」[33]と評すように、その批判的検討と脱構築は、二〇〇〇年代から現在まで、研究者たちが精力的に取り組んでいる分野なのである。本書は、こうした研究潮流を意識しつつ、三つの視角から、トルコ共和国における国民形成のありかたと現在につながる諸問題を論じてゆく。

第Ⅰ部　アタテュルクの描いたトルコ国民像とその創成

本書第Ⅰ部は、主として一九三〇年代、いわゆるケマリズム盛期において、アタテュルクによってデザインされ推し進められた国民形成のプロセスを検討する。

アタテュルクがもっとも重要視した国民形成の手段は、歴史と言語のふたつであった。第一章「国民史の創成――トルコ史テーゼとその後」(小笠原弘幸)では、アタテュルクによる国民形成の試みのうち、新しく創り出された歴史認識である「トルコ史テーゼ」を取りあつかう。古代、中央アジアに偉大な文明を築いていたトルコ族が世界各地の人々の祖となったという、ある種の偽史ともいえるトルコ史テーゼが、トルコ国民の物語として教授されたのがこの時代であった。本章では、このテーゼがどのように生み出され、歴史家を含めた人々がどのように対応したかを明らかにする。そのなかで、オスマン帝国やイスラムがどのように論じられてきたかも、現代へつながる課題として言及される。

アタテュルクによる国民形成の手段のうち、文字をあつかったのが、穐山祐子による第二章「国民創出イベントとしての文字革命」である。オスマン帝国時代に用いられたアラビア文字を後進的であるとして廃棄し、新たにラテン文字を採用したことは、アタテュルクの行った諸改革のなかでも、最も成功した政策のひとつである。本章は、この文字革命――「破滅的な成功」とも評される――の過程を再検討し、そこに込められた政治性とその影響を明らかにする。トルコ国民の心性に大きな変化をもたらした文字革命は、不可逆的な変化をトルコ国民に与えたが、その一方で近年のトルコでは、オスマン・トルコ語(アラビア文字で記されたトルコ語)回帰の潮流がみられることも指摘されている。

ケマリズム盛期における国民形成においては、歴史学と言語学のみならず、あらゆる学問が総動員されて「トルコ人」を位置づける試みが行われた。いわば「学問の総力戦」が遂行されたのである。こうした、学問が国民形成にどのように寄与したのかという、個別の分野に焦点を当てた研究がひとつの潮流となっている。濱崎友絵による第三章「感性を「統合」する――国民音楽からトルコ民俗音楽へ」は、音楽に焦点を当て、音楽のなかにトルコ民族性がどのように見出され、作り出されたのかを追う。

オスマン帝国を象徴する帝都がイスタンブルであるとすれば、新生トルコ共和国を象徴するのは首都アンカラであった。第四章「国父のページェント――ムスタファ・ケマルと共和国初期アンカラの儀礼空間」において川本智史は、国民闘争の凱旋式やアタテュルクの葬列のためにアンカラで執り行われたページェントによって、共和国の理念が人々に強く印象付けられたことを明らかにしている。新生トルコ共和国の象徴とも言えるこうした儀式は、しかし、オスマン帝国時代におけるスルタンの即位式やイスラムの儀礼の影響から完全に自由ではなかったことも指摘される。

第Ⅱ部　トルコ国民像をめぐるネゴシエーション

アタテュルクによって主導された国民形成を直接にあつかった第Ⅰ部に対し、第Ⅱ部では、アタテュルクより与えられた「理想のトルコ国民像」を、トルコの人々がどのように受け止め、反発し、あるいはネゴシエーション（交渉）によってその像を「ずらして」いったかに着目する。こうした反応は、アタテュルク存命中には抑え込まれていたが、彼の死後に一気に表出することになる。年代としては、主としてアタテュルク死後の一九四〇年代以降に対応する。ケマリズム盛期に比してこの時代は研究史上手薄であるが、トルコの真の国民形成を一九五〇年代に求める先行研究もあり(34)、その意味でも第Ⅱ部における諸論考の価値は大きい。

上野愛実による第五章「アタテュルク後の宗教教育政策――ライクリキの転換点」は、ケマリズム盛期に強圧的に進められたライクリキに対して、一九四〇年代以降、揺り戻しが宗教・道徳教育という形で表出したことを取り上げる。人々のリアクションとネゴシエーションを通じて、抑圧されていたイスラムへの感情が、道徳教育という姿を借りて少しずつトルコの文教政策に反映されてゆくプロセスは、親イスラム政権が大きな支持を受けている現在の直接の起源を明らかにしているともいえよう。また、一般にライクリキにもとづく政策は、西欧型の政教分離ではなく宗教を政府の管理下に置くものであると理解されている。しかし本章は、この時代には宗教的事項の分離も提唱されていたことを指摘、ライクリキの多様な可能性が模索されていたことも論ずる。

第六章「国民国家トルコとアナトリアの諸文明――イスラム化以前の遺跡をめぐる文化政策」（田中英資）は、アナトリアに遍在するギリシャ・ローマなどの遺跡を、トルコの人々が自分たちの歴史のなかにどのように取り込んでいったのかを考察する。国是であるトルコ民族主義を厳格に適用する限り、ギリシャ・ローマに由来する遺跡は彼らのルーツとはなりえない。しかし、「青きアナトリア」主義と呼ばれる思想潮流のなかで、アナトリアという国土の過去を自分たちのものとすべく、さまざまな営為が繰り広げられてきた。その結果、アナトリアの遺跡を自らのルーツとする心性は、いまやトルコの人々に根を下ろすに至っている。本章は、第一章で取り扱った歴史認識の問題を、別の側面から鋭く捉えた論考とも位置づけられる。

トルコの政治文化ともいえる権威主義的体制によって抑圧された人々の、非暴力ではあるが戦闘的かつ直接的なネゴシエーションのありかたを取り扱ったのが、柿﨑正樹による第七章「トルコにおける抵抗文化――ハンスト・キャンペーンからみる国家・社会関係」である。一九五〇年以降、トルコではハンストが政治的抗議運動の手段として頻繁に活用されてきた。そのハンストは時代を経るにつれて少しずつ内容と方法が洗練されてゆき、現在のエルドアン体制に抗議する人々によっても採用されている。本章は、いわば抵抗する側の政治文化に着目し、その生成と発展を明らかにしたといえる。こうした抗議手段は、主として共産主義者やクルド民族主義者によって採用されてきたことから、本章を「共産主義者あるいはクルド人の闘争史」として読むことも可能であろう。

第Ⅲ部　交雑する空間のなかのトルコ国民――国境、移民・難民、隣国からの眼差し

トルコ共和国とトルコ国民の創成は、国民国家の枠組みのなかで行われた。しかし、その枠組みは（ナショナリストの理想とは異なって）古来より永続的に存在するわけではないし、国民の内実についても、移民・難民の流入というかたちで現在も絶えず揺れ動いている。

第八章「トルコ共和国の境界――領域紛争と国境」（沖祐太郎）は、トルコ共和国の空間的輪郭――すなわち、実際の国境線がいかに引かれてきたかの変遷を取り扱う。アナトリアの一部のみしかトルコの人々に残さないという過酷なセーヴル条約は、トルコの人々に今なお深いトラウマを与えている。その乗り越えが達成されたローザンヌ条約においても、エーゲ海の諸島がギリシャの領有となったことは、現在も問題とされている。また、トルコ南東部のハタイ併合は、トルコ共和国独立後に実現した大きな国境線の変更であった。本章は、これまで国際政治の視点から論じられることが多かったこうしたトルコ国境の変容を、国際法の観点から捉え直すものである。

こうして、揺れ動きつつも引かれた国境線のなかで、トルコ共和国はその歴史を重ねてゆくことになった。しかし、その国境線を乗り越える人々がいる。第九章「トルコの移民・難民政策」（今井宏平）は、主として現代に焦点を当て、トルコからドイツへ向かう人々、あるいはシリアからトルコへ向かう人々など、移民・難民について取り扱う。オスマン帝国時代から、アナトリアには、クリミア難民をはじめとした多数の人々が移り住んでいた。地政学的に移民・難民の交通路に位置するトルコにとって、これは現代でも継続している問題であり、「トルコ国民」の輪郭を揺るがしかねないアポリアなのである。

トルコが、その国境線の外からどのように評価されているのかをあつかうのは、第一〇章「イラクからみるトルコ——世論調査の計量分析から」（山尾大）である。かつてオスマン帝国の一部であり、いまはトルコ共和国の隣人であるイラクは、クルド人、ＩＳあるいは難民といった問題を通じて、トルコと抜き差しならぬ関係を持っている。本章は、イラクの人々がこうした深刻な諸問題に関して、トルコをどのような眼差しで見ているのかを、最新のデータを駆使して論ずる。

以上、本論をなす各章の多くにおいては、あえて現在の問題を直接的に論ずることはせず、アタテュルク時代の国民形成のありかたなどを通じて現在を照射する、あるいはあぶり出すという方法論がとられている。しかし終章「激動の五年間（二〇一三〜一八年）と大統領制の始まり」では、今井宏平がエルドアン政権とトルコの今を正面から論じ、今後の展望を提示する。

注

（1）Andrew Mango, *Atatürk: The Biography of the Founder of Modern Turkey*, New York: The Overlook Press, 1999, p. 492.

（2）「ケマリズム」と「アタテュルク主義」のあいだにあるニュアンスの差については、岩坂将充「トルコにおける軍の「公定アタテュルク主義」の模索と世俗主義」粕谷元編『トルコ共和国とラーイクリキ』上智大学イスラーム地域研究機構、二〇一一年、三四～三五頁。

（3）憲法改正についての分析は、岩坂将充「トルコにおける国民投票——「大統領制」は何をもたらしうるのか」https://synodos.jp/international/19487（二〇一八年七月一六日最終閲覧）。

（4）今井宏平『トルコ現代史——オスマン帝国崩壊からエルドアンの時代まで』中央公論新社、二〇一七年、二一四～二一五頁。

（5）民族主義者行動党とイスラームの関係については、宮下（関口）陽子「現代トルコの民族主義者行動党（ＭＨＰ）とイスラーム——一九六五—二〇〇七年」鈴木董編『オスマン帝国史の諸相』東京大学東洋文化研究所、二〇一二年、四五〇頁。

（6）Esra Özyürek, *Nostalgia for the Modern: State Secularism and Everyday Politics in Turkey*, Durham: Duke University Press, 2006, pp. 125–150; 今井『トルコ現代史』二五五頁。

（7）このふたつの論点と、それを代表する研究者であるトゥンチャイとツルヒャーの新規性については、これまでも先行研究において指摘されており、学界において共有された見解といえる。たとえば、Gavin D. Brockett, *How Happy to Call Oneself a Turk: Provincial Newspapers and the Negotiation of a Muslim National Identity*, Austin: University of Texas Press, 2011, p. 20; 粕谷元「トルコ」小杉泰、林佳世子、東長靖編『イスラーム世界研究マニュアル』名古屋大学出版会、二〇〇八年、二四九頁。

（8）M. Şükrü Hanioğlu, *Atatürk: An Intellectual Biography*, Princeton: Princeton University Press, 2011, pp. 2-3.

（9）Bernard Lewis, *The Emergence of Modern Turkey*, London: Oxford University Press, 1961. ルイスの弟子フェロズ・アフマドも、基本的にルイスの史観を踏襲している。Feroz Ahmad, *The Making of Modern Turkey*, London: Routledge, 1993.

（10）Patrick Kinross, *Atatürk: The Rebirth of a Nation*, London: Phoenix, 2001（3rd ed.）. アタテュルクの伝記的研究については、本章の注（31）も参照。

（11）Sibel Bozdoğan and Reşat Kasaba, “Introduction,” in Sibel Bozdoğan and Reşat Kasaba eds., *Rethinking Modern and National Identity in Turkey*, Seattle: University of Washington Press, 1997, p. 4.

（12）Şerif Mardin, “Religion and Secularism in Turkey,” in Ali Kazancigil and Ergun Özbudun eds., *Atatürk, Founder of a Modern State*, London: C. Hurst, 1981, p. 218. マルディンはケマリスト体制捉えなおしの先駆者のひとりであり、彼自身、リベラルを装ったケマリスト教師たちの権威主義への疑義が、ケマリズムのルーツを探求するという自身の研究の契機となった、と述懐している。Şerif Mardin, “Project as Methodology: Some Thoughts on Modern Turkish Social Science,” in *Rethinking Modern and National Identity in Turkey*, p. 67.

（13）Doğan Gürpınar, *Ottoman/Turkish Visions of the Nation, 1860–1950*, New York: Palgrave Macmillan, 2013, p. 191.

（14）Mete Tunçay, *Türkiye Cumhuriyeti'nde Tek-Parti Yönetimi'nin Kurulması（1923–1931）*, Ankara: Yurt Yayınları, 1981. なお、第二版（Cem Yayınları, 1989）では巻末に補遺が付け加えられ、第三版（Tarih Vakfı, 1999）では第二版の補遺が本文中に組み込まれてい

る。

(15) こうした諸論説は、のちに次の論集にまとめられている。Mete Tunçay, *Eleştirel Tarih Yazıları*, H. Bahadır Türk and Hamit E. Beriş eds., Ankara: Liberte, 2011.

(16) ただしこの著作の限界も指摘されている。例えばトプラクは、超歴史的で目的論的であると批判（Zafer Toprak, "Tek-Parti Yönetiminin Kurulması'nın Yayımlanış Öyküsü," *Toplumsal Tarih*, 271, 2016, p. 42）、またギュルプナルは、他の権威主義体制国家との具体的な比較研究がないと述べている（Gürpınar, *Ottoman/Turkish Visions*, p. 192）。

(17) Taha Parla and Andrew Davison, *Corporatist Ideology in Kemalist Turkey: Progress or Order?* New York: Syracuse University Press, 2004.

(18) Soner Cagaptay, *The New Sultan: Erdogan and the Crisis of Modern Turkey*, London: I. B. Tauris, 2017. また、二〇一七年と二〇一八年には現代トルコの権威主義を対象とした論集が刊行されている。Bahar Başer and Ahmet E. Öztürk eds., *Authoritarian Politics in Turkey: Elections, Resistance and the AKP*, London: I. B. Tauris, 2017; Esra Özyürek, Gaye Özpınar and Emrah Altındiş eds., *Authoritarianism and Resistance in Turkey: Conversations on Democratic and Social Challenges*, Springer, 2018.

(19) Erik J. Zürcher, *The Young Turk Legacy and Nation Building: From the Ottoman Empire to Atatürk's Turkey*, London: I. B. Tauris, 2010, p. ix.

(20) Erik J. Zürcher, *The Unionist Factor: The Role of the Committee of Union and Progress in the Turkish National Movement, 1905–1926*, Leiden: Brill, 1984.

(21) Erik J. Zürcher, *Turkey: A Modern History*, London: I. B. Tauris, 1993.

(22) Erik J. Zürcher, *Political Opposition in the Early Turkish Republic: The Progressive Republican Party, 1924–1925*, Leiden: Brill, 1991.

(23) Zürcher, *The Young Turk Legacy*, p. ix.

(24) 新井政美「トルコ（近現代）」三浦徹、東長靖、黒木英充編『イスラーム研究ハンドブック』栄光教育文化研究所、一九九五年、一三七頁。

(25) 六本の矢の思想が、青年トルコ時代の思想潮流の産物であることを示した論文「ケマリスト思想のオスマン的源泉」も、オスマン帝国からの連続性に着目した一連の研究のなかに位置づけられるだろう。Erik J. Zürcher, "Ottoman Sources of Kemalist Thought," in Elisabeth Özdalga ed., *Late Ottoman Society: The Intellectual Legacy*, London: Routledge, 2005, pp. 14–27.

(26) Gürpınar, *Ottoman/Turkish Visions*, pp. 192–193. ギュルプナルは、フランス革命研究に加えて、ファシズム研究の進展もトルコ革命の評価に影響を与えたと指摘している。

(27) フランソワ・フュレ『フランス革命を考える』大津真作訳、岩波書店、一九八九年（原著は一九七八年刊）。なお、フュレをはじめとした西洋史における革命史の研究動向については、岡崎敦・今井宏昌の両氏（ともに九州大学大学院人文科学研究院西洋史学講座）にご教示いただいた。もちろん、文責は筆者にある。

(28) Hale Yılmaz, *Becoming Turkish: Nationalist Reforms and Cultural Negotiations in Early Republican Turkey, 1923–1945*, New York: Syracuse University Press, 2013, pp. 5–6, 230.

(29) ただし、オスマン帝国時代の近代化改革がアタテュルクの改革に帰結したという視点では、ツルヒャー以前から研究が進められてきた。その代表例として、Kazancigil and Özbudun eds., *Atatürk*.

(30) たとえば、Benjamin Fortna, *Learning to Read in the Late Ottoman Empire and the Early Turkish Republic*, Houndmills: Palgrave Macmillan, 2010.

(31) 本文では行論の都合上、アタテュルクその人の評価および彼の伝記的研究について触れることができなかったので、ここで簡単に概観しておきたい。

アタテュルク個人についての研究の進展は、一九八〇年代より展開したアタテュルク体制の捉えなおしより遅かった。トゥンチャイは一九八〇年に書いたエッセイで、一九八一年にアタテュルクの生誕一〇〇周年を迎えるが、聖人伝ではなく、彼が生きた時代の社会的歴史を客観的に研究して提供することが、もっとも適切な記念となろう、と述べている（Tunçay, *Eleştirel Tarih Yazıları*, p. 170）。しかしトゥンチャイの希望とは裏腹に（彼自身、予想していたことであろうが）、実際に一九八〇年代に起こったのは、アタテュルクの過度な神格化であった。

状況に変化があったのは、二〇〇〇年代である。この時期に、新たなアタテュルクの伝記が、英語ではマンゴー（Mango, *Atatürk*）、トルコ語ではトゥラン（Şerefettin Turan, *Kendine Özgü Bir Yaşam ve Kişilik: Mustafa Kemal Atatürk*, Istanbul: Bilgi Yayinevi, 2004）、ドイツ語でクライザー（Klaus Kreiser, *Atatürk: eine Biographie*, Munich: Verlag C. H. Beck, 2008）によって著された。なかでも、マンゴーによる伝記は詳細かつ実証的であり、事実関係については現段階でもっとも信頼のおける研究だと思われる。

とはいえ、これらの研究も、アタテュルクその人の位置づけについては「英雄史観」を大きく脱却するものではなかった。その転機と見なしうるのが、シュクル・ハーニーオールが二〇一一年に著した伝記である。M. Şükrü Hanioğlu, *Atatürk: An Intellectual Biography*, Princeton: Princeton University Press, 2011. 第二次立憲政時代を専門とするハーニーオールは、アタテュルクの思想や行動を一九～二〇世紀の知的・社会的産物として位置付け、アタテュルクの独創性・進歩性を相対化した。これ以前に著された伝記とは一線を画す、エポック・メイキングな著作といえる。ただし、前述のパルラ＆デイヴィソンなど最新の研究は参照しておらず、また共和国期以降のアタテュルクの活動については手薄な印象を受ける。共和国期以降も含めた、新しい視点から描かれた本格的な伝記研究はこれからの課題であるといえよう。

なお日本においても、近年、設楽國廣『アタテュルク』（山川出版社、二〇一六年）が刊行されたが、近年の研究を参照していない古典的な人物伝であり、事実関係・年代等の誤りも多く利用には注意が必要である。

こうしたアタテュルクとその時代の見直しは、アタテュルクの後継者であり、第二代大統領を務めたイノニュにも及んだことも付記しておきたい。メティン・ヘペルは、トルコではアタテュルクその人への批判がタブーであるため、代わりにイノニュに批判が集中してきたと述べている。Metin Heper, *İsmet İnönü: The Making of a Turkish Statesman*, Leiden: Brill, 1998, pp. 5-6. スケープ・ゴートとされたために正当な評価を受けてこなかったイノニュの再評価を図ったヘペルではあるが、イノニュ時代はケマリズム盛期に比べてまだ十分に研究されているとはいえず、今後の進展が期待される。

（32）こうした研究潮流には、トルコ共和国におけるユダヤ人について精力的に研究を続けるルファト・バリ Rifat N. Bali、非ムスリムのトルコ化を論じたアイハン・アクタル Ayhan Aktar やエロル・ウルケル Erol Ülker らも位置づけることができよう。日本でも、柿﨑正樹「「トルコ国民」概念とユダヤ教徒――トルコの反ユダヤ主義を中心に」『異文化コミュニケーション研究』一八号、二〇〇六年、一一三～一四三頁がある。

（33）粕谷元「トルコ」二五一頁。

（34）Brockett, *How Happy to Call Oneself a Turk*. 本書の書評として、小笠原弘幸「書評と紹介：Gavin D. Brockett, *How Happy to Call Oneself a Turk: Provincial Newspapers and the Negotiation of a Muslim National Identity*」『イスラム世界』八七号、二〇一七年、三三～三九頁。

第Ⅰ部

アタテュルクの描いたトルコ国民像とその創成

1931 年にトルコ歴史協会の前身であるトルコ史研究委員会が設立された際，アタテュルクを囲んで撮影された。中央に立つアタテュルクのふたり左には 1932 年に会長となるユスフ・アクチュラ，右にはアタテュルクの養女アーフェト・イナンが並ぶ。彼らが 1930 年代に推進された「トルコ史テーゼ」を牽引することになる。

第一章　国民史の創成――トルコ史テーゼとその後

小笠原弘幸

はじめに

歴史を書くことは、歴史を作ることと同じくらい重要である。書き手に作り手への誠心がなければ、翳ろう真実は、人間性を脅かすものとなろう(1)

アタテュルクのこの言葉は、あたかもトルコの歴史家たちを導く箴言のように、首都アンカラに建てられたトルコ歴史協会のホールに掲げられている。序章で述べたように、トルコ共和国の独立をなしとげたアタテュルクにとって、つぎの使命はトルコ国民を作り出すことであった。そしてトルコ国民の創成という「アタテュルクの最後の戦い」にあたって、彼がもっとも重視したもののひとつが、歴史であった。

一九世紀以降のナショナリズムの時代における国民国家の形成において、歴史が果たした役割については、つとに指摘されるところである。均質な国民をその構成員とする国民国家は、前近代における国家とは比較にならない効率的な徴税や徴兵を可能とした。その国民をひとつにまとめる凝集力として重視されたのが、国民が共通の歴史と言語を持つという想像力であった。多民族・多宗徒からなっていたオスマン帝国は、「一体性を持ったオスマン国民」像を提示することで帝国臣民をまとめ上げようと苦心したが、ナショナリズムの勃興と列強の干渉に抗しえず崩壊した。(2)

帝国滅亡後、新しく誕生したトルコ国民の創成を担ったアタテュルクが、戦いの武器として振るったのが、「トルコ史テーゼ」である。テーゼのもっとも極端な、かつ研究者の関心を引いてきた古代史の部分を端的に要約すれば、つぎのようなものになろう。[3]

《遙かな古代、中央アジアにはトルコ海と呼ばれる海が広がっていた。白人で短頭人種に属するトルコ人は、ここに偉大な文明を築いていた。しかし次第に乾燥化でトルコ海が縮小したため、トルコ人は世界各地に散らばり、各所で文明を築いた。イタリアのエトルリア人、アナトリアのヒッタイト人やシュメール人、メソポタミアのアッシリア人、インドのドラヴィダ人などは、みなトルコ人である》

この歴史テーゼの内容は、現在――あるいは当時でも――の学問的水準から見ると、とても受け入れがたい「偽史」といえるようなものである（とはいえ、一定の「学問的」根拠があったことは後述する）。しかし、一九三〇年代のトルコにおいては、アタテュルクの音頭のもと、「極端な自民族中心史観」（永田雄三）ともいえるこの説が大きく喧伝され、歴史教育にも導入されてトルコ国民創成の手段として利用されたのである。

テーゼの内容への批判は、本章で触れる通り、アタテュルク存命中より存在した。しかし、テーゼを生んだ時代そのものを学問的検討の対象とする試みは遅く、その全体像を明らかにしつつ検討を加えたビュシュラ・エルサンル（一九九二年）、そしてエティエンヌ・コポーによる研究（一九九七年）を待たねばならない。[4]また二〇一〇年代に入ると、ネヴザト・キョケン、テルジャン・ユルドゥルムそしてアイチャ・E・ユルドゥルムらによって、古代史だけではなく、この時代の歴史叙述の試み全体を、アタテュルク時代という歴史的文脈のなかに位置付けた新しい検討が行われるようになった。[5]

本章の目的は、こうした潮流に掉さしつつ、このトルコ歴史テーゼの性格と形成過程を明らかにした上で、その後の展開も含めて共和国史のなかに位置づけることである。アタテュルクと共和国初期の歴史家たちによる、歴史をめぐる戦いとそれがもたらした遺産は、この国の輪郭の一片をかたちづくっているはずである。

第一節　トルコ史テーゼの興隆――「歴史におけるクーデタ」

テーゼの着想――養女イナンの促しという「神話」

アタテュルクは、幼少時代より歴史に深い興味をいだいてきた。長じて軍人となった後も、歴史書を好んで読んでいたという。サロニカ（現テッサロニキ）という、オスマン帝国において西洋思想の玄関口ともいえる都市で育ち、そこで軍務を得たことも、彼が西洋の歴史思想を学ぶことに影響を与えたであろう。アタテュルクは、こうして歴史に親しみ、文明史的な視座をはぐくんでいくなか、トルコ民族がいかに世界史的な意義を持っていたかについて、思索を巡らせていったと考えられる。彼は、共和国成立直後も、イスタンブル大学文学部の教師たちと歴史と歴史教育について談義していた(6)。

アタテュルクがテーゼの着想を得たきっかけとしては、彼の養女アーフェト・イナンの役割が大きかったといわれる。イナンは、『人種と歴史（*Les races et l'histoire*）』（一九二四年刊）の著者である人類学者ウジェーヌ・ピッタールを指導教官として、一九二五年にスイスで学位を取得、トルコ史テーゼの牽引役を務めた人物であった。彼女は、アタテュルク死後の一九三九年、次のように回想している。

私は一九二八年に、フランス語の地理書に「トルコ種族は黄色人種に属する、そしてヨーロッパ人の眼から見れば、二級の人間類型にすぎない」と書かれているのを読んだ。そして、これをアタテュルクに示して、「これは、このとおりでしょうか」と質問したところ、アタテュルクは、「いや、そんなことはありえない。これについて調べてみようではないか」といった(7)

これは、トルコ史テーゼの開幕を告げる、有名な逸話である。ただし、このイナンの言をそのまま首肯するには注意が必要である。彼女の回想にしばしば確認できるのは、自分がアタテュルクを動かして改革を実現させた、という自己の役割を強調し美化する傾向である[8]。もちろん、彼女の記憶が真実である可能性は否定できないが、テーゼの骨子となる歴史認識そのものは、次で見るようにより古くから存在するものである。また、歴史や西洋思想に親しんでいたアタテュルクが、西洋人がトルコ人に対していだく偏見に、この時初めて気づいたとは考えにくい。テーゼ着想の契機を、全面的にイナンの功績に帰すのは、やはり難しかろう。

テーゼの源流と採用の理由

実のところ、テーゼの骨子そのものは、以前から確認できるものである。はやくも一八六四年、オスマン帝国における最初期のトルコ主義者であるムスタファ・ジェラーレッティンは、ヨーロッパ人とトルコ人を同じ人種であると論じている[9]。共和国成立間もない一九二五年から刊行された『トルコ人類学雑誌（*Türk Antropoloji Mecmuası*）』創刊号では、トルコ人はその頭蓋骨の形から優秀な人種に属するという主張が見られる[10]。トルコ人は「短頭人種」に属し、「長頭人種」よりも優れているというのは、テーゼを含め、この時期に流布した思想のひとつであった。共和国初期に著された歴史教科書においても、テーゼの要素は先取りされており、一九二九年にアリ・レシャトによって著された『世界史（*Tarih-i Umumi*）』は、シュメール人のトルコ起源に言及している[11]。トルコ海という発想もすでに、ヨーロッパの東洋学者たちによっても唱えられていたものであった[12]。テーゼは、こうした当時流布していたさまざまな学問的言説を、パッチワーク状に縫い合わせて誕生したのであった。

また、テーゼが採用された理由には、当時のトルコ共和国が置かれた政治的状況に、トルコ民族主義を適応させる役割もあったと考えられる。トルコ共和国は、国民統合の原理としてトルコ民族主義を掲げたが、本来のトルコ民族史に準ずる限り、その故地は中央アジアに求めざるを得ない。しかし、中央アジアのトルコ系諸民族との一体性を主張するパン・トルコ主義は、中央アジアを統治下におくソ連を刺激する危険な政治的主張に転化しかねず、トルコ共和国政府が採用できるものではなかった。そのため、トルコ共和国は現在の国土であるアナトリアに限定したトルコ主義、つまりアナトリア・トルコ主義を採用することになる。

だがその場合、トルコ人のアナトリア到来は中世(一般的には、一〇七一年のマラズギルトの戦い)以降となるから、アナトリアはトルコ人の古来の故地とはいえず、国民に訴えかける力が弱くなるという問題が生じてしまう。この問題を、いわば「発想の転換」で解決したのが、テーゼだといえる。アナトリアにはすでに古代からトルコ人が移住していたというテーゼの発想は、トルコ民族主義のふたつの潮流、パン・トルコ主義とアナトリア・トルコ主義をつなぎ合わせることを可能にしたのである。

テーゼのマニフェスト――『トルコ史概要』と『トルコ史概要序説』

テーゼのイデオロギーは、三つの著作によって表明された。『トルコ史概要(*Türk Tarihinin Ana Hatları*)』(一九三〇年刊)、『トルコ史概要序説(*Türk Tarihinin Ana Hatları Methal Kısmı*)』(一九三一年刊)、そして『歴史(*Tarih*)』(一九三一年刊)である(13)。

トルコ史テーゼの本格的な開始は、一九三〇年である。この年、オスマン帝国末期より続くトルコ主義者の団体で、共和国建国後も民族教育に重要な役割を果たしていた知識人グループ「トルコ人の炉辺」のなかに、トルコ史編纂を任務とした「トルコ史部会」が組織された。構成メンバーは、イナンのほか、帝国時代よりトルコ主義者として活躍してきたユスフ・アクチュラ、テーゼの理論的基礎を提言したユスフ・ズィヤら計一〇名であり、その多くは歴史研究者としてはアマチュアであった。一九三一年にトルコ史研究委員会に改組されたのち一九三五年にトルコ歴史協会となるこの組織が、アタテュルクの命を受けて――アタテュルク自身の筆も入っているとされる――書き上げたのが、『トルコ史概要』であった(表1)。

『トルコ史概要』は、古代トルコ文明の存在と、トルコ人による世界各地の文明への寄与を語り、トルコ共和国に簡単に言及して終わる。その内容は、ヒッタイトをトルコ民族とするなど、テーゼの極端な歴史観を体現したものと

表1　『トルコ史概要』目次

第一部	人類史への序
第二部	トルコ史への序
第三部	中国
第四部	インド
第五部	カルデア、エラム、シュメール
第六部	エジプト
第七部	アナトリア
第八部	エーゲ海域
第九部	古イタリアとエトルリア人
第十部	イラン
第十一部	中央アジア

なっている。一方で、中世から近代にかけての歴史には、ほとんど触れられていない。

『トルコ史概要』の冒頭では、執筆の理由が二点あげられている。それを要約して示すと、次のようになる。

①　我が国の歴史書、そしてその元となったフランスの歴史書において、トルコ人の世界史的役割は過小評価されてきた。この誤りを修正し、団結したトルコ人のための国民的歴史を書くことが必要である。本書によって、国民的発展が人種的な根源に基づいていることを理解できるようになる。

②　宇宙や人類の創造について、ユダヤ人の聖書に由来する伝説［言外にイスラムを指している］は、史料批判と科学的発見によって価値を失った。本書によって、迷信を打破し歴史的真実を理解することができる。

ヨーロッパから貶められてきたトルコ民族の誇りを取り戻すこと、そして「非科学的な」イスラムの影響から脱却することを、高らかに宣言したマニフェストといえよう。

テーゼは人種主義か？

イナンが伝えるテーゼの「契機」にあるように、また、上述した執筆理由にある「人種的な根源」という文句からも読み取れるように、テーゼの発想に、人種主義に由来する思想が色濃く影響しているのは確かである。[14]

実際、『トルコ史概要』では、人類を二つの人種に分けており、そこでトルコ人は白人と同じ人種に分類されている。『トルコ史概要』執筆者のひとりで、共和人民党の有力政治家であるレシト・ガリプは人種主義者であったと評されており、テーゼに垣間見える人種主義的な記述は、彼の主導による可能性もあるだろう。

しかし、研究者キョケンが指摘するように[15]、テーゼが人種主義一色で塗りつぶされているわけではないことにも注意する必要がある。次に引用するように、『トルコ史概要』では、人種は決定的な要因ではないとも述べられている。

しかし、人種間に今日見られる違いは、歴史的にはさほど重要ではないことも、言っておかねばなるまい。実際、頭蓋骨の形や人種を分類するためのとても根本的な特徴はあるけれども、［それらは］社会的にはどんな意味もないのである。この理由は、頭蓋骨は変化しないか、あるいはとてもゆっくりと変化しうるが、このなかにある最も基本的な器官、［つまり］脳は変化するからである[16]

『トルコ史概要』本文においても、また次に述べる『歴史』においても、生物学的な人種論を過度に強調するような箇所は見られない。こうした人種主義から一定の距離を置く姿勢は、アクチュラによるものと考えられる――第一回トルコ歴史学大会において、彼は先の引用と類似の見解を語っていたからである[17]。

じつのところ、世界の主要な諸文明の祖をトルコ人とするテーゼの基本路線と、トルコ人を他の人種より優越しているとする人種主義は、かならずしも相性が良いわけではない。古代にトルコ人が全世界に移住して、現在の世界各地に暮らす諸民族とつながっているとすれば、現在のトルコに生きるトルコ人の優越性を、排他的に主張するわけにはいかないからである。実際、ナチス・ドイツの人種主義に深い影響を受け、トルコ人の人種的優越性を強調したパン・トルコ主義者のニハル・アトスズは、テーゼを厳しく批判している。

テーゼに確認しうる人種をめぐる二重性は、執筆陣のなかの意見の相違や、テーゼに内在する矛盾――世界諸文明の祖としてのトルコ人と、優越人種としてのトルコ人が両立しえないこと――を反映しているといえる。

表2　『歴史』目次

第一巻「先史時代と古代」	
I	人類史への序
II	大トルコ史と、文明への一般的観点
III	中国
IV	故国におけるもっとも古い諸国家
V	スキタイ＝トルコ帝国
VI	インド
VII	カルデア、エラム、アッシリア
VIII	エジプト
IX	アナトリア
X	フェニキア人
XI	ヘブライ人
XII	イラン
XIII	エーゲ海
XIV	古代イタリアとエトルリア人
第二巻「中世」	
I	古代から中世への移行
II	トルコ＝アランとヨーロッパの征服
III	ヨーロッパにおけるフン＝トルコ帝国
IV	アジアにおけるエフタル国家
V	五世紀のヨーロッパ
VI	トルコ＝アヴァール帝国
VII	六世紀の東ローマ帝国
VIII	アジアにおける突厥帝国
IX	テュルギシュ国家
X	カルクク＝トルコ国家
XI	ウイグル＝トルコ国家
XII	西アジアと東ヨーロッパのトルコ諸国
XIII	五世紀以降ヨーロッパに東方から来た新しい征服者
XIV	イスラム史
XV	最初のムスリム・トルコ諸国
XVI	カロリング帝国
XVII	ノルマン人
XVIII	カペー家
XIX	ドイツ諸侯国と神聖ローマ＝ゲルマン帝国の建国
XX	教皇と皇帝の闘争
XXI	一一―一二世紀におけるキリスト教徒の封建制
XXII	大セルジューク帝国
XXIII	十字軍の遠征
XXIV	カラ・キタイ国家
XXV	ホラズム・シャー国家
XXVI	トルコ・モンゴル帝国
XXVII	エジプト・シリアのトルコ諸国
XXVIII	アナトリア・トルコ諸国の時代におけるトルコ文明
XXIX	中世のインド世界
XXX	ムスリム・トルコ統治下のインド
XXXI	ティムール

XXXII　インドのバーブル帝国

第三巻「近世・近代におけるオスマン・トルコ史」
Ⅰ　オスマン国家の形成
Ⅱ　オスマン帝国
Ⅲ　一六世紀末までのヨーロッパ
Ⅳ　帝国の衰退
Ⅴ　帝国の崩壊と滅亡

第四巻「トルコ共和国」
第一部　トルコ共和国の建国
Ⅰ　トルコ国民による新国家の再形成
Ⅱ　独立戦争
第二部　独立戦争後における革命と改革の諸局面
Ⅰ　ローザンヌから公式の共和国宣言まで
Ⅱ　共和国宣言
Ⅲ　カリフ制の廃止
Ⅳ　共和国の時代における政治的諸潮流
Ⅴ　宗教と法に関する革命と改革
Ⅵ　教育と規律における革命と改革の諸潮流
Ⅶ　経済と財政における革命と改革の諸潮流
Ⅷ　衛生と社会保障における新実践
Ⅸ　トルコ軍と国民闘争

『歴史』――テーゼの到達点

アタテュルクは、皮相的かつ誤りが多いという理由で、『トルコ史概要』を気に入らなかったという。そのためこの著作は、一〇〇部のみ印刷され、関係者に配布されるにとどまった。その一方で、翌一九三一年には、『トルコ史概要』の梗概である『トルコ史概要序説』三万部が印刷され、教育機関を中心に配布されている。

『トルコ史概要』はアタテュルクの見識に適わず、『トルコ史概要序説』はパンフレットのような出版物にすぎなかった。より本格的にテーゼを国民に教授すべく編纂されたのは、一九三一年に刊行された高校用の歴史教科書で、その名も『歴史』全四巻である（表2）。合計二〇〇〇ページを超す『歴史』は、質量ともに、テーゼを体現する代表作といえる。『トルコ史概要』の内容がほとんど古代を対象としていたのに対し、『歴史』では、それ以降の時代も――もちろんトルコ人を中心として――包括的に扱っている。それにともなって、『歴史』には、実証的歴史研究者として知られるフアト・キョプリュリュなど、あらたに複数の執筆者が参加している。

それでは、『歴史』の特徴はどのようなものであろうか。まず、古代を扱う第一巻は、『トルコ史概要』ほぼそのままの内容である。ここだけ読むならば、極端かつ偏向した歴史観であるとの印象を免れ得ない。しかし、中世を扱う第二巻、そして近世と近代（ほぼオスマン帝国史に重なる）を扱う第三巻は、トルコ民族の役割を強調する傾向はあるものの、相対的に穏当な内容となっている。イスラムやムハンマドについては、啓示などの超自然的な事象に対しては批判的だが、ムハンマドの事績そのものは否定せず、アタテュルクをムハンマドの後継者と位置づけた記述すら見られる。アッバース朝以降のムスリム諸王朝においてトルコ民族が果たした役割も高く評価される。オスマン帝国については、近代以前の時代についての評価は総じて高く、初代スルタンであるオスマン・ガーズィー（位一二九九頃～一三二三年頃）の善政や第七代メフメト二世（位一四五一～一四八一年）によるコンスタンティノポリス征服のような偉業は、トルコ人の優れた事績として称賛されている。帝国の優れた面を作り出した主体としてトルコ人を描く一方、帝国の衰退は、非ムスリムによってもたらされたとされる。そのため、非ムスリムに自治を与えたミッレト制や、ムスリムと非ムスリムの平等を唱えたオスマン主義は、厳しく批判されている。[18]

独立戦争とトルコ共和国を扱う第四巻は、アタテュルク体制を擁護する護教的性格の強い内容となっている。末期のオスマン帝国政府――独立戦争の敵のひとつ――は激しく批判され、イスラム勢力も反動として断罪される。クルド民族の名はまったく挙げられず、代わりに彼らは「東方諸県のトルコ人」として言及される。アタテュルクが一九二七年に行った「演説」からの引用も、多数含まれている。

すなわち、『歴史』は、偏向したイデオロギー的要素の強い第一巻（古代トルコ文明と世界への伝播）および第四巻（アタテュルク体制の擁護）と、トルコ民族主義の色彩が濃いながらも相対的に穏当な叙述による第二巻と第三巻からなっているといえよう。第二巻と第三巻の内容の穏当さは、キョプリュリュら実証的歴史研究者の参加と、オスマン帝国時代からの歴史研究の蓄積が、過度な偏向を制限していたことが理由であると考えられる。[19]

第一回トルコ歴史学大会――批判の封殺

こうして完成した『歴史』の検討と周知を目的として、一九三二年七月二日から一一日にかけて、アンカラで第一回トルコ歴史学大会が開催された。参加者は、中高の教員を中心とし、これに大学教員、そしてトルコ歴史協会会員（ほとんどが国会議員も兼ねる）を含めた二四一名である。もちろん、アタテュルクも臨席した。この第一回大会については、質疑応答も含めた詳細な大会報告集が刊行されており、これによって我々は大会における報告内容やそれをめぐる議論を知ることができる[20]。

第一回大会は、テーゼについての大きな論争を巻き起こした。その焦点は、『歴史』で言えば第一巻、つまり最も偏向した記述からなる古代史をめぐってのものだった。批判者は、歴史研究者フアト・キョプリュリュにゼキ・ヴェリディ・トガン、言語学者のアフメト・ジャフェルオールらである。キョプリュリュは、先史時代の研究は世界的にもまだ端緒に就いたばかりであるから、史料に基づいてじっくりと検討していくべきであると、テーゼの性急さを婉曲に批判した。ジャフェルオールは、いくつかのペルシア語起源の単語が、『歴史』ではトルコ語起源とされていることに疑問を呈した。またトガンは、テーゼの主張と異なり、中央アジアの乾燥化は徐々に進行していったものであると史料に基づいて指摘した。いずれも、テーゼの過剰な主張に対する、学問的に妥当な批判であるといえよう。

こうしたテーゼ批判に対し、テーゼ推進者たちによる反批判は、トガンに集中した。おそらく、中央アジアからの亡命バシキール人であるゆえの彼の立場の不安定さと、大会前からテーゼ推進者たちとの確執があったことが理由であろう[21]。会期中、『トルコ史概要』執筆者の一人で国会議員でもあるレシト・ガリプが、トガンを激烈に批判する新聞記事を連載し、メディアを動員したテーゼ擁護が行われた。非難の嵐のなか、トガンは会期終了を待たずにイスタンブル大学の職を辞し、ウィーン大学へ去る。

コポーは、『歴史』の完成をもって「歴史におけるクーデタの完成」と評している。しかし、トガンのパージや、新聞を利用した批判の封殺などに鑑みると、第一回トルコ歴史学大会こそが「歴史におけるクーデタ」とするに相応しいだろう（文字革命も、同じくクーデタの比喩を持って評されているのは興味深い（⇩第二章））。こうして、批判者たちは沈黙し、トルコ史テーゼの支配は完成したかに見えた。

第二節　トルコ史テーゼの展開

教育へのテーゼ導入と「言語・歴史・地理学部」創設

アタテュルクがテーゼを推進したのは、アカデミックな場だけではなかった。トルコ国民創成の現場、すなわち教育の場におけるテーゼの教授も大きな目的の一つとされ、第一回トルコ歴史学大会の前後から、教師たちに対してのアプローチが行われていた。まず大会開催前には、教師たちに『歴史』が配布されて意見が求められ、集まった意見はアタテュルクによって検討された。また、大会終了後の一九三二年には、『歴史』をどう教授するかを検討する教師の会合が持たれている。『歴史』は内容的に重厚すぎたため、中学生向けの簡略版である『中学校のための歴史（*Ortaokul İçin Tarih*）』全三巻も刊行された。[22] テーゼが教育要綱に明示的に反映されたのは一九三六年であるが、[23] これ以前からすでにテーゼに準じた教育がなされていたとみてよい。

ここで、このころ学生時代を経験した、トルコ共和国におけるオスマン史研究の大家ハリル・イナルジュクの回想を紹介しよう。一九一六年に生まれ、二〇一六年に享年一〇〇歳で没した彼は、テーゼに基づいた教育を受けた最初の世代である。彼によれば、アンカラのガーズィー師範学校での高校時代、彼を含めた生徒たちは昼夜『歴史』を精読したという。一九三三年のある日、アタテュルクが彼のクラスを訪れ、イスラム第二の聖地メディナの別名（ヤスリブ）や紅海のトルコ語名（クズル・デニズ）についてイナルジュク少年に質問した――どちらも、彼は答えられなかった。次にアタテュルクは別のクラスに赴き、テーゼについて質問したが、得られた答えに満足しなかったという。[24] ここから、アラビア語起源の単語のトルコ語への置き換え、そしてテーゼの浸透が、まだ途上にあったことが読み取れる。

一九三五年、イナルジュクは同年に設立されたばかりのアンカラ大学言語・歴史・地理学部に進学する。テーゼを学問的に検討するために組織されたこの学部では、イナンをはじめとしたテーゼ推進者たちが教鞭をとった。しかしその一方で、ナチズムの高まりによってドイツを離れた高名なドイツ出身の研究者たちが多数招聘され、「完璧なスタッフで構成されていた」[25]。この学部において、イナルジュクのほか、オスマン・トゥランら、のちの共和国の歴史学界を支える研究者たちが育つことになる。ここに入学できなかったら、いまのハリル・イナルジュクは居なかったであろう、と彼に語らしめた同学部の教育水準は、キョプリュリュらが活躍するイスタンブル大学と並び、当時のトルコ共和国のなかでは際立っていた[26]。

ウィーンに渡ったトガンが「架空のアンカラ『ケマリスト大学』は実現の可能性がない」[27]と皮肉に評した同大学であったが、次世代の研究者の育成と共和国の歴史学の発展に一定の貢献をしたのは間違いない[28]。

「総トルコ史概要」プロジェクト――壮大な「張り子の虎」

一九三二年の第一回トルコ歴史学大会終了後、より総合的な「トルコ史概要」を完成させるためのプロジェクトが始動する。このプロジェクトはやはり「トルコ史概要」と呼ばれているが、これまでの「トルコ史概要」と区別するために、本章ではキョケンに従って「総トルコ史概要」と呼ぶことにしよう[29]。イイジェやイーデミルによって紹介されている全体プランによれば、このプロジェクトの完成形は、狭い意味での歴史のみならず、思想や文化、経済活動にも大きな比重がかけられた、文字通りの「トルコ全史」だった(表3)。

このプロジェクトのため、一〇〇人以上の執筆者が「トルコ史概要諸草稿」と呼ばれる原稿を執筆した。執筆者には、テーゼ推進者たちを中心として、ヘレケ絨毯工場長など[30]、明らかに研究者ではない人物も含まれている。それに加えて、イスマイル・ハック・ウズンチャルシュル、ファト・キョプリュリュ、ミュクリミン・ハリル・イナンチュ、アフメト・スヘイル・ウンヴェルそしてアフメト・レフィクら、現在でも先行研究として参照されるような水準の高い論文・著作を著している歴史研究者たちも名を連ねている。第一回トルコ歴史学大会でテーゼに苦言を呈したキョプリュリュや、そのオスマン史嗜好のためにアタテュルクに侮辱され、イスタンブル大学を罷免されたレフィクが加わっているのは、このプロジェクトの人選が柔軟に行われたことを示している。

これら「草稿」の形式は様々である。タイプライター打ちで数頁のパンフレットに近いものもあれば、質量ともに

表3 「トルコ史概要諸草稿」の構想されていた構成と、実際に扱われた項目

※ Uluğ İğdemir, *Cumhuriyetin 50. yılında Türk Tarih Kurumu*, Ankara: TTK, 1973 をもとに作成。［ ］は、当該項目を扱う『草稿』シリーズの番号。例）［35］は第一期三五番目の作品、［II 12］は、第二期一二番目の作品であることを示す。［ ］がない項目は、構想のみで実際には書かれなかった。

序論

第一部 トルコ全史への序

A. 中央アジアで行われた地理学、人類学、文献学、言語学の調査から今日まで導かれた結果

B. 中国、インド、メソポタミア、エジプト、アナトリア、エーゲ海域、イタリア半島とヨーロッパの他地域で行われた地理学、人類学、考古学、文献学、言語学の調査から現れた結果の、「A」の結果との比較

C. トルコ人の故地

D. 人類の諸人種について、今日までの見解とこれらの批判

第二部 中央アジア

一 この地域の地理と自然［II 12］

二 最初の移住前後の歴史以前に関する知識の少なさ

三 移住後の中央アジアの人類学的歴史

四 最初の歴史時代に関する史料とここから導かれる結果［5、II 19］

五 中世・近代における中央アジア史の要約［35］

六 結論

第三部 極東：中国、日本、インド、東南アジアの諸島、アメリカ［9（1）、39、43、II 9］

一 この地域の地理と自然

二 この地域の住人と文明化においてみられた歴史的移動

三 この地域に中央アジアから来た移住者と、その文明化の役割

四 後の時代におけるこの地域へのトルコ人種の影響

第四部 中東：インド、イラン

A. インド［41／1-4、III 3］

B. イラン［II 13、II 13／a］

第五部 近東

A. アナトリア［22、II 39、III 7］

B. メソポタミア［II 33］

C. エーゲ海［50、II 31］

D. エジプト［16］

E. シリアとパレスチナ［II 23、III 6］

第六部 近東と東欧の中世・近代史［58、II 22］

A. 中世にこの諸地域を統治していた者達、およびこれら諸部族の文明的・政治的役割

B. 近代にこの諸地域を統治していた者達、およびこれら諸部族の文明的・政治的役割

一 アヴァール、ハザル、ブルガル、マジャール（ヴォルガ河近辺時）。他のトルコ人［14、II 37］

二 東ローマ帝国、ダキア人、南スラヴ人へのトルコ人の影響

三 北スラヴ人へのトルコ人の影響

四 クマン、マジャール、ブルガル（ドナウ河到来以降）［14、27］

五 セルジューク帝国の分裂とセルジューク諸王朝

六 エジプトのトルコ帝国

七　アナトリア・セルジューク朝、アナトリア・セルジューク朝への従属国［32[1]、44、II1］
八　イルハン朝、イルハン朝への従属国
九　オスマン帝国［52、III14］
一〇　オスマン帝国の停滞・衰退期［20、III14］
一一　オスマン帝国の解体期［6[2]、20、II29、II35、III14］
一二　新しいトルコ国家［II17］

第七部　ヨーロッパの最初の文明

A. イタリア［9（2）］
一　イタリアの地理と自然［55］
二　イタリアにかつてより住んでいた諸部族と、後にここに移住した諸部族の起源
三　イタリアでローマ文明以前に作られた文明：エトルリア文明
四　エトルリア人に関する地域の要約とここからの結果
五　ローマ文明に対する、古いイタリア（特にエトルリア文明）とエジプトとエーゲ文明の影響［III4］
六　ローマ人の人種と言語への、慣習と習慣に、法制度研究から得られた結果

B. ヨーロッパの他地域
一　ヨーロッパの他地域における先史時代に生きた諸部族の起源に関する人類学、文献学、言語学的調査［2］
二　この諸部族に、最初の文明の影響を与えたのは何か
三　歴史時代にヨーロッパが文明に達したことと、この文明に影響を与えた要素に関する調査結果

第八部　トルコ人の文明への寄与

A. 国家
一　トルコ人の政治的進歩への寄与［30］
二　トルコ人の軍事技術への寄与［8、21、29、II3、II21］

B. 思想
一　トルコ人の社会制度の進歩への寄与。言語、宗教、法、家族、慣習、規律など［11、18、46、48、II25、II27、II43、III2］
二　トルコ人の学問への寄与
a. 数学と天文学［31、II4、II4／a、II15］
b. 自然科学と医学［1、3、25、28、II10、II16、III12］
c. 歴史と地理［23、24、II20、II40、III13］
d. 哲学［34、36、37、38、40、41、II18、II32、III15］
三　芸術
a. 絵画、細密画、彫刻、書道、写本装飾、製本など［7、12、II11］
b. 建築、装飾、彫像、陶器など［13、49、II5、II6／A、II28］
c. 文学、詩、銘文、演劇など［47、54、60、61、II34］
d. 音楽と舞踊［15、26、59、II6］

C. 経済
一　農業と牧畜［10、22、II36、II42、III1、III10］
二　工業：絨毯、染色、皮革、製紙など［17、33、II8／a、II24、III9］
三　商業［62］
四　財政［57、III11］
五　陸、海、空運

（1）さらに下位区分として「1. 政治状況」
（2）6、II29では、さらに下位区分として「2. 対外関係、民族の諸問題」

一冊の書籍としてふさわしいものも存在する。水準も玉石混交であり、全体としては、テーゼを基調にして著された作品が多いといえるだろう。その一方で、十分に実証的な内容の草稿もあり、ウズンチャルシュルの担当した「建国から一五世紀前半までのオスマン帝国の組織」と「アナトリア侯国と黒羊朝・白羊朝の建国と政治活動、およびこの時代における国家組織」、アクチュラの担当した「オスマン帝国崩壊の時代」は、のちにトルコ歴史協会より単行本として、もしくは単行本の一部として刊行されている。(31)

プロジェクトは三期に分けて行われた。第一期（一九三二〜三三年）の開始は、新聞でも記事にされ、華々しい幕開けとなった。第一期に書かれた草稿は、合計六七点を数える。第一期の開始に当たっては、数回執筆者が集まって方針や内容の検討が行われ、各原稿は最長二ヶ月で書くようにと定められた。(32)しかし、第二期（一九三四年）に書かれた草稿は四三点、そして第三期（一九三六年）は一五点と、徐々にその数を減らしてゆく。第二期と第三期についてはメディアも沈黙しており、鳴り物入りでスタートした総トルコ史概要プロジェクトが、急速にその勢いを失っていったのがわかる。

一方、トルコ歴史協会の活動の中心は、すでにこのプロジェクトから離れつつあった。すなわち協会では、一九三五年に、学術誌の発刊、公文書の整理、遺物の保存、発掘など、地に足の着いた実証的な研究活動を重視するよう、活動の見直しが行われたのである。このとき、トルコ歴史協会がはじめて学術団体として生まれ変わったといってよい。一九三七年には、トルコ歴史協会刊行物の第八シリーズとして、「トルコ史概要」と銘打たれた、しかしプロジェクトとは実質的に無関係なモノグラフ集の刊行がはじまっている。

その壮大な構想にもかかわらず、尻すぼみとなって終息したこの総トルコ史概要プロジェクトについて、羊頭狗肉という評価を降すことも可能である。その一方で、ウズンチャルシュルをはじめとする、今でも価値を持つ研究書の原型が、このプロジェクトのために書き下ろされたことも見落としてはならないだろう。空想的なテーゼと実証的な歴史研究が併存するという二重性は、先に見た『歴史』にも、このあと見る第二回トルコ歴史学大会においても確認できる、この時代のトルコ歴史学界に通底する特徴といえる。

第二回トルコ歴史学大会――「テーゼの勝利」？

一九三七年九月二〇日から二五日にかけて、イスタンブルのドルマバフチェ宮殿にて、第二回トルコ歴史学大会が開催された[33]。今回は国外の学者も多数招かれ、九〇の報告が準備された（うち、四八名が国外の研究者による。ただし、時間の都合から大会会期中に報告されたのは六〇にとどまった）。名誉議長を務めたのは、イナンの師ピッタールである。考古学や人類学、あるいは言語学の報告が多くを占め、また第一回では見られなかったオスマン帝国史についても、キョプリュリュやウズンチャルシュル、のちに社会経済史の大家となるオメル・ルトフィー・バルカンら、一流のオスマン史研究者たちが報告した[34]。一方、歴史理論や方法論についての報告はなかった。

この大会では、テーゼへの批判や疑義は見られなかった。そのため、本大会においてテーゼが勝利を収めた、と評価する研究者もいる[35]。たしかに、冒頭の基調講演では、大会がテーゼの立証に寄与するであろうことが宣言され、テーゼや太陽言語理論[36]に基づいた報告が多数、発表された。しかし、実証的な内容の報告も少なくなく、その学問的な水準は決して低くなかった。この大会に聴衆として参加したイナルジュクは、「私がまだ［言語・歴史・地理学部の］学生の時、第二回大会に参加しました。第一回大会ではロマンティックかつ、明らかな政治的観点で提示されたテーゼに対し、［第二回大会では］どのように徐々に学問的基礎に基づいた観点に場が与えられたのか、を目撃しました」と回想している[37]。

同様の感想は、この大会に参加したイギリス大使ジェームズ・モルガンが、イギリス本国に送った報告書でも確認できる。モルガンは、トルコの人種主義的歴史にへつらったスイス人ピッタールただ一人を除いて、外国人による諸報告は極めて学問的なものであったと述べる。さらに続けて、アタテュルクはかつてこの理論（テーゼや太陽言語理論）に惹きつけられたが、いまは技術的・学問的な観点からそれが不確かであることを納得させられたようである、とも伝えている[38]。

すなわち、一見したところの印象とは異なり、第二回トルコ歴史学大会は、イデオロギー色を薄め、のちのトルコ共和国における学術研究の発展につながるような報告が一定数を占めていたということである。これは、先に触れた

「総トルコ史概要」の失速、トルコ歴史協会の方針転換と軌を一にする。このような転換が、アタテュルクの黙認なしに行われたとは考えにくい。実際アタテュルク自身、すでにこのころには、テーザをこのまま推進するのは無理だと見なしていた節もある。[39]第二回トルコ歴史学大会は、トルコ歴史学界の方向の修正を暗に示す場となったのである。

第三節　テーゼの衰亡と新しい歴史認識の潮流——アタテュルク死後から現在まで

テーゼの退潮とその残響

アタテュルクは、一九三八年に死去した。彼は、トルコ歴史協会とトルコ言語協会を自らの遺産で運用するよう、そしてトルコ史テーゼを推進するよう、遺言を残した。同年、トルコ歴史協会の学術誌『紀要（*Belleten*）』はアタテュルク特集を組み、そこにシェムセッティン・ギュナルタイ——一九四一年より一〇年間、トルコ歴史協会の会長を務める重鎮である——が「トルコ史テーゼの成果の本質と、テーゼの確固たる勝利」と題した論考を発表している。[40]しかし、ギュナルタイの空疎な宣言とは裏腹に、もはやテーゼが維持できないのは明らかだった。

明確な自己批判や総括こそ行われなかったものの、一九三九年には早くも『歴史』が教育プログラムから取り除かれることが決定された。『歴史』第一巻は一九三九年と一九四二年、第四巻は一九四四年に改定され、移住理論に関する記述が大幅に減少するなど、テーゼの根幹にかかわる文言が修正された。[41]一九四三年の第三回トルコ歴史学大会では、冒頭にてアタテュルクによって課された責務たるテーゼの堅持が宣言されたものの、実際の諸報告は、テーゼとは無関係なものがほとんどであった。オスマン史を扱う独立したセッションが初めて設けられたのもこの大会である。また、一九四九年に開催された第四回国民教育諮問会議では、教育方針の軌道修正がなされた。参加者のひとりである高名な文学研究者ニハト・サーミ・バナッルは、「空想的な歴史は不要である」と、明らかにテーゼを意識した厳しい批判を公言した。[42]A・E・ユルドゥルムは、この第四回教育会議をもって、「テーゼの終了が宣言された」

と位置づけている[43]。

とはいえ、テーゼを思わせる記述が、教科書から即座に抹消されたわけではなく、その影響は長く続いた。たとえば一九六八年の教育指導要綱では、先史時代に中央アジアに内海があり、気候変動によって移民が発生、中国、インド、南ロシア、中央ヨーロッパ、メソポタミア、アナトリア、エジプトそしてエーゲ海へと広がったと叙述されている。一見、テーゼに準じた記述に見えるが、移住者がトルコ人だとは明言されていない。その一方で、別の箇所ではトルコ人が中央アジア出身であることを述べており、移住者がトルコ人である含みを持たせている。つまり、テーゼの中心たる、古代トルコ文明と彼らの世界への移住について、可能な限り無理のない形に修正されるような努力の跡が見られるのであった[44]。こうしたテーゼの残響が完全に消え去るのは、じつに一九九〇年代に入ってのことである[45]。

テーゼの変奏——人文主義

アタテュルク没後、急速に存在感をなくしてゆくテーゼに代わって、どのような歴史認識が現れたのだろうか。以下、政治的イデオロギーとして力を持った歴史認識に絞って説明していきたい。以降の時代では、イデオロギー的な歴史認識と、アカデミックな歴史研究の乖離がより進んでいくからである[46]。

アタテュルクを継いで第二代大統領となったイノニュ時代に主流となった歴史認識は、「人文主義」と呼ばれる潮流である[47]。これは、自分たちをヨーロッパ・地中海文明の一員と見なし、アナトリアの過去を構成するギリシャ・ローマ文明をも自分たちのルーツのひとつとして、アイデンティティに取り込んでゆく歴史認識である。「西洋文明のルーツはトルコ人である」という無理のあるテーゼの主張を、「トルコ人も西洋文明の一員である」という無理のない形で組み替えたのが人文主義である、と位置づけられるかもしれない。

人文主義的活動の象徴となったのが、アタテュルク死後間もない一九四〇年より、国民教育相ハサン・アリ・ユジェルが音頭を取って刊行した西洋古典翻訳シリーズであり、五年ほどで四九六点が翻訳された。一九四七年には、ギリシャ・ローマ史を大幅に増加させ古代トルコ史を削減した、大きく改定された歴史教科書が採用され、これが一九八〇年代までのスタンダードとなった[48]。この時代には、高校のカリキュラムにラテン語とギリシャ語が導入されてもいる。このような人文主義的な歴史観は、一九四〇年代に登場した、ギリシャ・ローマなど古代アナトリア諸文明と現代トルコ人を結び付けようとした「青きアナトリア」主義〔⇒第六章〕とも親縁性を持ちながら、一九八〇年代まで影響力を持った。

ただし、ユジェルが一九四六年に失脚すると人文主義の勢いは失速し、徐々に西洋古典文明の偏重に対する反発も顕著となる。上述した、ナチスの人種主義思想に共鳴した知識人ニハル・アトスズを代表とするパン・トルコ主義者たちは、批判者の一角をなす。彼らは第二次世界大戦下の一九四四年に弾圧・投獄されたが、大戦が終結すると、再び勢力を拡大していった。彼らの思想は、現在の民族主義者行動党にも受け継がれている。

「アンチ・テーゼ」の台頭——トルコ=イスラム総合論と新オスマン主義

一九八〇年を境に、大きな力を持つようになるのが「トルコ=イスラム総合論」である。これはもともと、トルコ歴史協会会長もつとめたイブラヒム・カフェスオールらが、一九七〇年代より主張してきたものである。彼らは、人文主義への鋭い批判者であり、ある意味でテーゼに敵対する者たちであった。総合論では、トルコ民族は数千年来、世界の主人たる民族であったとされ、トルコ民族中心主義は堅持されている。しかし、これまでの共和国におけるトルコ主義のように宗教的要素を排除するのではなく[49]、トルコ人の民族性のなかに不可欠の存在として、宗教、すなわちイスラムを位置づけている。このトルコ=イスラム総合論は、一九八〇年のクーデタ後に成立した軍事政権が、共産主義の浸透を防ぐべく「公式イデオロギー」として採用することで、大きな影響力を持つことになった[50]。

トルコ=イスラム総合論を主導したカフェスオールは、本来はセルジューク朝史の専門家であり、オスマン帝国より古い時代にその主眼があった。しかし、トルコ=イスラム総合論によってイスラムがトルコ人の歴史のなかで役割を確保しえたことは、来るべきオスマン帝国史再評価の下地を整えた。とくに、一九八〇年代のオザル政権下では、オスマン帝国の再評価が進んだ。この時代に提示された「新オスマン主義」の新しさは、多文化・多民族の共存のキーワードとして、新オスマン主義が語られたことである。一九九三年のオザル死後は、政治的な推進力としての新オスマン主義と文化的多元性は、その力を失うことになる。[51]

しかし、これ以降もオスマン帝国の再評価は進み、政府や市当局がおこなうページェントの題材として、オスマン帝国の歴史的偉業が頻繁に取り上げられるようになった。現在の公正発展党政権下でも、オスマンの遺産は強調され、現政権の正統性を補強する役割を担っている。例えば、メフメト二世によって成されたイスタンブル征服の記念日を祝う行事は、いまや毎年の恒例となった。二〇一六年の祝祭においては、エルドアン大統領がメフメト二世になぞらえられている。[52] 二〇一七年には、エルドアン大統領はメフメト二世そしてアラブ地域を征服したセリム一世（位一五一二～一五二〇年）の墓廟に参詣、イスラム世界の盟主としてのイメージを喧伝した。[53] 近年、こうした事例は枚挙にいとまがない。

おわりに

アタテュルクが「最後の戦い」に勝利しえたか否か。ここでその答えを出す必要はないだろう。重要なのは、当時の歴史的文脈のなかにテーゼを位置づけ、それが果たした役割を明らかにすることである。

イナルジュクは、アタテュルクの抱いていた目的を、さまざまなエスニック集団が雑居していたアナトリアの国土にあって、古来よりひとつの国民がいかにして存在していたかを示すものだったとする。アナトリアの民衆を近代的な国民とする方法を模索したアタテュルクは、アナトリアの人々に共通の国民意識を与えるために、このようなテーゼを提示したのである。[54] 永田雄三も指摘するように、テーゼは、これまでヨーロッパの偏見に晒されてきたトルコ人が、新たな国民としてひとつにまとまり、その生存権を確立するために考案された苦肉の策であった[55]（セーヴル条約によって脅かされたトルコの生存権については、〔⇩第八章〕）。

一九三〇～四〇年代は、日本の皇国史観・アジア主義、ドイツのアーリア人優越史観、ハンガリーのトゥラン主義など、極端な人種論に基づいた歴史観が、国家の正統性の「科学的」根拠として掲げられた時代であった[56]。こうした時代状況に鑑みると、トルコ史テーゼは、決して特異な例外とはいえまい。

ただし、相違もある。日本やドイツでは、第二次世界大戦の敗戦によって、その歴史観は強制的に断ち切られた。対してトルコ共和国は、敗戦を経験せず強制的な切断が行われなかったために、またアタテュルク自身が公的に撤回したわけではなかったために、テーゼの影響はすぐには排除されなかった。しかし、アタテュルクの存命中よりその極端さが修正されつつあり、また彼の死後は急速な方針転換がなされたことは、トルコ歴史学界の持つある種の弾力性を示している。とはいえ、いまだ共和国の歴史叙述のなかにはクルド人やアルメニア人をはじめとするマイノリティがほとんど位置を占めておらず[57]、敵味方を峻別し、敵に分類した人々を裏切り者とみなす[58]傾向があることにも留意しておく必要がある。ある意味でこれらも、テーゼの残滓だといえるだろう。

一九三〇年代のトルコ歴史学界を語るさいには、テーゼの極端な主張のみに注目が集まりがちである。しかし、この時期に共和国の学問的基礎が置かれたことは間違いなく、公定歴史学のプロジェクトから生まれた著作のいくつかは、現在でも先行研究として参照されている。テーゼとそれが推進された時代におけるトルコ歴史学界には、相矛盾する要素が併存しており、常に二重性をはらんでいた。この時代の歴史学が持った意義は、こうした多様性を見極めつつ、評価する必要があろう。

*本章は、ＪＳＰＳ科研費（16K03090, 16KK0029）の成果の一部である。

注

（1）Hasan C. Çambel, "Atatürk ve Tarih," *Belleten*, 3(10), 1939, p. 272.

（2）小笠原弘幸「歴史教科書に見る近代オスマン帝国の自画像」秋葉淳、橋本伸也編『近代・イスラームの教育社会史――オスマン帝国からの展望』昭和堂、二〇一四年、一六五～一八五頁。

（3）トルコ史テーゼは、後述する『歴史』のように、本来は古代史に限って主張されたものではない。しかし、研究者のあいだでは、ここで言及したような極端な古代史の部分を指してテーゼとみなすことが多い。本章でも、こうした空想的な古代トルコ史の部分を指してテーゼと呼ぶことにしたい。また、テーゼのみならず、アタテュルク擁護を含む共和国イデオロギーの正当化も含むより広い歴史観を、「公定歴史学（resmi tarih）」と呼ぶことが通例である。

（4）Büşra Ersanlı, *İktidar ve Tarih: Türkiye'de "Resmi Tarih" Tezinin Oluğumu（1929-1937）*, Istanbul: İletişim, 1996（2nd ed.）; Étienne Copeaux, *Espaces et temps de la Nation Turque: analyse d'une historiographie nationaliste: 1931-1993*, Paris: CNRS Editions, 1997. また、エルサンルに先んじて、ベシクチやトゥンチャイが、一九七〇年代から断片的に批判的検討を加えている。İsmail Beşikçi, *"Türk Tarih Tez" "Güneş-Dil Teorisi" ve Kürt Sorunu*, Ankara: Çağlar Matbaası, 1977; Mete Tunçay, *Türkiye Cumhuriyeti'nde Tek-Parti Yönetimi'nin Kurulması（1923-1931）*, Ankara: Yurt Yayınları, 1981.

（5）Nevzat Köken, *Cumhuriyet Dönemi Tarih Anlayışları ve Tarih Eğitimi（1923-1960）*, Ankara: Atatürk Araştırma Merkezi Yayınları, 2014; Tercan Yıldırım, *Tarih Ders Kitaplarında Kimlik Söylemi*, Istanbul: Yeni İnsan Yayınevi, 2017; Ayça E. Yıldırım, *History and Education: Perceptions, Changes and Continuities during Early Turkish Republic*, Istanbul: Libra, 2017. 日本でも永田雄三が、日本のアジア主義などの比較の視点から、テーゼを分析している。永田雄三「トルコにおける「公定歴史学」の成立」『植民地主義と歴史学』刀水書房、二〇〇四年、一〇七～一二三頁。こうした潮流は、序章第二節で論じた、一九八〇年代以降の研究動向の変化を反映しているといえる。

（6）Köken, *Cumhuriyet Dönemi Tarih Anlayışları*, p. 193.

（7）Afet, "Atatürk ve Tarih Tezi," *Belleten*, 3（10）, 1939, p. 244. 訳は永田雄三による。永田「トルコにおける「公定歴史学」の成立」一一三頁。

（8）例えば彼女は、自分の働きかけを契機として、アタテュルクが女性の権利拡大を行ったのだと語っている。自分がアタテュルクを動かして改革が実践されたことを主張するこの逸話が、テーゼの発案と同じ構図であることはすぐに見て取れよう。Yeşim Arat, "Nation Building and Feminism in Early Republican Turkey," in Celia Kerslake, Kerem Öktem and Philip Robins eds., *Turkey's Engagement with Modernity: Conflict and Change in the Twentieth Century*, London: Palgrave Macmillan, 2010, pp. 49-50.

（9）Köken, *Cumhuriyet Dönemi Tarih Anlayışları*, p. 12.

（10）Nazan Maksudyan, *Türklüğü Ölçmek: Bilimkurgusal Antropoloji ve Türk Milliyetçiliğinin Irkçı Çehresi, 1925-1939*, Istanbul: Metis, 2005, p. 107, 150.

（11）Köken, *Cumhuriyet Dönemi Tarih Anlayışları*, p. 188.

（12）永田「トルコにおける「公定歴史学」の成立」一五三頁。

(13) *Türk Tarihinin Ana Hatları*, Istanbul: Kaynak Yayınları, 1999（3rd ed.）; *Türk Tarihinin Ana Hatları: Methal Kısmı*, Ankara: Maarif Vekaleti, 1931; *Tarih*, 4 vols., Istanbul: Maarif Vekaleti, 1931.

(14) この時代のトルコにおける人種主義の潮流については、Murat Ergin, *"Is the Turk a White Man?" Race and Modernity in the Making fo Turkish Identity*, Chicago: Haymarket Books, 2016も参照。

(15) Köken, *Cumhuriyet Dönemi Tarih Anlayışları*, p. 102.

(16) *Türk Tarihinin Ana Hatları*, p. 47.

(17) A. E. Yıldırım, *History and Education*, p. 97

(18) 小笠原弘幸「トルコ共和国建国期の歴史教育におけるイスラーム史――教科書の記述分析より」『二〇一六年度大学研究助成　アジア歴史研究報告書』公益財団法人ＪＦＥ21世紀財団、二〇一七年、九五～一一五頁。

(19) 小笠原弘幸「トルコ共和国公定歴史学における「過去」の再構成――高校用教科書『歴史』（一九三一年刊）の位置づけ」『東洋文化』九一号、二〇一一年、二八九～三〇九頁。

(20) *Birinci Türk Tarih Kongresi: Konferanslar Müzakere Zabıtları*, Ankara: Maarif Vekaleti, 1932.　しかし一方で、大会報告集の内容を鵜呑みにできないのも確かである。例えば大会報告では、思想研究者アフメト・アリ・アイニによるテーゼを絶賛する報告が掲載されている。しかし彼は後年、大会において『歴史』の内容に疑義を呈したが遮られてしまった、と回想している。Ali K. Aksüt, *Profesör Mehmet Ali Ayni: Hayatı ve Eserleri*, Istanbul: Ahmet Sait Matbaası, 1944, p. 402. 報告集と回想のどちらが正しいかは判然としないが、現存している報告集は、公開を前提とした「余所行き」の出版物であり、実際にはより多数の批判があった可能性もあるだろう。

(21) とくにトガンと同じく中央アジアから亡命した、タタール人サドリ・マクスディとの確執があったと指摘されている。Nadir Özbek, "Zeki Velidi Togan ve "Türk Tarih Tezi"," *Toplumsal Tarih*, 8(45), 1997, p. 22.

(22) *Ortaokul İçin Tarih*, 3 vols., Istanbul: Maarif Matbaası, 1933. 小学校の四・五年生用の『歴史』も書かれたというが（Köken, *Cumhuriyet Dönemi Tarih Anlayışları*, p. 202）、テキストの現存は確認できていない。

(23) Köken, *Cumhuriyet Dönemi Tarih Anlayışları*, p. 194.

(24) Halil İnalcık, *Söyleşiler ve Konuşmalar*, vol. 1, Istanbul: Profil Yayıncılık, 2013, pp. 401-411. 二〇〇九年に行われた談話。本節で参照したこれらの回想について、当時からかなりの時を経ていることもあり、過去が美化されている可能性もあるだろう。しかし、最もテーゼの影響が強かった時代に教育を受けた世代の貴重な証言であり、割り引きつつも傾聴に値すると考えられる。

(25) ただし、外国人研究者たちは、しばらくしてトルコを去り、多くはアメリカに渡る。イナルジュクは、「偏狭さによって彼らをみな失ってしまった［……］学問は狂信と両立しない」と苦々しく述懐している。Emine Çaykara, *Tarihçilerin Kutubu: Halil İnalcık*

Kitabı, Istanbul: İş bankası Kültür Yayınları, 2006（2nd ed.）, p. 57. 二〇〇三年に行われたインタヴュー。

（26）İnalcık, *Söyleşiler ve Konuşmalar*, pp. 281-295. 二〇〇一年に行われたインタヴュー。

（27）テーゼに対しては、イナルジュクは懐疑的だったようで、次のように語っている。「歴史テーゼに関する事々に、私は心惹かれませんでした。これらはファンタジーのように思えたのです。シュメール学、ヒッタイト学、中国学［……などがあったが、結局、］私は近世史［つまりオスマン史］を選びました」。Çaykara, *Tarihçilerin Kutubu*, p. 56.

（28）小野亮介「オーレル・スタイン・ペーパーズから見るゼキ・ヴェリディ・トガンのトルコ史研究と歴史観——「第一回トルコ歴史学大会」から「トルコ全史」へ（一九三二—一九三二年）」『日本中央アジア学会報』一〇号、二〇一四年、三二頁。

（29）Köken, *Cumhuriyet Dönemi Tarih Anlayışları*, p. 216, 220. 総トルコ史概要については、イイジェやイーデミルによる全体プランの紹介はあるが（Semavi Eyice, "Atatürk'ün Büyük Bir Tarih Yazdırma Teşebbüsü: Türk Tarihinin Ana Hatları," *Belleten*, 32（128）, 1968, pp. 509-526; Uğur İğdemir, *Cumhuriyetin 50. Yılında Türk Tarih Kurumu*, Ankara: TTK, 1973）、エルサンルをはじめとした多くの研究者がその存在を無視している。しかし、テーゼにおいて総トルコ史概要が占める重要性は明らかであり、今後の研究が必要とされる。

（30）Reşat, *Halıcılık*, Istanbul（?）: Başvekalet Müdevvenat Matbaası, n.d. ヘレケはトルコ絨毯の産地として知られる。

（31）İsmail H. Uzunçarşılı, *Kuruluşundan Onbeşinci Asrın İlk Yarısına Kadar Osmanlı İmparatorluğu Teşkilatı*, Istanbul: Akşam Matbaası, n.d.; İsmail H. Uzunçarşılı, *Anadolu Beyliklerinin Kara ve Akkoyunlu Devletlerinin Kuruluşları ve Siyasi Hayatları ile Bunlar Zamanındaki Devlet Teşkilat: Fikir Hareketleri ve İktisadi Hayat*, Istanbul: Akşam Matbaası, n.d.; Yusuf, *Osmanlı İmparatorluğunun Dağılma Devri*, Istanbul: Akşam Matbaası, n.d.

（32）A. Süheyl Ünver, "Bir Vakıa ve Neticesi," *Belleten*, 20（80）, 1956, pp. 747-754.

（33）*İkinci Türk Tarih Kongresi*, Istanbul: Kenan Matbaası, 1937.

（34）ただし、時間の都合のためかバルカンは実際には報告せず、報告集への寄稿のみにとどまった。このバルカンの論考「オスマン帝国建国期の土地問題」は、のちにフランス語訳されて、フランスの『アナール』誌に掲載されている。

（35）Ersanlı, *İktidar ve Tarih*, p. 235; 永田「トルコにおける「公定歴史学」の成立」二〇一頁。エルサンルは、オスマン史について、水準の高い研究が含まれていることにも触れている。

（36）一九三五年から主張された、世界の言語はすべてトルコ語を祖とするという「テーゼの言語版」ともいえる理論。アタテュルクの死後は自然消滅した。

（37）İnalcık, *Söyleşiler ve Konuşmalar*, p. 438.

（38）National Archives, F.O. 371, E. 5994.

(39) アタテュルク自身、テーゼの一部の強引な主張を真に受けておらず（Ahmet Şimşek, "'Türk Tarih Tezi' Üzerine Bir Değerlendirme," *Türkiye Günlüğü Dergisi*, 111, 2012, pp. 85–100）、トガンに対して私的に非を認めていたという。小野亮介『亡命者の二〇世紀――書簡が語る中央アジアからトルコへの道』風響社、二〇一五年、二八～二九頁。

(40) Şemsettin Günaltay, "Türk Tarih Tezi Hakkındaki İntikatların Mahiyeti ve Tezin Kat'i Zaferi," *Belleten*, 2 (7–8), 1938, pp. 337–365.

(41) A. E. Yıldırım, *History and Education*, pp. 168–175

(42) *Dördüncü Milli Eğitim Şurası 23–31 Ağustos 1949*, Ankara: Milli Eğitim Bakanlığı, 1949, p. 68, 82.

(43) A. E. Yıldırım, *History and Education*, p. 129. ただし、「テーゼの終了」といえるほど明示的な決定はなされていないように思われる。

(44) Mete Tunçay, "İlk ve Orta Öğretimde Tarih," *Felsefe Kurumu Seminerleri*, Ankara: Türk Tarih Kurumu, 1977, pp. 276–285. 永田雄三によって邦訳されている一九七八年に刊行された歴史教科書では、ヒッタイト人がトルコ人であるとは明示されておらず、この要綱の趣旨に従って執筆されていることが見て取れる。エミン・オクタイ、ニヤズィ・アクシト『トルコ』全三巻、永田雄三編訳、ほるぷ出版、一九八一年。

(45) 一九九〇年刊行の高校歴史教科書では、中央アジアから世界各地への移住説に触れ、ヒッタイト人がトルコ系である説について、議論の余地があるものとしている。Faruk Sümer and Yüksel Turhal, *Tarih Lise 1*, Istanbul: Ders Kitapları Anonim Şirketi, pp. 30–31. しかし、一九九八年刊行の高校歴史教科書では、移住説やヒッタイト人起源についての言及は姿を消している。Kemal Kara, *Liseler İçin Tarih 1*, Istanbul: Önde Yayıncılık, p. 32.

(46) イデオロギー的な歴史認識と、アカデミックな歴史研究が交錯することもあったが（後述する「トルコ＝イスラム総合論」はその好例である）、紙幅の都合もあり、イノニュ時代以降については政治的イデオロギーとして力を持った歴史認識にのみ焦点を絞ることとする。

(47) T. Yıldırım, *Tarih Ders Kitaplarında Kimlik Söylemi*, pp. 55–61.

(48) Köken, *Cumhuriyet Dönemi Tarih Anlayışları*, p. 228.

(49) テーゼや人文主義に、世俗主義の傾向は顕著である。一方パン・トルコ主義は、イスラム化以前のトルコ民族史を重視するものの、イスラム化以降のトルコ民族に対しても否定的ではないため、トルコ＝イスラム総合論と親和性が高いといえる。

(50) トルコ＝イスラム総合論を軍事政権が採用したことについては、澤江文子『現代トルコの民主政治とイスラーム』ナカニシヤ出版、二〇〇五年、九八～一〇八頁。なお、トルコ民族とイスラムを結び付ける思想そのものは、新しいものではない。民族主義は世俗的であると規定されることも多いが、その一方で、宗教的要素が民族のアイデンティティに深く絡み合っており、場合によっては腑分けするのが難しいことは、想像に難くない。先に見た通り、『歴史』においてすら、トルコ史のなかでイスラムが果たした役割は全否定されていなかった。それどころか総合論の源流は、歴史思想的にはオスマン帝国末期にまで遡ることができる。新井政美編『イスラムと近代化——共和国トルコの苦闘』一七四頁。それだけに、総合論はテーゼほど強引な性格がなく、そのエッセンスは現在にまで受け継がれていると考えてよいだろう。

(51) Yılmaz Çolak, "Ottomanism vs. Kemalism: Collective Memory and Cultural Pluralismin 1990s Turkey," *Middle Eastern Studies*, 42 (4), 2006, p. 95. 公正発展党政権においてダウトオールが外相を務めた時代にも、新オスマン主義的な理念に基づいた外交が行われた。今井宏平『中東秩序をめぐる現代トルコ外交——平和と安定の模索』ミネルヴァ書房、二〇一五年、一七四～一八一頁。

(52) 小笠原弘幸「オスマン／トルコにおける「イスタンブル征服」の記憶——一四五三—二〇一六年」『歴史学研究』九五八号、二〇一七年、四七～五八頁。

(53) 柿崎正樹「エルドアン大統領の歴史認識——ケマリズム史観への挑戦」『中東研究』五三〇号、二〇一七年、八～二一頁。

(54) Halil İnalcık, *Osmanlı Tarihinde Efsaneler ve Gerçekler*, Istanbul: NTV, 2015, p. 183; *Söyleşiler ve Konuşmalar*, p. 436.

(55) 永田「トルコにおける「公定歴史学」の成立」一二五～一三〇頁。

(56) 永田「トルコにおける「公定歴史学」の成立」一七二～一九六頁。

(57) Fatma M. Göçek, "Furor against the West: Nationalism as the Dangerous Underbelly of Modern Turkey," in Ireneusz P. Karolewski and Andrzej M. Suszycki eds., *Nationalism and European Integration: The Need for New Theoretical and Empirical Insights*, New York: Continuum, 2007, p. 176.

(58) T. Yıldırım, *Tarih Ders Kitaplarında Kimlik Söylemi*, pp. 71-287.

第二章　国民創出イベントとしての文字革命

穐山祐子

はじめに

トルコ共和国がアラビア文字を廃し、ラテン文字を導入した、いわゆる「文字革命」から九〇年が過ぎようとしている。一九二八年に断行された文字の変更は、トルコ社会において共和国革命史の重要な一ページとしてひろく認知されている。トルコにおけるラテン文字化は、表記法の転換がきわめて大規模かつ短期間に完遂され、かつ識字率の向上をもたらした成功事例として世界的にもよく知られており、これに関連する著作物も多数刊行されている。ところが、ラテン文字化の過程が実態としてどのように進んだのか、その詳細は意外なほど茫漠としている。

ことばを保存するために用いられてきた文字が、きわめて強い象徴的機能を持つことは、これまで多くの研究者によって言及されてきた。文字は、地域的、言語的、宗教的なつながりを持つ集団の文化的統一性やアイデンティティを示す象徴的機能を持ち、また、それが含意するところにより、言語間の分離や接近をもひきおこす[1]。さらに、文字はさまざまな形で権力と結びつき、集団や国の象徴となることで、感情的執着やナショナリズムを惹起し、群れ意識の対象とも、対立や排除の対象ともなる[2]。文字の持つ政治性は、近代期における国語創出の過程において多くの言語で表出した。なぜなら言語がどのように表象されるべきかということは、国家や国民のありかた、ナショナル・アイデンティティに密接に結びついていたからである。

しばしば指摘されるように、フランス革命以降、欧州を中心に国民国家生成の道具としての言語に対する関心は増大した。かつては学者や作家からなるアカデミーが取り仕切っていた領域が、法的な規制のもと国家によって直接介入されるようになった[3]。諸国家によって独自の国語の形成を目指して行われた言語的整備、言語標準化過程において、造語など語彙への関与、方言形態の統一と並んで行われたのが、表記法の変更という言語的介入であった[4]。西欧で行われた表記法改革は、「文字体系の改革」や「文字の改革」といったドラスティックなものではなく、概ね基本的な原則を維持しつつ、アクセント記号など正書法に関する規則変更が行われる「綴り字の改革」を焦点としていた。一方、ラテン文字圏の外、西欧の背を追って近代化に邁進した非西欧の後発国民国家における表記法の改革は、文字そのものをめぐる問題が焦点となる例がしばしば見られた。そこでは多くの場合、伝統的文字体系が近代世界からの遅れの原因とみなされ、新しい文字を創出する、もしくはすでに用いられている別の文字を導入することが議論された。特に近代西欧世界のスタンダードであるラテン文字を導入するという主張は、印刷を初めとする近代技術への対応、識字率上昇による国力増進への希求として表明されるのが常であった。たとえば、東アジアにおいては、一九世紀まで漢字、あるいはそれを用いた書記体系である漢文が威信ある書記システムとして影響力を保持していたが、一九世紀後半から二〇世紀初頭にかけて、漢字を用いた伝統的書記体系の複雑さが近代化の妨げになると捉えられ、漢字を廃止ないし制限しようとする議論が湧き上がった[5]。

東アジアの事例と同様、トルコにおいても近代化の過程で伝統的書記体系の複雑さが俎上にあがった。議論は文字に象徴される固着的伝統とどういった形で決別するかという葛藤と、西欧に追いつこうとする焦燥感とが複雑に絡み合いながら展開した。この点で、トルコは非西欧国家が抱える普遍的な問題を共有していた。やや状況が異なるのは、歴史的に多宗教、多言語を包摂する世界である中東、バルカン地域において、宗教的アイデンティティを可視化する目印としての文字の意味がきわめて大きかったことである。オスマン帝国において、文字の分布は話しことばの圏域ではなく、それが表象する宗教・宗派集団のテリトリーを示す指標として機能した[6]。聖なる典礼テキストに記されている文字は、宗教的な権威と関連づけられながら、その宗教の聖性をしめす象徴としての機能を獲得するが、この傾向は偶像崇拝を禁じ、文字が視覚的にも大きな機能を担ったイスラムにおいて顕著であった。したがって、自らをイスラムの盟主と任ずる限り、オスマン帝国のアラビア文字圏離脱は困難な選択肢であった。

ところが、帝国の崩壊によって書記法改革の実現に理想的なタイミングが訪れる。共和国建国後、オスマン＝イスラム的伝統を脱し、西欧に範をとる世俗的国民国家へと変容することが焦眉の問題となると、今度はイスラムの象徴であるアラビア文字の廃止は「トルコ人」としてのナショナル・アイデンティティ形成のためのきわめて重要な政治的選択として浮かび上がった。マルディンが指摘するように、革命指導者たちがターゲットとしていたのは社会の構造的変革より、オスマン旧体制下における社会、文化の象徴的システムの核であった宗教の排除であった[7]。文字革命は単なる識字化促進政策ではなく、文字という聖なる記号を媒介することによって繋がる古典的共同体からの離脱であり、あらたな規範としてのラテン文字の受容は、ケマリズムにもとづいたトルコ国民の想像の共同体の形成であった[8]。

本章では、トルコにおけるラテン文字化がどのように実現され、そして新たな文字の普及がトルコ社会に何をもたらしたのかについて、国民形成の側面に注目しつつあとづける。いかなる意図によるものにせよ、表記法の改変は大きな政治的、社会的な緊張や衝撃を生む危険を孕んでいる。とりわけ文字の交替は、前の文字体系が信頼性や地位を示すその国固有の印となっている時期が長いほど、知的権威の構造を混乱させる恐れを秘めているとされる[9]。成功事例として知られるトルコの文字革命も混乱と無縁ではなかったはずである。

なお、文字革命は言語改革の一部として取り上げられることが多いが、ここでは文字革命のみを扱い、一九三〇年代以降推進された言語純化政策についてはは取りあげない。アラビア文字の排除とラテン文字の導入は、アラブ・ペルシア語彙の排除、「純トルコ語（Öz Türkçe）」の創出をめぐる言語純化のプロセスと同じく、共和国の言語イデオロギーに基づいた枠組みによってもたらされたことは確かであろう[10]。理念上の連続性にとどまらず、技術的な意味でも、ラテン文字化はアラブ・ペルシア語の語彙の放逐とそれにかわる「純トルコ語彙」生成の布石となっている。しかし、現実の施策レベルで考えたとき、文字の改革と語彙の改革の間には質的な相違があり、その政策評価も大きく異なる。言語純化運動で行われた語彙の選別や生成が強引なものであったとして批判を浴びたことに比べ、ラテン文字採用がトルコの近代化と識字化を後押ししたとして、今なおアタテュルクの功績の代表格となっていることは、文字革命が言語改革とは異なる独自の展開をたどったことを示唆している。

第一節　文字革命への歴史的展開と新字普及のプロセス

文字改革議論の開始とその背景

しばしばアタテュルクの偉業として振り返られる文字革命であるが、トルコにおける文字改革の議論そのものは共和国期に突然降って湧いたものではない。アラビア文字表記の改良が議論され始める時期はオスマン帝国の近代化期まで遡る。アラビア文字は、ラテン文字やキリル文字と同じく、字母が一つ一つの音素を表す音素文字のひとつである。セム系言語を表記するために発達し、母音が原則として表記されないことをその特徴とする。[11] 音声的な特徴がアラビア語とは異なるトルコ語をアラビア文字で表記するにあたって、ペルシア語で用いられていたپ（pe）、چ（cim）、ژ（je）の文字が借用されたほか、ڭ（Sağır kef）の文字が加えられることにより、トルコ語固有の文字と音素の対応関係が生み出されていった。トルコ語に多く借用されたアラブ・ペルシア語彙については、概ね原語の綴字が踏襲されたが、強力な書記規範の形成が不十分であったトルコ語彙を記す際には、しばしば綴りのゆれが起きた。加えて、複数の文字が一つ以上の音韻を示す機能を保持していたこと、母音が省略されることによって、いくつかの解釈が可能となるテキストが生じたため、読み手はコンテクストから最も正しいと思われる語彙を類推しなければならなかった。しかし、これらは読み手の「読み」への慣れや経験、語彙力によりある程度解決されるものであったことから、読み書き能力が限られたエリートたちに独占されたツールであった時期には、それほど大きな問題をもたらさなかった。[12]

アラビア文字を用いたトルコ語表記の特徴は、一九世紀中葉、オスマン帝国における近代化過程で「問題」として顕在化する。この頃、近代化改革のためにフランス、イギリスなどから専門家が招聘され、西欧諸語の学習がひろがりを見せた。西欧諸語との接触は、知識人たちにラテン文字を用いた表記の簡便さに比べたときの、アラビア文字表記の複雑さを否応なく意識させた。教育分野の近代化による初等教育拡充の動きの中で識字問題が徐々にあぶり出されると、その原因はアラビア語表記の複雑さに求められた。さらに表記法改革論の形成に拍車をかけたのは、ユダヤ教徒、ギリシア正教徒、アルメニア正教徒など非ムスリムによる非アラビア文字の印刷に大きく遅れをとっていたアラビア文字の印刷が、この時期から産業として発展したことにあった。印刷にまつわる効率性やコストへの意識が高まるにつれ、西欧由来の印刷技術をアラビア文字に用いた時の作業の煩雑さが障壁と見做されるようになる。記号等を含め六〇ほどの活字で対応できるラテン文字に比べ、語内で連結し、語頭、語中、語尾でその形を変えるアラビア文字表記の印刷にははるかに多い活字のセットが必要とされた。活字を組み、それを再度解体して元の場所に戻す作業に大きなスペースを必要とするという点でもアラビア文字は非効率的であった[13]。

知識人たちの間では、程度の差こそあれ、表記法をめぐる問題が解決すべき懸案であるという認識は共有されていた。アラブ・ペルシア語由来の語彙の表記はそのままに、トルコ語彙に母音を示す記号等を付加する案を皮切りに、全ての語彙について母音を補う文字を挿入する案、文字を接続せず表記する案など、複数の改良案が考案された。しかし、オスマン期において表記法改革への足並みは揃わず、意見や立場の異なる知識人たちが、それぞれ試行錯誤を繰り返すにおわった。ラテン文字採用論は、アルバニアでのラテン文字導入の影響を受けた一八七〇年代前半に盛んに議論されたが、ムスリム社会の一体性保持のためアラビア文字使用を堅持すべきとする意見は根強かった。第二次立憲政期以降、ラテン文字受容論は進歩派知識人によって再び主張されるようになるが、やはり一部の知識人サークルの枠を飛び越えるには到らなかった。

ラテン文字導入と「革命」の結合

一九二三年の共和国建国後も、論壇におけるラテン文字導入論への受け止めに大きな変化はなく、反対するものが依然として大勢を占めていた。しかし、一九二六年、アゼルバイジャンのバクーで行われた第一回トルコ学会議で、ソヴィエト全土のムスリムがラテン文字使用に移行することが決議されると、議論の風向きが変わり始める。一党体制の確立、政敵の排除によりアタテュルクの権力が強化された一九二七年末頃から一九二八年の前半にかけて、ラテン文字採用を支持する意見は力を増し、急転直下でアラビア文字放棄路線承認へと世論が形成されてゆく。この頃のラテン文字受容派の論理展開は、共和国理念とのはっきりとした結びつきを持って語られるという点で、それ以前とはやや異なる様相を呈している。オスマン期からラテン文字導入支持を表明し受容派の中心となった言論人のひとり、ジェラル・ヌーリ〔・イレリ〕が、一九二八年五月に自身が刊行する『努力（*İçdam*）』に掲載した論説には以下のような一節がある。

〔……〕ラテン文字の承認は、トルコ革命の、ガーズィー革命の歩みの一つである。これにより、トルコ民族は今まで属していたアジアから脱する。つなぎ止められていた過去から永遠に離れる。この革命の結果、ウラル＝アルタイ民族でも大きく進歩しているマジャール人、フィン人、エストニア人のように、ヨーロッパ世界にも間違いなく追いつくだろう。トルコ革命は途中で終わらない。道半ばで終わる革命は問題を先延ばしにする統治と同じである。我が民族の指導者であるムスタファ・ケマル閣下は民族を救うために最大の努力をもって計画のために働いた人であり、彼は以前から描いてきた道程を最後まで辿って来た。文字を変えることもこの大きな文明計画の一段階なのである。(14)

ここに来て、ラテン文字導入は共和国革命の完成という新しい意味を付与されている。ラテン文字が採用されるべき理由は、アラビア文字体系とトルコ語の音声システムとの不適合性や、印刷簡易化といった技術的な問題より、アラビア文字の廃止がトルコの脱亜入欧に不可欠であるとみなされるためである。共和国建国を迎えてラテン文字化を要請する事情は大きく変質していた。

共和国革命の象徴としての「トルコ文字」承認

一九二八年五月、大国民議会でラテン文字導入の適切性を判断する調査委員会の創設が提言され、内閣により国会議員、言語専門家、官僚からなる九名の委員が選定された。委員会では、どの音を「トルコ語の音」とするかが議論され、最終的にトルコ語彙だけを基準にした文字セットの導入が提言された[15]。これはアラブ・ペルシア語由来の語彙が使われにくくなるという点で、のちのトルコ語の変容につながる重要な決定であった。委員会からの報告書提出を受け、アタテュルクは一九二八年八月九日の夜、イスタンブルのサライブルヌで行われた共和人民党の催しの席で、文字革命の開始を知らせる歴史的な演説を行うに到る。

［……］同志諸君、われわれは、われわれの美しい言語を表現するために新トルコ文字を採用する。美しく、流麗で、豊かな言語は、新しいトルコ文字によって顕現する。数世紀にわたりわれわれの頭を鉄枠の中にとどめていた、不可解で、われわれが理解できない記号から自らを解放し、またそうする必要があることを理解せねばならない。

［……］新トルコ文字は、速やかに学ばれねばならない。すべての国民、女性に、男性に、荷担ぎに、船頭に教えよ。これは愛国行為、国を愛する者の義務であると心得てもらいたい。この使命を果たすにあたって考えてみたまえ、ある国、ある社会の一、二割が読み書きを知り、八、九割が知らない、これは恥である。人たるものはみなこのことを恥じるべきである。この国の国民は恥じるために生み出された国民ではない。讃えられるために生み出された、その歴史を称賛で満たされた国民である。国民の九割が読み書きを知らないとしたら、瑕疵はわれわれにあるのではない。瑕疵はそれらにあるのだ、トルコ人の性質を理解せずに、ある種の鎖でもってわれわれの頭を縛るそれに。過去の欠陥を根本から一掃する時が来た。過ちを正そうではないか。過ちが正された暁には、全ての国民に努力してもらいたい。遅くとも一、二年のうちに全トルコ国民が新トルコ文字を学ぶだろう。国民はその文字と知性をもって、彼らが文明世界の側にあることを示すだろう[16]。

ラテン文字を基に作られた「トルコ文字」を学び教えることを、愛国行為であり国民の使命だと数えたこの演説は、アタテュルクの信奉者や、共和人民党支持層の間で熱狂的な反応を引き起こし、のちに共和国革命を象徴する最もよく知られた一幕として回想されるようになる。サライブルヌ演説において宣言された新字導入の決定は、新聞紙上に大々的に取りあげられた。新字の導入を歓迎し、その習得に邁進する国民の姿が日々報じられた。こうした報道のなかで、新字は「国民のアルファベット（Millet alfabesi）」「共和国アルファベット（Cumhuriyet alfabesi）」「ガーズィー・アルファベット（Gazi alfabesi）」などと称され、次第に新生トルコ共和国ないしアタテュルク革命の象徴的存在となっていく[17]。そして一九二八年一一月一日、大国民議会において「新トルコ文字の承認と適用に関する法」（法一三五三号）（以下新字法）の法案が承認される。言語委員会の設立から新字法の制定まで、わずか半年という早さであった。

新字普及への足がかりとしての公務員教育

新字法の特徴は、非常に短期間での文字切り替えが求められたこと、新旧の文字の併用期間が一部の例外を除いて設定されなかったことである。トルコ語の看板、標識、掲示、広告、映像字幕、全定期および非定期刊行新聞、小冊子、雑誌等については法制定から一か月後の一九二八年一二月一日以降、トルコ語書籍については二か月後の一九二九年の年初以降、トルコ文字で記すことが義務付けられた。法的な規制が直接的に及んだ上記の領域では、文字の切り替えは比較的早い段階で達成されていった。とりわけ看板や標識などの規制による言語景観の整備は、体制が刷新されたことを可視化するという点で絶大な効果を持っていた。新字との入れ替えが十分に準備されないまま、旧字を消すことが優先されたため、都市生活には混乱も生じた[18]。しかし、公的な場からの旧字の徹底的排除は、新生トルコの「近代化」を効果的に演出し、国内のみならず、国外における「文字革命」の成功イメージの形成に寄与したといえる。

書かれたものの切り替えに比べはるかに困難だったのは、共和国理念を体現する新字の使用をいかに大衆の間に広げるかという問題であった。このことは、国民意識の強化という点で、共和国の指導者たちにとって決定的に重要であった。人びとを文字習得に向けた実際の「行動」や「実践」に導くためには、新字を用いることなしには生活できない環境をいち早くつくりあげる必要があった。政策実施者たちがとった方法は、教員を筆頭に公務員に新字を学ばせ、彼らを普及の足がかりとすることであった[19]。

公務員のうち、最も早い段階で新字習得を要求されたのは教師たちである。教師たちへの新字研修の準備は、地域によって若干の違いはあるが、おおむね一九二八年八月末に開始されている。彼らは九月中旬までに二、三週間の講習を終え、認定証を得る必要があった。こうした状況下でもちあがったのが、拙速な承認授与による教員の質の問題であった。一九二八年一〇月二三日付けでイスタンブル教育局長から教員に向けられた訓示では、一定のレベルに達していない教員にも認定証が与えられていたことに言及されている[20]。しかし、動員可能な指導者の確保が急がれるなか、こうした対応はやむを得ぬものであったろう。教員の力は学校教育の場で子どもたちに対して向けられるだけではなく、公務員や一般成人国民への新字教育においても最大限に発揮されねばならなかった。

教員は新字教育の最前線に立つと同時に、共和国イデオロギーの拡散を末端で担う最も重要な人びとであるとみなされた。一九二九年一一月一〇日付で教育相ジェマル・ヒュスヌ〔・タライ〕から教員らに対して出された通達文書はそれを端的に示す例である。

〔……〕トルコ史の転換点における最重要項目である文字革命は、とりわけ知識人とその先頭に立つ教員諸君に力を得ております。これに関するいかに小さな目溢しも、諸君の努力を軽んじる態度も、革命と国家への最大の罪であります。諸君のペンから生まれる古い文字はすべて、革命の信念を蝕む最大の敵であります。諸君はこの罪を犯すものたちと信念を軽んじるものたちを、未来のトルコの歴史に霊感を得た不屈の努力と信念で正しい道に導いてゆくのです。諸君は文字革命に導かれる者でもあり、導く者でもあります[21]。

通達は旧字を明確に「革命の信念を蝕む最大の敵」と位置づけるとともに、教員の自尊心を擽りつつ、徹底して新字を用いることについて念押しを行っている。

教員に次いで一般の公務員向けの新字研修が九月後半から始められた。都市部、村落部の別なく、トルコの全公務員は一一月の終わりまでに新字を習得する義務が課された。つまり、公務員たちは二、三か月の間に新字を習得したことになる。教育省からの通達で、全公務員は新字講座を受講した上で共通の綴りの書き取り試験を受けることが定められた。また、各県には全職員の講座受講状況や試験結果について記した報告書を教育省に提出することが義務付けられていた。[22] この一方で、本質的な意味で彼らの新字習得を支援し、下支えする仕組みは存在しなかった。実質的な講習実施は各省庁、組織、地方自治体など現場の担当に丸投げされており、受講者の達成度や試験の合格基準の統一性は確保されていない。

大衆に向けた識字教育政策

サライブルヌ演説から約五か月後の一九二九年一月一日、大多数が非識字者からなる一般国民への識字促進事業が開始される。国民の義務として就学期を過ぎた成人国民に識字教育を行うための国民学校（Millet Mektepleri）の開設である。国民学校には一六～四五歳の全ての男女の参加が義務づけられた。国民学校条例では対象者が健康上の理由等なしに講座に参加しなかった場合、公職につくことはできず、五～二五リラの罰金が科されると定められた。[23] ただし、すでに新字を習得したとする者は、試験を受け証明書を得ることで参加は免除された。また、家長が世帯員の新字習得に責任を負う限りにおいて在宅での学習も認められた。こうしたことから、国民学校の参加については柔軟な対応が取られていたと想像される。講座実施場所には、小学校をはじめとした各種教育機関だけでなく、公的施設の談話室、男性が社交や娯楽のために訪れる集会所や喫茶店、さらに保守層や女性にも抵抗なく受け入れられるモスクなどが選ばれた。このほか公的機関、自治体、専売公社、銀行、鉄道・港湾事業組織、資本の半分以上が公費によってまかなわれている組織、二〇人以上の労働者がいる会社や工場、農場などで国民学校の設置が義務づけられた。刑務所においても、六か月以上収監される者には読み書き講習を行うことが定められた。

国民学校で実施された講座は旧字、新字のいずれも知らない非識字の国民のために四か月間続けられるA講座と、すでに旧字の読み書きを知っている国民向けに二ヶ月間続けられるB講座に分けられた。いずれも週六日、毎日一時間ずつ授業が行われ、金曜は休日とされた。識字関連以外に、算数、保健・衛生、公民といった講義も実施された。国民学校通学中のものには登録証が発行され、三分の二以上の講義に参加し試験を通過したものに、修了証書が授与された。ここでも統一的な評価基準は見られず、修了証はかなり寛大に発行された可能性が高い。当時のアメリカ大使ジョセフ・グルーによる一九二九年六月二四日付けの報告書は、雇用しているトルコ人が国民学校を修了していても読み書きを知らないことに触れ、修了証の保持はリテラシーを保証するものではないと言及している[24]。

もっとも、新字導入期における識字教育の本質は、新字の習得を目指す活動を通じて、人びとの間で国民意識を醸成し、国家との紐帯を形成することにこそあった。アタテュルクによるサライブルヌ演説をはじめ、この時期の指導者たちの新字関連の演説は、よき国民であることの自覚を人びとに問いかけるものが目立つ。新字習得キャンペーンへの参加は愛国心の表出の一形態であり、そこで求められたのは、たんなる読み書き能力の獲得ではなく、共和国的価値の内面化の作業でもあったといえる。

第二節　文字革命の実態

二つの書記規範の並存

新字法施行以降、政府は公務員への新字教育や、大衆の識字化に向けた国民学校事業の推進など、様々な試行錯誤を行っていた。しかし、新字普及が当初想定されたように進んでいないと明らかになるまでに時間はかからなかった。一九三〇年一月、内務相シュクリュ・カヤは、首相府に対し、各県の役人が未だに旧字を使用していることを以下のように報告している。

複数の県から本省にもたらされる文書の中に、トルコ文字の受容と運用に関する法に反し、アラビア文字で記された書類、欄外注、メモが散見されます。共和国の最も重要な革命運動の一つである文字革命が国家の全領域に広がっている時に、本件について民衆を導くべき役人たちが、反対に、法的に禁止された古いアラビア文字を用いて公的な業務を執行しているのを座視することは、革命的行動に反しており、偉大な革命の理念に照らしても断じて承服できるものではありません。

したがって、法と秩序に正しく従うことがその任務である役人の管理者は、役人たちに手書き書類、下書きを新字で作成させ、この書記法に慣れさせねばなりません。知事諸氏についても随時査察を行い、法に反する行動が許容されることがないよう、革命原理の実践による最大の配慮と警戒を示して頂きたく、ここにお願いする次第であります。[25]

報告からは、国民を先導すべき公僕たちのあいだで文字の乗り換えが予定通り進まない状況に、当局が頭を悩ませていることがよくわかる。公的領域と私的領域のはざまにある文字使用とでもいえる下書きやメモ書きは公的な文書としては残らず消えていく種のものであり、監視や査察により統制することは事実上不可能であった。業務現場で新字を用いるよう指導する中央から県への通告はその後も継続しており、一九三二年六月には、全通信に新字を用いるよう、改めて各県に通告がなされている。[26]公的機関への諸申請についても旧字使用が事実上容認されていたとみられる。一九三四年一一月には、首相府が公的機関への新字で行われるべき申請書記入について改善が見られないこと、今後はアラビア文字を用いて作成された文書は読まれずに破棄されるという声明を発表している。[27]

知識人階級の人びとの多くは、依然として旧字を用いていた。新字使用を唱導した知識人のあいだでさえ、民衆への新字使用推奨と、自らの習慣的旧字使用の現実が矛盾せず共存していた。[28]アナトリア内陸地域における新字の定着状況について記した一九二九年六月二一日付内務省視察報告には、「最も知的な人びと」として言及される既識字層が、私信に旧字を用い続けており、新たなテコ入れが必要である旨が記されている。[29]

鳴り物入りで始められた国民学校事業は、五年ほどの間に次第に影響力を低下させていった。一九二八〜一九三六年までの修了証取得者の総数は一九三五年の成人人口の一〇パーセント強にすぎなかった。[30]政府は硬軟あわせた施策により、国民学校活動への民衆の参加を促したが、国民の関心を継続的に新字習得に向け続けることは難しかった。新字導入への国民の反応は国内メディアで報じられたほど歓迎一色ではなく、散発的にではあれ反対行動は起きていた。[31]二〇〇〇年代初頭にブルサで行われた口述調査では、新字導入に対するネガティブな反応について複数の証言がなされている。官憲による巡回や罰則設定が恐れられたことにより、表立った反発は少なかったものの、宗教的に保守的な層を中心に構成されていた（ないしは一般にそのように受け止められていた）反対派から、新字は「不信心者の文字（Gâvur yazısı）」と呼ばれていた[32]。

文字使用にかかわる社会摩擦

子どもたちの教育分野でも、旧字使用にかかわる問題が残存していた。一九二四年三月の教育統一法の制定によって教育は一元化され、イマーム（宗教指導者）養成学校やマイノリティの学校を含むすべての教育機関および学術組織は国民教育省の傘下に組み込まれていた。一九二八年の新字法では学校教育の場で新字を用いることが規定され、同年には、学校のカリキュラムからアラビア語とペルシア語は排除されていた。したがって、就学率が順調に推移しさえすれば、新字使用人口は自動的に増加するはずであった。しかし、共和国建国期において学校数と教員数の不足は深刻であり、遠隔地の村々には中央の教育政策は届いていないと言ってよかった。これに加え、伝統的価値体系が色濃く残る共同体においては、世俗的なケマリズムの理念にもとづく国民形成事業に対する抵抗感が根強く広がっていた[33]。新字を「不信心者の文字」と呼んだのと同様に、公的な教育機関を「不信心者の学校」と呼び、子供たちを通学させたがらない者は多く、特に農村部では五〇年代後半までこうした傾向がみられた[34]。

就学率の伸び悩みを解消すべく、憲兵や教師たちに家々を巡回させるなどして指導が行われた。体制側の高い関心の裏側には、学校教育の一元化とコーラン教育の規制を背景とする地下教育の広がりという根深い問題があった。オスマン帝国期以来、伝統的に教育を担ってきたのは宗教指導者層であり、共和国期において公的な教育現場から排除されたのちも、彼らは依然として「先生」と目されていた。共和人民党が対宗教政策の厳しさを緩和させる一九四六年まで、子どもたちへのコーラン教育は規制されたが、実態としては官憲の目を盗んで続けられていた。このことは、教育の一元化が実現せず、ローカルな宗教指導者たちのトルコ社会での隠然たる影響力を削ぐことができないという意味で体制側にとって危惧すべきことであった。

当局がとりわけ神経を尖らせていたのは、村落イマームたちによる教育活動であった。一党体制期においては宗務局によって宗務者が配置されるのは大都市や県庁、郡庁の所在地など町の中心部にあるモスクだけで、村落部までは手が回らなかったため、イマームの確保はそれぞれの村で行われていた。中央予算から給与を得る公務員である宗務局の管理下の宗務者たちとは異なり、公的なシステムに組み込まれていない村落イマームは宗教サービスの提供に加え、子どもたちへの宗教教育に携わっていた[35]。一九三〇年代から四〇年代の西部黒海地方の内陸県チョルムの村落社会の実態について記した回想録には、コーラン教育が禁じられていた当時、村落イマームが子どもたちへの教育を外部に露見しない形で継続していたことが記されている[36]。よく似た事例はブルサでの聞き取り調査でも語られている[37]。

ここでいう宗教教育とは、最終的なターゲットをコーランの「読み」に据え、アラビア文字でいうＡＢＣ、「エリフバー」を学ぶことから始まる伝統的教育であった。世俗的な読み書き実践はすでに新字へと移行しており、そこではトルコ語を表記する目的での旧字学習に主眼がおかれる必要はなかった。しかし、当局側はこうした地下教育を「コーラン教育」としてではなく、「旧字教育」の名目で規制した。一九三一年一二月には、私塾を開きアラビア文字を用いて教育を行う行為が新字法に反するとして処罰されることが定められた[38]。これにより当局はデリケートな論点である宗教教育の規制にはあえて触れず、あくまで新字法を口実にした取り締まりの実施が可能になった。

時間の経過とともに新字のみを学んだ若年人口が増加すると、旧字使用世代との間で摩擦が生じ始める。たとえば、一九四二年六月、当時の共和人民党事務局長であったシェヴケト・エセンダルは、公務員たちが業務時に未だ旧字を用いているために、新字世代の若者が対応に苦慮していると報告している[39]。業務の場では新旧両世代の橋渡し役となる人材が求められていた。一九四〇年一月二四日付け『共和国』紙に掲載されたペヤミ・サファの論説では、息子に旧字を教えることについての是非を問う読者の投書が紹介されている。サファはこれに対し、古い記録を読むために官民問わず旧字を知る人材が求められている現状に触れ、子供に優れた素養を身につけさせたい親が個人的に旧字を教えることに法的な問題はないとの見解を示している[40]。論説からは技能としての旧字使用能力が実務を担う上で重視されていたことに加え、若年層の旧字学習のありかたが社会的な関心事になっていたことが窺える。

第三節　成功言説の醸成と不可逆性の担保

文字革命をめぐる言説形成

内外での成功イメージとは裏腹に、新字の普及と旧字の完全な排除は即座には現実化せず、長期にわたって二つの書記規範が併存しているという状況は、政策実施者にとって是認できるものではなかった。文字革命の本質的な目的の一つが、旧体制の象徴の排除によるオスマン＝イスラム的過去との断絶であるとの前提に立つならば、文字革命は新字の受容と旧字の排除という両輪があってはじめてなりたつからだ。さらに、新字の普及が表層的なものにとどまり、なし崩し的に旧字使用が再開されれば、それは世俗化政策の他領域にも反動的影響を及ぼしかねなかった。

こうしたなか生み出されていったのが、革命の不可逆性を強化するための言説である。まず試みられたのは、文字変更が科学的な観点に基づいて行われたとの主張による新字普及事業の正当性の獲得であった。建国期の公定史観をつぶさに観察できる教育省刊行の高校教科書『歴史（*Tarih*）』（一九三一年）〔⇒第一章〕には、文字革命断行の理由を支えたロジックが示されている。ここで新字導入の理由は、第一に、旧字習得の困難さがトルコの教育・学術分野の脆弱性の原因であったこと、第二に、音声的な特徴からトルコ語の表記にはアラビア文字は適さず、その改良が完全に行き詰まったこと、第三に、国際的な文字媒体として定着しているラテン文字の導入は国益にかなうこととして示されている[41]。

トルコ語の音声的特徴とアラビア文字の不調和や、難解な旧字表記システムの弱点などは、オスマン期以来、ラテン文字導入を唱導してきた知識人たちの主張のなかで繰り返し述べられてきたことで、大きな目新しさはない。重要なのは、アラビア文字の改良は不可能であり、ラテン文字の採用のみが残された唯一の道であったとする言説である。この言説は、文字革命の実施が必然であったことを正当化するために欠かせない主張として世俗派を自認する論客の間で踏襲された。しかし、共和国以前の文字表記に関わる問題は、知識人の間で意見の統一が図れず、また国家など強力な権威により改革が一気呵成になされなかったことに起因するのであって、アラビア文字がトルコ語を表記できなかったためではないという事実を考えたとき、この見解はやや妥当性に欠ける。たとえ音声構造の違いに起因する問題を抱えていたとはいえ、アラビア文字によるトルコ語表記は長きにわたって用いられてきた。共和国に入ってラテン文字が採用されるのは、アラビア文字体系がトルコ語の音声システムに適合していなかったためというより、アラビア文字の廃止をイデオロギー的に適切とみなした勢力が発言権を増したためである。学校増設や教員育成を行うとともに、母音を示す文字ないし記号を増やすなどアラビア文字の運用をトルコ語に適した形で改変し、その規範が浸透しさえすれば、アラビア文字の使用は継続可能であっただろう。ラテン文字化の必然性とアラビア文字使用の不可能性を結びつける主張を過度に組み込んでしまったことは、文字革命をめぐる言説が抱え込んだ大きな矛盾点であった。

アラビア文字改良不可能論に付随して、新字の導入こそがトルコ共和国における識字問題を解決したとする言説は、トルコ国内だけでなく、西側のメディアや研究者によっても拡散された[42]。この根拠として示されるのが、人口センサスから明らかになったラテン文字化後の識字率である。人口センサスの識字関連データからは、トルコにおける識字率がコンスタントに上昇してきたことが見てとれる。ラテン文字導入後に行われた一九三五年調査で、新字の読み書き能力を示す識字率は男性が二九・三パーセント、女性が九・八パーセントであったが、その一〇年後の一九四五年調査では男性四三・七パーセント、女性一六・八パーセントへ、さらにその一〇年後の一九五五年には男性が五五・九パーセント、女性が二五・六パーセントと堅調な伸びを示しており、文字革命後、新しくリテラシーを獲得した層が増加しているのは間違いない[43]。しかし、ラテン文字化によって識字率が上昇した、ないしは旧字の存在が識字率上昇を妨げていたという直接的因果関係については留保が必要かと思われる。成人識字率の趨勢は、初等教育における就学率および教師数の伸びがかなり密接に関係すると指摘されている[44]。トルコにおける識字率の上昇にも、初等教育の拡充が相当程度影響したと考えるのが妥当であろう。

新字導入が「合理化、簡易化」の産物であると強調するような言辞とセットで用いられるのが、これらの対極にある、国民の愛国心を刺激するような情緒的言辞である。こうした情緒的言辞に特徴的なのは、旧字から新字への移行を、国父アタテュルクの個人的業績に帰そうという意識が強くみられることである。文字革命と彼を固く結びつける言説はなぜここまで繰り返されたのだろうか。この理由について考えた時、救国者、国父としてのムスタファ・ケマル像の強調と、それに対する崇拝の徹底という形でなされた個人崇拝が、理念としての「ケマリズム」に欠けている情感を補ったという新井による指摘は重要である[45]。救国者アタテュルクに、あらたに国民の筆頭教師としての性格を付け加え、文字革命を独立解放戦争と二重写しにするような言説は、ラテン文字化の技術的根拠を、まさに情感の面で補うものとして機能した。一九三二年九月の第一回言語会議での演説で当時の教育相レシト・ガリプが、独立解放戦争の開始点である一九一九年五月のサムスン上陸と、文字革命の出発点である一九二八年のサライブルヌ演説を相似的に示したことはその典型例であろう[46]。その後も、新字普及過程におけるアタテュルクの象徴的シーンが書籍の表紙や挿絵として無数に複製されることで、彼と新字との分かちがたい結びつきが作り上げられた。多くのトルコ国民の間に醸成された国父への敬愛の念も手伝って、文字革命は共和国革命の最も正統的な事業のひとつとして認識されてゆく。

言説の広がりとその再生産

文字革命の成功言説の流布に大きな役割を果たしたのは、アタテュルクの肝いりで設立されたトルコ歴史協会（一九三一年）、トルコ言語協会（一九三二年）であった。これらの機関を中心に文字革命に関わる著作が多く発表されたが、そこでは成功言説の醸成を意図するようなエピソードが繰り返された。賞賛の言葉に満ちた一連の著作が、共和国レジームの正統性の強化、革命史の神話化に寄与した側面は否定できない。新字導入により読み書きが容易になり、国民が識字化しているという文字革命の成功言説は、教育の場や、共和国の記念日およびアタテュルクの生没記念日などで再生産されることで着実に定着し、新字の生みの親とみなされた国父への尊崇の念をさらにかき立てることになった。この意味で、新字とアタテュルクはその正統性を相互補完する関係にあったといえる。

他方で、文字革命に関する批判的言辞の影響は限定的であった。この理由の一つは、一九三二年のトルコ言語協会組織後、言語政策が文字から語彙へと移行したのと軌を一にして、批判派の言論人の関心もまた語彙純化政策へとシフトしたことにある。また、すでに述べた通り、アカデミックな場や公的組織のお墨付きのもとで行われてきたのは、文字革命を肯定的に捉える諸研究であり、わずかながらにでも批判的な色合いを含む見解は、文字革命が本質的に内包するケマリズムに触れることを警戒してか、やや婉曲的な表現で表明されてきた。文字革命への批判の多くは、新字の導入がはたして必須であったのかへの疑義、文字の転換が招いた取り返しのつかない文化的損失などに集約されるが、注目すべきなのは賞賛派と批判派の言辞がときに表裏一体の関係をなすという点である。常套的に用いられる「文字革命は一夜で民衆を「文盲」にした」といった類の硬直的批判は、革命が瞬時に成し遂げられたかのような印象を与える賞賛派の言辞を補完するものであり、文字革命の一面的なイメージをむしろ増幅させた。このような事情から、文字革命が一気呵成に完遂されたとの認識は立場の違いを超えて、多くの人びとに共有されるに到るのである。

ここまで見てきたように、この巨大事業は、驚くべき大胆さと素早さで進められた政策決定過程とは裏腹に、遙かに長い時間を要するものであった。それでも、新字を旧字に戻そうという具体的な動きは生じなかった。おそらく新字の存在が揺らぐ可能性が最も高かったのは、一党体制に不満を抱いていた保守層の声が大きくなった民主党政権開始期であったと言えるだろう。一九四六年の一党体制の終焉による民主化の開始とともに、宗教に対してより柔軟な政治路線が目立ち始め、民主党が政権を取ると、トルコ語化されたエザーン（礼拝の呼びかけ）が再びアラビア語に戻されるなど、回帰的な動きが相次いだためである。しかし、この頃までには出版物から貨幣にいたるまで新字への移行は完了しており、トルコ経済に甚大な影響を及ぼす旧字への回帰は非現実的な選択となっていた。一九五〇年代は、小学校入学時点で新字が導入済みであった一九二〇～三〇年代生まれの世代が社会を動かす中心層となり、学校や企業活動の現場などで新字が定着しはじめた時期でもあった。書記言語が社会全体に根を下ろしたとされる閾値、識字率四〇パーセントを越えるまでには一九六〇年代を待たなければならないが、民主党期を乗り越えたことでようやく文字革命の不可逆性は強固なものになったと考えられる。(47)

おわりに

書くこと、そして文字に思索をめぐらせた思想家ジャック・デリダは、一九九七年にイスタンブルを訪れた際にしたためた書簡のなかで、トルコにおける文字の変更を「文字におけるクーデタ "coup de la lettre"」と呼んでいる[48]。近代文化への移行という口実によって、突然新しい文字を使うことが決定され、過去の文字への回帰が完全に禁じられたことを、ある種の文化的政変と捉えたデリダの表現は核心をついている。過去一〇〇〇年にわたって用いられてきた文字の変更は、建国期に矢継ぎ早に打ち出された一連の西欧化、世俗化改革のなかでも、トルコ社会に最も強い衝撃を与えたといえよう。そして、その衝撃の残響はいまだに消えていない。

近年、保守層を中心に失われた文字伝統を再び取り戻そうという気運が高まっている。古い書記伝統によって書かれた知識へのアクセスが遮断されている状態が改めて意識されるようになり、保守系論壇では旧字廃止の功罪を問う議論が頻繁に見られるようになった。彼らが旧字表記に単なる郷愁以上のものを抱いていることは、たびたび姿をのぞかせる文字革命へのネガティブな評価からも読み取れる。かつてトルコ古典文学研究者や歴史家の専売特許であった旧字表記は自治体による市民講座や私的団体など様々な場で「オスマン語」として学ばれるようになっている。二〇一二年末には、高校での「オスマン語」必修化の議案が右派、民族主義者行動党所属の国会議員によってトルコ大国民議会に提出され[49]、二〇一四年には、当時の首相ダヴトオールを迎えた公正発展党の地方集会に「オスマン語」の横断幕が登場したことが全国紙で報じられた[50]。こうした動きに対して、新字を国父アタテュルクによる革命の遺産とみなす世俗派の人びとからは、反発と懸念の声が巻き起こった。

トルコにおいて言語はイデオロギー対立に非常に密接にかかわる問題であり、時代によってその焦点を変えながらも、常に政治的な論争の中心にあった。途切れることなく続いてきた政治的軋轢の結果として、文字にもまた過剰な意味付けがなされ、このことがある文字表記を学ぶこと、あるいは使用を拒否することが政治的表明となりうる状況を生み出した。右に示した例はラテン文字が完全な定着をみた今なお、文字が政治的な問題を孕んでいることをまざまざと物語っている。文字革命の代償は、オスマン期の書記伝統へのアクセスを困難にしたこと以上に、文字を異なる価値観を抱く集団の対立を煽る潜在的な火種としたことであった。建国期に推し進められた文字革命という一大事業は、社会の分極化に苦しむ現代のトルコ社会に影を落とし続けている。

注

（1）John Coakley, *Nationalism, Ethicity and the State*, L. A: Sage Publication, 2013, pp. 52-53.

（2）ルイ＝ジャン・カルヴェ『言語戦争と言語政策』砂野幸稔他訳、三元社、二〇一〇年、二四三〜二四四頁。

（3）ピーター・バーク『近世ヨーロッパの言語と社会』原聖訳、岩波書店、二〇〇九年、二二八、二四五〜二四六頁。

（4）カルヴェ『言語戦争と言語政策』一六六〜一六七頁。

（5）村田雄二郎、C・ラマール編『漢字圏の近代　ことばと国家』東京大学出版会、二〇〇五年。

（6）トルコ語はギリシア正教徒やアルメニア教徒をはじめとする非ムスリムのあいだでも日常語として用いられたが、それぞれの宗派集団は、トルコ語の表記にアルメニア文字、ギリシア文字（カラマン語）、ヘブライ文字、キリル文字、シリア文字など独自の書記システムを用いた。Evangelia Balta and Mehmet Ölmez, *Between Religion and Language: Turkish-Speaking Christians, Jews and Greek Speaking Muslims and Catholics in the Ottoman Empire*, Istanbul: Eren Yayıncılık, 2011.

（7）Şerif Mardin, "Ideology and Religion in the Turkish Revolution," *International Journal of Middle East Studies*, 2(3), 1971, p. 210.

（8）ベネディクト・アンダーソン『想像の共同体』白石隆、白石さや訳、書籍工房早山、二〇〇九年、三六頁。

（9）Joshua A. Fishman, "Ethnocultural Issues in the Creation, Substitution, and Revision of Writing Systems," in Bennett A. Rafoth and Donald L. Rubin eds., *The Social Construction of Written Communication*, Norwood: Ablex, 1988, p. 280.

（10）Geoffrey Lewis, *The Turkish Language Reform: A Catastrophic Success*, Oxford University Fress, 1999, p. 27.

（11）Peter T. Daniels and William Bright eds., *The World's Writing Systems*, New York, Oxford: Oxford University Press, 1996.

（12）母音表記の有無が単語の認知にどの程度影響を与えたのかについては慎重な考察が必要となろう。母音推測の余地は、特定の子音のあとに続く母音に関する規則や、テュルク系言語の特徴でもある母音調和の法則からある程度確保される。クルマスは、読むという過程は特に音韻的な技能には依拠しておらず、単語抽出のための音韻的再符号化という操作を考える必要はないとしたうえで、単語認知作業には、視覚語と記憶の中のテンプレートとの比較照合、文脈からの単語予測、文字素と音素の対応規則を使っての音韻語の再構成、既知の単語からの類推など、複数のストラテジーを用いていると考えるのが自然であるとしている。フロリアン・クルマス『文字の言語学　現代文字論入門』斎藤伸治訳、大修館書店、二〇一四年、二四五〜二四九頁。

(13) コルオールによると、アラビア文字の印刷には四五〇以上の活字からなる文字セットが必要とされたという。Koloğlu Orhan, *Osmanlı Döneminde Basın Teknikleri ve Araçları*, Istanbul: İstanbul Üniversitesi İletişim Fakültesi Yayınları, 2010, pp. 4–5.

(14) Hüseyin Yorulmaz, *Tanzimat'tan Cumhuriyet'e Alfabe Tartışmaları*, Istanbul: Kitabevi Yayınları, 1995, pp.297–301.

(15) Falih Rıfkı Atay, *Çankaya*, Istanbul: Pozitif Yayınları, 2013, p. 508.

(16) Zeynep Korkmaz, *Atatürk ve Türk Dili Belgeler*, Ankara: Türk Dil Kurumu, 1992, pp. 33–34.

(17) M. Sakir Ülkütaşır, *Atatürk ve Harf Devrimi*, Ankara: Turk Dil Kurumu Yayınları, 1973, p. 123.

(18) 建国期にトルコ統計局局長をつとめていたベルギー人統計専門家ジャカールは、内務省および首相府にあてた一九二九年一月二〇日付けの文書のなかで、拙速な文字規制により都市生活に生じた混乱に対応するよう申し入れを行っている。Başbakanlık Cumhuriyet Arşivi（以下 BCA）. 030. 10/ 66. 442. 14.

(19) 一九二七年センサスのデータでは、当時の公務員数は二五万一四八六名（うち男性二四万九七七一名、女性一七一五名）。一二歳以上の全労働人口のうちの二・七五パーセントを占める。Başvekalet İstatistik Umum Müdürlüğü, *Umumi Nüfus Tahriri, 28 Tesrinevvel 1927*, vol. 3, 1929, p. 24, 29. 公務員同様に新字普及政策の対象に含まれたものとして、自治体の長、地方議会の議員、憲兵、農業銀行や勧業銀行職員、資本の半分以上が国家資本である企業の勤務者が挙げられる。

(20) BCA. 180. 09./ 00. 3. 15. 31.

(21) BCA. 180. 09/ 00. 3. 15.(22).

(22) BCA. 180. 9./ 3. 14. 1.

(23) *Resmi Gazete*, 1928/11/24.

(24) Bilal N. Şimşir, *Türk Harf Devrimi Üzerine –İncelemeler*, Ankara: Atatürk Kültür, Dil ve Tarih Yüksek Kurumu Atatürk Araştırma Merkezi, 2006, pp. 93–94.

(25) BCA. 030. 10./ 144.32. 9.(2).

(26) BCA. 030. 10./ 144. 32. 14.

(27) BCA. 030. 10./ 15. 84. 2.

(28) Kaya Yılmaz, "Critical Examination of the Alphabet and Language Reforms Implemented in the Early Years of the Turkish Republic," *Journal of Social Studies Education Research*, 2(2), 2011, p. 691.

(29) BCA. 030. 10/ 12. 73. 4.

(30) Başvekâlet İstatistik Umum Müdürlüğü, *Maarif 1928-35: Millet Mektepleri Faaliyeti İstatistiği*, 1935, p. 71. 国民学校の前身である「民衆習学所（Halk dershanesi）」時代の修了者も含む。

（31）一九二八年一一月七日付け英紙『タイムズ』には、イズミルにおいて言語改革に反対するプロパガンダを行ったとして、数名の教員が逮捕されたことが報じられている。*The Times*, 1928/11/07. 一九二九年一月にはマニサ県クラ郡で新字導入を批判するビラの貼付騒ぎが発生したことを内務省が首相府に報告している。BCA. 030. 10/102. 668. 3.

（32）Saime Yüceer, *Tanıkların Anlatılarıyla Bursa Tarihi*（*Sözlü Tarih Arşivi 1919–1938*）, Bursa: Uludağ Üniversitesi, 2005, pp. 14, 16, 42, 79, 213, 222. ウルダー大学の社会学者ユジェエルの研究グループは、独立解放戦争、共和国建国期の諸改革を実際に体験している（あるいは親から直接当時のことを聞き及んでいる）一二〇名を対象に二〇〇二～三年にブルサ県で口述調査を実施した。後世に定着した言説に影響されたと思われる語りが散見されることや、事実関係の誤認等はあるものの、政策実施当時の実態を知ることのできる貴重な資料である。

（33）Sabri M. Akral, "Kemalist Views on Social Change," in Jacob M. Landau ed., *Atatürk and the Modernization of Turkey*, Leiden: E. J. Brill, 1984, p. 130.

（34）Michael Winter, "The Modernization of Education in Kemalist Turkey," in *Ataturk and the Modernization of Turkey*, p. 185.

（35）İştar Gözaydın, *Diyanet: Türkiye Cumhuriyeti'nde Dinin Tanzimi*, Istanbul: İletişim Yayınları, 2009, pp. 184–183.

（36）Ethem Erkoç, *Anadolu'da bir Köy Odası–Hatışoğlu Konağı*, Çorum: Çorum Belediyesi, 2008, pp. 285–289.

（37）Yüceer, *Tanıkların Anlatılarıyla Bursa Tarihi*, p. 103, 292.

（38）BCA. 030. 18. 1. 2./ 24. 81. 15.（Karamame No. 12073.『官報』一九三二年一月四日、第一九九三号）

（39）BCA. 030. 10./ 144. 33. 11.

（40）Peyami Safa, *Osmanlıca, Türkçe, Uydurmaca*, Istanbul: Ötüken Neşriyat, 2016, pp. 53–56.

（41）Korkmaz, *Atatürk ve Türk Dili Belgeler*, p. 29.

（42）ラテン文字化の成功と識字率上昇の相関関係が多くの西欧メディアや研究者によって無批判ともとれる鷹揚さで受容されてきた背景には、クルマスがいうアルファベット至上主義的な意識が指摘できるように思われる。Florian Coulmas, "Writing Systems and Literacy: the Alphabetic Myth Revisited," in Ludo Verhoeven, ed., *Functional Literacy: Theoretical Issues and Educational Implications*, Amsterdam: John Benjamins Publishing Company, 1994.

（43）トルコの人口センサスが調査員による口頭調査という形式で実施されることを考慮すれば、数値は常に実際より高めに示されていると見るのが妥当であろう。文字革命以前の識字率は、先行研究では概ね五～一〇パーセントのあいだでさまざまな数字が示されているが、概して過小に見積もられがちである。しかし、データの信頼性や質問設定の違いから、共和国初期の識字率を現行のもの同様の基準で議論することは難しい。何れにしても、教育普及の差や土着言語の影響から識字率の地域偏差が大きく出やすいトルコにおいて、国家領域全体の平均識字率は各地域での識字実態を反映していないことには注意が必要である。一九二七年センサスで旧字表記の「読み」能力をもつものは、全国平均では一〇・五八パーセント（男性一七・四二パーセント、女性四・六三パーセント）だが、最も高いイスタンブルでは四五・四八パーセント（男性五三・七パーセント、女性三六・九七パーセント）に達している。Başvekâlet İstatistik Umum Müdürlüğü, *Umumi Nüfus Tahriri, 28 Tesrinevvel 1927*, 1929, pp. 22-23.

（44）カルロ・M・チポラ『読み書きの社会史』佐田玄治訳、お茶の水書房、一九八三年、一一、七六頁。また、「読み」を中心とした識字問題解決へのインパクトとしては、一九世紀における言文一致と言語簡易化の動きが重要であり、共和国期におけるラテン文字化についてはその象徴性をのぞけば重要度は低いとの指摘がなされている。Benjamin C. Fortna, *Learning to Read in the Late Ottoman Empire and the Early Turkish Republic*, Houndmills: Palgrave Mcmillan, 2010.

（45）新井政美『トルコ近現代史――イスラム国家から国民国家へ』みすず書房、二〇〇八年、二一二〜二一三頁。

（46）Nail Tan ed., *Atatürk ve Türk Dil Kurumu*, Ankara: Türk Dil Kurumu Yayınları, 2011, pp. 30-31.

（47）フロリアン・クルマス『言語と国家――言語計画ならびに言語政策の研究』山下公子訳、岩波書店、一九八七年、一七九〜二八〇頁。

（48）Jacques Derrida, "İstanbul Mektubu," trans. Elis Simson, *Cogito*, 47-48, 2006, p. 19.

（49）"Osmanlıca Zorunlu Ders Olmalı Mı?" in *Habertürk*, 2012/12/14. www.haberturk.com/polemik/haber/803230-osmanlica-zorunlu-ders-olmali-mi（二〇一八年七月二〇日最終閲覧）。

（50）"AK Parti Nevşehir İl Kongresi'nde Osmanlıca Pankart," in *Hürriyet*, 2014/12/13. http://www.hurriyet.com.tr/gundem/ak-parti-nevsehir-il-kongresinde-osmanlica-pankart-27766255（二〇一八年七月二〇日最終閲覧）。

第三章　感性を「統合」する
――国民音楽からトルコ民俗音楽へ

濱崎友絵

二〇一六年三月のある日の夕刻、私はイスタンブルのファーティヒ区スルクレ芸術アカデミーの一室に座っていた。区民に無料で提供されているトルコ民謡の授業を見学させてもらうためである。二〇畳ほどの真新しい教室には椅子が四〇脚ほど並べられており、私は最前列の一番右端の椅子に座り、四〇代から五〇代の男女三〇名ほどとともに檀上のホジャ（先生）を見つめていた。

ホジャはバーラマ（長い棹をもつリュート属の撥弦楽器、後述）を抱えて椅子に腰をかけ、よく通る低い声で皆にあいさつし授業が開始された。時刻は一八時を回っている。まず全員に楽譜のコピーが一枚配られた。五線譜の右上に「TRT」の印字があることから、この楽譜がトルコ・ラジオ・テレビ協会編纂の民謡集から選曲されたものであることがわかる。これから歌う民謡はエーゲ海沿岸地方の勇壮な舞踊ジャンルでもあるゼイベキ zeybek であるらしい。「私の後に続いて歌いなさい」と言って、ホジャが一フレーズ歌う。われわれは全員で声を合わせて斉唱でホジャの歌い方を真似る。何度も繰り返し、そして次のフレーズへ。歌唱部は楽譜でいえば、わずか二小節であるが、微細な節回しを入れつつ、ゆったりと鷲が舞うように威厳を保ちつつ歌わなければならず、皆、苦労している。一通り全員歌えるようになったとホジャが判断すると、「誰か歌いたい者は？」と問いかけ、手を挙げた者から一人ずつ歌わせ、その都度、節回しなどを指導していく。

続いてトルコ東部ヴァンの民謡《恋人が来る》の楽譜が配られた。またもや同じように一フレーズずつホジャが口頭で歌い、われわれは声をそろえて真似をし、その後、一人ずつ希望者がホジャのバーラマを伴奏に歌っていく。何人かのソロの後、ある中老の女性が歌い出した。声に強さはないが、バーラマの響きに寄り沿うように、たおやかな歌声が響いていく。皆がただ静かに、きき耳を立てているのがわかる。彼女が歌い終わると、ホジャが「…ドゥイグル」とつぶやいたようだった。そして今度は全員に聞こえるようにこう言った。「彼女はトルコ民謡の〝ドゥイグ（感情、情動）〟を見事に表現した。すばらしい」(1)。

はじめに

トルコ共和国建国期において音楽は、国民意識と国民文化を構築するための有用な一基軸とみなされた。共和国樹立の一九二三年頃の識字率が約一〇パーセントと推定されていたトルコにあって[2]、音楽がいわば「聴覚」を通じた啓蒙の手段と意識されていたことは想像に難くない。ムスタファ・ケマル〔・アタテュルク〕をはじめ、当時のイデオローグらが目指したのは、国家的アイデンティティからイスラムを排除し、西洋的で文明的なトルコ国家をつくることであった。彼らにとってオスマン＝イスラム的伝統は「後進性」の象徴であり、西洋は「進歩の頂点」で近代性とは「西洋近代そのもの[4]」であった[3]。音楽領域にもちこまれたのは、これとまったく同じ構図である。イスラムの伝統を引くオスマン音楽は排除の対象となり、文明の象徴たる西洋音楽は教育制度の中に積極的な導入が図られ[5]、露骨な形で音楽の線引きがなされていくことになった。

しかし建国期の音楽をめぐる改革の中でもっとも重要で、そしてもっとも厄介であったのは、こうした既存の音楽の取捨にかかわることではなかった。何より体制側が求めたのは、新しい国家と国民にふさわしい「新しいトルコ音楽」すなわち国民音楽を創り出すことであった。音楽改革が聴覚を通じた「感性／嗜好の統合」によるトルコ国民形成を目指すものであったとすれば、文明的でありながら同時に「トルコ」をも想起させ、かつ広く民衆に受けいれられる「新しい音楽」が必要となる。西洋音楽は、近代性の象徴であったが、イスタンブルなどの都市の一部の知識階層によって享受されてきたもので、多くのトルコ人にとっては「他者の音楽」であった。トルコ国民を束ねるためには、西洋音楽ではなく、トルコ・アイデンティティを表象できる音楽が基盤になければならない。こうした発想から提示されたのが、「西洋音楽＋（プラス）トルコ民俗音楽」というきわめて単純な図式によって示された「トルコ国民音楽」の定式であった。その理念において「文明」と「トルコ」の融合が示されたことで、トルコ国民音楽は対内的にも対外的にもケマリズムに共鳴する「音楽のかたち」として公式化されることになる。

もっとも、トルコにおける国民音楽創成への動きと理念は、一九世紀から二〇世紀にかけての音楽史の中に位置づければ、何ら特異なものではない。北欧や東欧等いわゆる「ヨーロッパ周縁」の国々で民族的モチーフや音楽語法をもちいた作品が次々に発表されたのも、ロシア五人組など民族的性格を色濃く出した「国民楽派」と呼ばれる作曲家が華々しく活躍したのも、まさに一九世紀から二〇世紀にかけてナショナリズムが台頭する時代とほぼ軌を一にしていた。[6] 日本において明治時代に伊澤修二により「東西二洋の音楽を折衷す」と提示され国策となった国楽創成も、[7] 一九世紀後半から二〇世紀にかけて、音楽がナショナリズムのシンボルとして躍り出た時代の出来事である。トルコの国民音楽の創出への一連の動きは、音楽史的、世界史的な時流をとらえた一つの事例とみなすことが可能だ。その結果、トルコではとくに一九三〇年代以降、西洋楽器と西洋の音楽技法を基盤に「トルコ五人組」[8] と呼ばれる作曲者集団を中心に国民音楽が生み出されていくことになる。一例を挙げれば、C・R・レイの、ソプラノとオーケストラのための《十二のアナトリア民謡》（一九二六年）やN・K・アクセスの交響曲《チフテテッリ》（一九三四年）、A・A・サイグンの《三つのトルコ民謡》（一九四五年）などの作品が、トルコ民俗音楽のモチーフや、トルコで共有される物語や歴史上の人物を題材として発表されていった。[9]

かくしてトルコ国民音楽は誕生した。しかしこの音楽が名実ともに「国民音楽」としてトルコ国民の感情を受け止め、トルコ・アイデンティティを強化してきたかというと、それは、はなはだ疑わしい。現在のトルコでは、「トルコ五人組」らの作品は演奏される機会は数が限られ、なおかつ「国民音楽」としてではなく「トルコ現代音楽」といった名称の下で、レイやサイグンら作曲家個人の楽曲として認識されている。国民音楽は、トルコ民俗音楽をモチーフにしながらも、西洋楽器と西洋音楽の技法に基づいたスタイルを持ったがゆえ、大部分のトルコ人にとっては自ら歌うことも演奏することも叶わない、徹底的に「受け身」の聴衆になることを要求する音楽となっていた。それゆえその受容の構図は、一部の知識階層が享受してきた西洋音楽と変わるものではなかった。つまり共同体の音楽になることができなかった（ネイションへの帰属感覚を与える音楽になり得なかった）という結果からのみ見れば、国民音楽は「失敗」ということになろう。しかし国民音楽創成という国家プロジェクトを理念からプロセスまで加味してトータルとして評価するならば、トルコ社会や音楽領域に与えた衝撃はけっして過小評価されるべきものではない。とくにトルコ民俗音楽が国民音楽創出の過程で、トルコ社会の中での位置づけや役割とともに音楽実践の側面で転換をせまられていったことは、当時のイデオローグらがおそらく当初は意図していなかったであろう、共和国期の音楽改革に別の回路を生み出すことになった。

本章冒頭部の描写は、現代のトルコにおける民俗音楽（トルコ民謡）の教授風景である。そしてこの光景には、共和国期の国民音楽創成の試みを背景に、新たに生まれたトルコ民俗音楽の「かたち」が集約されていると筆者はみる。トルコの人々が五線譜を片手に節回しを合わせてトルコ民謡を共に歌い、アナトリアの西端、地中海地域のゼイベキから東端のヴァンの民謡までホジャ一人から習う。現在もほぼ同様の光景が、トルコ民俗音楽の習得に際してトルコ国内の音楽院やデルネッキ（協会）、さらにいえばドイツなどトルコ系移民が居住する地域の音楽学校などでも展開されているが[10]、この景観はオスマン帝国期には考えられなかったもので、共和国期の国民音楽創成への試みの中で形づくられていったものであった。

ではこの景観の「何」が新しく、また国民音楽創成の文脈の中で「いかに」生み出されていったのか。そこで本章では、まず国民音楽の理念とトルコ民俗音楽の位置づけを整理し、その上で、とくに民俗音楽が経験していった衝撃を、「制度」と実践という二つの観点から国民形成の側面と絡めながら歴史的にあとづけることを試みる。なおここで言う「制度」とは、トルコの社会的文脈で民俗音楽に付与された公的な価値と役割のことを指し、実践とは、人々の知覚や嗜好、感情と切り離せない民俗音楽の実践的側面を指す。音楽は現代においても、文化の界のなかでも最も分断的かつ論争的で、音楽的嗜好は階級や権力など緊張関係に結びつくと指摘されている[11]。トルコ民俗音楽はそうした種々の関係性の結節点として共和国期において象徴的な立ち位置をもっていた。ここでは国家の理論だけでは包摂しきれない「嗜好／感情」の問題を射程にとらえつつ、制度と実践という両視点を交差させることで、冒頭の民俗音楽教授の背景を読み解いていきたい。

なお本章では、「民謡」と「民俗音楽」という二つの用語が頻出するが、トルコにおいて民謡（トルコ語でテュルキュ türkü）の定義は「民衆の間で旋律とともに歌われるすべての民衆詩」[12]で、「トルコ民族が、民間伝承という形で、感情や思考、その他あらゆる出来事に対する思いを声［音（ses）］をもちいて表現する音楽」[13]とされる。民俗音楽（トルコ語でハルク・ミュズィーイ halk müziği）は、民謡とほぼ同義で用いられ得るが、民謡がつねに歌詞をともなう音楽だとすれば、民俗音楽は、歌詞をともなわない器楽曲や舞踊曲をもふくむ、より広義の音楽だと言うことができる。それゆえ本章においては、トルコ民謡より広義の概念を強調する際にトルコ民俗音楽という用語をもちいることにする。なお両者とも口頭で伝承されてきた作曲者・作詞者不詳の音楽であり、「民衆の間から生まれたもの（halkın malı）」[14]という特徴を有している。

第一節　トルコ国民音楽とトルコ民俗音楽――「価値転換」への道のり

一九世紀から二〇世紀にかけて、アジア諸国やアフリカなどで急がれた国民国家の樹立は、言語や芸能、儀礼といった文化の構成要素を統一し、国民文化として昇華させるとともに、これらを用いて「近代的」国家としての対外的なイメージを確立させる側面をもっていた。国境には国籍や言語の相違だけではなく、文化的相違もが反映されることになったのである。トルコ共和国もこうした時代潮流に乗り、ナショナリズムを背景とした国民意識と国民文化の創出が火急の課題とされた（⇒第二章）。

トルコにおける国民文化創出への定式は、民族主義者で社会学者のズィヤ・ギョカルプの一連の「トルコ主義」に関する論考[15]に拠るところが大きい。ギョカルプは「西洋」、「東洋［オスマン］」、「トルコ」という三つの歴史的、地理的、イデオロギー的空間を措定することで、西洋文明の前での東洋文明の無力さを指摘し、西洋文明の摂取を前提に、トルコの国民文化を成立させるための手順として、まずトルコの民衆文化を選び出し、そこに西洋文明を移植する必要性を説いた。このロジックは、文化にかかわるあらゆる領域――文学や建築、絵画や舞踊などの諸分野にも適用され[16]、たとえば「国民文学」に関しては、物語や伝説、叙事詩、吟遊詩人の歌などの民衆文学と、ホメロスらの西洋古典文学の融合とともに民衆文学収集の必要性が主張されていく[17]。音楽においても構図は同じであった。「トルコ音楽＝民衆音楽［民俗音楽］」、「病んだ音楽＝東洋音楽［オスマン音楽］」、「文明の音楽＝西洋音楽」という三つの枠組みを前提に、「西洋音楽（文明）＋民俗音楽（文化）」による「トルコ的かつ現代的な国民音楽（milli musıki）」が提唱されるのである。[18]

ギョカルプは「民衆の間に自然に生まれたトルコ音楽」を際立たせるため、オスマン音楽を「病んだもの」と切って捨てた。その理由として彼が挙げたのが、オスマン音楽には西洋音楽にはない「四分の一音」（半音より狭い音程）があること、また、西洋音楽にある「和声」をオスマン音楽が保持していないことであった。[19] しかしそもそも一オクターブを五三に等分した微分音程によりきわめて繊細な旋律を紡ぎだすオスマン音楽と、一オクターブを一二等分して成り立つ西洋音楽を比較することじたいまったく意味がない。さらに「和声」という観点からいうならば、トルコ民俗音楽も西洋音楽でいうところの「和声」の概念を保持していない。そもそもオスマン音楽は、ビザンツ音楽、アラブ音楽やペルシア音楽を取り込み、メヴレヴィー教団の典礼音楽とも結びつき成立したものであり、いわゆるオスマン宮廷人をはじめ主に知識階層が楽しみ、たしなんできた音楽である。つまりギョカルプにとって重要であったのは、こうした音楽の理論上の正確性ではなく、その本意はむしろオスマン音楽が内包する歴史性や宗教性、もっと言えば一部の上流階級の「特権的」な音楽であった階級格差を断罪することで、トルコ民俗音楽に付加価値を与えようとしていた点にあったとみるべきである。それゆえギョカルプにとって「西洋音楽＋民俗音楽」という国民音楽の定式は、ベハールの言葉を借りれば「他のいかなる組み合わせでも、また探求の仕方でも、近代的で国民的な音楽は確立されない」[20]のであった。

一九二三年に発表されたギョカルプのこの国民音楽創出の定式は、音楽論壇に「激烈な」論争を引き起こし、一九二〇年代半ば、音楽界はアラフランガ派 alafranga（西洋音楽推進派）、アラトゥルカ派 alaturka（オスマン音楽擁護派）、ギョカルプ派など各々の立場からの論が雑誌や新聞で入り乱れることになる。[21] しかし一九三〇年代に入りトルコ・ナショナリズムが高揚すると、こうした議論を収束させ、トルコ民俗音楽の「価値」を読み替えるための後ろ盾が出現する。それが「ペンタトニズム理論」と、これをめぐる音楽領域と体制側の動きであった。

国民音楽創出に向けて――「ペンタトニズム理論」とアタテュルク

「ペンタトニズム理論」は、共和国期を通じてトルコ民族主義がもっとも先鋭的かつ極端に発露された音楽上の定理であった。「ペンタトニック（以下、五音音階[22]）が存在するところにはトルコ民族が存在する」と主張するこの理論は、同時期に登場した「トルコ史テーゼ[23]」や「太陽言語理論（Güneş-Dil Teorisi）」と同根であることは疑いの余地がない。現在において「ペンタトニズム理論」は非学問的であるとして一切顧みられることはなく、一九三〇年代当時でさえも音楽界の一致した見解となるものではなかった。しかし民俗音楽との関係においてこの「ペンタトニズム理論」が重要であったのは、その理論の是非ではなく、当代を代表する音楽学者マフムト・ラグプと作曲家アフメド・アドナン・サイグン（先述「トルコ五人組」の一人）の二人の論客によって「トルコ民族―トルコ民俗音楽」という関係性が支持され、これが体制側の思惑と共犯関係を結んだことである。

マフムト・ラグプは共和国設立年の一九二三年から刊行された『国民雑誌（ミッリー・メジュムア）』に一九二四年以降、毎号、音楽にかんする論考を寄稿し、音楽欄の専属論者として立場を確立するなど、体制側の動きに敏感な、発信力をもつ音楽学者であった。加えて一九二九年のイスタンブル音楽院の民俗音楽収集事業（後述）にも参加し、その報告書において、エルズルム地方の民謡にペンタトニックがあることを紹介している。サイグンは、国民音楽作品の創出に携わった「トルコ五人組」の一人であったと同時に、一九三二年に共和人民党の半官半民組織として設立された「人民の家」に深くかかわり、後に『人民の家における音楽』（一九四〇年）を刊行するなど、体制側の活動を支える音楽家として精力的に発信活動をおこなっていた。「ペンタトニズムはトルコ［民俗］音楽における象徴」で「中央アジアにおけるトルコ民族こそペンタトニックを手に入れた最初の民族であり、トルコ民族の移住とともに、このペンタトニックも世界各地へ伝播していった」というサイグンの主張[24]は（半世紀あまりたった後にサイグンはこれが誤りであることを認めるのだが[25]）、当時はマフムト・ラグプによっても支持されるに至り「トルコ民族―ペンタトニック―民俗音楽」という関係性を補強していくことになる。

大統領アタテュルクにとって「ペンタトニズム理論」は願ってもない音楽側からのトルコ民族主義への同調であっ

たようだ。サイグンによれば、一九三四年、アタテュルクは彼を二度にわたり呼び寄せ、「ペンタトニズム」の説明を求め、これに熱心に耳をかたむけたという。[26] トルコ歴史協会やトルコ言語協会を主導したアタテュルクが、ペンタトニズム理論に興味を示したことは別段驚くにあたらない。ズィヤ・ギョカルプと同様、彼もまた、新しいトルコの音楽を生み出すにあたり、その核をトルコ民族の「共有の文化」に求めていた。「ペンタトニズム理論」は、トルコ民族の誇りや優越性とトルコ民俗音楽を結びつけた点で、この音楽に公的な「価値づけ」を与える根拠のひとつとなり得たといえる。そのことがはっきりと公に示されたのが、一九三四年のトルコ大国民議会での演説においてであった。ここでアタテュルクは、芸術領域の中で優先して助成が必要なのはトルコ音楽の分野だと明言し、直接的ではないもののオスマン音楽を「我々の音楽ではない」と否定した上で、次のような形でのトルコ国民音楽の創出を訴えていく。

［……］国民の繊細な感情を物語ることができる重要な民衆詩［民謡］や説話を集めることが必要です。明日ではなく今日にも。そしてこの普遍的な音楽［西洋音楽］規則の最終到達点にしたがってこのようなものを作り変えるべきなのです。そうすれば、トルコの国民音楽は地位を獲得し、国際的音楽の中でも、高い評価を要求することができるでしょう。［……］[27]

ここでいう「民衆詩（deyişler）」とは、音楽上では、民謡から抒情歌まで歌詞と音楽が結びついたジャンルを包括する言葉でもあり、[28] 広義の民俗音楽と解釈することも可能である。そしてこの民衆詩／民謡という言葉が公けの場でアタテュルクの口から、国民音楽の基盤として語られたことは象徴的であった。というのも、そもそもイスタンブルの知識階層は、シェネルの言葉を借りれば、「アナトリアの民衆を知らず、（略）トルコの世界で何千年も生き続けてきた民俗音楽の存在を知らなかった」[29] からである。現に「ペンタトニズム理論」を提唱したアドナン・サイグンも、一九三六年の論文において「こんにちまで、誰もわれわれの民謡［民俗音楽］に注意をはらってこなかった」と証言しているし、[30] さらに遡れば、共和国期を代表する音楽学者であったラウフ・イェクターも、一九二二年にフランスで出版された『音楽事典（*Encyclopédie de la Musique et Dictionnarire du Conservatoire*）』の「トルコ音楽」の項目でおよそ一〇〇ページにわたり「トルコ音楽」の解説をしているが、そこでトルコ民俗音楽にかんする論述をおこなうことは一切しなかった。[31] 振り返れば、オスマン朝期の知識階層にとって「トルコ人」が「トルコ語を話す粗野な農民」であったのと同様、民謡や民俗音楽もまた「トルコ語を話す粗野な農民の音楽」であったはずである。こうした文脈の中でアタテュルクは、それまで農民の間に息づいていた民謡や説話を、将来生まれる音楽にとって「必要不可欠なもの」と公的に認める発言をおこなったのである。それは当時のトルコにあって、知識階級による民衆文化への限りない接近であり譲歩であったともいえよう。しかし「生のまま」では国際的音楽の中で高い評価を得ることができない。だからこそ、これらをまず集め、次に西洋の技法で「改変し」国民音楽を生み出せとケマルは訴えたのである。この主張は、前述したギョカルプの国民音楽の定式を踏襲としたものとみなしてよい。

ただし付言すれば、国民音楽の定式から排除され、自身も演説の中で否定したオスマン音楽をアタテュルクは愛聴していた。さらに一九三〇年代から四〇年代にかけても、この音楽は知識階層の人々に支持され続けていた。[32]「感性の統合」によるトルコ国民創出をも目指した政治家アタテュルクは、私情を捨てオスマン音楽を退けたといえるだろうが、おそらくは国民音楽の創出に付随するこうした「感性／感情のねじれ」を強く認識していたはずである。だからこそ演説の中で彼は民謡や説話を、「国民の繊細な感情（ドゥイグ）を表現できるもの」とわざわざ述べ、「一般民衆の感情」の共有がトルコの新しい音楽において重要であることを示したと考えられる。この点から言えば、本章冒頭で描写した民謡の教授風景で、ホジャがいみじくも褒め言葉として口にした「ドゥイグ（感情）」という言葉は、すでに共和国建国期の国民音楽創出の宣言の場でも意識的、あるいは戦略的に用いられたタームであったということになる。つまり、大国民議会でのアタテュルクの言葉は、音楽／階級上の「感情」の格差をも踏まえた上での、民謡や民俗音楽に価値を付与する一つの挑戦であり結果であったとみなすことができるのである。

第二節　民俗音楽が経験した「衝撃」――民俗音楽をめぐる「制度」と五線譜化

かくして一九二〇年代から三〇年代にかけて、民俗音楽の価値付けとその「読み替え」作業は、種々の議論を巻き起こしながらも、言説・政治空間で着実におこなわれていくことになった。では国民音楽の「核」と位置づけられた民俗音楽が鳴り響いた現場では、実際、何が起こっていたのか。そこで本節と続く第三節では、民俗音楽をめぐる現場レベルでの動きを、「制度」と実践という、連動する二つの考察軸から検討してみたい。とくに第二節では、民俗音楽の収集事業の概要とその五線譜化の実際を、第三節では、民俗音楽の演奏の規範化に主導的な役割を果たした民俗音楽学者ムザッフェル・サルソゼン（詳細は後述）の活動を中心に整理することで、国民音楽創出の試みから生まれ出た「新たな民俗音楽の回路」をあとづけていく。

書かれ、集められる民俗音楽

トルコ国民の大部を占める農民たちの音楽こそが、トルコ・ナショナリズムの一つの核となる――。共和国期の音楽政策を支えたこのイデオロギーを背景にトルコ民俗音楽がまず経験していったのが、五線譜に「書かれ」、そして収集されていったことであった。

実は、トルコにおける最初期の民俗音楽収集事業は、共和国建国直前の一九二一年に教育省文化部によってすでに実施されていた。ただしその方法は、ダーリュル・エルハーン Dârülelhân（音楽学校）の名の下で約二〇〇〇枚の一四の質問から成るアンケート用紙をアナトリア各地の学校などの音楽教師へと送付し、五線譜化した民謡譜の返送を請うものであった[33]。

しかし共和国期に入ると民俗音楽収集事業は、現地調査を基本とした形で拡張の一途を見せていく。一九二〇年代後半（一九二六〜一九二九年）にはイスタンブル音楽院[34]が約一〇〇〇曲、一九三〇年代から五〇年代には「人民の家」やアンカラ国立音楽院が、真偽のほどはともかく約一万曲を収集したとされる。ちなみに一九三〇年代、アンカラ国立音楽院主導の調査には、先述したトルコ共和国期を代表する作曲家や音楽学者たち、たとえばサイグンやエルキンら「トルコ五人組」のメンバーも参加したことは特筆すべきことだろう。一九六〇年代以降はトルコ国営放送（TRT）が中心となって収集事業が組織的に実施されていくことになり、これまでの譜例をまとめた『トルコ民謡選集』なども出版されていく。これらの調査では、オスマン朝末期のそれとは異なり、調査者自身が現地に赴き、採譜（五線譜化）とともに録音作業も併用しながら収集がおこなわれていくスタイルとなった。たとえば、一九二六年から二九年の間に合計四回にわたって大規模な民謡収集をおこなったイスタンブル音楽院は、第一回収集時に同音楽院の院長ユスフ・ズィヤ・デミルジオールを調査隊長として、音楽学者ラウフ・イェクターら計四名が参加し、五三日間にわたり南アナトリアを中心にウルファやスィヴァスなどに赴き、グラモフォン（円盤式、レコード盤）による録音作業とともに合計二五〇曲の収集をおこなっている。[35]

図１　『ハルク・テュルキュレリ（民謡集）』（イスタンブル音楽院，1930年）より「クルドの歌」

（出典）Istanbul Konservatuvarı, *Halk Türküleri*, Istanbul: Erkaf Matbaası, 1930.

五線譜に「書かれる」ということ

しかし元来、書くことを前提にしていなかった音楽が書き記される事態は、「便利さと欠点と危険[36]」を孕むものである。ここで音楽学的に採譜上の詳細な問題に踏み込む余裕はないが、実際の五線譜化がどのような作業であったのか、その一端を一九二九年のイスタンブル音楽院の第四回収集報告『ハルク・テュルキュレリ Halk Türküleri（民謡集）』（一九三〇年）に収録された「クルドの歌」を例に確認しておきたい（図1）。

同民謡集は、冒頭部に音楽学者マフムト・ラグプの解説（本章、第一節、「ペンターニズム理論」）を配し、アナトリア東部を中心とした一五五曲の民謡と舞踊曲が所収されたものである。「クルドの歌（Kürt Şarkısı）」はエルズルムが採録地となっており、ト音記号上で調号は用いられず、六段にわたって全二十六小節で採譜されている。拍子は五／八拍子で主旋律だけが記された簡素な楽譜だ。楽譜をめぐっては、音楽の骨格を記す「規範的楽譜」と、演奏された「今」の情報を可能な限りすべて書き留めようとする「記述的楽譜」の二種類があるが[37]、当該楽譜は、前者「規範的楽譜」に属するものといえる。トルコ民俗音楽もオスマン音楽と同様、微分音が用いられるが、すべての音は五線譜上（十二平均律）に還元されている。伴奏の有無、歌われた実際の音高、音域などの記載はなく不明である。また主旋律以外の節回しや装飾音についても記されていない。五線譜は、十二平均律上の音高と音価を表すことに最大の強みをもつが、それ以外、たとえば実際の奏法、声の陰影や技法、音色などにかかわることに関して手を出すことはほぼできない。つまりこの「クルドの歌」を採譜する過程でおこなわれていったことは、もっぱら音高と音価にかかわる最大公約数的な旋律の骨格を表すことであったということになる。

ただし、情報を取捨選択したからこそ、曲の構造が視覚的に把握されるものとなっている。たとえば、この曲は二＋三の形に分割された五拍子となっており、旋律は跳躍進行がほぼなく、順次進行で成立している。主音はラ（ただし実音は不明）で「ラ―レ」の四度枠を基本とした構造をもち、二小節で一つの楽節をつくり、ほぼ同じリズム・パターンが繰り返される。これらの特徴が楽譜を通して容易に理解される。他の収録曲の採譜例を見ても、ほぼ同様の性質をもった楽譜であることから、この収集事業で試みられていったこととは、原曲を「ありのまま」写し取ることよりもむしろ、視覚的に楽曲構造を把握し、これらを束ねて「カタログ的な譜例集」をまとめることにあったと指摘することができる。

なお、歌詞について補足するならば、同曲は「クルドの歌」となっているが、実際の歌詞にはクルド語は用いられず「気高き山の頂に（yüce dağ başında）」というトルコ語のタイトルが付されている。トルコ民謡のタイトルは詩行の一行目ないし詩行の中の語句から採られることが多いため（本民謡集でも、ほぼすべての民謡が詩行一行目からタイトルが付けられている）、この点がやや不可解である。トルコ民謡収集の際には、しばしばラズ語やクルド語がトルコ語へ改変されたという指摘もあることから[38]、当楽曲もこうしたケースに該当する可能性がある。

なお上記は、あくまで一九三〇年における採譜の一例である。一九六〇年代以降、TRT編纂の譜例集になると、演唱者、採譜者、採譜日などの記載に加え、曲によっては微分音程を表す記号や装飾音が記されるようになり、五線譜上から読み取れる情報は増加する。ただし規範的楽譜としての性質と「カタログ的な民謡譜」としての方向性は、一九二〇年代の民謡譜から現在に至るまで一貫して変わっていない。本章冒頭部で言及した民謡教授風景で、参加者全員に配られた楽譜のコピーは、まさにこうした性質をもつ民謡譜となる。

これら一連の収集事業の中で民俗音楽が経験していったこととは、この音楽を「知らなかった」音楽家や音楽学者によって、西洋音楽の記譜システムに沿う形で五線譜化されていったこと、同時に、これまで「見えていなかった」音楽世界が可視化され楽譜集として編まれることで誰にでも「手に取ることができる」参照可能な「典拠」となっていったことであった。そもそも民俗音楽は、口頭で伝承されてきたもので、音声としてその場で消えることを前提とする音楽である。さらに実際に語られていないそのときは、それを語ることのできるだれかある人のなかに潜在しているにすぎない[39]」という特徴をもつ。それゆえ「形なき音楽」が紙面上に書かれる際は、取捨選別された情報のみが「凍結」されることになり、これらを再現するときには、書かれなかった情報を補って「解凍」する必要がある。

今一度ここで、国民音楽の理念の下で求められていた民俗音楽のあるべき姿を思い起こすならば、この音楽は「改変されるべきもの」として位置づけられ、その再現性については問題とされてこなかった。しかし、「トルコ五人組」をはじめとする作曲家たちがこうした民謡譜を典拠に国民音楽を作ろうとしたときに問題のひとつとなったのは、その「再現性」にかかわることであった。それは音楽学者マフムト・ラグプ（本章第一節）の一九二八年の証言からも読み取れる。

［……］ゼイベキ［本章冒頭部で言及した地中海地域の舞踊曲］が［国民音楽において］どれほど用いられたかといえば、批評家は当然の如く「アナトリアには、ただこの音楽だけがあるのか」と問いはじめたほどだ。作曲家はこの言葉を耳にして、今度はゼイベキではなく、ホロン［黒海地方の舞踊曲］のリズムを手にしはじめた［……］。(40)

つまり作曲家たちは、国民音楽をつくるにあたり、たとえトルコ各地の採譜集を手にすることができたとしても、結局は「自分が知っている＝解凍できる」典型的な民俗音楽を選ぼうとする傾向があったことが理解される。この意味で膨大な曲数を収録した採譜集は、国民音楽創出のための絶対必要条件にはなり得なかったということになるだろう。

しかしこうした採譜集を基盤に、国民音楽の創出とは別のベクトルで、その「再現」と実践に特化した動きが生み出されはじめる。それがムザッフェル・サルソゼンを中心に確立されていく民俗音楽演奏の規範化の流れであった。

第三節　民俗音楽をめぐる実践

サルソゼンと民謡合唱

国民音楽の理念に反して、民俗音楽が「改変されない、そのままの姿」で演奏されることを決定的な「かたち」としたのが、ムザッフェル・サルソゼン(41)（一八九九／一九〇〇〜一九六三年）その人であった。まずはここで少し、サルソゼンの人となりを紹介しておきたい。

サルソゼンは、アンカラ国立音楽院の民俗音楽資料室の室長として、共和人民党（ＣＨＰ）の文化組織であった「人民の家」(42)と協力体制をとりつつ、一九三七年から一九五三年に至るアンカラ国立音楽院の民俗音楽収集事業を牽引した人物として知られる。トルコ東部のスィヴァスに生まれ、同地の一介の教師に過ぎなかった彼が、アンカラ国立音楽院の民俗音楽資料室の室長まで上り詰めたことは、「誰も知らなかった」民俗音楽が、共和国の核となる音楽として表舞台に躍り出た流れを彷彿とさせる。サルソゼンは、トルコのほぼ全土にわたる六六県での調査をおこない、膨大な数の民俗音楽を五線譜化し、民俗音楽の多様な様式にかんする知見を蓄積していた。一九四一年からのアンカラ国立音楽院の民俗音楽調査は、サルソゼンを筆頭に、ヨネトケン、技術者のイェティシェンの三名から成るチームで一九五二年まで間断なく続けられ、約一万曲が収集されたといわれる。(43) サルソゼンとともに調査をおこなったヨネトケンは、彼の勤勉かつ謙虚な人柄とともに、民衆との接し方を心得た人物であることを評し、「メンバー(44)の中で、本物の民俗音楽学者であり、アーシュク(45)［吟遊詩人］の詩をよく理解し、収集の際にどんな種類のサズ［洋梨形の共鳴胴をもつ長棹リュート、詳細は後述］に出くわしたとしても、調弦などについて確実な情報を得ることができた」と賛辞を送っている。(46)

　このサルソゼンが、民俗音楽の実践にかんして、一九四〇年代に大きく二つのスタイル――民謡合唱とバーラマの演奏様式の規範化――を提示したことは、国民音楽創出に対する一つのカウンターであったと言ってよい。民謡合唱とは、簡潔に言えば、民俗楽器によるアンサンブルを伴奏に、トルコ民謡を「オリジナルのまま」、ただし独唱ではなく合唱（男女による斉唱）で歌うスタイルをもつものである。元来、トルコ民謡は、地方や個々人により節回しや音域などが異なるため独唱が基本となり、また民俗楽器の演奏じたいも、歌唱と同様、独奏されることが多い。しかしサルソゼンは、歌唱や楽器演奏に「集団性」を持ち込むことで、個性が突出せず、偏りがない歌い方、さらに地方様式を「正しく」、全員がそろって歌い、演奏できる典型的なスタイルを提示しようとした。これは西洋音楽の理論と技法で民俗音楽を改変しようとする国民音楽と、根本的に方向性が異なる。(47)

　こうしたスタイル誕生の背景には、押し寄せるポピュラー音楽の波から「正統的なトルコ民俗音楽」を守るために一九四〇年に創設された、国営アンカラ・ラジオの合奏団「ユルッタン・セスレル・トプルルーウ（祖国の旋律アンサンブル、現在も存続）」が深くかかわっていた。当時、同団のプログラム責任者であったサルソゼンは、「ユルッタン・セスレル（祖国の旋律）」と「トルコ民謡を学ぶ」という二つのトルコ民俗音楽プログラムを放送する立場にあり、トルコ民俗音楽演奏家とともに、トルコ民俗音楽を知らないオスマン音楽演奏家たち(48)にトルコ民謡を教える必要にかられていた。そこでサルソゼンは採譜集を基盤に彼らに民謡を教え、国家公務員で職業音楽家たる彼らが五線譜に記された民俗音楽を一つの典拠に全員でうたい奏でていくことになったのである。彼らに求められたのは地域的、あるいは個人的な表現を平均化した上で、各地域の「典型的」で「正統的」なトルコ民謡を偏りなく演奏していくことであった。これが「民謡合唱」のスタイルとして定着していくことになるのである。

バーラマの奏法にかかわる「規範化」

さらに民俗音楽演奏をめぐるサルソゼンのもう一つの試みは、民俗楽器アンサンブルの要となる楽器、バーラマの奏法の規範化にかかわるものであった。

バーラマはトルコの「国民楽器」とも称され、洋梨形の共鳴胴をもつ三コースから成るリュート属の撥弦楽器で、同種の楽器は総称して「サズ（saz）」と呼ばれる。ただし共鳴胴の大きさや棹の長さ、演奏される文脈等によって異なる名称があてがわれている[49]。アナトリアの大地では、さまざまな種類のサズが、アーシュク（吟遊詩人）やアレヴィーの儀礼や文化、独奏、民謡の伴奏、舞踊伴奏などと結びついて、その地で手に入る素材をもちいて思い思いに作られ、奏でられてきた。

サズの中でもバーラマ（中型サイズのサズ）をサルソゼンはとくに重視していた。それは、先述した「ユルッタン・セスレル」のラジオ・プログラムから、一九四六年に民俗音楽のみを専門とする演奏家集団ユルッタン・セスレル・トプルルーウが成立した際、その初期メンバーが、六名の歌い手と五名のバーラマ奏者の計一一名から構成されていたことからも理解される[50]。しかし複数名のバーラマ奏者が同一曲を演奏しようとすると、歌唱の場合と同じく、個々人で演奏がバラバラになってしまう。そこでサルソゼンが整備していったのが、「タウル（tavır）」と呼ばれる一種の地域様式であった[51]。

バーラマの場合、タウルはピッキングの「型」と密接に関係する。たとえば中央アナトリア地方の典型的なピッキングは、「↓｜↓↑｜↓｜↓↑」（↓はダウンストローク、↑はアップストローク）となり、これが同地域のタウルとされている。また黒海地方における一般的なタウルは「↓↓↓↑↓↑」となり、このピッキングの「型」が繰り返されることになる。[52]実際は、コース上でより細かい弾き分けが生じるのだが、ここでは立ち入らない。現在、トルコの民俗音楽は、大きく一〇～一三の地域に紐づけされ、こうしたタウルを基盤に地域ごとのスタイルが奏し分けられている。[53]もっとも、タウルの標準的／統一的な教授スタイルに対しては疑義を呈する意見もある。[54]しかし「タウルの認知は〝トルコ人〟としての共同体帰属意識に結びついていった」[55]との指摘があることからもわかるとおり、それぞれの地域のタウルを習得することがバーラマの演奏に際し「正統的な」地域スタイルを担保することにつながるとともに、「トルコ人」としての共同体意識を構築に大きな役割を果たしていったと考えられる。タウルが習得されれば（コンヤ地域のようにきわめて難易度の高いものもあるが）バーラマ奏者が同一の曲を集団で演奏することも可能となり、集団で演奏すれば共同体意識が高められる。サルソゼンが一九四〇年代から五〇年代かけて試みていったこととは、まさにこうしたバーラマの集団演奏を可能にする、タウルを整備していったことであった。

　こうして採譜集を基盤に形成されていった民謡合唱と民俗楽器アンサンブルという「公式」のトルコ民俗音楽演奏は、国営放送を通じてトルコの国土に流れていくことになった。当時の彼らの演奏に対しては、さまざまな感想や要望が寄せられている。たとえばウスパルタの「人民の家」からは、「共和国記念日にラジオからウスパルタの民謡を流してくださったことに感謝申し上げる」との電報がサルソゼンに打たれているし、またアヴカトの「人民の家」も、「一九四二年四月一六日の午後七時四五分からの『ユルッタン・セスレル』の放送時間に、エルズルムの民謡を二曲演奏してくださり感謝している、また時々、エルズルムの民謡を演奏して頂きたくここにお願い申し上げる」との文書を送っている。[56]つまりトルコの人々は「ユルッタン・セスレル」のラジオ放送[57]を通して、「自分たちの歌や音楽」が流される事実、これまでほとんど耳にしたことがなかった他の地域の音楽の存在、それによって強化される「われわれの音楽」とは異なる「他の地域の音楽」に対する意識とともに、民謡合唱と民俗楽器アンサンブルの演奏スタイルを知り、これらすべてを「新しい感覚」として引き受けていくことになったのである。

　民俗音楽をめぐっては、西洋近代化の流れの中で、国民音楽のように、多くのトルコ人にとって「徹底的な受け身の聴衆」になることを前提とした音楽が産み落とされた一方で、そのアンチテーゼとして「採譜集―民謡合唱―バーラマ（タウル）を中心とする民俗楽器アンサンブル」という人々の実践にかかわる「新しい民俗音楽スタイル」が見出されることになった。共和国建国期に国民創出の旗印の下で目指された音楽改革は、当初の思惑とは異なる道筋で国民に共鳴し、感性を統合し得る音楽の「かたち」に結びついていったのである。

おわりに

共和国期の音楽領域において、西洋近代化とトルコ・ナショナリズムは必ず両輪として達成しなければならない命題であった。その中で提唱された国民音楽は、オスマン音楽を切り離し「西洋音楽＋民俗音楽」という定式により、この命題を解決しようとした。ただしそこにトルコ国民が介入する余地はなく、この音楽は作曲家の自律的な作品として「トルコ現代音楽」の名の下に収斂されていくことになる。その間に国家主導でおこなわれた民俗音楽収集事業により五線譜化された民俗音楽は、多くの情報を捨て去る代償を払うことで、あらゆる時間・空間・人に接続され得る音楽へと変換されていった。「紙」に固定化された民俗音楽を典拠に生み出されていった民謡合唱は、「合唱（斉唱）／アンサンブル」という西洋音楽の演奏スタイルを採用することで、「他者と合わせる」という暗黙の了解を必要とし、バーラマの地方様式「タウル」が象徴するように、音楽上での一種の合理化が図られていった。

ここで今一度、本章冒頭部の教授風景に立ち返りたい。「トルコの人々が五線譜を片手に節回しを合わせてトルコ民謡を共に歌い、アナトリアの西端、地中海地域のゼイベキから東端のヴァンの民謡までホジャ一人から習う」。このトルコ民謡をめぐるひとつの景観を、これまでたどってきた内容をふまえて解読するならば――「教授の場では多くのトルコ人にとって馴染みがなくとも、典拠となる五線譜が必ず配布される。ある一人の個人（ホジャ）がアナトリアの東端から西端に至る民謡を教授できるのは、トルコ各地の音楽様式がタウルとともに体得されているからである。民謡合唱（斉唱）のスタイルでうたわれるのは、タウルとともに節回しを合わせて民謡の規範を繰り返し学ぶためで、独唱でこそドゥイグをもっとも豊かに自由に表現できる」――となろう。これが半世紀以上、トルコ社会で根づいているトルコ民俗音楽のひとつの「かたち」である。そしてこのたったひとつの風景が成り立ち得ている背景には、上でまとめた西洋近代化とトルコ・ナショナリズムをめぐる種々の試みや葛藤が交差していた。

外観としては限りなく「西洋」に、しかし内実は限りなく「トルコ」に――。トルコ共和国期における音楽改革は、五線譜を一つの象徴とし、誰もが参加できるスタイルをもち、人々の「感情」を受け止め、あるいは表出できる回路をもつ音楽に行き着いたと言えるのである。

注

（1）濱崎友絵「トルコ、民謡、そして『ドゥイグ』」地中海学会月報、三九〇号（二〇一六年五月）より抜粋、変更を加えた。

（2）松谷浩尚『現代トルコの政治と外交』勁草書房、一九八七年、二五頁。

（3）新井政美『イスラムと近代化――共和国トルコの苦闘』講談社、二〇一三年、三一〜三二頁。

（4）オスマン音楽は「トルコ音楽」、「ディーワーン音楽」などさまざまな名称でも呼ばれるが、近年では「トルコ古典音楽（klasik Türk müziği）」と称されるのが一般的になりつつある。アフメット・サイが編纂した『音楽事典（*Müzik Ansiklopedisi*）』（一九九二年）でも、この種の音楽を「トルコ古典音楽」という種目名で解説している。しかしこの音楽は、ペルシア音楽やアラブ音楽、さらにメヴレヴィー教団（イスラーム神秘主義教団）の典礼音楽などさまざまな音楽と関連をもちつつオスマン朝期に成立したものであることから、こうした歴史的背景を踏まえ本章では「オスマン音楽」で統一する。付言すれば「トルコ古典音楽」という名称は、新井も指摘するように、「民族的誇り」を背景とする現代トルコ人の歴史意識が音楽ジャンルの名称にも反映されている一例と言えるだろう。新井政美「歴史的背景、トルコ古典音楽への誘い」、ジェム・ベハール『トルコ音楽にみる伝統と近代』新井政美訳、東海大学出版会、一九九四年、六頁。なおオスマン音楽は、共和国建国から三年後の一九二六年から一九七六年までの間、イスタンブル市立音楽院をはじめとする学校その他の公的機関においてその教授が禁止され、さらに先述のケマルの演説直後の一九三四年一一月から一九三六年九月までの約二〇カ月間、オスマン古典音楽のラジオでの放送が禁じられていった。濱崎友絵『トルコにおける「国民音楽」の成立』早稲田大学出版部（早稲田大学モノグラフ八三）、二〇一三年、一七二頁。

（5）西洋音楽に関しては、オスマン朝期におこなわれたハンガリー作曲家F・リストやイタリアのオペラ団の招聘といった基盤を引き継ぎつつ、一九二四年には西洋音楽を教授する音楽師範学校（後のアンカラ音楽院）の設立 一九三五年から計四回にわたりドイツから二〇世紀を代表する作曲家であるヒンデミットを招聘しアンカラ音楽院における西洋音楽教育を本格化させていくなど、国からの全面的な支援が加速していくことになる。濱崎『トルコにおける「国民音楽」の成立』、五三〜七九頁。

（6）代表的な作品としてシベリウスの《フィンランディア》（一八九九年）やスメタナの交響詩《わが祖国》（一八七四〜一八七九年）などが挙げられる。ロシア五人組は、ミリイ・バラキレフ、ツェーザリ・キュイ、モデスト・ムソルグスキー、アレクサンドル・ボロディン、ニコライ・リムスキー＝コルサコフの五名から成り、ロシア民族主義的音楽を志向した。

（7）同じ「国楽」でも韓国においては、一九世紀以前からおこなわれていた音楽や様式を踏襲した「伝統音楽」を総称して「国楽（クガク）」と呼んでいる。植村幸生「創出された伝統――解放後の韓国における《大吹打》の復興」櫻井哲男、水野信男編『諸民族の音楽を学ぶ人のために』世界思想社、二〇〇五年、六〇頁。

（8）U・C・エルキン（一九〇六〜一九七二年）、A・A・サイグン（一九〇七〜一九九一年）、N・K・アクセス（一九〇八〜一九九九年）、C・R・レイ（一九〇四〜一九八五年）とH・F・アルナル（一九〇六〜一九七八年）の五名。共和国第一世代の作曲家たちであり、音楽学者ハリル・ベディイ・ヨネトケンにより一九三九年に「トルコ五人組」として紹介された。Koral Çalgan, *Duyuşlar: Ulvi Cemal Erkin*, Ankara: Müzik Ansiklopedisi Yayınları, 1991, p. 90.

（9）国民音楽の誕生とその成立プロセス、「トルコ五人組」の作品については、濱崎『トルコにおける「国民音楽」の成立』、二〇一三年。

（10）たとえばベルリンの私立トルコ音楽コンセルヴァトワールでも、ホジャ一人がTRTの楽譜をもとにトルコ民俗音楽の授業をおこなっていた。筆者が見学したレッスンでは一九時から二一時まで二時間にわたり、TRTの楽譜に基づいた民謡教授がおこなわれた（二〇一八年九月一二日、ベルリン・トルコ音楽コンセルヴァトワールでの現地調査）。

（11）トニー・ベネット他「音楽界の緊張関係」『文化・階級・卓越化』磯直樹他訳、青弓社、二〇一七年、一四四〜一七八頁。

（12）Ahmet Say, "Türkü," *Müzik Ansiklopedisi*, vol. 4, Ankara: Sanem Matbaası, 1992, p. 1233.

（13）Mustafa Hoşsu, *Geleneksel Türk Halk Müziği Nazariyatı*, İzmir: Peker Ambalaj 1997, pp. 4-5.

（14）Ahmet Say, "Halk Müziği," *Müzik Ansiklopedisi*, vol. 2, p. 578.

（15）Ziya Gökalp, *Türkçülüğün Esasları*, Ankara: Matbuat ve İstihbarat Matbaası, 1923.

（16）トルコの国民舞踊に関する研究としては、たとえばArzu Öztürkmen, *Türkiye'de Folklor ve Milliyetçilik*, Istanbul: İletişim Yayınlar, 1998; 松本奈穂子「トルコ共和国における国民舞踊の創造」、『舞踊學』、第二三号、二〇〇〇年、三一〜四〇頁；Berna Kurt, *'Ulus'un Dansı: 'Türk Halk Oyunları' Geleneğinin İcadı*, Istanbul: Pan Yayıncılık, 2017 などが挙げられる。

（17）Ziya Gökalp, *Türkçülüğün Esasları*, Ankara: İnklap, 1975, pp. 124-126.

(18) ベハール『トルコ音楽にみる伝統と近代』二二三～二三一頁。

(19) Gökalp, *Türkçülüğün Esasları*, p. 28.

(20) ベハール『トルコ音楽にみる伝統と近代』二二五頁。

(21) 音楽システムそのものがまったく異なる西洋音楽とオスマン音楽とを比較し優劣をつけようとするギョカルプの姿勢じたいを非難する「アラトゥルカ派」のラウフ・イェクターをはじめ、ギョカルプを全面的に支持しながら西洋音楽こそもっとも高度な技巧と価値をもつ音楽であり、その採用をもってトルコ音楽の向上をはかるべきであるとする「ギョカルプ派」兼「アラフランガ派」のハリル・ベディイ・ヨネトケン、ギョカルプの意見には部分的に賛同しながらも、トルコの新しい音楽の源泉はトルコ民衆音楽のみに限定されるべきではないと主張したマフムト・ラグプら、さまざまな見解や立場が錯綜した。濱崎『トルコにおける「国民音楽」の成立』三一～四四頁。

(22) ペンタトニックとは、トルコの音楽事典『ムズィーク・アンスィクロペディスィ』では、「半音をふくまない五つの音からなる音列を言い、中央アジアでトルコ民族により用いられるといわれ、アナトリアのトルコ民謡、ハンガリーやルーマニアの民俗音楽においてもこの音列が見うけられる」と記述されている。Ahmet Say, "Pentatonik," *Müzik Ansiklopedisi*, vol. 4, p. 1221. なお、一オクターブが七つの音から構成される音階は七音音階（たとえばドレミファソラシ）で、五つの音から構成される音階（たとえばドレミソラ）は五音音階と呼ばれる。

(23) 「トルコ史テーゼ」にかんしては、永田雄三「トルコにおける『公定歴史学』の成立――『トルコ史テーゼ』分析の一視角」『植民地主義と歴史学』（刀水書房、二〇〇四年）に詳しい（⇒第一章）。

(24) Ahemd Adnan Saygun, *Türk Halk Musikisinde Pentatonizm*, Istanbul: Numune Matbaası, 1936, p. 8.

(25) Ahmed Adnan Saygun, "“Türk Halk Musikisinde Pentatonizm” Broşünü Üzerine," in *Orkestra*, 160, 1986, p. 3.

(26) Saygun, "“Türk Halk Musikisinde Pentatonizm” Broşünü Üzerine," p. 48.

(27) "Ulu Önderimizin Yeni Bir Işareti," *Müzik ve Sanat Hareketleri*, 3, 1934（İkinci Teşrin）, p. 3.

(28) Ahmet Say, "Deyiş," *Muzik Ansiklopedisi*, vol. 2, p. 440.

(29) Süleyman Şenel, *İstanbul Çevresi Alan Araştırmaları*, vol. 1, Istanbul: Kayhan Matbaacılık, 2010, p. 46.

(30) Ahemd Adnan Saygun, *Türk Halk Musikisinde Pentatonizm*, p. 8.

(31) Rauf Yekta Bey, *Türk Musikisi*, Istanbul: Pan Yayıncılık, 1986. もっとも、民俗音楽がトルコの学術界からまったく無視されてきたかと言えばそうではない。オスマン朝時代末期、この音楽を間接的に扱った最初期のものとしてズィヤ・ギョカルプの一九一一年の論考が挙げられ、一九一六年以降もズィヤ・ギョカルプをはじめラウフ・イェクター、マフムト・ラグプら当代を代表する知識人、音楽学者たちが、雑誌『テュルク・ユルドゥ（トルコの祖国）』や新聞において民謡収集にかんする論考を発表している。

Neşe Onatça, "Dünden Bugüne Bugünden Yarına Kültür Bakanlığı Ankara Devlet Türk Halk Müziği Korosu," B. A. Dissertation, Gazi University, 1999, p. 13. なお、二〇世紀を代表するハンガリー人作曲家で民俗音楽研究者としても名高いベーラ・バルトークも、一九三一年の時点で「教育を受けた音楽家の大部分は――言ってしまえば、保守的な部分の人々は――この音楽［農民音楽］を評価するどころか、全く見下している」としてその心性を批判している。ベーラ・バルトーク『バルトーク音楽論選』伊東信宏、太田峰夫訳、ちくま学芸文庫、二〇一八年、一四頁。

（32）Walter Feldman, "Cultural Authority and Authenticity in the Turkish Repertoire," *Asian Music*, 22(1), 1990/1991, pp. 100–101.

（33）三年間にわたって各学校、音楽家から返送されてきた楽譜は一〇〇曲ほどで、そのうち八五曲が『アナトリアの民謡』と題されたノート二冊に収録され、オスマン・トルコ語の歌詞が付された五線譜の形で一九二六年に出版されていく。Reyhan Altınay, *Cumhuriyet Döneminde Türk Halk Müziği*, İzmir: Meta Basım, 2004, pp. 85-86, p. 97.

（34）前身は一九一七年に設立されたダーリュル・エルハーンで、一九二八年にイスタンブル音楽院に改称した。

（35）このグラモフォンはパテ（Pathé）社製のもので、当時パリに在住していた作曲家ジェマル・レシト・レイ（「トルコ五人組」の一人）を仲介役としてトルコに輸入された。当時の金額で二〇〇〇リラしたことが記録に残っている。Reyhan Altınay, *Cumhuriyet Döneminde Türk Halk Müziği*, pp. 97-98 ; Cemal Ünlü, *Git Zaman Gel Zaman: Fonograf- Gramofon- Taş Plak*, Istanbul: Pan Yayıncılık, 2004, p. 213.

（36）フェルディナン・ド・ソシュール『一般言語学講義』小林英夫訳、岩波書店、改訂版一九七二年（初版一九四〇年）、三九頁。

（37）柘植元一『世界音楽への招待』音楽之友社、一九九四年、二二四頁。

（38）Necdet Hasgül, "Cumhuriyet Dönemi Müzik Politikaları," *Dans Müzik Kültür*, 62, p. 43.

（39）ウォルター・J・オング『声の文化と文字の文化』桜井直文他訳、藤原書店、一九九一年、三二頁。

（40）濱崎『トルコにおける「国民音楽」の成立』一二一頁。

（41）サルソゼンは出身地であるスィヴァス（トルコ東部）の教員養成学校で、トルコ語の教師、さらに高校（リセ）で音楽教師としてキャリアをスタートさせた。一九二六年、イスタンブル音楽院のスィヴァスでの民俗音楽調査に二六歳のサルソゼンも調査補助として加わり、その能力が評価されたことから、一九二七年にイスタンブル音楽院で一年間、ヴァイオリンを学ぶ機会を得る。一九二九年に同音楽院を卒業し、音楽教員免許を取得した彼はスィヴァスに戻り、高校で音楽のみならず、トルコ語、歴史、地理などの授業をもちつつ、民俗音楽の研究も続けていった。一九三六年にアンカラ国立音楽院（前身は音楽師範学校）が設立され、その付属組織として民俗音楽資料室の開設が決定されたことで、サルソゼンは一九三八年に同室の室長として任に就くことになる。Süleyman Şenel, *İstanbul Çevresi Alan Araştırmaları*, vol. 2, Istanbul: Kayhan Matbaacılık, 2010, pp. 77-84.

（42）「人民の家」は一党支配体制を続ける共和人民党（ＣＨＰ）の文化組織として一九三二年に設立された機関で、全国に四七八の

「家」が開設された。トルコ全土に支部をかまえ、各地方、農村にまで音楽、絵画、歴史等、「国民文化」を教えることでトルコ国民の啓蒙を図った。

（43）ただしこの数の真偽は不明で、収集目録だけのものも多数あり、はっきりとした楽譜という形で後付けができるものはこれより数は少なくなるとされる。Şenel, *İstanbul Çevresi Alan Araştırmaları*, vol. 2, p. 83.

（44）本調査メンバーは、国民音楽創出を託され後に「トルコ五人組」として知られることになる作曲家H・F・アルナル、N・K・アクセス、U・C・エルキンが参加し、加えてH・B・ヨネトケン、そして技術者のA・エティカンから編成された。

（45）アーシュク（aşık）とは「吟遊詩人」の意味で、トルコの伝統的社会では、職業音楽家のアーシュクが村々を渡り歩き、民謡の伝播に大きな役割を果たしていた。その中でもアーシュク・ヴェイセルは共和国最大のアーシュクと称される。

（46）Şenel, *İstanbul Çevresi Alan Araştırmaları*, vol. 2, p. 58.

（47）国民音楽創出を担った「トルコ五人組」の一人、サイグンもまた、トルコ民謡合唱を提言していた一人であった。サイグンは一九三九年に『人民の家における音楽』を執筆し、その中で、同じ物事から喜びを感じ、同じ環境にすむ人間が一つの確実な形式でその喜びをあらわしてきたのがトルコ民謡であり、「人民の家」の使命は、まさにこうした人々にトルコ民謡を共にうたわせる方向に仕向けていくことであると説いた。民謡を共に歌う者たちが自由気ままでバラバラな歌い方をしているとサイグンは指摘し（まさにこの言及こそ、トルコでは民謡を「斉唱」でうたう習慣がなかったことの証左となろうが）、「人民の家」ではまず何よりも、民衆が声をそろえて一緒に歌えるようにしなければならないと論じた。ただしその最終的な目的は、トルコ民俗楽器の伴奏によるトルコ民謡合唱ではなく、西洋楽器の伴奏による多声的なトルコ民謡合唱であり、つまりはトルコ国民音楽にあった。Adnan Saygun, *Halkevlerinde Musiki*, Ankara: CHP Yayınları, Klavuz Kitaplar 6, 1940, p. 13.

（48）ジャンルを超えた混成アンサンブルのメンバーたちは、演奏レパートリーが拡大していくにしたがって互いの演奏方法や見解を異にするようになり、一九四六年、ついにそれぞれの専門——オスマン音楽演奏団と民俗音楽演奏団——に分かれることになる。

（49）たとえば、もっとも小型のサズ（共鳴胴の直径が約二〇～三〇センチメートル）はジュラ（cura）、これより少し大きいサズ（約三〇～三五センチメートル）はデデサズ（dedesaz）と呼ばれ、アレヴィーの儀礼などで重要な楽器となってきた。バーラマと呼ばれるのは、サズの中でも共鳴胴の長さが約三五～四五センチメートルの中型のサイズのもので、これがもっとも一般的な大きさとされる。上記のような名称とサイズの関係性が明快に整理されていったのは共和国期に入ってからのことである。Eliot Bates, *Music in Turkey*, Oxford: Oxford University Press, 2011, p. 11. なおバーラマという名称は、一九四〇年代初頭から一九五〇年代にかけて放送された『ユルッタン・セスレル』の影響で登場し、音楽家／専門家の間で取り入れられたとの指摘もある。Melih Duygulu, *Türk Halk Müziği Sözlüğü*, Istanbul: Pan Yayıncılık, 2014, p. 67.

（50）Armağan Coşkun Elçi, *Muzaffer Sarısözen*, Ankara: T. C. Kültür Bakanlığı Yayınları, 1997, pp. 108-109.

（51）節回しなど歌唱様式に関連する場合は「アーウズ ağız」の語があてられることが多い。

（52）Martin Stokes, "The Media and Reform: the Saz and Elektrosaz in Urban Turkish Folk Music," in *British Journal of Ethnomusicology*, 1992, p. 94.

（53）Bates, *Music in Turkey*, p. 16.

（54）A. Metin Karkın, M. Can Pelikoğlu, and Sinan Haşhaş, "Bağlama Enstrümanın Öğretim Yöntemleri Kapsamında Yöresel Tavırların Değerlendirilmesi," *Art-e Sanat Dergisi*, 7（13）, 2014, p. 129.

（55）Stokes, "The Media and Reform," p. 101. また筆者がベルリン・トルコ音楽コンセルヴァトワールのバーラマ教師に尋ねたところでは、トルコ系移民の二世、三世など、トルコを知らない世代に「タウル」を教えることがもっとも難しいと述べていた。それはタウルには、必ずその土地や風景、空気など言語化しづらい感覚がともなうからという理由であった。（二〇一八年九月一二日、ベルリン・トルコ音楽コンセルヴァトワールでの現地調査）。

（56）濱崎友絵「トルコ共和国の形成と音楽――トルコ民謡と『和声化』をめぐって」『地中海学研究』XXXIII、二〇一〇年、七五〜七七頁。

（57）一九四七年から一九五五年まで月、水、金曜日の一八時三〇分から一九時まで、日曜日は一二時三〇分から一三時までの三〇分間、放送がおこなわれた。なお日曜日はライブ放送であった。Niyazi Yılmaz, *Muzaffer Sarısözen*, Ankara: Ocak Yayınları, 1996, p. 23.

第四章　国父のページェント
――ムスタファ・ケマルと共和国初期アンカラの儀礼空間

川本智史

はじめに

二〇一六年七月一六日早朝、クーデタ未遂を受けて間一髪空路で休暇先からイスタンブルに戻ったエルドアン大統領は、アタテュルク国際空港で多数の支持者によって出迎えられスピーチをおこなった。事件の詳細については他に譲るとしてここで興味深いのは、アタテュルク国際空港のあるイスタンブルの西郊がかつてヘブドモンとよばれたビザンツ帝国時代の皇帝と遠征軍の集結地であり、凱旋時には儀礼の場となっていたという事実である。さらにこの少し北にあるダヴト・パシャ平原はオスマン帝国時代に同様の軍事的儀礼が市民を動員して開催される場所であった(1)。コンスタンティノポリス＝イスタンブルからバルカン半島方面に出征するとき、空港一帯の平野は最初の泊地として軍団が集結する儀礼空間だったのである。危機的状況のなかイスタンブルに凱旋したエルドアン大統領のとった行動は、多分に偶然とはいえ、イスタンブルを都とした古の皇帝たちの儀礼的なおこないとその空間を踏襲したといえる。首都における儀礼は政治主体の正統性を担保するものであり、首都空間もページェントの場としてデザインされる。都市広場や幹線道路、あるいは郊外の平野がもつ儀礼性は、権力主体が移り変わっても根強くそこに染みついており、似たような儀礼のパターンは踏襲・再演された。東地中海世界の中心、いやそれどころか世界の中心となることもあったイスタンブルの随所には、いまだに濃厚な歴史性と場所性が息づいている。

では華々しい歴史の舞台となったイスタンブルから、新首都アンカラに移ったトルコ共和国政府とムスタファ・ケマル〔・アタテュルク〕は首都空間をどのように構想し、儀礼の舞台としたのだろうか。本稿は一九二〇年代から三〇年代の首都アンカラを、首都でのページェントの観点から再考するものである。

先述のようなオスマン帝国の首都イスタンブルでのページェントに関しては、文化史家のアンドがはじめて研究対象とし、日本でも奥美穂子が一六世紀の王子割礼時の祝祭を分析している。[2] ところがイスタンブルに比すれば、ムスタファ・ケマルが一九一九年に入市して根拠地にさだめたアンカラは、当時鉄道交通の要衝だったとはいえ、たかだかアナトリア高原の一地方都市に過ぎなかった。独立戦争の状況によりたなぼた的に首都になったアンカラを、トルコ共和国の顔にふさわしい都市として計画し、国家的な祝典を開催することは内外に新政権の威信を明示するための喫緊の課題であった。

今日まで都市計画史の観点からのアンカラについての研究は多く、日本語による研究もいくつか存在する。[3] またアスランオールやボズドアンなどによる共和国初期の建築史的考察も、当時の首都アンカラを考える上で有用である。[4] しかし具体的にアンカラの都市空間がどのように用いられて、新生国家を寿ぐ場となったかについての研究は残念ながらほとんどみられない。個別の儀礼については、ボラトの研究のように共和国記念日の祝祭に目を向けるものや、ムスタファ・ケマルの葬儀の空間的側面を分析したウィルソンの研究があり、これらを複合的に参照することで都市空間の演出を考察することは可能である。本稿ではこれら先行研究に依拠しつつ、一九一九年のムスタファ・ケマルのアンカラ入市とこれに続く市内での軍事行進、一九三三年の共和国建国一〇周年記念式典、一九三八年のムスタファ・ケマルの葬儀の三つの都市儀礼を題材として、首都アンカラでのページェントを空間的に検討する。

第一節　帝国末期

イスタンブルでの儀礼

議論の前提として、共和国初期の儀礼を考察するにあたっては、オスマン帝国末期の儀礼との関連性を考慮しなければならない。そこで一九世紀にイスタンブルでおこなわれた宮廷儀礼を、カラテケの研究に基づいて整理してみたい(5)。

カラテケはイスタンブルでの儀礼を、①即位(cülus)とこれに続く臣従(beyat)儀礼、②帯剣式(kılıç kuşanma)、③犠牲祭とラマダン祭の祝祭(muayede)、④金曜礼拝(cuma selamlığı)、⑤外国大使の信任状捧呈式(kabul merasimleri)、⑥その他の宗教儀礼、に分類した。このうち①②は新スルタンの即位に関するもの、③④⑥は宗教儀礼に属し、⑤は対外的な宮廷儀礼となる。

世俗主義を標榜するトルコ共和国では、当然ながら公的な宗教儀礼はかつてのような重要性を失い、それどころか後述するムスタファ・ケマルの死後イスラム的な葬儀礼拝をおこなうかどうかの議論があった事実が示すように、忌避された。そのため、ここでオスマン帝国末期とトルコ共和国の儀礼を比較するうえで重要だと考えられるのが、直接には宗教性をもたない即位関連の儀礼、とくに都市住民への新君主お披露目の場となる帯剣式である。

まず簡単にその概要を記しておこう。一九世紀にはトプカプ宮殿での即位を済ませて一週間以上あとに、儀礼がおこなわれた。新スルタンははじめに船でイスタンブル西郊にあるイスタンブル随一の聖所エユプに至った。波止場からは軍勢が整列する中をスルタン一行は行進してエユプ廟に向かった。廟の門の外側ではシェイヒュルイスラム(ウラマー階層の長)らが出迎えて、廟内でスルタンはシェイヒュルイスラムないしナキービュルエシュラフ(預言者ムハンマドの子孫たちの長)の手によって剣を与えられた。帰路スルタンは行列を組んでエユプから市内に向かい、沿道には市民や学生が整列して行列を見送った。とりわけ一八七六年のアブデュルハミト二世の行列にはアルバニア・クルド・アラブ・ボスニア・ルム(ギリシア系)・アルメニア・ユダヤ人が各々伝統的服装で参加して多民族国家オスマン帝国を印象づけたという。エディルネ門から征服者メフメト二世廟にかけての道中では犠牲獣が屠られて肉が配られ、貨幣をまくこともあった。行列の最中に施しすることは新スルタンの寛大さを示す重要な行為である。そのほかのスルタン廟を参詣したこともあるが、メフメト二世廟だけは必ず中継地点となり、トプカプ宮殿がゴールとなった。アブデュルハミト二世のケースだと、朝一〇時にドルマバフチェ宮殿を出発し、その四五分後には授剣され

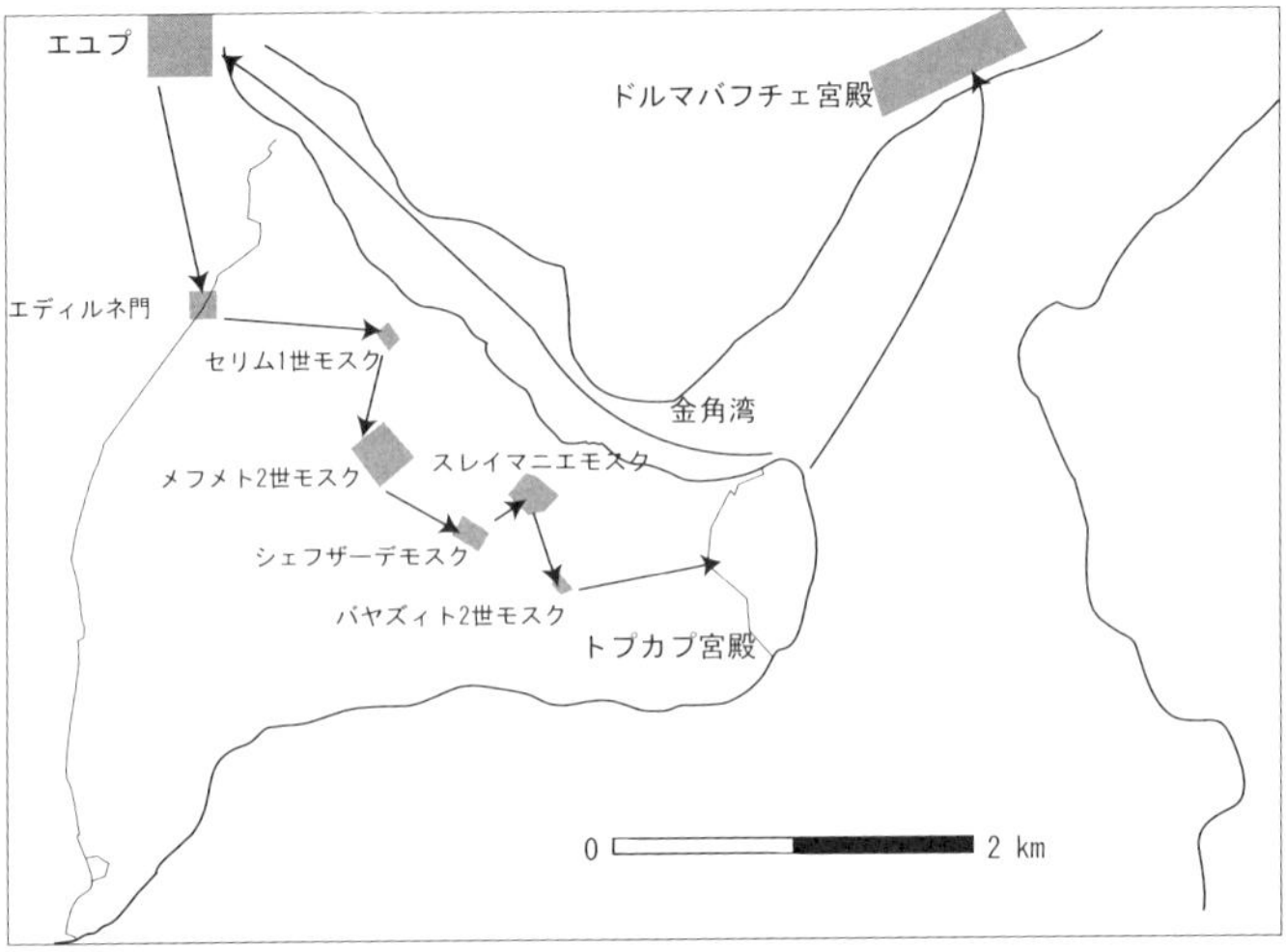

地図1　1876年アブデュルハミト2世の帯剣式の移動経路（筆者作成）

てエユプ廟を出立、ゆっくり進む行列はセリム一世廟に一二時五分、メフメト二世廟に一四時、そのほかの廟を訪問したのちトプカプ宮殿で休憩し、一八時三〇分にはドルマバフチェ宮殿に戻った[6]（地図1）。

イスタンブルを東西に横断する帯剣式の行列は、オスマン帝国の都市儀礼を代表するものだったといって間違いない。行列の路程には、モスクや歴代スルタンの墓廟、宮殿とさまざまな宗教的・建築的モニュメントがちりばめられ、新スルタンが背負って立つ歴史あるオスマン王家の正統性を否応なく裏付けるものであった。伝統的に要求される君主の美徳である慈悲深さ・寛大さは道中での恩恵というかたちで表現され、スルタンと臣民のつながりが都市儀礼を通じて可視化されたのである。

アンカラ

帝都イスタンブルに比べればはるかに見劣りするとはいえ、歴史的にみればアンカラはアナトリアの主要交易都市のひとつである。サカリヤ川の三本の支流が合流する中央アナトリア平原の北端の丘陵地帯に位置し、先史時代から人類が居住したこの場所には、ヒッタイト時代には集落が出現したと考えられる。ローマ都市としても発展したアンカラは、一四世紀半ばにオスマン朝の支配下に入ると、一時はアナドル州の州都になった。一六世紀末か

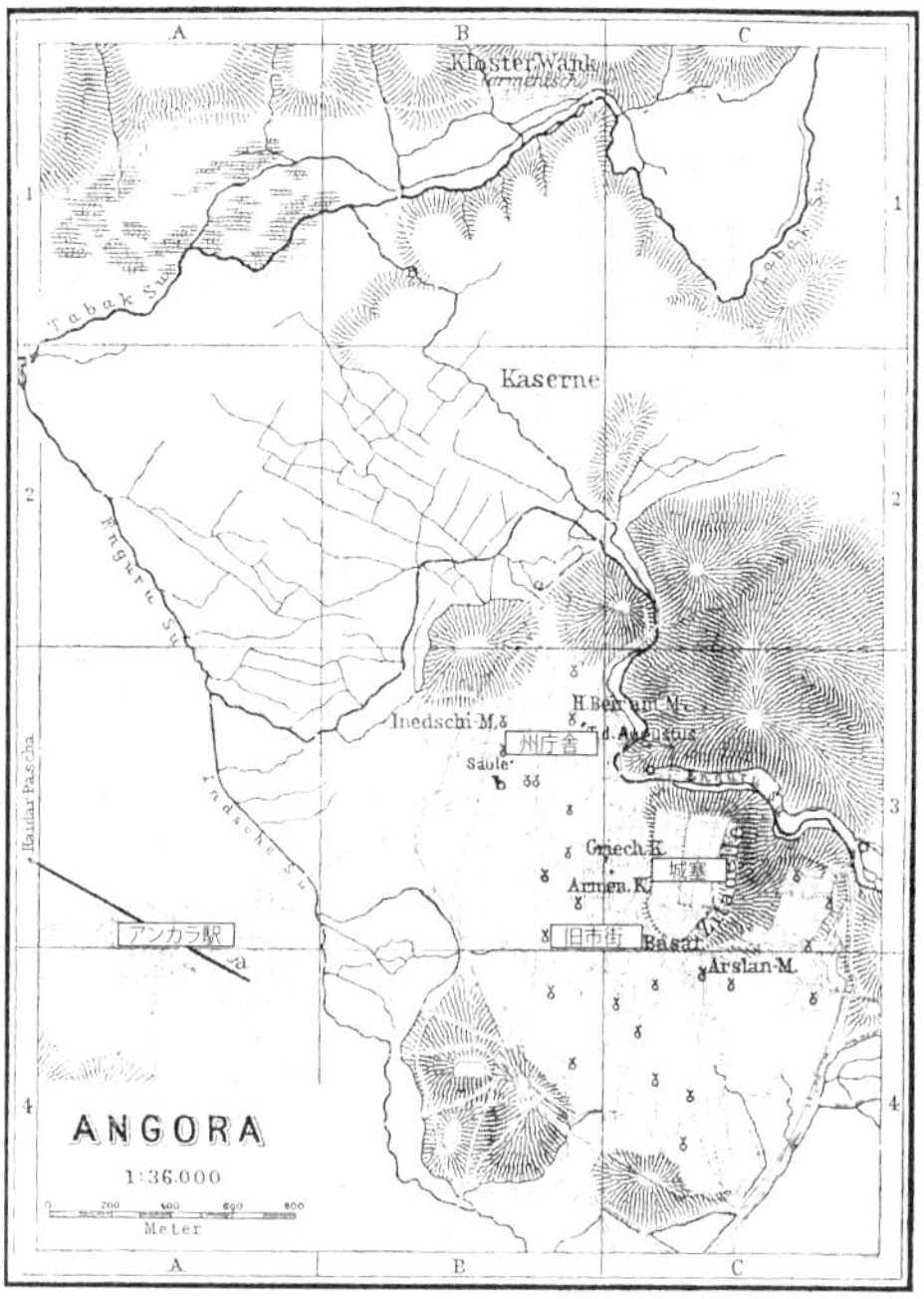

地図2　20世紀初頭のアンカラ
（出典）Cengizkan, *Ankara 1923–1938*, p. 21 に加筆.

ら一七世紀初頭にかけては、周辺で生産されたアンゴラ種の山羊毛を原料としたモヘヤ織りの生産が勃興して交易都市としての重要性は高まった。またタンズィマート期の行政区分改革により、アンカラ州が制定されるとアンカラは州都となって地方行政の中心地として発展した。鉄道開設直前の一八九〇年の人口統計によれば住民は二万七八五二人で、アナトリアではまずまずの規模の地方都市だったといえる[7]。一八八五年から九二年にかけて州長官だったアービディン・パシャはアンカラの近代化を推し進め、水道開設や郵便近代化、道路整備、病院建設、軍営の修繕、学校建設に尽力し[8]、のちの首都化への道筋をつけた。

当時の都市構造に目を向けると、まちを見下ろす岩山の上にはビザンツ時代の城塞があり、その西から南にかけての斜面地に入り組んだ街区が形成される、典型的なオスマン期アナトリアの都市構造を示す。商業地区は山手側と下町側に大きく二分され[9]、後者は現在のウルス地区に相当する（地図2）。

一八九二年にイスタンブルからアンカラまで鉄道が開通すると、最寄りの旧市街地である下町地区と駅とを結ぶ幹線として「駅通り」が敷設された。通りの突き当たりのもともと墓地があったあたりに、一九世紀末から二〇世紀初頭にかけて建設されたタシュハン（石の隊商宿 Taşhan）があり、アンカラを訪れる旅客や駄獣の宿泊地となった[10]。現在ウルス広場と呼ばれる広場は、当時はタシュハン広場と呼ばれており、一九〇八年からはじまる第二次立憲政期には、タシュハン周辺には他に三棟の石造建造物（教員学校・産業学校・州庁舎）が建設された[11]。歴史家のシャポリヨによれば、駅と広場を結ぶ当時の「駅通り」は荒蕪地を横切る殺風景なもので、わずかにのちに最初の大国民議会議事堂となる、一九一五年に建設が始められた旧「統一進歩委員会」の建物があるだけだった[12]。

第二節　ムスタファ・ケマルのアンカラ入市

アンカラが一躍脚光を浴びるようになったのが、一九一九年からである。オスマン帝国の第一次世界大戦での敗戦と連合軍による占領をうけて、ムスタファ・ケマルはイスタンブルを離れて五月一九日に黒海岸の都市サムスンに上陸し、アナトリアでの抵抗運動を組織した。スィヴァスからアンカラに中央指揮所を移動することが決定された結果、スィヴァスを出発したムスタファ・ケマル一行は一九一九年一二月二七日土曜日に、イギリス軍とフランス軍に占領されていたアンカラへと行進した。これを出迎えたのが、シャポリヨによれば数千人もの任侠集団のセイメンやゼイベキたちの行列（セイメン・アラユ seymen alayı）と、デルヴィシュや職工、学生たちの集団であった。ここで自らも出迎えに参加したシャポリヨの記述とこれを用いた設樂の研究にもとづいて、一二月二七日のアンカラでの歓迎の様子を以下空間的に復元してみよう[13]（地図3）。

ムスタファ・ケマル到着の報を受けて、セイメン・アラユはディクメンの果樹園、チャンカヤの果樹園の西にありクルシェヒル方面に続くクズル坂の麓に整列した。その他の出迎え一行は、一部のセイメン・アラユとともに駅通りや、旧市街の南にあるナマズギャーフの丘、さらにその南ののちの新市街になる場所で待ち受けた。アンカラ南郊の

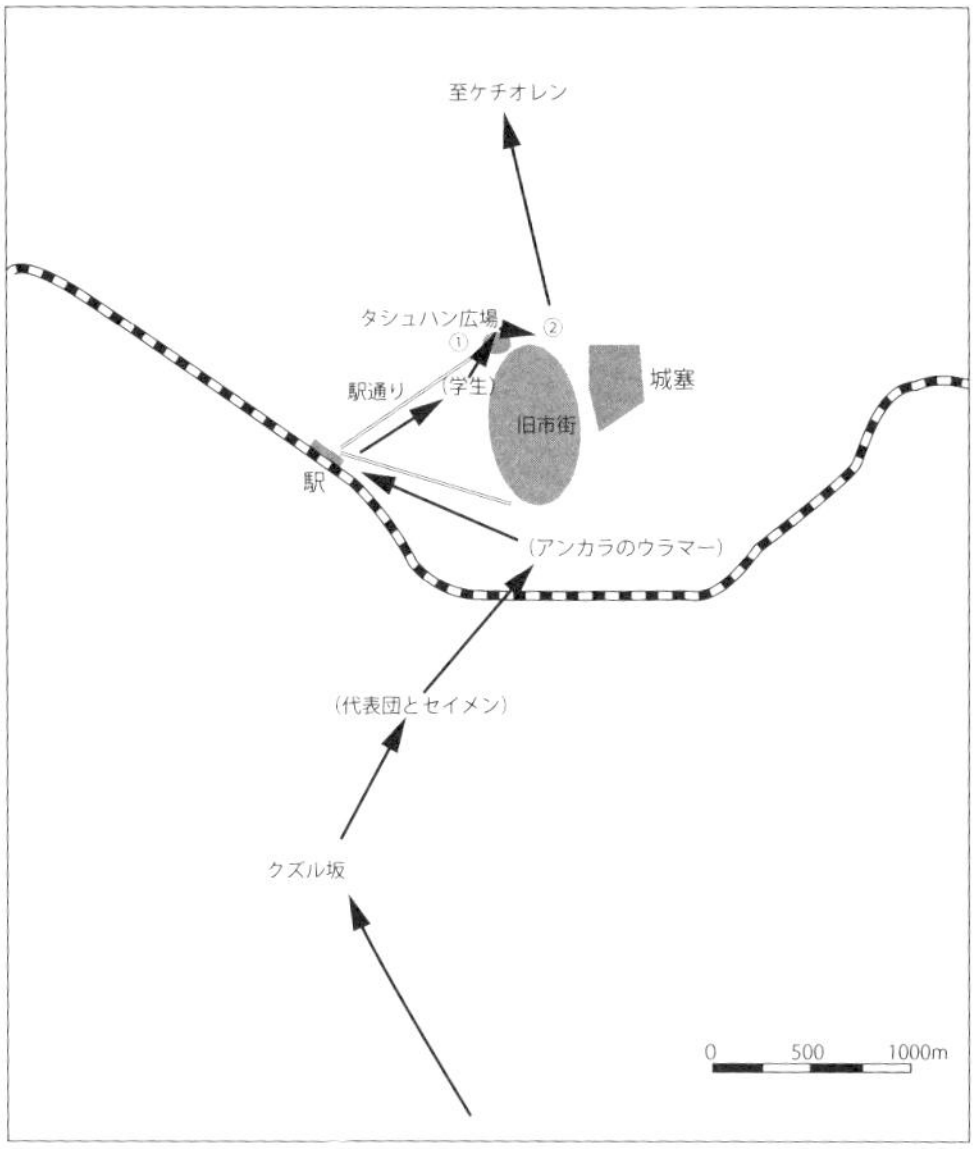

地図3　1919年アンカラ入市式典でのケマルの移動経路（筆者作成）

（地図中番号①フランス軍司令部（後の大国民議会第一議事堂）②ハジュ・バイラム・ヴェリー廟とモスク）

村から車に乗って市内へと向かうムスタファ・ケマルは、まずモガン湖北岸のギョルバシュで州知事代理のヤフヤ・ガリプと第二〇軍司令官アリ・フアトに迎えられたのち、午後三時前にチャンカヤとディクメン間にあるクズル坂で群衆に出迎えられた。麓には一旒の旗がたてられ、二頭の犠牲獣が屠られた。一行が北上して現在の参謀本部がある場所に至ると、ここでも牛一頭が犠牲とされ、アンカラの代表団や公務員と面会して七〇〇人のセイメンにも挨拶をした。万歳の歓声の中、ムスタファ・ケマルは歩いてさらに北上し、現在アンカラ大学言語地理歴史学部の建物があるあたりで、アンカラのウラマーたちに面会した。ここから再び車に乗ると進路を西に取り駅方面に向かった。駅では駅舎を占領していたイギリス人司令官が騎乗して待ち構えていたが、駅前広場で憲兵隊と警察隊およびセイメン・アラユの歓迎を受けた。ここではギュヴェチリ・イブラヒムなる人物が片手に旗、もう一方に剣、そして首にコーランをぶら下げて仁王立ちしていた。ここからは駅通りを進んで、トルコ共和国の公式迎賓館となるアンカラ・パラス（一九二八年完成）がある場所で学生に出迎えられ、当時フランス軍司令部となっていた、当時の統一進歩委員会の建物、のちの大国民議会第一議事堂の横を通って、タシュハン（ウルス）広場に到達した。シャポリヨはここでの歓迎については記述していない。さらにそこから北にわずかに行った場所にあるハジュ・バイラム・ヴェリー廟に詣でたのち、その隣にある州知事府前の広場でセイメンや群衆が出迎えた。まずメドレセ局長のホジャ・ハサンが神に祈りを捧げたのち、知事代理のヤフヤ・ガリプが歓迎の演説をおこなった。ムスタファ・ケマルは式典が終わると州知事府の中で休憩してから、宿舎となったケチオレンの農業学校に入った。

詳細なアンカラ入市の様子を検討すると、いくつか重要な点を指摘することができる。まずセイメン・アラユ、職工組合、学生、ウラマー、官憲、州政府関係者という、当時アンカラにいたほぼすべての市民が動員され（残念ながら女性たちの動向はほとんどわからない）、各々が市内各所に配置されて綿密な歓迎プログラムが設定されていたことがよみとれる。ムスタファ・ケマル本人がアンカラ入市儀礼の詳細におそらく関与していなかったことは、一五世紀の聖者ハジュ・バイラム・ヴェリーの廟に詣でた際の会話からうかがい知れる。州知事代理に彼は「ここで何をするのか」と尋ね「ここは表敬訪問だけです」との答えを得るのである。州知事代理をはじめとするアンカラの人々が入市儀礼をプログラムし、ムスタファ・ケマルはいわば引っ張り回されていたことが想像される。[14] 慌ただしく抵抗運動を組織するムスタファ・ケマルに、アンカラでの都市儀礼を周到に構築する余裕はなかったことは間違いない。アンカラ市民側は彼らがそうあってしかるべきと考える貴人のための都市儀礼を計画し、のちのアンカラ大学前、駅前広場、州知事府前広場など市内外各所の重要地点にさまざまな社会階層・集団が待機して挨拶をおこなったのである。最後に州知事代理が歓迎の演説をした州知事府前広場は一応の終点ではあるが、シャポリヨの記述をみるかぎりでは必ずしも一連の儀礼で中心的な場所だったわけではない。同様に、これ以降都市儀礼の舞台として急速に焦点が当てられるようになる駅通りとのちの議事堂もそれほど重視されていたとは考えられない。むしろ、歓迎の場が市内外の複数個所に設けられて、各々多様な集団が出迎える中をムスタファ・ケマルの行列がパレードしていくという、面的な広がりと多極性が特徴となる。

また入市儀礼中にはイスラム的要素が頻出する。次々に屠られる犠牲獣、歓迎するウラマー集団、ギュヴェチリ・イブラヒムの首にぶら下げられたコーラン、メドレセ局長の祈り、そして極めつけはムスタファ・ケマルによるハジュ・バイラム・ヴェリー廟の訪問である。共和国初期アンカラにおけるハジュ・バイラム・ヴェリー廟とモスクの重要性は、一九二〇年四月二三日金曜日の大国民議会招集を祝して、議員がここで礼拝をおこなってから議事堂にむかったという事実に象徴される。(15) アンカラ側のひとびとは、当然のこととしてムスタファ・ケマルにまち一番の聖者廟を訪れるよう要求し、彼もこれを諾とした。世俗主義を標榜するのちのムスタファ・ケマルと、トルコ共和国政府の姿勢からすれば到底考えられぬことではあるが、オスマン帝国時代からの連続するひとびとの心性を考慮すれば十分に理解できるものであろう。

こうしてみるとムスタファ・ケマルのアンカラ入市儀礼は、イスタンブルでの帯剣式に共通する構造をもっていたことに気づかされる。アンカラ南郊から市内を練り歩いてさまざまな社会集団から歓迎された一九一九年一二月二七日のムスタファ・ケマルの姿は、イスタンブル郊外のエユプから行列を組んで道中歴代スルタンの墓廟を詣でながら、トプカプ宮殿へと至った新スルタンのそれに重なる。犠牲獣や祈りといった宗教的な道具立ては共通するし、とりわけ促されて訪問したアンカラ随一の聖所ハジュ・バイラム・ヴェリー廟は、そのままイスタンブルの聖所エユプ廟のみたてであったと考えて間違いなかろう。新たな権力者を歓迎する儀礼を計画する際、聖者廟の訪問や多様な社会集団による出迎え・喝采、イスラム的な諸要素など、オスマン帝国末期の都市儀礼がそのまま参照されてアンカラの都市空間に展開されていたのである。オスマン帝国と対峙し、のちにはその歴史を否定してゆくトルコ共和国では当然このような旧来の都市儀礼は更新されていかなければならない。次節以降その変遷を追ってゆこう。

第三節　「駅通り」と独立戦争時のパレード

ムスタファ・ケマルとアンカラ政府はさしあたり、国境を越えてアナトリアに侵攻する外国勢力と国内の「反革命軍」の脅威に立ち向かうことを余儀なくされる。周知のようにアンカラ政府の正統性は、アンカラにほど近いサカリヤ河畔で一九二一年九月にギリシア軍の攻勢をようやく押しとどめて反攻に成功し、翌年九月にイズミルに入城することではじめて担保されたのだった。当然一九二〇年代初頭のアンカラは、砲煙くすぶり傷痍軍人あふれる極限状態の軍都であったといってよいだろう。

イズミル入城後前線からアンカラに戻ったムスタファ・ケマルは、絨毯の敷かれた駅通りを凱旋行進し、所々には仮設の凱旋門が設けられたという[16]。絨毯と仮設凱旋門の組み合わせは、共和国初期にムスタファ・ケマルが地方都市を歴訪した際の写真からもみてとることができる[17]（写真1、2）。写真では絨毯は壁に掛けられてタペストリーのように用いられているが、貴重な絨毯を持ち寄って儀礼空間を作り出すという点は同じである。凱旋軍とともに捕虜となったギリシア兵もまた、レモンの皮や腐った卵が降り注ぐなか駅通りを行進させられ、議事堂前では「ムスタファ・ケマル万歳！」と叫ぶことを強いられた。捕虜たちは終点となったタシュハン広場から馬車に乗せられて収容所に送られたという[18]。

アンカラ駅からタシュハン広場までのルートは、前線から帰還した傷病軍人たちの凱旋道路にもなった。ふたたびシャポリヨの回想に依拠すれば、軽傷者はお互い肩を支えながら歩いて議事堂前を過ぎたのちタシュハンに収容された[19]。傷病軍人たちに寝室を提供するなど全面的に戦争に協力したアンカラ市民たちにとっても、駅通りは軍都アンカラを象徴する空間となったであろう。ムスタファ・ケマルの入市儀礼ではアンカラの数ある主要道路のひとつにすぎなかった駅通りが、沿道にあった旧統一進歩委員会の建物の大国民議会第一議事堂への転用と、独立戦争時のパレードを契機として新首都を代表する目抜き通りとしての性格を獲得していったのである。終点タシュハン広場にはのちに戦勝記念碑が計画され、一九二五年のコンペの結果オーストリアの彫刻家クリッペルの案が採択されて一九二

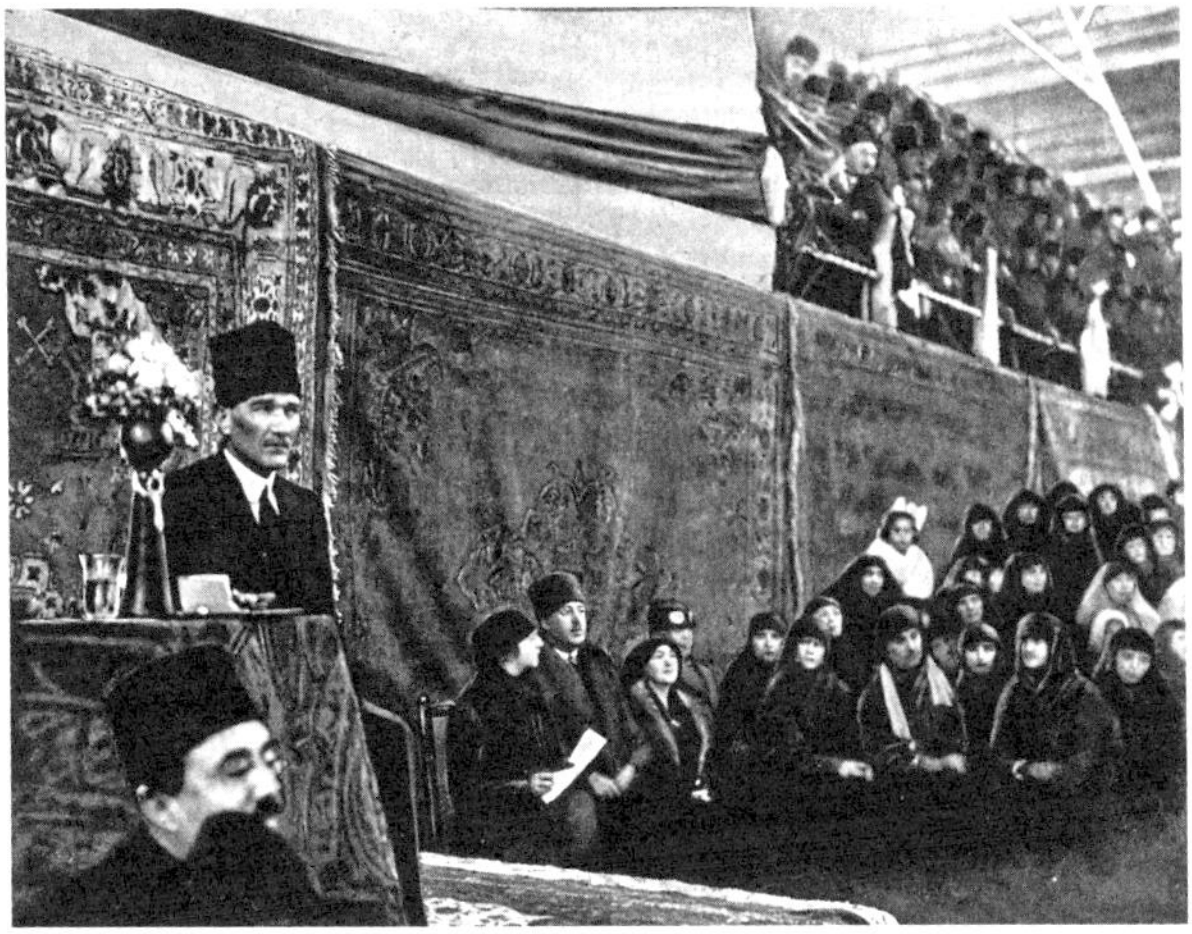

写真1　イズミルでの女性集会における絨毯の装飾

（出典）Aygün, *Fotoğraflarla Atatürk*, p. 154.

写真2　バルケシル駅そばに設置された仮設凱旋門と絨毯の装飾

（出典）Aygün, *Fotoğraflarla Atatürk*, p. 161.

写真3　ウルス（タシュハン）広場戦勝記念碑（筆者撮影）

写真4　大国民議会第一議事堂（筆者撮影）

写真5　大国民議会第二議事堂（筆者撮影）

七年に完成した（写真3）。かくして駅通りはトルコ共和国の軍事性を象徴する空間へと変貌を遂げた。

駅通りに面する大国民議会第一議事堂の都市空間における儀礼性は、次の事件からも浮き彫りとなる。一九二三年三月ムスタファ・ケマルの与党に対抗する「第二権利擁護グループ」の議会メンバーのひとりが、大国民議会護衛儀仗大隊隊長トパル・オスマンの命令によって惨殺されたことが判明する。拘束に向かった部隊との銃撃戦の末死亡したトパル・オスマンの死体は、議事堂前に三時間にわたって逆さづりにされたのち、遺族に引き渡されて故郷のギレスンに埋葬された[20]。当時の議事堂前の空間は血なまぐさい政治報復劇の舞台にもなりうる、首都の顔だったのである（写真4）。

後述するように一九二三年のトルコ共和国成立とアンカラの首都制定直後には、旧市街地の南に新市街イェニシェヒルが計画されるが、それでも駅通り沿いには次々と重要な公共建築が建てられていった。まず大国民議会第一議事堂が手狭になったため、一九二四年にはその隣に第二議事堂が庭園とともに建設された（写真5）。その向かいにはアンカラ・パラス（一九二四年計画、一九二八年完成）が配置され、公的な迎賓空間となる（写真6）。加えて第一議事堂と第二議事堂の間には、一九二五年に計画された会計院がデザインの変更を経て一九三〇年に完成する。駅通り沿いの議事堂周辺には国家的建築がごく短期間のうちに出現したのである。

写真６　アンカラ・パラス（筆者撮影）

写真７　ゲンチリキ公園（筆者撮影）

しかしながら駅通りが貫通する駅からタシュハン広場にかけての土地は、もともと小川の流れる湿地であり、シャポリヨの言を借りれば疫病が風にのって渡ってくるような場所だった。そのためある程度整備計画が進んだ一九二五年でも、駅に着くと道の果てにはタシュハンが見え、そこに至る駅通りはほこりっぽい未舗装路だった。通りにはタクシーどころか車一台走っておらず、「豪華な」交通手段として馬車があるだけであったという[21]。首都の顔として左右に政府関係施設が林立する駅通りもたかだかその長さは二、三〇〇メートルにすぎず、駅を出てすぐの左右に広がるのは広大な湿地だった。ここが干拓され公園とスタジアムとして儀礼空間に変容するのは一九三〇年代を待たなければならない（写真7）。

第四節　アンカラの都市計画

一九二一年にイスタンブルから軍務省地図局の官員二二名がアンカラに到着し、縮尺四〇〇〇分の一の地図作成に取りかかった。一九二四年に完成した地図は、アンカラ駅と鉄道線路を南限とし、アンカラ城の麓に旧市街が広がる当時のまちの姿を描き出している[22]（地図4）。ここから、基本的に都市は前近代アナトリアの細い曲がりくねった街路によって構成されており、わずかに先述のタシュハン広場周辺にいくつかの公共建築がある程度だった様子が読み取れる。駅とタシュハン広場を結ぶまっすぐな駅通りは地図上でみるかぎりでは、アンカラでもっとも道幅が広く凱旋通りとするのに最適な幹線であるが、それとて先述のような状況だった。

それゆえ新首都の都市計画はアンカラ政府にとって喫緊の課題となった。アンカラの都市計画については日本語の研究もあるため、ここではその概要のみについて触れ、ここまで論じた駅通り周辺との関連を詳細に分析したい。まず共和制が宣言されてアンカラが新首都となって間もない一九二三年には、イスタンブルから市当局（Şehiremaneti）が局長ごとアンカラに移管された[23]。同年には首都計画がイスタンブルにあった測量建設トルコ株式会社（Keşfiyat ve İnşaat Türk Anonim Şirketi）に委託されて、そこに勤務し既に居留地火災復興計画で実績のあったドイツ人建築家のロ

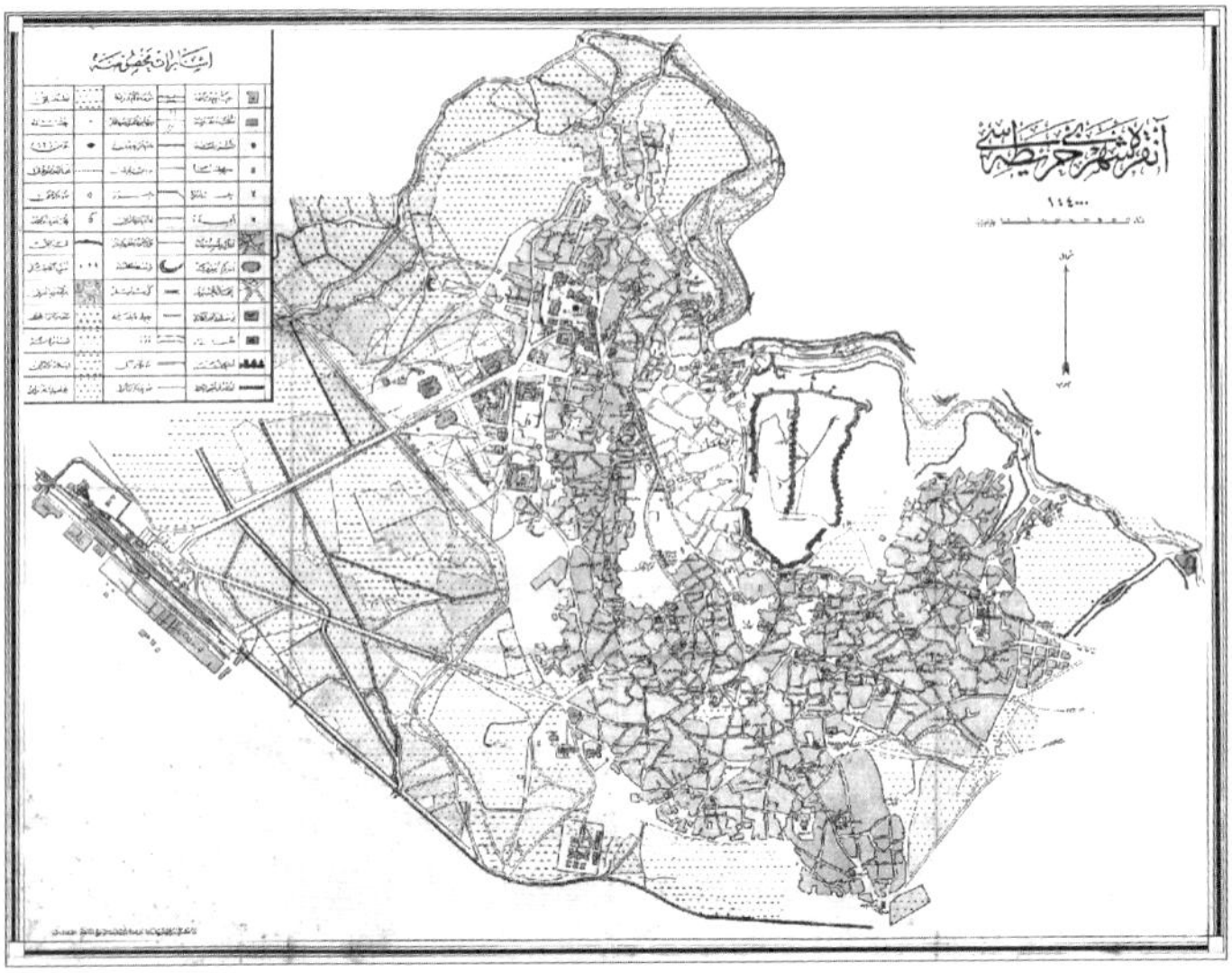

地図 4　1923 年のアンカラ

（出典）Günel and Kılcı, "Ankara Şehri," p. 80.

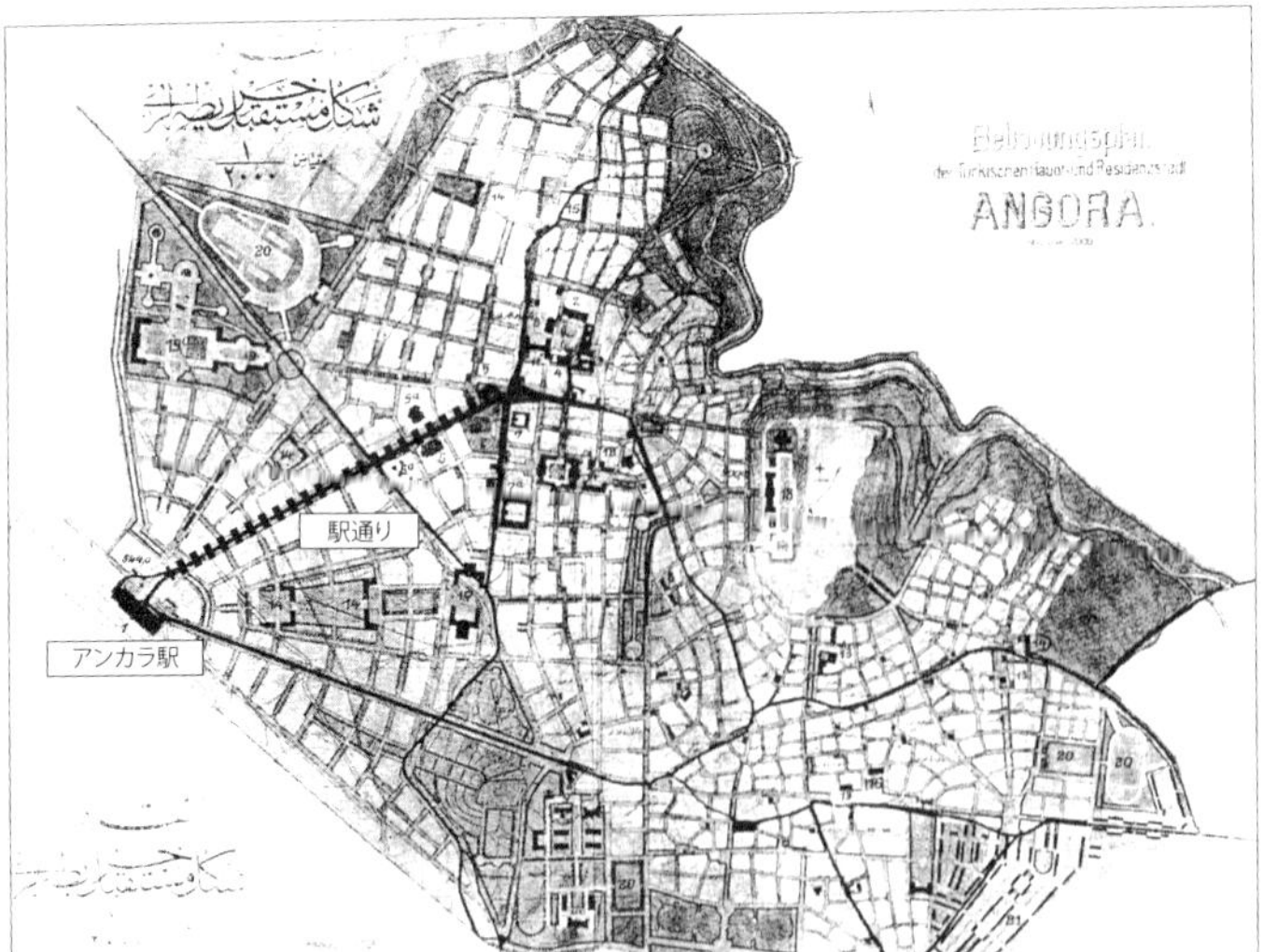

地図 5　1924 年ロルヒャーによるアンカラ基本計画図

（出典）Cengizkan, "Ankara 1923–1938," p. 39 に加筆.

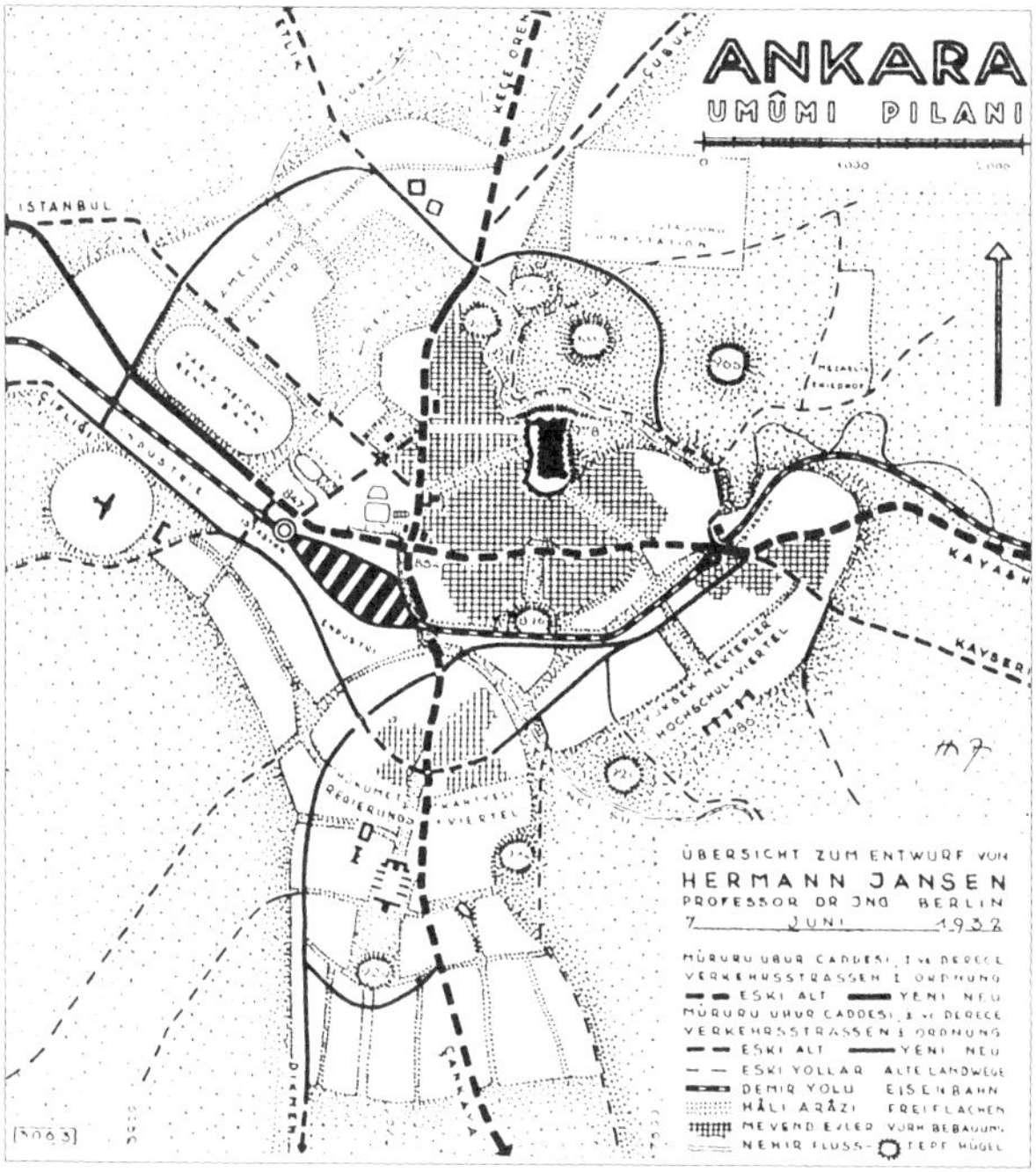

地図6　1932年ヤンセンによるアンカラ基本計画図

（出典）Cengizkan, “Ankara 1923-1938,” p. 109.

ルヒャーが計画を担当した[24]。

基本的にロルヒャー案では、東西南北に幹線道路を敷設し、旧市街地は区画整理対象となって矩形街区が創出され、さらにアンカラ駅を中心とする放射道路の敷設、そして鉄道南側に新街区イェニシェヒリの建設が計画された（地図5）。アタテュルクの邸宅がアンカラ南郊のチャンカヤにあったことは、旧市街南側に主要施設が建ち並ぶ新市街を計画したことと大きな関わりがあったと考えられる。オスマン帝国末期からの中心であったタシュハン（現ウルス）および州知事府周辺の地域から、首都の重心をもっと南に寄せることは、第一期首都計画のロルヒャー案の時点から既定路線であった。

それでも駅通りは、ロルヒャーの計画図では駅からの放射道路の中心に位置し、件の湿地帯にも産業街区が建設される予定だった。測量建設トルコ株式会社が作成した資料によると、駅通りは片側二車線道路となって道の中央には市電が通される予定であったから、独立戦争時の凱旋道路としての性格をそのまま引き継いで、東西南北方面の幹線道路とならぶアンカラの主要道路とされる予定だったことがわかる。

ところがロルヒャー案は急増する人口に対応しきれず、また旧市街地の用地買収に要する費用があまりに多額となったため計画中止を余儀なくされる。[25] 一九二七年にはアンカラ市当局が新案の模索をはじめており、一九二八年にはコンペが実施されて同じくドイツ人都市計画家のヤンセン案が一等となる（地図6）。ヤンセン案は東西南北の幹線道路敷設と新街区の建設計画はロルヒャー案を踏襲するものの、旧市街の区画整理を中止することで軌道修正を図ったのである。官公庁街が計画された新市街は旧市街から分離され、旧市街は保存の対象となった。[26] またヤンセンの基本計画では、スタジアムと公園の間を通る駅通りはもはや一級道路に位置づけられておらず、その重要性も低下していたことがよみとれる。以降アンカラの中心は徐々にではあれ、新市街に移っていくことになる。一九三六年には第二議事堂に代わって新市街に第三議事堂が計画され、最終的には一九六一年の議事堂完成後議会はこちらに移る。現在アンカラの交通の結節点であり最大の繁華街であるクズライ地区も新市街に位置し、従来首都の中心だったウルス地区はより庶民的かつ歴史的な性格をもつようになった。

第五節　共和国建国一〇周年式典

紆余曲折を経る都市計画案策定と、なかなか進まぬ都市建設を傍目に見ながら、首都アンカラは新生共和国政府の国家的ページェントの舞台となり続けねばならない。帝国末期のオスマン王家ないし宗教関連の祝祭に代わって、新たに制定された祝日には国民国家誕生を寿ぐ式典が挙行されるようになった。その代表例といえるのが共和国記念日である。一九二三年一〇月二九日に大国民議会で共和制が宣言され、ムスタファ・ケマルが初代大統領に選出されると、以降一〇月二九日は国家的祝日の「共和国記念日」として位置づけられて、トルコ各地では奉祝行事が開催されたのである。ひとまず外国勢力との戦争状態が終結し、軍事色の強い駅通りでのパレードのかわりに、平和な状況のなかで開催される式典とはどのようなものだったのか。

ここからはボラトによる共和国記念日の式典の研究に依拠して、アンカラでのページェントの様子を記述してみよう[27]。一九二五年にはじめて開催された共和国記念日の式典は、①大統領との公式面会、②公式パレード、③夜間の舞踏会と提灯行列、の三部構成となっていた。午後二時に既に完成していた第二議事堂において公式面会がおこなわれたのち、パレードが午後三時半からはじまってムスタファ・ケマル以下政府高官は第二議事堂二階のバルコニーにならんでこれを眺めた。パレードでは、軍楽隊が新しく制定された国歌「独立行進曲」を演奏したのち、まずは学生、次にさまざまな団体の代表者やギルドのメンバーが行進し、最後に軍隊が行進した。午後九時からは第二議事堂横の庭園でカクテルパーティーが参加者正装の上でおこなわれ、第一議事堂庭園は一般に公開された。また同時刻からは軍人・市民・学生による提灯行列があった[28]。基本的に共和国建国一〇周年を迎える一九三三年まで、式典のプログラムの大筋は変わらなかった[29]。

議事堂周辺が依然式典の舞台となり、駅通りをパレードするという独立戦争当時の形態は全く変わっていなかったことがここから読み取れる。もっとも一九一九年のアンカラ入市儀礼のように、衆目を集めるなかムスタファ・ケマル自身が市内各所を行進してまわるのではなく、ムスタファ・ケマルが眺めるなかを市民の集団が第二議事堂前を行進するという、都市儀礼の「みる・みられる」関係に転換があったことには注意を払う必要があろう。

さて、建国一〇周年を迎えるにあたって、政府は特別委員会を設置して三日間にわたるより大規模な式典を計画した[30]。アンカラ以外でもこれまで地方都市で式典はおこなわれていたものの、さらに大規模な動員を全国にかけて、式典に人口の一〇分の一以上が参加すること、式典がおこなわれる場を「共和国広場」と命名することが決定された[31]。共和国記念日はいわばトルコ共和国の刻印を、国内各地に地名として打刻する格好の機会ともなったのである。アンカラでは、アンカラ・パラスや「人民の家」で舞踏会が開催され、一般市民は電飾で飾られた市内を花火や祝砲が打ち上げられるなか、夜七時から行進した[32]。

駅通りでのパレードに先だって、午前中には別の場所で行進があった。「建国一〇周年時の祝典」と題された当時の記録映像には、荒野のただ中で、ムスタファ・ケマル以下政軍高官の前で学生たちや軍人がパレードする様子があらわれ[33]、同じ場所で「建国一〇周年演説」がおこなわれたことも当時の映像からわかる[34]。行列の起点となる遠景には建築家ケマレッティンの設計で一九三〇年に完成したガーズィー教員学校（現ガーズィー大学）の建物が見えるから、会場は線路南側の空き地で、パレードは東西方向に、現在のアヌトカビル（アタテュルク廟）がある地点を目指して行進したことがよみとれる。さらに一九三三年一〇月三〇日付けの『共和国（*Cumhuriyet*）』紙では、二九日一〇時からムスタファ・ケマルや参謀総長のフェヴズィ〔・チャクマク〕・パシャが「式典広場（merasim meydanı）」を訪れて軍楽隊演奏やパレードがあったこと、そして前述の演説があったことが伝えられている[35]。式典がより大規模になったため、議事堂バルコニーと駅通りという旧来の祝祭空間に加えて、同日の午前中には駅にほど近い教員学校そばの空き地でも儀礼がおこなわれていたのである。急遽設定された独立戦争時のパレード空間が国家の成熟と儀礼の拡張を経て不十分なものだとみなされ、たとえばニュルンベルクでのナチス党大会のように、同時代の権威主義国家の巨大な儀礼空間を志向した結果、この午前中のパレードは「式典広場」でおこなわれたのである。

　さらに恒常的な大儀礼空間としては、駅通りそばにスタジアムが計画されることになる。一九三八年五月一九日にはアンカラのスタジアムで、ムスタファ・ケマルによる同日のサムスン上陸一九周年を記念する式典が開催されて、アンカラ市民の前に姿を現す最期の機会となった[36]。スタジアムは一九三四年から三六年にかけてイタリア人建築家のパオロ・ヴィエッティ・ヴィオーリによって建設され、さらに駅通りを挟んで南東には同時期に「若者公園（Gençlik Parkı）」が建設されていた（写真7）。五月一九日が「若者とスポーツの祝日」とされてスタジアムが若者たちのスポーツ披露の場となったことが示すように、駅通りの南北両側には新生トルコ共和国の「若さ」を象徴する空間が配置されていた[37]。ユーゴスラビアのマリチ元帥を迎えてのこの日の式典でも、学生が動員されて市内からスタジアムまでパレードしたのち、ムスタファ・ケマルの面前でスポーツやマスゲームを披露したのである。

第六節　ムスタファ・ケマルの葬列

一九三八年一一月一〇日、長年の過労と、そして本人は否定していたものの過度の飲酒の影響から健康を害していたムスタファ・ケマルは、イスタンブルでの執務室があったドルマバフチェ宮殿で死去した。これを受けて二代目大統領に選出されたイノニュを首班として葬儀の概要が協議され、早くも一一月一三日には場所とデザインは未定ながらも、ムスタファ・ケマル永眠の地となるアンカラのアヌトカビルの建設も決定された[38]。一六日からの三日間はドルマバフチェ宮殿儀典の間に安置された棺の弔問期間とされ、これとは別にイスタンブル大学とアンカラ大学の学生は各々タクシム広場やウルス広場で追悼集会をおこなった[39]。とくにドルマバフチェ宮殿では、一七日に弔問者が殺到するなか将棋倒しが発生し、一一名が死亡するという痛ましい事件も起きた。また棺がイスタンブルからアンカラに移送される前に問題になったのが、葬儀礼拝（cenaze namazı）実施の有無とその場所であった。イスラム式の礼拝をおこなうことは世俗国家にふさわしくないという意見が主流であったが、アタテュルクの妹マクブーレが礼拝をおこなうよう主張したため、これに押し切られる形でドルマバフチェ宮殿儀典の間で礼拝がおこなわれた[40]。

棺は続いてイスタンブルから共和国の中枢アンカラへと移されて一連の葬儀儀礼が執りおこなわれた。ここからはムスタファ・ケマルの葬儀とアヌトカビルの建設までを分析したウィルソンの研究に即して葬列の動きを追っていこう[41]。一九日朝になると棺と葬列は海岸沿いの市電通りを通って旧市街のサライブルヌまでゆっくりと進んで、多くの市民がこれを見送った。棺はここで水雷艇に乗せられ、さらに沖合で待つ軍艦に引き渡されてマルマラ海を横断してイズミトに至った。イズミトからは特別列車に乗せられて夜通しアンカラへと走り、一一月二〇日の午前一〇時にアンカラ駅に到着した。棺がドルマバフチェ宮殿から直接海路をとるのではなく、わざわざイスタンブル市内を行進したのは群衆が国父を見送る儀礼的効果を狙ったとともに、サライブルヌが一九一九年の独立戦争前夜にアタテュルクがイスタンブルを離れてサムスンに向かった象徴的な場所だったからだとウィルソンはのべる[42]。

棺はアンカラ駅からは駅通りをまっすぐ、しかしゆっくりと通って、建築家ブルーノ・タウトが急遽デザインした

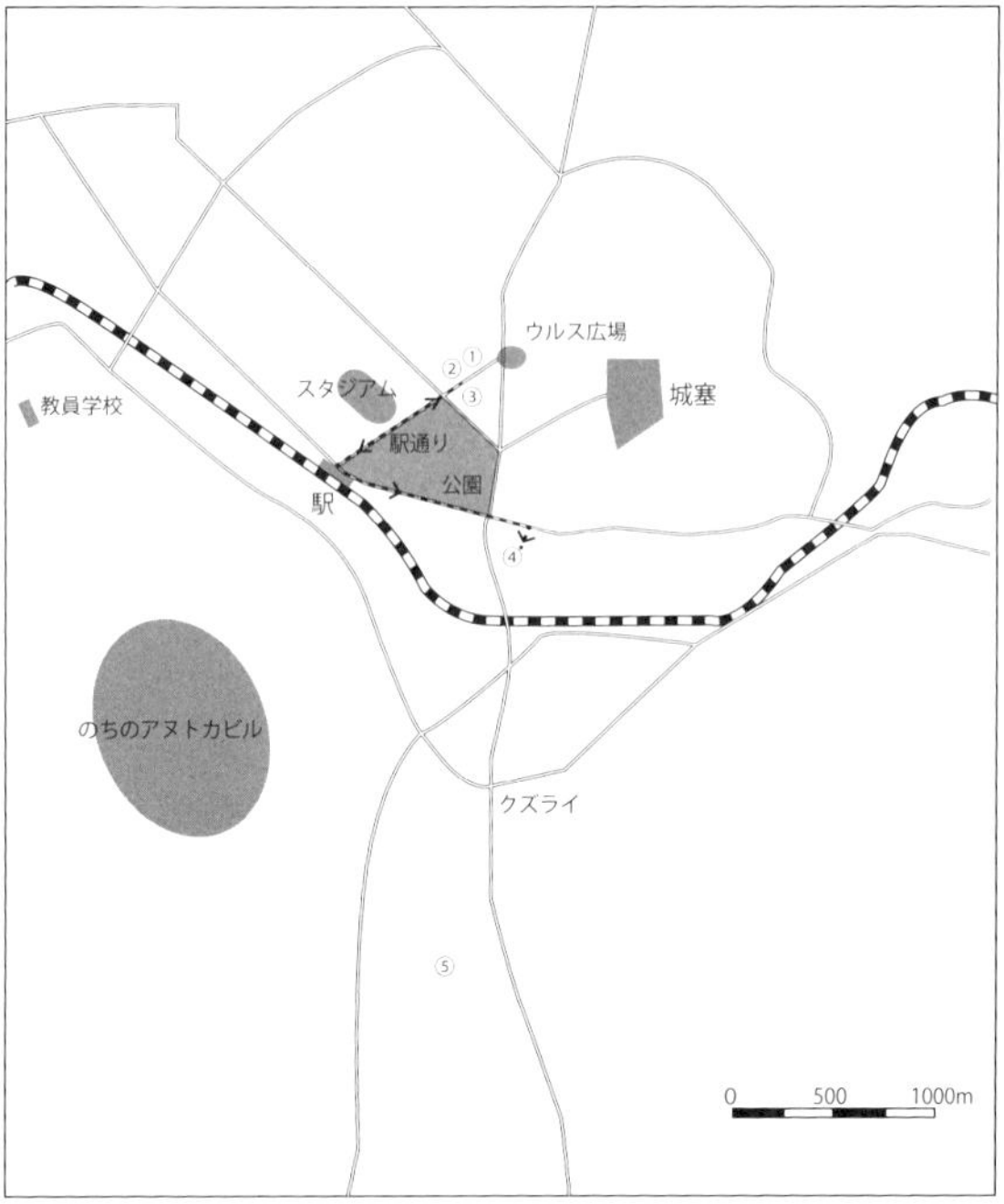

地図7　1938年アンカラでのアタテュルク葬列の移動経路
（筆者作成）

（地図中番号①大国民議会第一議事堂　②大国民議会第二議事堂
③アンカラ・パラス　④民俗学博物館　⑤大統領公邸）

祭壇のある大国民議会第二議事堂前へと運ばれ、深夜まで市民が弔問に訪れた（地図7）。国父の告別の場にふさわしい「アンカラの心臓（Ankaranın kalbi）」[43]とみなされたのは、やはり議事堂だったのである。続く一一月二一日の朝には、アヌトカビル完成までの間、棺が安置されるアンカラの民族学博物館に葬列が進んだ。葬列は再び駅通りを南に進んでアンカラ駅前に至り、ここから東に転じて民族学博物館に至った[44]（写真8）。ウィルソンは銀行通りを進む最短ルートをとらなかったのは理解しがたいとするが[45]、今までの議論をふまえればこれは愚問だろう。ムスタファ・ケマル最期の花道は、共和国を代表する儀礼空間の駅通りでなければならなかった。むしろここで重要なのが、なぜ祭壇が新たな儀礼空間として築かれたスタジアムではなく、議事堂前に置かれたのかという点であろう。先述のように新スタジアムは同年の五月一

写真８　民族学博物館内のアタテュルク棺の一時安置場所（筆者撮影）

九日にムスタファ・ケマルが最期に市民の前に姿を現した場所であり、多数の弔問者を受け入れるのにうってつけの大空間だった。とくに直前のドルマバフチェ宮殿では弔問者の将棋倒し事件が起きていたにもかかわらず、それほど広くもない議事堂前の空間が祭壇の設置場所として選択されたことには明確な政治的意図が感じられる。国父の死という危機を乗り越えるために大国民議会とそこで選出された新大統領のイノニュは、議事堂というみずからの権威の根源を背景にしてムスタファ・ケマルの葬儀を演出し、正統性を主張する必要があったのである。

　最後に、ムスタファ・ケマル永眠の地であるアヌトカビルについても付言しておこう。一九三九年一月に幾つかの候補のうちから、中心部への近さと小高い地形、加えて古代フリギアの墳墓があったという土地そのものの歴史性を考慮して、ラサト・テペとよばれる駅南西の場所が選ばれた。コンペの結果、一九四一年に選ばれたのはエミン・オナトとオルハン・アルダによる権威主義的な霊廟案である（写真９）。彼らによればシュメールとヒッタイトからはじまる地中海文明の帰結としてトルコ共和国があり、[46]具体的には参道途中のヒッタイト風獅子像や、ギリシア・ローマ風の明らかにスケールオーバーしている、高さ二七メートル幅四一メートルの霊廟として表現されている（ヒッタイトやギリシア・ローマをトルコ人が継承した遺産とすることについては、（⇩第一章、

写真9　アヌトカビル（筆者撮影）

第六章」）。一九五三年にアヌトカビルが完成すると、ムスタファ・ケマルの棺は民族学博物館からここへと移された(47)。そのとき通ったルートの一部には、やはり議事堂前から駅に向かう駅通りが組み込まれていたことはいうまでもない。

おわりに

アンカラの駅通りは現在では、「共和国通り（Cumhuriyet Caddesi）」と改名されている。共和国初期におけるその重要性を考えれば、これは適切な命名だともいえるし、アンカラ駅という主要施設を起点として建設された幹線道路のアイデンティティを奪う改名だといえるのかもしれない。

一九一九年の入市儀礼、一九二〇年代のパレード、そして一九三三年の共和国建国一〇周年記念式典と、アンカラにおけるページェントの形態と空間の選択・演出は大きな移りかわりをみせた。アンカラの人々によってお膳立てされた入市行進では、ムスタファ・ケマルは市内各所に散らばる儀礼参加者たちのもとを順次訪ねて回り、場合によっては犠牲獣を捧げるという、オスマン朝末期イスタンブルでの帯剣式に似た形式がとられていたことは興味深い。独立戦争期にスポットライトが当たったのは前線から駅に帰還した兵士たちがアンカラの当時の中心ウルスを目指して行進した駅通りで、ここはパレード通りとして沿道に政府関係施設が立ち並ぶことで首都の目抜き通りへとその姿を変えていった。のちに式典が大規模化し、同時代の権威主義国家の影響を受けるとスタジアムでの集会がより重要性を増し、議事堂のバルコニーからパレードを眺めるという素朴な手法はとられなくなる。現代トルコで頻繁に開催される大規模集会（miting）もこの系譜を引くものとみてよいのではないか。冒頭に紹介した支持者の大群を前にしてのエルドアン大統領のアタテュルク国際空港でのスピーチもその一環である。

だが皮肉なことに、ムスタファ・ケマルのための最期の儀礼であるアンカラでの葬列は、駅から駅通りを通って議事堂前に棺を安置するという、往事のアンカラでのページェントを彷彿とさせるものだった。はたしてこれは独立戦争を勝ち抜いた救国の父に対する最大級の表敬のあらわれであったのか、あるいは権力の空白が生じるなか議会が再び自らの存在にスポットライトを当てようとする試みだったのか。その意図については今後も検討を続けていく必要があるだろう。いずれにしても一九六一年に第二議事堂が新市街に完成すると、駅通りの国家的役割はついに終わりを迎えた。今日ではふたつの旧議事堂は博物館として、静かに見学者を受け入れるのみである。

注

（1）詳細については拙著を参考のこと。川本智史『オスマン朝宮殿の建築史』東京大学出版会、二〇一六年、二〇一～二二八頁。

（2）奥美穂子「オスマン帝国における一五八二年祝祭のプログラム復元――「王の祝祭」にみるイスタンブル都市社会の一断面」『比較都市史研究』二〇一三年、三三～五七頁。

（3）中林一樹「首都計画と都市形成」寺阪昭信編『イスラム都市の変容【アンカラの都市発達と地域構造】』古今書院、一九九四年、六五～一一四頁：土田哲也、土肥真人「トルコ共和国アンカラ新首都建設における近代都市計画技術の受容」『日本都市計画学会都市計画論文集四二―三』二〇〇七年一〇月、三八五～三九〇頁。

（4）İnci Aslanoğlu, *Erken Cumhuriyet Dönemi Mimarlığı, 1923-1938*, Ankara : ODTÜ Mimarlık Fakültesi, 2001; Sibel Bozdoğan, *Modernism and Nation Building -Turkish Architectural Culture in the Early Republic*, Seattle and London: University of Washington Press, 2001.

（5）Hakan Karateke, *Padişahım Çok Yaşa!: Osmanlı Devletinin Son Yüz Yılında Merasimler*, Istanbul : Kitap Yayınevi, 2004.

（6）Karateke, *Padişahım Çok Yaşa!* pp. 61-75.

（７）堀川徹「オスマン時代の都市構造」『イスラム都市の変容』一一六頁。
（８）François Georgeon, “Keçi Kılından Kalpağa: Osmanlı İmparatorluğu’nun Son Yüzyılında Ankara’nın Gelişimi,” in Paul Dumont and François Georgeon eds., *Modernleşme Sürecinde Osmanlı Kentleri*, Istanbul: Tarih Vakfı Yurt Yayınları, 1996, pp. 108–109.
（９）堀川「オスマン時代の都市構造」一一八～一二一頁。
（10）二〇世紀を代表する小説家のカラオスマンオールは小説「アンカラ」で新首都にイスタンブルから赴任する若い銀行員夫婦を描写した。小説冒頭では一足先にアンカラに来た夫がひとまずタシュハンに投宿して見ず知らずの他人四、五人と部屋で雑魚寝し、廊下にまで宿泊者がいた様子が描かれる。Yakup Kadri Karaosmanoğlu, *Ankara*, Ankara: Akba Kitabevi, 1934, p. 13.
（11）Enver Behnan Şapolyo, *Atatürk ve Seymen Alayı*, Ankara: Ankara Kulübü Derneği, 2002（2nd ed.）, pp. 54–59.
（12）Şapolyo, *Atatürk ve Seymen Alayı*, pp. 59–60.
（13）Şapolyo, *Atatürk ve Seymen Alayı*, pp. 26–35. 設樂國廣「ムスタファ＝ケマル＝パシャとアンカラ」『イスラム都市の変容』五〇～五四頁。
（14）Şapolyo, *Atatürk ve Seymen Alayı*, p. 33.
（15）加えてセイメンたちも入市儀礼前にハジュ・バイラム・ヴェリー・モスクで礼拝をおこなってから歓迎に向かった。
（16）Şapolyo, *Atatürk ve Seymen Alayı*, p. 60. シャポリヨは、ベルリンのブランデンブルク門、パリの凱旋門、ロンドンのウェリントン・アーチのような恒久的な凱旋門が戦勝を記念してここに築かれるべきだと主張している。
（17）Tahsin Aygün, *Fotoğraflarla Atatürk*, Ankara: Millî Eğitim Basımevi, 1963.
（18）Şapolyo, *Atatürk ve Seymen Alayı*, pp. 61–62.
（19）Şapolyo, *Atatürk ve Seymen Alayı*, p. 55.
（20）Süleyman Beyoğlu, “Topal Osman,” *İslâm Ansiklopedisi*, vol. 41, 2012, pp. 242–244.
（21）Meltem Özten, *Erken Cumhuriyet Dönemi Anadolu Kentinde Bir Modernleşme Aracı Olarak İstasyon Caddesi’nin Incelenmesi: Ankara Örneği*, M. A. Dissertation, Yıldız Technical University, 2001, p. 64.
（22）この地図の詳細については次を参照。Gökçe Günel and Ali Kılcı, “Ankara Şehri 1924 Haritası: Eski Bir Haritada Ankara’yı Tanımak,” *Ankara Araştırmaları Dergisi*, 3（1）, 2015, pp. 78–104.
（23）Ali Cengizkan, “Ankara 1923–1938: Çağdaş Bir Ulus Devletin Modern ve Planlı Başkenti,” in *Ankara: Kara Kalpaklı Kent 1923–1938*, Istanbul: İstanbul Araştırmaları Enstitüsü, 2009, p. 24.
（24）土田、土肥「トルコ共和国アンカラ新首都建設」三八六頁；Ali Cengizkan, *Ankara’nın İlk Planı –1924–25 Lörcher Planı*, Ankara: Ankara Enstitüsü Vakfı, 2004, p. 36. ロルヒャーはその後ドイツに戻り、突撃隊に加入してドイツ建築家連盟会長になるなど、ナチス政権下で主導的な役割を担う曰く付きの人物である。Cengizkan, *Ankara'nın İlk Planı*, p. 38.

(25) 土田、土肥「トルコ共和国アンカラ新首都建設」三八七頁。

(26) 土田、土肥「トルコ共和国アンカラ新首都建設」三八九頁。

(27) Bengül Salman Bolat, *Milli Bayram Olgusu ve Türkiye'de Yapılan Cumhuriyet Bayramı Kutlamaları*（*1923-1960*）, Ankara: Atatürk Araştırma Merkezi, 2012.

(28) Bolat, *Milli Bayram Olgusu*, pp. 73-74.

(29) Bolat, *Milli Bayram Olgusu*, p. 97.

(30) Bolat, *Milli Bayram Olgusu*, p. 101. 一九一九年アンカラ入市儀礼の様子を描写したシャポリヨは委員会のメンバーとなった。Birol Caymaz, "Cumhuriyetin Onuncu Yıl Kutlamaları. 29 Ekim 1933," *Bilgi ve Bellek*, 7, 2007, p. 122.

(31) Bolat, *Milli Bayram Olgusu*, p. 104.

(32) Bolat, *Milli Bayram Olgusu*, p. 150.

(33) アナドル通信が作成したものと思われる。https://www.youtube.com/watch?v=fQtRAoT_tcc（二〇一八年一二月四日最終閲覧）.

(34) https://www.youtube.com/watch?v=QiXUp4AIphI（二〇一八年一二月四日最終閲覧）.

(35) Cumhuriyet, 1938/10/30.

(36) Akşam, 1938/05/20.

(37) Bozdoğan, *Modernism and Nation Building*, pp. 75-76.

(38) Tunç Boran, "Atatürk'ün Cenaze Töreni: Yas ve Metanet," *Ankara Üniversitesi Türk İnkılâp Tarihi Enstitüsü Atatürk Yolu Dergisi*, 47, 2011, p. 494.

(39) Boran, "Atatürk'ün Cenaze Töreni," pp. 498-499.

(40) Boran, "Atatürk'ün Cenaze Töreni," pp. 505-507.

(41) Christopher S. Wilson, *Beyond Anıtkabir: The Funerary Architecture of Atatürk- The Construction and Maintenance of National Memory*, Burlington: Ashgate Publishing Company, 2013. なお葬列の移動経路と日時については、ウィルソンは次の小稿に依拠している。Behçet Kemal Çağlar, *Dolmabahçeden Anıt-Kabire*, Istanbul: Sel Yayınları, 1955.

(42) Wilson *Beyond Anıtkabir*, pp. 32-37. また特別列車は途中停車を重ねて、沿線の住民が弔問し献花する機会を与えた。

(43) Çağlar, *Dolmabahçeden Anıt-Kabire*, 1955, p. 16.

(44) Wilson, *Beyond Anıtkabir*, pp. 39-52.

(45) Wilson, *Beyond Anıtkabir*, p. 51.

(46) Bozdoğan, *Modernism and Nation Building*, p. 289.
(47) Wilson, *Beyond Anıtkabir*, pp. 63–69.

第II部

トルコ国民像をめぐるネゴシエーション

1959年にトルコを訪れたアメリカ大統領アイゼンハウアー（左）を迎える，トルコ共和国第三代大統領ジェラル・バヤル（中央）とアドナン・メンデレス首相（右）。民主党の創設メンバーであるバヤルとメンデレスは，1950年代におけるトルコの経済的発展を牽引したが，1960年クーデタで失脚。メンデレスは処刑されることになる。

第五章　アタテュルク後の宗教教育政策――ライクリキの転換点

上野愛実

はじめに

トルコ共和国建国初期、ムスタファ・ケマル〔・アタテュルク〕は、多民族からなるムスリム住民を、宗教的な帰属に依らない、世俗的で均質なトルコ国民へと作り替えるべく、一連の世俗化改革を推進した。社会における宗教の影響力低下に向けた政策の一環として、小学校、中学校に設けられていた宗教教育科目は徐々に削減されていき、都市部においては一九三一年、農村部においては一九三九年に完全に廃止された。[1] 一九二四年の教育統一法によって、国内の教育機関は全て国家の管理下に置かれることになり、一九三〇年の時点で、全国で一〇ヶ所ほど存在していたコーラン教室を除き、トルコでは合法の宗教教育は行われなくなった。[2] しかしながら、都市部で二〇年近く、農村部では一〇年の宗教教育不在の時代を経て、一九四九年、小学校に選択希望制の宗教教育科目が導入される。これを皮切りに公教育における宗教教育は次第に拡大していき、今日では小学校から高校まで必修として宗教教育が行われるに至っている。では、二〇世紀中葉のトルコにおいて、宗教教育はどのような経緯を経て再開されたのだろうか。アタテュルクの宗教政策は、どのようにして見直されることになったのだろうか。こうした問いに答えるべく、本章は、一九四〇年代に注目し、宗教教育の再開過程を通じて、トルコ共和国の宗教政策の変遷を検討する。

一九四〇年代は、トルコ共和国においてその後の政治の方向性が形作られた時代である。アタテュルクが一九三八年に没してから、およそ一〇年のあいだ、アタテュルクの時代と同じく与党の座にあった共和人民党は、これまでの政策の急進性を見直し、後の時代につながる新たな政策を打ち出していった。しかしながら、トルコ共和国を扱ったこれまでの研究は、建国初期のアタテュルクの時代に注目するものと現状分析を主眼としたものが多く、その反面、二〇世紀中葉を扱う研究の蓄積は少ない。こうした不足はトルコ共和国史を通時的に理解することを困難にしており、そうした事情は宗教教育研究についても同様である。宗教教育は、トルコの宗教政策や政教関係を理解する上で重要な論点の一つであり、これまでに、導師・説教師養成学校や、一九八二年より実施されている必修の「宗教文化・道徳科」といった現行の宗教教育に関しては研究が積み重ねられてきた。[3] これに対し、それ以前の時代を扱った研究は、一次史料から得られる情報をまとめるものに限られており、一九四〇年代の、宗教教育の不在から再開という転換が有した意味が十全に理解されてきたとは言いがたい。[4] そこで本章では、宗教教育再開以前の教育政策を踏まえ、どのような経緯を経て学校で宗教教育が再開されることになったのか、再開にあたって何が問題とされたのかを論じていく。

トルコにおいて、宗教教育の再開の是非、またその実施は、国是であるライクリキをめぐって議論されることになった。ライクリキの語は、政教分離や非宗教性などを意味するフランス語のライシテに由来しており、フランスの場合と同様に、ライクリキは政治と社会における宗教の扱いをめぐって多義的に用いられた。[5] 本章で示すように、宗教教育をめぐっては、ライクリキは政治と宗教／宗務の分離であるという原則のもと、国家は宗教教育に関与してはならないとする方向性と、ライクリキが信教の自由の保障を含むとの観点から、国家が主導して、国民が宗教教育を受ける自由を保障するべきであるという方向性の両方が、政治家と民間の知識人から挙げられる。前者は、ライクリキを厳格に維持することで、社会において宗教の影響力が弱くなることを期待するという、アタテュルクの目指した世俗化政策を前提としており、後者は、宗教的実践を望む国民の支持獲得のために宗教を政治利用するという考え、また、反政府運動の発生を防ぐべく、その要因となりうる宗教的事柄を管理したいという欲求に基づいていた。以下で見ていくように、一九四〇年代当初は、政治と宗教の分離を目指す前者の方向性が政治家たちのあいだで優勢だったのに対し、一九四〇年代後半以降、徐々に、国家による宗教管理を目指す後者の方向性が前者を上回っていき、その流れはその後も続いていく。

こうした二つのライクリキ理解の形勢の移行を描くべく、本章は、道徳教育の模索から、学校における宗教教育の再開までを対象とする。以下では、まず第一節で、非宗教的な道徳教育の実施について、続く第二節で私教育における宗教教育の構想を、第三節で、公教育における宗教教育科目の再開について見ていく。

第一節　非宗教的な道徳教育の試み

共和人民党による教育政策の転換

オスマン帝国の解体からトルコ共和国への体制転換後、宗教に関する旧来の価値の否定と、そのための急進的な改革が続いた結果、政府に対する国民の不満は蓄積していった。さらに、当時のトルコは第一次世界大戦および独立戦争後の混乱も収束しておらず、食糧品の高騰や供給の停止といった生活にかかわる問題が起こっていたことも[6]、国民が政府に対する不満を募らせる要因となった。アタテュルクの没後、こうした不満の表出が加速していく。とはいえ、アタテュルクの生前と同様、依然として政府の監視の厳しいこの時代に、政府への批判を直接的に述べることは憚られたため、その一端は道徳の頽廃の喧伝という形をとって表出することになった。ヌーレッティン・トプチュをはじめとしたイスラム派近代知識人や文筆家たちは、一九三〇年代末より、市民としての道徳、すなわち新たに創出されたトルコ国民が従うべき道徳をどのように規定すればよいかを主な問題関心として議論を行っていった[7]。

こうした社会状況のなか、一九四二年三月に大統領イノニュは、トルコ西部の都市イズミルで国民に対して以下の演説を行った。

私たちの子どもたちを、人格を備えた道徳的な人間に育てることは、彼らを、知識を有する人間に育てることと同じように、それどころかそれよりも重要なことです。道徳的で、人格を有した子どもたちの知識によってのみ国家に利益がもたらされます。私たちの子どもたちは国家の未来が自分たち自身の手にあることを知り、力強く、その豊かな知識ほどに、道徳、人格をもった人間に育たなければなりません。このような高い目標は幼年期、修学期間において身に付けることで揺るぎないものになります。

もう一点、あなた方にお伝えしたいことがあります。私たちの子どもたちは祖国愛をその精神でもって守りながら育たなければなりません。今日は私たちが育った時代と大きく変わりました。国家の内外からもたらされる影響は大きく拡大しました。私たちの子どもたちは、自信を持ち、あらゆる不適切な影響や潮流に対抗できる頭を育てなければなりません。祖国愛は道徳のなかで最も重要なことです。祖国を愛する人に育つことは、私たちの教育制度の基礎です[8]。

この演説では、トルコの食糧不足や経済問題は一時的なものであり、国民が力を合わせれば乗り切ることができると鼓舞する言葉が続く。このようにイノニュは、閉塞感が漂う当時の状況に鑑み、こうした状況が子どもたちに道徳、そして祖国愛の感情を持たせることで解消されると説いた。トルコ共和国の建国からまだ二〇年と経っていないこの時代には、国民形成は政府にとって大きな課題であり、道徳教育もまた、祖国愛を涵養し、国家に奉仕する市民を養成する狙いのなかで構想されていたことがわかる。この演説は、これまで一方的に政府から指導される側であった国民に対し、大統領が直々に、国家の発展のために協力を要請する形で行ったものとして、「全国土で国民の大きな関心を呼んだ」などと大々的に報じられた[9]。

同一九四二年、農村部の教育をめぐってなされた議会での議論では、村落教員養成所[10]における宗教教育の実施が提案され、その際に、国民に「精神的な糧」を与えなければ、人々が「暗闇の中に留まってしまう」と危機感が示されたという。伊藤によれば、ここで警戒されていたのは人々が共産主義に傾倒してしまうことであり、宗教教育再開が主張された背景には、当時の脅威であった共産主義に対抗する必要性があったという[11]。このことからは、前述のイノニュの演説中に出てきた「不適切な影響や潮流」のなかにも、同じく共産主義が含まれていたと考えることができる。ただし、村落教員養成所をめぐる前記の議論はその先には進まず、宗教教育の再開の実現にはしばらく時間を要することになる。宗教教育の再開に先立って進められたのは、非宗教的な道徳教育の模索だった。

非宗教的な道徳教育：『トルコ人の道徳信条』

イノニュの演説を受け、一九四三年、第二回国民教育諮問会議[12]において道徳教育が議論され、会議の結果、新しく道徳教育が行われることが決定された。これにより、祖国科に「トルコ人の道徳信条」という単元が加えられることになった[13]。この単元は、カスタモヌ選出議員であるテゼル・タシュクランによって『トルコ人の道徳信条』という名前の小冊子にまとめられ、この小冊子が教材として使用されることになった[14]。タシュクランは、一九四三年三月から共和人民党議員を務めており、父はオスマン帝国末期およびトルコ共和国初期に活躍した政治家アフメト・アアオールであった。タシュクランは、ダールルフヌーンの文学部哲学科で学んだ後、高校の教科書として『論理学』を書いており、アタテュルクは彼女の執筆した『論理学』を「［学術分野での］トルコの女性の発展」と評し、女性の地位向上の観点から喜んだという逸話も残っている[15]。タシュクランはその後、女子高校の校長を複数年にわたり務め、女性の権利について著書を残しているように[16]、アタテュルクの目指した「進歩的」な女性像を体現する存在だったと見ることができる。

『トルコ人の道徳信条』は、計一四ページにわたってまとめられ、生徒が従うべき四八の項目が並べられている。第一項の出だしは、「私は健康で、力強くなるためにがんばります。なぜなら、健康な身体をもった人間は、家族、国民、そして全ての人に対して各人がもつ義務を、不健康な人に比べ、より簡単に行えるからです」とある[17]。この後に、家庭や礼儀について、「嘘をつかない」といった行動規範について、国民、国家などについての説明がなされている。この教材では宗教への言及が一切なされず、このことからは、一九四三年当時の共和人民党議員のあいだでは、非宗教的な道徳教育が目指されており、タイトルに掲げられた「トルコ人の道徳」とは非宗教的な道徳であると理解されていたことがわかる。同教材は、一九四四年より教科書および副教材として小学校と中学校の授業で使用されることになり、一九四八年に祖国科の名称が公民科へと変更された後も継承され、公民科が廃止され、その代わりに必修の「道徳科」が設置される一九七四年まで使用された[18]。

これまで見てきたように、アタテュルクの没後、道徳の頽廃を喧伝するという婉曲的な形で政府に対する不満は表出していた。しかし、アタテュルクの主導した宗教政策に対する再解釈や修正はすぐには着手されず、建国初期の政策に沿う形で、非宗教的な道徳教育が新たに盛り込まれることになった。公民教育のなかで行われたこの道徳教育はしかしながら、道徳の頽廃を叫ぶ世論に影響を及ぼすことはなかった。神秘詩人として著名な言論人クサキュレキによって一九四三年に創刊された雑誌『大東（*Büyük Doğu*）』は、トルコにおける道徳の崩壊を指摘することを目的に掲げていたが[19]、『トルコ人の道徳信条』が学校で使用されるようになってからも、同書に言及することは一切なく、引き続き、社会における道徳の危機を喧伝していた[20]。

第二節　私教育における宗教教育の構想

宗教教育の再開をめぐる議論

前節で述べたように、一九四〇年代に入っても、トルコは第一次世界大戦後の経済危機から立ち直ることができていなかった。基本的な食糧の供給も追いついていない困難な状況にあって、トルコ政府はアメリカの援助を受けるために民主化を進める必要に迫られていた。こうした背景のもと、民主化への大きな一歩として一九四五年、共和人民党を率いるイノニュは複数政党制への移行を決定した。これにより多数の政党が設立されたが、そのほとんどは共和人民党の対抗政党とはならなかった[21]。例外的に、一九四六年一月に結成された民主党は、徐々に国民の支持を集め、共和人民党の脅威となっていった。民主党はその綱領のなかに、経済の自由化や国民の精神的な価値を保障する内容を含めていた。教育については、「科学や技術の知識だけではなく、国民的、人間的なあらゆる精神的価値を備えさせるよう努められなければならない」等と、それまでの共和人民党による政策とは異なり、明確にイスラムや宗教といった言葉を用いないまでも、国民の精神性に目を向けていた[22]。

共和人民党は民主党の人気を警戒し、民主党が体勢を整える前に前倒しで行った一九四六年七月の選挙では勝利したものの、民主党の得票率の高さは共和人民党の予想を越えたものだった。共和人民党はもはや、都市や一部の知識人を対象とした上からの政治ではなく、地方の経済発展や国民の宗教的必要性の充足といった、国民に寄り沿った方向に政策を転換しなければならなくなった。アタテュルクの革命から逸脱しない形で党を変えていくことは容易ではなかったが、こうした時代潮流の変化のなかで、イノニュを中心に、共和人民党政府は出版規制の緩和などに見られる新しい政策を徐々に打ち出していく[23]。こうして、複数政党制への移行を機に、宗教教育の再開も実質的な内容を伴って議論されていくことになった。

総選挙が行われた一九四六年内に、宗教教育に関する調査委員会が設置されたことも共和人民党の政策の転換を示している。調査委員会が作成した報告書には、導師・説教師養成学校およびコース（İmam ve Hatip Okulları ve kursları）再開の必要性が記載されていたという[24]。そして、同年一二月の国民教育省予算審議において、宗教教育を求める声が挙げられることになった。共和人民党議員のハムドゥッラー・スプヒ・タンルオヴェルは、「共産主義の潮流が懸念すべき状況にまで達している現状において、警察や裁判所ではこの潮流に対処できない」とし、青年に信念、すなわち宗教を与える必要性を主張した。こうした主張に対し、同じく共和人民党の若手議員であったニハト・エリムの日記によれば、タンルオヴェルの発言は議場に「奇妙な雰囲気をもたらし」、一部の議員は宗教が話題に上ったことに「満足」し、エリムを含む他の議員たちは不満を持ったという。議場ではペケル首相が場をとりなし、この話題が話し合われることを防いだが、議場外では議員たちが白熱した議論を行ったと言われている[25]。以上のことからは、議員のなかには宗教教育へ賛成する者と反対する者の両方がいたこと、宗教教育をタブーとする雰囲気がまだ残っていたこと、しかしながらそれと同時に、議員たちのなかには宗教教育を議論する準備ができている者がいたことが見てとれる。

宗教教育に関する議論は翌一九四七年に急展開を迎える。一月一六日から開催された共和人民党高等会議で、導師と説教師を養成するための学校の開校および普通学校における宗教と道徳の授業についての議論がなされたのである[26]。議論のきっかけを作ったのは、予算審議にて宗教教育の必要性を主張したタンルオヴェルと、過去に教職などを務めたムヒッティン・バハ・パルスであった[27]。彼らによるこの要請は他の議員たちからも支持され、一二日間にわたって行われた会議の結果、宗教教育は政府の認可を得ることを条件に、「校舎外」、すなわち私教育として行われることが決定された。会議の終了後、共和人民党より、宗教教育の実施においては、「最も些細なものであれ、ライクリキを侵害するあらゆる考えを遠ざける」こと、「希望者のみ」を対象とすること、「あらゆる点において政府の管理下に置かれること」を主な条件とし、国民教育省から許可を得れば、「トルコ文字」で宗教教育を行えることが発表された。(28) このように、共和人民党議員たちは、宗教教育の実施を容認するにしても、共和国の原則や法律が脅かされないよう、政府の管理下で宗教教育が行われるべきだと考えていた。それと同時に、公教育内で宗教教育を行うことが政治と宗教の分離という側面でのライクリキに抵触するという見方も有していた。

こうした経緯を受けて、言論界では高等会議の開催中からその後にかけて、宗教教育、道徳教育についての議論が高まった。議論の主題となったのは、道徳教育を何に依拠して行うか、宗教教育が必要であるかどうかということだった。例えば、『最新電信（*Son Telgraf*）』紙は、宗教教育の再開を求める理由のつとして当時問題とされていた青年層における思想や行動について言及し、「若者にイデオロギー危機が起きているというのは間違いである」とし、宗教ではなく、「道徳と宗教社会学」を教えればよいという主張を行った。(29)『時（*Vakit*）』紙でも、作家でありジャーナリストでもあるペヤミ・サファが、宗教教育の実施に明確な反対を示した。彼は、この時代にあって「世俗的な道徳教育（*lâik bir ahlâk terbiyesi*）」が可能かどうかを問うことは歴史を逆行することだと述べ、道徳を教えるのに宗教に依拠する必要がないことを主張した。(30) このように、共和人民党の会議を受け、それまでに行われていた道徳の頽廃を喧伝する内容から議論が進み、道徳の根拠が問題とされるようになったこと、宗教に依拠した道徳とそうではない道徳の両方の可能性が主張されるようになったことを見ることができる。

宗教塾開設の決定と教材

その後もさまざまな憶測が飛び交い、各紙が互いの報道を誤認であると非難するなか、(31) 宗教教育に関する法案が作成された。そして、閣議および共和人民党の高等会議の承認を経て、七月二日、ついに国民教育省から宗教教育の実施について正式な発表が行われた。発表では、希望者のみを対象とした「宗教塾（Din Dershanesi）」が開設されることと、この宗教塾の授業の受講には小学校を卒業していることが条件とされ、そのために塾は小学校が存在する地域にのみ開設されることなどが明らかにされた。宗教塾は、希望する国民が教育省の許可を得ることで「自由に開設することができ、塾で教育を担当する者は、宗教的職能者であるデルスィアーム[32]の位または説教師の資格を有する者、村で導師を務めた経験がある者、または現在務めている者に限定されることになった[33]。

こうして宗教塾は、国家が行う公教育の外部に位置づけられ、国民に任されるものとされたと同時に、政府の監督下に置かれるという条件のもとに開設されることになった。以上の規定からは、宗教教育を公教育の外に置くことで宗教と政治の分離をはかる方向性と、教育内容や塾の設置は政府が監督すべきであるという宗教教育を国家の管理下に置く方向性のせめぎ合いが、宗教塾開設の許可という一つの政策のなかに表れているのを見ることができる。その際、政府のなかで宗教塾を管轄したのは、宗教を管轄する宗務局ではなく、教育を管轄する国民教育省だった。この発表では、宗教塾においては「宗派や教派を越えて共通するイスラム教の信仰」が教えられるよう、また、塾が政治的な運動と結びつかないよう注意されていた。このことから、政府は宗教塾が特定の宗教勢力の媒体となり、反政府的な活動につながらないよう警戒していたことが見てとれる。

翌一九四八年四月、塾で使用される教本『ムスリム子弟の本』が出版された。一二三ページからなるこの教本は、二万五〇〇〇部印刷され、その数の多さからは宗教塾の構想の規模を計り知ることができる。執筆は、ヌーレッティン・アルタムとヌーレッティン・セヴィンの二名が担当することになった。セヴィンは、イギリスで演劇を学んだ後、帰国後はイスタンブルの高校や軍アカデミーなどで英語の教師をしていた。詩集や演劇の台本も出版しており、シェイクスピアの作品を初めとした戯曲の翻訳を行ったことでも知られる[34]。アルタムはイスタンブル高校を卒業した後、第一次世界大戦に出征、帰国して二〇年以上にわたり高校で文学と英語を教えた後、記者となった。印刷出版総局で働いた経験があり、神秘詩の詩人としても知られていた[35]。

『ムスリム子弟の本』の本文は、「アッラー、まずその名を唱名しよう」、「ムハンマドです、この存在の理由は」、

「信仰」、「ムスリムであることは素晴らしい道徳です」、「神に対するしもべとしての私たちの義務」、「祈り」の順番で大きく六つに分けられている。アッラーに関する章では、アッラーが全ての創造主であることや、慈悲深い存在であることが説明され[36]、次のムハンマドについての章では、預言者とは何かという基本的な説明、そして、預言者ムハンマドの子ども時代から青年期、啓示、ヒジュラ（聖遷）、その後のメディナでの生活、死去までの生涯が詳細にわたって記述されている。「信仰」章では、ムスリムの信仰の条件とされるアッラー、天使、預言者、啓典、来世、天命への信仰についての説明が項目毎になされている。「ムスリムであることは素晴らしい道徳です」という題名の章では、「イスラム道徳」、「父母に対する愛」、「勤労」などの節が設けられ、ムスリムであるということがすなわち道徳的であることを意味し、そのために周囲の人間を愛し、勤労に励む人間であるべきことなどが説かれる。ここで節題として挙げられている「イスラム道徳」の明確な定義や説明はなされていないが、本書の記述からは、神は人間が悪事を行うことを好まないこと、人間を善悪の区別が付くように創造したことを前提として、その本来の性質に従って預言者に倣い、善行を積むことが重要であるということを意味していると考えられる[37]。次の「神に対するしもべとしての私たちの義務」章では、礼拝、巡礼、喜捨、イスラムで規定されている聖夜、忌避や禁止の法規定について取り上げられている。例えば、法規定されている禁止の例としては、嘘、酒・酩酊、賭博があげられている。『トルコ人の道徳信条』では、国民としての義務がまっとうできなくなる点が飲酒を禁止する理由とされたのに対し[38]、『ムスリム子弟の本』には、神に対するムスリムとしての義務が果たせなくなること、神と預言者に背くことになることが飲酒の禁止の根拠にあげられている[39]。このように、『ムスリム子弟の本』では、その題名の通り、イスラムを基礎としたムスリムの行動規定が説かれていた。

非宗教的な道徳教育の教本である『トルコ人の道徳信条』が人々の注目を集めなかったのに対し、『ムスリム子弟の本』は出版直後から、イスラム主義の雑誌として有名な『真正な道（*Sebilürreşad*）』誌で激しく批判された。批判の理由としては、教本の内容がイスラム神秘主義（タサウウフ）やタリーカに偏っていること、礼拝や浄めなどに関する記述や、記述の引用元に間違いがあることなどが挙げられた。こうした間違いの原因は、教本の作成が宗務局ではなく、国民教育省に任されたためであると述べられていることからは、教本が批判された背景には、宗教教育の管轄をめぐる見解の違いがあったことが見てとれる[40]。

こうした批判は、首相を巻き込んでの騒ぎにまで至った。日刊紙や雑誌によれば、『ムスリム子弟の本』出版から一ヶ月後の五月、議会の回廊に集まった議員たちがこの本についての批判を始め、そこには新たに首相に就任したハサン・サカと、一九四六年から教育相を務めていたシェムセッティン・スィレルも居合わせたという。サカ首相は腹を立て、報道によっては「怒声をあげながら」、教育相に向かってこのような本の出版がなぜ可能となったのか、必要であれば議会で審議を行い、「宗教科（din dersi）」では用いられないようにする旨を述べたという[41]。ここで言及された宗教科とは、後に小学校において行われる宗教教育科目のことである。宗教塾の開設決定から教本の出版までに、塾の構想は立ち消えになり、その代わりに公教育内での宗教教育の再開が当時議論されるようになっていた。

では、小学校で実施される宗教教育とは一体どのようにして構想されたのだろうか。宗教塾の代わりに、なぜ公教育内で宗教教育が行われることになったのだろうか。

第三節　公教育における宗教教育の再開

共和人民党党大会における議論

以上の経緯からわかるように、宗教塾と宗教科の構想は一時期、並行して進められていた。宗教科の開始は、宗教塾開設の決定発表から二ヶ月後に成立した新内閣において着手されたものであった。新内閣成立の背景には、複数政党制移行以来、共和人民党の対抗勢力であった民主党が共和人民党を非民主的と批判していたこと、アメリカの経済援助を得るために、対外的にも反民主的と見られる状況は避けなければならなかったことがある。大統領イノニュは、国家主義、官僚主義を掲げ、共和人民党内の強硬派として知られていたペケルを解任し、より穏健とされるサカを後任の首相とすることで反民主的とされる批判を回避しようとした[42]。こうした外部からの圧力により民主化を意識して設立された新内閣で、公教育における宗教教育の再開が構想されたのである。

一九四七年一一月、新政権のもと、共和人民党は党大会を開催した。一九日間にわたって行われた大会では、共和人民党のこれまでの方針とは大きく異なり、経済、そして宗教に関する規制の撤廃に向けた改革が打ち出された。以下では、同党大会でなされた宗教教育をめぐる議論を見ていく(43)。

大会では、複数の議員たちから、ライクリキが国民を区別するものではないにもかかわらず、国内のキリスト教徒やユダヤ教徒は学校を開設し、宗教的職能者を養成できるのに対して、人口の多数を占めるムスリムはそのような人材を養成できないでいること、それゆえ遺体を埋葬する職能者が不足しているという窮状などが説明された。さらに、社会において宗教に重要性が置かれなくなったために、習慣的に賭博や飲酒をする人が増えたとし、道徳の頽廃を信仰の欠如に起因させる主張が行われた。こうした発言者のなかには、宗教教育の実施について発言を行ってきたタンルオヴェルもいた。彼は、「ラーイシズム（lâisizm）」はそもそもトルコ人の「考案」したものではないこと、そのために、同じく政教分離原則を有する世俗的な国家（lâik bir devlet）であるベルギーやアメリカなどに倣い、トルコにおいても宗教教育を設ける必要性があることを述べた。トルコの革命は「宗教を排除」するものであったが、「私たちはこれを一時的な対策として取った」に過ぎず、トルコはもはや宗教的職能者を養成する方向へと転換すべきことを示唆した(44)。

以上の発言に対して、タフスィン・バングオール議員は、宗教教育の実施や宗教的職能者の養成は議会の全員が求めていることであると述べた上で、タンルオヴェルの右の発言が「ライクリキの境界を侵害してい」るものであることを指摘した。バングオールは、「タンルオヴェル氏は、新しい宗教イデオロギーを作っているように見受けられます。皆さん、全ての文明的な国家において、もはや宗教イデオロギーは残っていません」と述べ、国民性の諸原則を廃し、宗教原則を優先すべきであるというタンルオヴェルの主張に反対した。タンルオヴェルはバングオールへ反論すべく、宗務局はトルコ共和国が「世俗革命」を承認した日に設置されたこと、それ故に宗務局が宗教的職能者の養成についての権限を有しているはずであること、そして、信仰の涵養が宗教反動と結びつかないことを説いた。タンルオヴェルの発言は拍手で迎えられた[45]。

党大会での宗教教育に関する議論は、最終的に、スィレル教育相の以下の演説によって幕を閉じた。

皆さん、共和人民党は、トルコ国民の生活とトルコの国土において確立された人間の自由を確かなものにする政治組織です。この自由の一つは、ライクリキでもあるように、良心の自由でもあります。［……］これに加え、私たちの憲法と党の理念が認めている自由があります。それは、教育の自由です。トルコ国民は、ムスリムであるために、この社会においてイスラム教の教えを学びたい、教えたいと望む国民がいるでしょう。これは当然の権利であります。

皆さん、このように、党として、政府として、私たちに任される義務があります。この義務とは、ライクリキの原則の範囲、良心の自由の境界のなかで、この必要性をどのように調和させるかを国家の観点から明らかにすることです[46]。

一部の議員たちがライクリキを理由に宗教教育の実施に反対したのに対し、ここでスィレル教育相は、ライクリキが良心の自由に依拠するものであるという前提のもと、良心の自由を保障するために、宗教教育を受ける自由を国家が保障するべきだと主張している。党大会における以上の結論からは、宗教教育の実施を正当化するために、ライクリキの再解釈が行われたこと、結果的に、スンナ派ムスリムである国民の大多数が宗教教育を受ける権利を守ることがライクリキ原則に含まれる良心の自由の保障であるという解釈が選択されたことがわかる。

宗教教育の再開

共和人民党党大会の翌年である一九四八年二月、議会において宗教教育の実施について審議が行われた。そこでは、民間に委ねられる私教育ではなく、学校で行われる公教育内の宗教教育の実施が話し合われた。学校で行われる宗教教育は、小学校四、五年生を対象とし、選択希望制で試験を設けないという条件で行われることとされた。議会では、党大会でタンルオヴェルに異議を唱えていたバルラス議員が、宗教教育が学校で行われること自体には反対していないこと、しかしながら、憲法のライクリキ原則を侵害するものとならないようにすべきであることを主張し、この件について調査の時間を設けることを提案した。同じく党大会でタンルオヴェルを批判したバングオールを含む他の議員たちも宗教教育の再開に同意した。依然として宗教教育の導入や導師・説教師養成学校の開校がライクリキに反すると主張し続ける議員もいたものの、これまでに反対意見を述べていた者たちのなかからもライクリキや良心の自由を侵害しないことを条件に実施を容認する人々が増えており、この時点ではもはや宗教教育を否定する雰囲気は弱まっていた(47)。

以上のように、一九四七年から一九四八年半ばにかけて、ライクリキを理由に宗教教育の実施に反対する態度から、ライクリキを根拠に宗教教育を容認する姿勢へと共和人民党議員は方向を大きく転換させた。このような転換が示しているように、政治家のあいだでは、ライクリキとは何か、ライクリキの維持とは具体的に何を意味するのかといった解釈に幅があると同時に、ライクリキの護持自体は不可侵であるという理解が共有されていた。結果として、議会での投票により、国民教育省の監督下で小学校において宗教教育が行われることが承認された(48)。

議会の内容からは、審議前からすでに一部の議員たちにより学校における宗教教育の実施を前提にした調整が進められ、その内容についても検討が行われていたことがうかがえる。今回の審議はその承認の場として設けられたに過ぎなかったために、なぜ塾から学校へと宗教教育の場が変更されたかについての議論や見解は見られない。私教育から公教育へのこの変更が、どのような見解のもとになされたのかを知るにあたって参考になるのが、共和人民党の機関紙『国民（*Ulus*）』に掲載された論説である。上記の決定から約一週間後に掲載された無記名の長文の論説には以下の記述がある。

ライクリキは本来、宗教への信仰が、良心の問題として政治の観点から中立の立場に置かれるということである。この当然の帰結は、以下の通りである。世俗的な社会では、一方では、国民は宗教的信仰を理由に政治組織からどのような干渉もされないということ、もう一方では、政治的運動が宗教的信仰の影響から完全に離れていることである。ライクリキの根幹

> は、宗教と政治の分離、より正確に言えば相互の独立である。
> ［……］ただし、ライクリキを掲げる国家は同時に、何人も良心の自由、つまり宗教的信仰を理由に迫害や批判を受けないようにしなければならない。［……］
> 良心の自由は、言葉、行動、執筆、儀礼の形で表現されない限り、そもそも不可侵の本質である。そのため、国家は良心の自由を保障するよりも、それが悪用されるのを防ぐことに十分に注意を払わなければならない。
> ［……］すべての国民は彼らが望む宗教を信仰すること、その信仰を身近な者、特に未成熟な子どもたちに教えることに関して自由である。これに基づき、宗教教育は、私的な機会や方法を利用する限り、実質的にも、また法的にも、妨害されてはならない。ただし、これが悪用されることを防ぐための管理対策が必要となる。
> 国家によってその経費が支払われる学校で宗教の授業を教えることにおいても、こうした観点に鑑みることは、その最短の試みである。(49)

ライクリキの説明から始まる以上の記事は、宗教教育の実施がライクリキ理解の問題といかに関連していたのかを如実に示している。この記事で、共和人民党は、ライクリキ原則によって最も守られるべきは、国民の良心の自由であると主張する。ここで興味深いのは、そのように主張しながらも、国家は国民の良心の自由を保障するよりも、信仰を理由に国民が「迫害や批判」されたり、良心の自由が「悪用」されたりするのを防ぐことがより重要であると述べられている点である。そして、国家は宗教に不干渉でいるべきという理解は保たれているものの、宗教を理由に国民が不利益を被る可能性がある場合は、国家は予め宗教を管理し、これを防ぐ必要があると説明されている。すなわち、国家は国民の信仰に関する事柄に干渉しないでいることよりも、積極的に宗教に関する事柄を管理して国民を保護することが重要であり、このことがライクリキの一環に位置づけられているのである。

　こうした理解は宗教教育にも援用され、国民の宗教教育を受ける自由が保たれつつ、宗教教育が悪用されるのを防ぐために、公教育内で宗教教育を行うことが最も良い方法であると述べ、公教育内での宗教教育の実施を説明している。この記事では、良心の自由、および宗教教育を悪用する主体は誰であるのか、信仰を理由に、なぜ国民が迫害や批判されるのか、その目的は何であるのかといったことについては触れられていない。これまでの研究では、トルコ政府は宗教反動への恐怖心を煽ることで共和国の世俗体制を正当化してきたと指摘されてきたが、[50]上記の記事でも、国民を脅かす何者かを暗示し、その何者かから国民を守るという名目のもとで宗教教育の正当性が説明されている。以上の内容からは、国民が主体となって行う宗教塾よりは、公教育内での宗教教育の方がより政府の監督が行き届きやすいとの観点から、学校における宗教教育が選択されたと考えることができる。

このように、一九四七年より本格的に始められた宗教教育の再開をめぐる議論は、小学校における宗教授業の開始という形でひとまず終結することになった。道徳の頽廃を懸念する声も一旦とはいえ、ここで収まりが見られることになる。国民が主体となって行われる予定だった宗教教育は実現には至らず、宗教塾という名目での宗教教育はその後も実施されることはなかった。しかしながら、一度とはいえ私教育としての宗教教育の実施が構想されていたことからは、一九四七年から四八年を境にして、共和人民党の宗教政策の方向性、すなわち国家による宗教管理の姿勢が固まったこと、言い換えれば、一九四八年以前においては宗教教育を民間に任せるという選択肢が残されていたことが見てとれる。建国初期に宗務局が設置されたことなどからは、トルコ共和国がその最初期から一貫して、国家による宗教管理を前提としていたように見られがちである。しかしながら、宗教教育をめぐる議論からは、ライクリキは必ずしもその当初から国家による宗教管理を前提としていたわけではなく、共和人民党議員たちのあいだでは政治と宗教の分離という側面の維持が意識されていた時代があったことがわかる。

宗教科の教育内容と実施状況

翌一九四九年二月七日付けの教育省広報誌で、教育相は関係者に対し宗教科についての発表を行った。それによれば、宗教科は小学校四、五年次に週に二時間、これまでの授業を削らない形で設けられることになった。この発表では、トルコ共和国が「世俗的な国家」であることを理由に、宗教教育が必修として教授されることは「あり得ない」ことであり、そのため希望する国民のみが受講することが強調された。この授業は、トルコ語や歴史といった授業のような正式な科目からなる授業プログラムには組み込まれない課外授業として設けられることになった。この決定には、宗教教育が学校において実施されること自体は容認されたものの、宗教科をあくまで非正規の科目として扱い、公教育内の他の正規の科目とのあいだに線引きを行うという慎重な姿勢が反映されている。宗教教育の管轄については、その担い手で責任者となるのは国民教育相とされた。ただし、教育内容はあらかじめ宗務局局長が中心となって作成し、それを教育省管轄下にある教育委員会が承認した上で、最終的に教育相が提供するという体制が取られた[51]。

上記の決定に従い、一九四七年から宗務局局長を務めていたアフメト・ハムディ・アクセキを委員長とし、アクセキによって選出されたメンバーからなる委員会によって、教科書が作成されることになった。一九四九年の決定より、科目を問わず複数の教科書が作成・出版されることになったが[52]、小学校用の宗教科の教科書に限っては、アクセキを中心として作成された国民教育省出版の教科書のみが一九八二年の科目の廃止まで使用され続けた。教育内容はというと、指導要領では小学校四年次の宗教科の主題は、愛、イスラム、イスラムにおける道徳、五年次の主題は、信仰、天使、預言者、来世、運命、義務などとされた[53]。このように、宗教科ではイスラムの信仰の基本的な教義が教授されることになった。イスラムに関する内容に加えて、教科書では、「私は、私の国、国民が大好きです」や「死と殉教」といった題名のもとに、ムスリムとしての道徳心を国家への奉仕に結びつけて説明する記述も盛り込まれた[54]。

このように、およそ一〇年から二〇年弱にわたる宗教教育の不在の後、公教育において宗教教育が再開されることになった。ただし、宗教教育の再開については賛否両論があり、再開決定後も決して反対意見がなくなったわけではなかった。そのなかには、国内の宗教的少数派であるアレヴィーの存在を挙げて、単一宗派国家ではないトルコにおいて、政府は全ての宗教・宗派に中立であるべきだと主張するものもあった[55]。その一方で、宗教科設置から一年後の一九五〇年、共和人民党に代わり民主党政権が誕生するが、公教育内での宗教教育の実施は見直されることなく、継続されることになる。

実際に、宗教科は国民の多数から承認され、それを批判する者は少なくなっていた。一九五四年に、当時ベイルートのアメリカン大学で教鞭を執っていたマシューズが、若手公務員と、アンカラ大学政治学部の学生、すなわち当時の公務員候補に行った調査によれば、公立学校において宗教が教えられることについて、公務員の七〇パーセント、学生の五九パーセントが賛成していたという[56]。また、宗教科の出席状況からも同科目が国民から歓迎されたことは明らかである。一九四九年度の小学校四、五年次の宗教科の授業には、普通小学校で学ぶ非ムスリムを含む九九パーセントもの生徒が出席していたという[57]。こうした出席率の高さを受け、科目設置の翌一九五〇年には宗教科が課外授業から正規の課内授業へと変更され、科目設置当初は受講を望む保護者がそれを知らせることが必要だったのに対し、授業の免除を望む保護者がそれを知らせることが必要とされた[58]。この授業は、他の科目同様、担任の教師によって教えられることになったため、一九五三年、師範学校および村落教員養成所にも宗教教育科目が設けられることが決定された[59]。さらに、小学校における宗教授業が再開されたのと同時期に、宗教的職能者の養成のための導師・説教師養成コースが開講され、イスラムに関する知識を教授するための神学部も新たに設置された。こうして、国家の管理のもとでの宗教教育はその後も拡大していく。

おわりに

トルコ共和国では建国初期の世俗化政策の結果、一九三〇年代末までに公教育内の宗教教育は全て廃止された。アタテュルクは、国家が主導して世俗化政策を進めることで社会における宗教の影響力が低下することを期待していたが、彼の存命中はうまくいっていたように思われた宗教政策は、彼の死後、徐々に修正を迫られることになる。

こうしたなか、宗教政策見直しの一環として、宗教教育の再開を主張する声が挙げられるようになった。宗教教育をめぐって問題になったのは、ライクリキという原則と宗教教育の再開をどのように整合性をもたせて説明するかであった。当初、共和人民党政府は、公共の場からの宗教の排除および宗教と政治の分離という、共和国建国初期のライクリキの側面を維持することを望んだため、国家が宗教教育を行うという発想は論外とされた。非宗教的な道徳教育を設けることで、国民意識の形成および国民の不満の解消に役立てようとしたが、後者に関し、これが効果をあげないことを見てとると、私教育において国民に宗教教育を行わせようとした。ただし、宗教教育の自由化が反動勢力の成長につながりうるという懸念から、政府は宗教教育を完全に民間に任せることはできなかった。複数政党制への移行により、国民からの支持獲得の必要性に迫られた共和人民党政府に残されたのは、ライクリキを再解釈することで国家が宗教教育を行うという選択だった。すなわち、これまでの政治と宗教の分離や宗教の社会的影響力の低下ではなく、「良心の自由」という側面をライクリキが有することを強調することで、公教育における宗教教育の実施を正当化したのである。

こうして、一九四八年を転換期として、共和人民党は、宗教と政治の分離、また世俗化を目指す姿勢から、国家の管理のもとで国民の宗教信仰を保護する方向へと向かうことになった。本章で見てきたように、実現されなかったものを含め、宗教および道徳教育政策の変遷からは、当時の政治家たちは段階を踏みながら、状況に応じて慎重にライクリキの解釈を変え、政策を正当化していたことがうかがえる。アタテュルクの理念は、彼の没後も政治家たちの決定に影響を及ぼし、その範囲を制限する面もあった。しかし、そうした理念は必ずしも常に政治家たちを拘束したわけではなく、彼らは、対外関係や政治状況、民意に鑑みて政策を決定し、理念をそれに適合させることもできた。トルコ共和国の宗教政策を方向付けたのは、アタテュルク後の政治家たちが行った、こうした模索だった。その結果、トルコ共和国のその後の政治において、政治による宗務への干渉の回避を主張する声は弱まり、国家が宗教を管理する方向性が現代に至るまで継承されていくことになるのである。

小学校に導入された宗教科は、その後一九五六年に中学校、一九六七年に高校へと教育対象が拡大される。一方で、一九七四年には「トルコ人の道徳信条」を教育内容に含んだ公民科が廃止され、必修科目、道徳科が設置された。宗教性を廃した道徳を説く前者と異なり、後者には、当時草創期にあった、トルコ性とイスラムの不可分を説くトルコ＝イスラム総合論が反映されることになる。こうした展開が象徴するように、世俗的なトルコ国民の形成を目指す流れは退潮へと向かっていく。そして、一九八〇年クーデタ後、宗教科と道徳科は今日まで続く必修科目、宗教文化・道徳科へと統合され、宗教教育はトルコ国民教育の枢要な一角を占めることになるのである。

注

(1) 一九二四年の指導要領では小・中学校およびそれに対応する師範学校に宗教教育科目が設けられていた。高等教育に関しては同年、ダールルフヌーンに神学部が開講されたが、一九三三年に閉鎖された。Recai Doğan, "Cumhuriyetin İlk Yıllarında Tevhid-i Tedrisat Çerçevesinde Din Eğitim-Öğretimi ve Yapılan Tartışmalar," in Fahri Unan and Yücel Hacaloğlu eds., *Cumhuriyet'in 75. Yılında Türkiye'de Din Eğitimi ve Öğretimi İlmî Toplantısı* (*İzmir, 4-6 Aralık 1998*) *Tebliğler*, Ankara: Türk Ocakları Genel Merkezi, 1999, pp. 272-274; Recai Doğan, "1980'e kadar Türkiye'de Din Öğretimi Program Anlayışları (1924-1980)," in *Din Öğretiminde Yeni Yöntem Arayışları Uluslararası Sempozyum Bildiri ve Tartışmalar 28-30 Mart 2001*, Ankara: MEB Din Öğretimi Genel Müdürlüğü, 2003, pp. 616-617.

(2) コーラン教室は、一九四〇年には二八ヶ所とやや拡大しているものの、当時トルコ共和国が一八〇〇万弱の人口を抱えていたことを考えると、その数がいかに限られたものだったかがわかる。M. Faruk Bayraktar, "Kur'an Kurslarının Sorunları ve Geleceği ile İlgili Bazı Düşünceler," in *Yaygın Din Eğitiminin Sorunları: Sempozyumu 28-29 Mayıs 2002*, Kayseri: İBAV, 2003, pp. 199-200; *İstatistik Göstergeler 1923-2009*, Ankara: Türkiye İstatistik Kurumu, 2010, p. 8.

(3) 近年の研究として、導師・説教師養成学校については、Iren Ozgur, *Islamic Schools in Modern Turkey: Faith, Politics, and Education*, Cambridge: Cambridge University Press, 2012 を、宗教文化・道徳科については、Sam Kaplan, "*Din-u Devlet* All Over Again?: The Politics of Military Secularism and Religious Militarism in Turkey Following the 1980 Coup," *International Journal of Middle East Studies*, 34 (1), 2002, pp. 113-127; Manami Ueno, "Sufism and Sufi Orders in Compulsory Religious Education in Turkey," *Turkish Studies*, 19 (3), 2018, pp. 381-399 を参照。

(4) Doğan, "1980'e kadar Türkiye'de Din," pp. 611-646; Halis Ayhan, *Türkiye'de Din Eğitimi*, İstanbul: DEM Yayınları, 2004, pp. 93-153; Tuba Ünlü Bilgiç and Bestami S. Bilgiç, "'Raising a Moral Generation': The Republican People's Party and Religious Instruction in Turkey, 1946-1949," *Middle Eastern Studies*, 53 (3), 2017, pp. 349-362; 伊藤寛了「イノニュの時代（一九三八～一九五〇年）のトルコにおけるラーイクリキ議論の展開」粕谷元編『トルコ共和国とラーイクリキ』上智大学イスラーム地域研究機構、二〇一一年、三～三一頁。

(5) フランスのライシテについては以下の文献を参照。ジャン・ボベロ『フランスにおける脱宗教性の歴史（文庫クセジュ）』三浦信孝・伊達聖伸訳、白水社、二〇〇九年：伊達聖伸『ライシテ、道徳、宗教学――もうひとつの一九世紀フランス宗教史』勁草書房、二〇一〇年。

（６）Erik J. Zürcher, *Turkey: A Modern History*, London: I. B. Tauris, 1993, pp. 207–209.

（７）道徳に関する議論の例として、以下の雑誌や新聞の記事を参照。Nurettin Topçu, “Vatandaş Ahlakı,” *Hareket*, 2, 1939, pp. 48–51; Nizamettin Nazif, “Ahlak ve Mahalle,” *Son Telgraf*, 1942/ 01/ 15.

（８）“Milli Şefimiz Diyorki Vatanseverlik Ahlakın Başında Gelir,” *Ulus*, 1942/03/18.

（９）例えば以下の新聞記事を参照。“Milli Şefimizin İzmir’deki Mühim Nutku Bütün Memlekette Büyük Bir Alaka Uyandırdı,” *Son Telgraf*, 1942/ 03/ 18; “Milli Şef İnönünün İzmir’deki Hitabesi,” *Vatan*, 1942/03/19; “Milli Şefimizin Kıymetli Direktifleri,” *Yeni Sabah*, 1942/ 03/ 18.

（10）村落教員養成所（Köy Enstitüsü）は、農村部における小学校教師養成や、農業や畜産業などを教える目的で一九四〇年に設立された教育機関である。一九五四年、初等教育師範学校と統合され、村と都市の教育の二重体制が解消されるまで続いた。村落教員養成所に関しては以下を参照。Asım Karaömerlioğlu, *Orada Bir Köy Var Uzakta: Erken Cumhuriyet Döneminde Köycü Söylem*, Istanbul: İletişim Yayınları, 2006, pp. 87–116.

（11）伊藤寛了「ポスト・アタテュルク時代のイスラム派知識人」新井政美編著『イスラムと近代化――トルコ共和国の苦闘』講談社、二〇一三年、一〇六～一〇七頁。

（12）国民教育諮問会議（Millî Eğitim/ Maarif Şûrası）は、教育の発展を目的として一九三九年に開始された国民教育省による諮問機関である。*T. C. Millî Eğitim Bakanlığı Tebliğler Dergisi*, 2439, 1995/ 09/ 25, pp. 733–738.

（13）*İkinci Maarif Şûrası 15–21 Şubat 1943*,［Ankara:］T. C. Maarif Vekilliği,1943, pp. 104–117, 190–193; Füsun Üstel, *“Makbul Vatandaş” ın Peşinde: II. Meşrutiyet’ten Bugüne Vatandaşlık Eğitimi*, Istanbul: İletişim Yayınları, 2004, pp. 173–174.

（14）*T. C. Maarif Vekilliği Tebliğler Dergisi*, 261, 1944/ 01/ 31, p. 126.

（15）Günseli Naymansoy, *Türk Felsefesinin Öncülerinden: Tezer Taşkıran*, Ankara: Atatürk Kültür Merkezi Yayını, 2013, pp. 28–29.

（16）Tezer Taşkıran, *Cumhuriyetin 50. Yılında Türk Kadınının Hakları*, Ankara: Başbakanlık Basımevi, 1973.

（17）Tezer Taşkıran, *Türk Ahlakının İlkeleri*, Istanbul: Maarif Matbaası, 1943, p. 1.

（18）道徳科、また『トルコ人の道徳信条』については、上野愛実「一九七〇年代のトルコにおける道徳教育――宗教性の観点から」『東洋学報』第九九巻第二号、二〇一七年、二七～五一頁を参照。

（19）“Ahlâkımız 1,” *Büyük Doğu*, 13, 1943, p. 2.

（20）“Ahlâkımız,” *Büyük Doğu*, 18, 1946, p. 2; Necip Fazıl Kısakürek, “Ahlak Davamız,” *Büyük Doğu*, 28, 1946, p. 11.

（21）Şaban Sitembölükbaşı, *Türkiye’de İslâm’ın Yeniden İnkişafı 1950–1960*, Ankara: Türkiye Diyanet Vakfı Yayınları, 1995, pp. 16–18.

(22) *Demokrat Parti Programı 1946*, pp. 10–12.
(23) Sitembölükbaşı, *Türkiye'de İslâm'ın Yeniden*, p. 21.
(24) Bülent Daver, *Türkiye Cumhuriyetinde Lâiklik*, Istanbul: Ankara Üniversitesi SBF Yayınları, 1955, pp. 77–78.
(25) 教育予算審議については以下を参照。伊藤「ポスト・アタテュルク時代」一一四〜一一六頁；伊藤「イノニュの時代」九〜一三頁。
(26) "H. Partisi Divanı: C. H. P. Tüzük, Programının Tadili Büyük Kurultayda Görüşülecek," *Son Telgraf*, 1947/01/23.
(27) "Mektep Programlarında Ahlâk ve Din Derslerine Yer Verilecek," *Yeni Sabah*, 1947/01/21.
(28) "C. H. P. Divanında Verilen Kararlar," *Vakit*, 1947/01/28; " C. H. P. Divanı Çalışmalarını Bitirdi Lâikliğin Muhafazasına İtina ile Dikkat Olunacak," *Vatan*, 1947/01/28.
(29) Hâtemi Senih Sarp, "Liselerde Ahlâk ve Din Eğitimi," *Son Telgraf*, 1947/01/26.
(30) Peyami Safa, "Ahlâk Terbiyesinin İki Temeli," *Vakit*, 1947/01/22.
(31) "Okullara Din Dersleri Konulacak Değil," *Vakit*, 1947/05/01; "Din Tedrisatı: Hamdullah Suphi Tanrıöverin Bir Arap Gazetesi Tarafından Tahrif Edilen Sözleri," *Vatan*, 1947/05/02; "Dinî Tedrisat: Verdiğimiz Haber Teeyyüd Ediyor," *Son Telgraf*, 1947/05/03; "Okullarda Din Dersleri Söylentileri," *Vakit*, 1947/05/03.
(32) デルスィアームとは、マドラサを修了した後、マドラサでの教育を担う資格を得た者のことである。トルコ共和国では宗務局の管轄下にあった。Mehmet İpşirli, "Dersiam," *Türkiye Diyanet Vakfı İslâm Ansiklopedisi*, vol. 9, Ankara: Türkiye Diyanet Vakfı, 1994, pp. 185–186.
(33) "Din Tedrisatı: Hazırlanan Talimatname Bakanlar Kurulu Tarafından Tasvip Edildi," *Vatan*, 1947/06/21.
(34) "Sevin, Nurettin," *Tanzimat'tan Bugüne Edebiyatçılar Ansiklopedisi*, vol. 2, Istanbul: Yapı Kredi Yayınları, 2001, pp. 877–878; http://www.biyografya.com/biyografi/10132（二〇一八年一〇月二二日最終閲覧）.
(35) "Artam, Nurettin," *Tanzimat'tan Bugüne Edebiyatçılar Ansiklopedisi*, vol. 1, Istanbul: Yapı Kredi Yayınları, 2001, pp. 119–120; http://www.biyografya.com/biyografi/10140（二〇一八年一〇月二二日最終閲覧）.
(36) Nurettin Artam and Nurettin Sevin, *Müslüman Çocuğunun Kitabı*, Istanbul: Millî Eğitim Basımevi, 1948, pp. 3–16.
(37) Artam, *Müslüman Çocuğunun Kitabı*, pp. 141–142.
(38) Taşkıran, *Türk Ahlakının İlkeleri*, p. 4.
(39) Artam, *Müslüman Çocuğunun Kitabı*, p. 210.
(40)『ムスリム子弟の本』への批判の多くは、ナジ・サラチラル（M. Naci Saraçlar）という人物によってなされていることが確認できた。これらの記事以外には彼の執筆作は見つからず、サラチラルが何者なのかを突き止めることはできなかった。M. Naci Saraçlar, "'Müslüman Çocuğun Kitabı'ndaki Yanlışlar," *Yeni Sabah*, 1948/ 05/ 16; M. Naci Saraçlar, "Güzel Bir Gaye için Tutulan Yanlış Bir Yol," *Sebilürreşad*, 1, 1948, pp. 12–13; M. Naci Saraçlar, "Burhan Felek Üstadımızdan Soruyorum," *Sebilürreşad*, 2, 1948, pp. 24, 32.

（41）"Din Kitabı Hasan Sakayı da Sinirlendirdi," *Yeni Sabah*, 1948/ 05/ 14; "Millî Eğitim Bakanı Dün Gece İstifa mı Etti," *Son Telgraf*, 1948/ 05/ 14; Naci Saraçlar, "Millî Eğitim Bakanının İtirafları," *Sebilurreşad*, 2, 1948, pp. 22–23, 32.

（42）新井政美『トルコ近現代史――イスラム国家から国民国家へ』みすず書房、二〇〇一年、二三七～二四〇頁。

（43）一九四七年党大会については以下を参照。伊藤「イノニュの時代」一五～二一頁。

（44）*C. H. P. Yedinci Büyük Kurultayı*, 1947, pp. 448–459.

（45）*C. H. P. Yedinci Büyük Kurultayı*, pp. 465–469.

（46）*C. H. P. Yedinci Büyük Kurultayı*, pp. 513–514.

（47）"C. H. P. Meclis Gurupunun Dünkü Karar: İlkokullarda Din Dersi Öğretilecek," *Son Telgraf*, 1948/ 02/ 20.

（48）"Okullarda Din Dersleri," *Yeni Sabah*, 1948/ 02/ 20.

（49）"Din Öğretimi Meselesi," *Ulus*, 1948/ 02/ 26.

（50）反動の言説については、例えば以下の研究を参照。Umut Azak, *Islam and Secularism in Turkey: Kemalism, Religion, and the Nation State*, London: I. B. Tauris, 2010; Gavin D. Brockett, "Revisiting the Turkish Revolution, 1923–1938: Secular Reform and Religious 'Reaction'," *History Compass*, 4(6), 2006, pp. 1060–1072.

（51）*T. C. Millî Eğitim Bakanlığı Tebliğler Dergisi*, 524, 1949/ 02/ 07, p. 153.

（52）一九三三年から一九四九年までは、教科書は各科目一冊に限定されていた。Mesut Çapa, "Milli Eğitim Bakanlığının Yetki ve Uygulamaları Çerçevesinde Ders Kitapları（1950–1960）," *Ankara Üniversitesi Türk İnkılâp Tarihi Enstitüsü Atatürk Yolu Dergisi*, 54, 2014, pp. 60–61.

（53）Gotthard Jaschke, *Yeni Türkiye'de İslâmlık*, trans. Hayrullah Örs, Ankara: Bilgi Yayınevi, 1972, pp. 87–88.

（54）*Din Dersleri Birinci Kitap*, Ankara: Millî Eğitim Basımevi, 1949, pp. 11–12; *Din Dersleri İkinci Kitap*, Istanbul: Millî Eğitim Basımevi, 1949, p. 41.

（55）ただし、管見の限りでは、一九五〇年に新聞に掲載された以下の論説以外に、一九四〇年代から五〇年代当時、アレヴィーの存在を理由に公教育における宗教教育に反対する意見は見られず、アレヴィー側から反対の声が挙げられることもなかった。İsmayıl Hakkı Baltacıoğlu, "Din ve Okul," *Ulus*, 1950/ 10/ 27.

（56）この問いに対して、公務員の一五パーセント、学生の三六パーセントが「どちらとも言えない」と回答、公務員および学生の各一五パーセントが反対している。A. T. J. Matthews, *Emergent Turkish Administrators: A Study of the Vocational and Social Attitudes of Junior and Potential Administrators*, Ankara: Türk Tarih Kurumu Basımevi, 1955, p. 56.

（57）İsmet Parmaksızoğlu, *Türkiye'de Din Eğitimi*, Ankara: Millî Eğitim Basımevi, 1966, p. 31.

（58）*T. C. Millî Eğitim Bakanlığı Tebliğler Dergisi*, 617, 1950/ 11/ 20, p. 116.

（59）Ayhan, *Türkiye'de Din Eğitimi*, p. 153; Esra Mindivanlı Akdoğan, *Köy Enstitülerinde Eğitim Anlayışı ve Tarih ve Yurttaşlık Bilgisi Öğretimi*, PhD Dissertation, Atatürk University, 2016, pp. 112–113.

第六章　国民国家トルコとアナトリアの諸文明
――イスラム化以前の遺跡をめぐる文化政策

田中英資

はじめに

国民国家の成立過程において、文化遺産はその国民の歴史的な成り立ちを具体的に説明するという重要な役割を果たしている。国家を構成する「国民」とはどのような集団なのかを定義するという意味で、国民の過去・歴史は、国民という「想像の共同体[1]」のアイデンティティの核となる。その際、国民とされる集団がつくり上げてきた有形・無形の文化的所産は、彼らの歴史を表象する「文化遺産」とみなされ、保護の対象となる。このことは、文化遺産という概念を通して、国民の存在は、仮にそれが想像上のものだとしても、空間的にも時間的にも客体化されることを意味する。特に、考古学的遺物や歴史的建造物のような有形の文化的所産の物質性は、特定の民族・国民の歴史に特定の地理的な領域に根づいた継続性があることを具体的に示すうえで重要な役割を果たしてきたことを、多くの先行研究が指摘している[2]。

国民を特定の領域に結びつけるこのような文化遺産の役割を考えた時に、トルコ共和国は非常に興味深い事例を提供する。国土の大部分を占めるアナトリアには、国民の大多数が信仰するイスラムと関係が深いセルジューク朝やオスマン帝国の文化遺産だけでなく、アナトリアでイスラム化が進む以前の時代に興亡した様々な民族や国家が残した数多くの文化遺産が見いだされるためである。しかも、それらのなかには、ハットゥシャ、カッパドキア、エフェソスなど、ユネスコ世界遺産に登録され、トルコを代表する国際的観光地となっているものも含まれている。これらの文化遺産は、「東西文明の十字路」や「文明のゆりかご」などと、テレビ番組や観光ガイドブックでトルコが紹介されることの背景にある。

しかしその一方で、特にイスラム化以前のアナトリア諸文明の文化遺産の存在は、トルコにおいて「ある国の存在する文化遺産はその国民のもの」という前提が成り立ちにくいことを示している。言い換えれば、近隣のギリシャやアルメニアにとっての文化遺産というべき文化遺産、つまり、「異文化」の遺産を抱えているのだ。文化遺産という面からトルコという国民国家のあり方をみていく上で、トルコ国民意識と「他者」の文化との関係性がどのように捉えられているかを考えることは不可欠といえる。

そこで本章では、アナトリア諸文明の興亡を示す多様な過去の痕跡が、どのように文化遺産として捉え直され、トルコ国民意識と関係づけられてきたかについて考察を深める。まず、トルコ共和国成立以降、「異文化」の文化遺産がどのようにトルコ国民の文化遺産として位置づけられてきたかをみていく。そのうえで、トルコにおける文化遺産の保護や活用に関わる取り組みから、トルコという国民国家のあり方、特に国民国家の時間・空間枠組みと文化遺産の関係性をめぐるポリティクスを検討する。

なお、「文化遺産（cultural heritage）」以外に、日本では「文化財（cultural property）」という用語も用いられる。ただし、日本では文化財とは具体的な保護の対象となった文化的所産を指すのに対し、文化遺産は保護の対象となっていないものも含め、過去から受け継がれてきた文化的所産という、より幅広い意味合いで用いられている。また、近年の文化遺産研究では、過去から受け継がれてきた有形もしくは無形の文化的所産がいかに「文化遺産」として保護・保全の対象とみなされていくかという点に焦点があたってきた。その結果、文化遺産とは、過去から受け継がれてきた文化的所産で、将来にわたって保護・保全されるべき対象とは単純にはみなされなくなっている。むしろ、文化遺産とは、そうみなされたものを介して、様々な集団が結びつけられる、あるいは、それらを様々な集団の利害に巻き込んでいくといった文化をめぐるポリティクスとして考えられるようになってきている[3]。以上をふまえ、本章では保護の対象になっているか如何にかかわらず、過去から受け継がれてきた文化的所産をめぐるポリティクスを示す用語として「文化遺産」を用いて、議論を進める。

第一節　トルコ共和国の成立とイスラム化以前の文化遺産

トルコ民族の「血のつながり」とアナトリア諸文明

トルコにおける文化遺産保護の始まりは、オスマン帝国時代の一九世紀後半にさかのぼる。これは、一八世紀から一九世紀にかけて盛んとなった西欧諸国の人々による古代ギリシャ・ローマ時代の彫刻を中心とした古美術品収集と、それに関連した遺跡での発掘調査が盛んに行われていたことへの対応であった(4)。一九世紀後半から数次にわたって文化遺産保護にかかわる法令が出されている(5)。特に、一九〇六年に制定された「古物法令（Asar-ı Atika Nizamnamesi）」（以下、一九〇六年法）により、国内に見つかるすべての文化遺産は国家所有であることが宣言され、文化遺産とみなされたものはオスマン帝国政府の許可なしに国外に持ち出すことを禁止することも規定された(6)。

一九二三年、トルコ共和国初代大統領に就任したアタテュルクは、世俗主義を柱とする近代化政策を掲げ、トルコ国民国家の建設を推し進めた。文化遺産保護については、オスマン帝国の一九〇六年法が維持された。国内で発見される文化遺産の国有の原則が受け継がれ、共和国政府内には文化財保護を担当する部署が設置されて文化遺産の国外持ち出しが厳しく統制された(7)。アナトリア諸文明の文化遺産の保護は、こうして新たなトルコ共和国を建設していく政策においても、重要な役割を果たすこととなった。

オスマン帝国時代のアナトリアの社会は、トルコ系、クルド系、あるいはアラブ系といったムスリムと、ギリシャ系やアルメニア系、ユダヤ系など非ムスリムの諸民族が共存する「コスモポリタン」な社会であった(8)。国民国家トルコ共和国建設の過程は、その領域の九割を占めることになったアナトリアをトルコ国民の暮らす「均質な」国土に作り変えていくものでもあり、それまでのアナトリアの民族的多様性とその痕跡をどのように捉え直すかという問題とも深く関わっていた。

アナトリアをトルコ共和国の国土に作り変える試みとしてふたつ指摘できる。まず、アナトリアに存在してきた非トルコ系の人々を「トルコ人」とみなすか、あるいは「他者化」することで、その存在を「消す」という試みである。[9] 特に、オスマン帝国末期からトルコ共和国が成立するまでの数十年間に断続的に続いた数々の戦争（露土戦争、バルカン戦争、第一次世界大戦など）とその戦後処理によって、アナトリアのムスリムとギリシャ系やアルメニア系といった非トルコ系かつ非ムスリムの人口分布は、大きく変容している。[10] 加えて、トルコ政府は、クルド人、ラズ人、チェルケス人など非トルコ系のムスリムを、公式には「トルコ人」とみなしたため、結果的にアナトリアの人口の大多数をムスリムの「トルコ人」が占めることとなった。[11] こうした状況のなかで、非トルコ系の非ムスリムがアナトリアに長く暮らしてきたことを示す歴史的な痕跡を物理的に消し去ることで、彼らの存在をなかったことにするのである。また、アナトリアから去った非トルコ系の非ムスリムの人々に比べ、バルカン半島などからアナトリアに移ってきたトルコ系ムスリムの人々の数が少なかった。そのため、急激に減少した非トルコ系の非ムスリムの住居・施設の多くは無人化した。教会やシナゴーグといった彼らの信仰の場は、再建や修復などが行われずに放置されたほか、モスクや倉庫への改築など、別な目的で再利用された。[12]

もうひとつの試みは、イスラム化以前の時代のアナトリア諸文明の痕跡と、トルコ民族の「血」を結びつけることであった。さらに、それはトルコ民族が諸文明の祖となったという世界史的役割を果たした優等な人種であることを示すという、人種主義的トルコ民族観を土台にしていた。[13] この試みは、一九二〇年代後半から三〇年代にかけて、共和国政府が歴史学や言語学、考古学、人類学などを振興しつつ推進した、トルコ民族主義に基づく「トルコ史テーゼ（Türk Tarih Tezi）」の編纂とともに進められた。

「トルコ史テーゼ」は、歴史認識においてアナトリアにおけるトルコ共和国の正統性を示すことを目的としていた。[14] 国民国家が作り上げるトルコ民族の歴史記述においては一般的に、セルジューク朝がビザンツ帝国を打ち破った一〇七一年のマラズギルトの戦いの結果、アナトリアにトルコ系民族の流入と定着が始まり、それとともにアナトリアのイスラム化が進んだとされている。一三世紀末にアナトリア北西部の辺境から勢力を拡大し、巨大な帝国を築いたオスマン朝の人々も、自らの起源をこうした動きのなかでアナトリアに入ってきたトルコ系民族とみていた[15]。

しかし、このような歴史認識に従えば、アナトリアにおけるトルコ系民族の歴史は、早くとも一一世紀以降に始まることとなり、それ以前のアナトリアにはトルコ系民族は存在しないことになる。そのため、「トルコ史テーゼ」では、トルコ系民族の定着によるイスラム化以前のトルコ民族とアナトリアの関わりを示すことにも焦点が置かれ、イスラム化以前のアナトリアの遺跡群が動員された[16]。特に、トルコ系民族とアナトリアとのつながりの古さを示すことは、トルコ共和国の建設過程でアナトリアから排除された非トルコ系の非ムスリムの人々、とりわけギリシャやアルメニアに対して、トルコ共和国のアナトリアの領有権の主張を補強すると考えられたのである[17]。

さらに、イスラム化以前のアナトリア諸文明の文化遺産をトルコ民族主義に結びつけることは、イスラムを連想させるオスマン帝国を過去のものとし、世俗主義的なトルコ共和国が新たに誕生したことを人々に印象づける共和国政府の方針にも合致していた。こうした政治的意味合いをもつ「トルコ史テーゼ」で強調された内容は、先史時代からトルコ系民族は中央アジアからアナトリアへの移動を繰り返し定着してきたという主張である[18]。この主張を学術的に支えたのが、考古学や形質人類学であった[19]。

一九三〇年代に入ると、トルコ歴史協会やイスタンブル大学、そして新たに設置されたアンカラ大学の調査隊によって、先ヒッタイト及びヒッタイト時代の遺跡を中心とした考古学調査が進められた。特に、ハットゥシャ、アラジャホユックやカララール、チャンクルカプなど、発掘が行われた遺跡の多くは、中央アナトリア、すなわち新しく成立したトルコ共和国の首都アンカラ周辺に位置していた[20]。ヒッタイトに関する考古学調査が進められたこの時期は、オスマン帝国から国民国家トルコ共和国に生まれ変わり、イスタンブルから首都アンカラに行政機能が移転した時期にあたる。その意味で、中央アナトリアを中心とした発掘は、ヒッタイト帝国の政治的中心だった地域の過去をトルコ国民意識と結びつけながら解明することにその目的があった[21]。

また、ヒッタイト時代の遺跡から発掘された人骨についての形質人類学的研究は、ヒッタイト時代の人々とトルコ共和国の人々との間の「血」のつながりを示すという重要な役割を担った。先史時代やヒッタイト時代の遺跡から発

写真１　「ヒッタイトの太陽」と呼ばれる青銅製のディスク（筆者撮影）

写真２　アタテュルク大通りを飾るアラジャホユック出土のディスクを模したモニュメント（筆者撮影）

掘された人骨の形質的特徴にトルコの人々の骨格の形質的特徴を見いだすことで、ヒッタイト人はトルコ民族である、つまり、トルコ民族が太古の時代からアナトリアへの移動・定住を繰り返してきたという「トルコ史テーゼ」の根拠になると考えられたのである(22)。

さらに、発掘を通して収集されたヒッタイト時代の遺物は、オスマン帝国の旧体制から脱却し、新しく始まったトルコ共和国の象徴とされた。首都アンカラにあるアナトリア文明博物館は、アタテュルクの提案により、国内からヒッタイト時代の遺物を集めた「ヒッタイト博物館（Eti Müzesi）」の設立を求められたことを設立の経緯としている(23)。このアナトリア文明博物館に収蔵されているアラジャホユック遺跡から発掘された「ヒッタイトの太陽（Hitit Güneşi）」と呼ばれる青銅製のディスクは、国立アンカラ大学の校章とされたほか、アンカラ中心部のアタテュルク大通り（Atatürk Bulvarı）を飾る巨大なモニュメントのデザインとしても使用されている（写真1及び2）。

新石器時代からアナトリアに暮らしていたのはトルコ民族であったと主張する「トルコ史テーゼ」は、トルコ民族の起源を中央アジアにみるトルコ民族主義を非常に強引な形でトルコ共和国の国土としてのアナトリアに結びつけ、アナトリアにおけるトルコ人の継続性を証明しようとしたものだ。この見方からすれば、アナトリアは、それを土台に新しく生まれたトルコ国民国家の国土であるが、それはトルコ人が征服した土地という意味合いをもっていた。しかし、このような極端な捉え方は長く続かなかった。一九四〇年代に入ると、古代アナトリアの諸文明とトルコ人とのつながりは、「血」を通してではなく、「文化」を通して主張されるようになっていく。

アナトリア諸文明の継承者としてのトルコ国民

アタテュルクの死後、「トルコ史テーゼ」的歴史認識の存在感は急速に失われていった。それにかわって主流となったのは「人文主義」と呼ばれる潮流である。「トルコ史テーゼ」衰退後の歴史観の展開については、本書第一章を参照されたい。ここでは「人文主義」的な見方のなかで、アナトリアに残るイスラム化以前の遺跡がトルコ国民意識とどのように結びつけられたかに焦点を当てる。

注目に値するのは、一九四〇年代に入って活発化した「青きアナトリア（Mavi Anadolu）」主義と呼ばれる文学運動である。[24]「血」のつながりをもって古代のアナトリア諸文明と現代に生きるトルコ人を結び付けようとした「トルコ史テーゼ」とは対照的に、この「青きアナトリア」主義では、西洋文明の発祥の地はギリシャではなく、アナトリアであることが強調された。[25]それを通して、西洋文明の発祥の地としての役割を、ギリシャではなくアナトリア（＝トルコ）に担わせようとしたのである。[26]その背景には、古代ギリシャ文明の文化遺産を介した現代ギリシャ・ナショナリズムの領土的な要求からアナトリアを切り離す意図もあったとされている。[27]

こうした「青きアナトリア」主義者の歴史認識は、西洋文明の源流とされてきた古代ギリシャ文化をアナトリア諸文明のひとつと位置づけていた。[28]彼らを代表する知識人のひとりであるハリカルナス・バルクチュスは、トルコ西南部、当時は小さな漁村に過ぎなかったボドルムを活動拠点としたが、ハリカルナスとは、ボドルムの旧名であるハリカルナッソスに由来する。[29]また、彼らは、古代ギリシャ神話に登場する主要な神々（アルテミス、アポロン）や古代ギリシャの知識人（ターレス、ホメロスなど）たちがアナトリア出身であることを強調していた。

しかし、「青きアナトリア」主義者たちの意図は、トルコの人々を「西洋化」することにはなかった。むしろ、アナトリアこそ西洋文明の「真の姿」であると唱えることで、トルコ国民意識を「西洋」に結びつけ、西洋文明の源流ともなった古代アナトリア諸文明の遺産がトルコ国民の本質であると主張することにあった[30]。バルクチュスは、トルコの歴史をセルジューク朝とオスマン朝から始めることは、母親と赤ん坊を結びつけるへその緒を断ち切るようなものだと例え、アナトリアとトルコ人の関わりにははるかに長い歴史があると強調した[31]。同じく、「青きアナトリア」主義を代表する存在であったサバハッティン・エユブオールは、太古の昔からアナトリアに受け継がれてきた文化にトルコ人も影響されていると指摘し、「我々［アナトリアに住むトルコ人の］の本質は、文明のゆりかごとしてのアナトリアにある」と主張した[32]。だからこそ、ギリシャ神話を「アナトリアの伝説」としてトルコ語に翻訳したアズラ・エルハトは、「アナトリア出身だと言えるのは、なんと幸せなことか（Ne mutlu Anadoluluyum diyene）」と述べたのである[33]。

また、「青きアナトリア」主義的な捉え方を、同時代の考古学者たちも共有していた。例えば、二〇世紀後半のトルコにおける主要な考古学者のひとり、エクレム・アクルガルは「トルコに暮らすトルコ人は、その精神と血筋という意味でアナトリア人なのである[34]」と述べ、トルコ国民は、古代のアナトリアの人々とトルコ民族が融合して生まれたという見解を示している。

「青きアナトリア」主義的な見方に立つと、アナトリアの文化的多様性や歴史の重層性はトルコ国民意識の核に結びつけられ、トルコ国民は数千年に及ぶ長い歴史のなかでアナトリアに存在した様々な人々の文化が融合したものを受け継いだ存在ということになる。つまり、ヒッタイトや古代ギリシャから、ビザンツ、セルジューク朝など、アナトリアに見出されるあらゆる時代のあらゆる過去の痕跡はすべて、それぞれに付与される「民族性」の違いを乗り越えて、トルコ人が受け継いだ特別な価値をもつもの、つまりトルコ国民の文化遺産ということになる。

このようなアナトリアの歴史・文化の多様性と重層性を受け継ぐ存在としてのトルコ国民という捉え方は、二〇〇二年秋の選挙で勝利した親イスラム主義的な公正発展党が政権与党となって以降も、トルコ政府による文化遺産政策の基本にあるといってよい[35]。例えば、トルコの文化観光省は、観光業者の団体とともに、図録の出版やドキュメンタリー番組の製作、写真展などの実施を通して、旧石器時代からトルコ共和国まで、アナトリアに残る文化遺産を国内外に紹介するプロジェクト「世界最大の博物館：トルコ（Dünyanın En Büyük Müzesi: Türkiye）」を二〇一四年秋から二〇一五年にかけて展開した[36]。この時刊行されたこれらの文化遺産をまとめた図録の巻頭言に、当時の文化観光大臣であったオメル・チェリックは、「国土が大陸をつなぐ重要な交差点であることは、この国に豊かな文化遺産をもたらし、まるで野外博物館のように国の隅々まで歴史の深さを伝える痕跡を見つけることができる」と述べている[37]。

本節で示した通り、オスマン帝国末期に始まるアナトリアに残る多様な文化遺産の保護は、トルコ共和国の成立後はナショナリズムと深く結びついてきた。イスラム化以前の時代の文化遺産についても、位置づけ方それ自体は変化しつつも、トルコ国民意識の構成要素とみなされてきたといえる。しかしその一方で、トルコにおける文化遺産保護に関して様々な問題も指摘されている。また、アナトリア諸文明の文化遺産の世界遺産登録が進む一方で、地域の人々がそれらをローカル・アイデンティティと結びつける動きもみられる。次節ではこうした現代トルコの文化遺産をめぐる状況から、国民国家トルコのあり方に文化遺産がどのように関わっているかを検討する。

第二節　国民国家の時間・空間枠組みと文化遺産

トルコにおける文化遺産をめぐる問題

トルコ共和国では、その成立以来、国内に見つかる多様な文化遺産の保護体系が整えられてきた。また、アナトリアの歴史・文化の重層性こそトルコ国民が受け継いでいる文化遺産とされてきた。しかしその一方で、トルコでは文化遺産の保護をめぐる問題も指摘されている。特に、トルコが受け継ぐべきそうした文化遺産に対する「無関心」に起因した、開発事業や盗掘による遺跡破壊の深刻さがしばしば報告されている。

なかでも近年では、ダムの建設による遺跡の水没の問題が国際的にも大きく取り上げられている。一九六〇年代以降進められた経済開発を目的としたダム建設事業に、数多くの考古学的遺跡が影響を受けてきた。特に、政府主導の一大開発プロジェクトである「南東アナトリア開発事業（Güneydoğu Anadolu Projesi）」のなかで、ティグリス川、ユーフラテス川流域で計画されたダム建設と文化遺産保護の問題が知られている。[38] もちろん、ダム建設が計画される際には、事前にダム建設の影響を受ける地域の遺跡の状況は調査されている。[39] しかし、こうした事前の調査で遺跡の重要性が指摘されているにもかかわらず、ダム建設が計画通りに実施されて遺跡が水没する状況に、トルコ国内外から批判が出されたのである。

例えば、トルコ東南部のガズィアンテップ近郊のローマ時代の都市遺跡ゼウグマは、遺跡の一部が下流につくられるダム建設によって水没したが、一九九〇年代後半から二〇〇〇年にかけて行われた緊急発掘において、保存状態の良いモザイク画が数多く出土した。これら色鮮やかなローマ時代のモザイク画の発見は、国内外の注目を集め、トルコでは十分な発掘が行われないままダム建設が進んでしまったことへの批判が集まった。しかし、その過程でむしろゼウグマ出土のモザイク画の文化遺産としての価値が認識され、現在ではトルコを代表する文化遺産のひとつとみなされている。[40]

加えて、遺跡の盗掘被害とそれによる出土物の国外流失の深刻さもトルコにおける文化遺産の問題としてよく取り上げられている。[41] 盗掘品が国際的な古美術品市場にて高値で取引されることが、こうした遺跡盗掘が横行する背景とされる。国内に発見される文化遺産はすべて国有であると規定する現行の文化遺産保護法のもと、トルコ政府は盗掘による遺跡破壊やそれに伴う文化遺産の国外流出を厳しく取り締まっている。しかし、盗掘被害の報告はあとを絶たない。

こうした盗掘が横行する背景として、まず、トルコの地方における経済状況の厳しさが指摘される。[42] また、欧米での古美術品に対する関心や需要の高さと結び付けて説明されることも多い。トルコ文化観光省は、欧米諸国における古代ギリシャ・ローマ文化への関心に基づく遺跡発掘と遺物の収集の歴史が、古美術品の不法取引を目的とした盗掘の背景にあると主張してきた。[43] トルコの考古学者たちも同様の見方を取っており、欧米諸国の古美術品市場の需要が存在する限り、トルコからの考古・歴史的な文化遺産の国外流出は継続すると指摘する考古学者もいる。[44]

既に述べたように、遺跡保全よりも開発が優先されたり、盗掘が後を絶たないのは、文化遺産の金銭的価値のみに注目がいくことも含めて、アナトリア諸文明の文化遺産に対する「無関心」が原因であると指摘されることが多い。こうした言説は、一方で建国以来アナトリアの歴史・文化の多様性と重層性が国民意識の構成要素とされてきたトルコにおける、文化遺産の扱われ方の現状の一端を示しているといえる。

無論、そうした「無関心」な人々を啓発し、文化遺産保護の重要性を伝えようとする取り組みも行われている。例えば、上述のゼウグマ・モザイク博物館にある「ディオニュソスとアリアドネの結婚」は、一九九八年に受けた盗掘被害をそのまま残した状態で展示されている。ただ、見学者が近づくと削り取られた部分が投影され、失われた部分に何が描かれていたのかが分かるようになっている。そうすることで、見学者にトルコにおける盗掘被害の深刻さを伝える狙いがあるという[45]。こうした博物館における取り組みに加え、各地の遺跡の発掘現場では、発掘作業員に地域住民を雇用するほか、遺跡見学会やワークショップなどを開催し、地域住民に文化遺産を継承していくことの重要性を啓発することを目的とした取り組みも行われている[46]。

さらに、一九九四年にメトロポリタン博物館から「クロイソス王の財宝」の返還を実現して以降[47]、トルコ政府は盗掘によって国外に流出した文化遺産の返還にも積極的に取り組んでいる。二〇一一年九月にボストン美術館からトルコに返還されたギリシャ神話の英雄ヘラクレスの上半身像など、公正発展党が政権に就いた二〇〇三年以降でも四三〇〇点以上の流出文化遺産の返還を実現している[48]。

文化遺産の返還を要求するうえで政府が強調するのは、国外に流出した文化遺産を取り戻すことの意義である。それは、問題となっている文化遺産が本来あるべき場所、つまりそれが「発見された場所」であるトルコに存在しているという状況の回復にある。ここでは、文化遺産と「発見された場所」としてのトルコとの一体性が強調されている。例えば、上述のヘラクレス像の上半身部分が返還された際、「ヘラクレスが祖国に帰還した（Herakles yurda döndü.）」と見出しをつけたポスターが作成されている（写真3）。ここには、ヘラクレス像と「発見された場所」としてのトルコとの時間的・空間的一体性は、「祖国（yurt）」によって表現されている。つまり、盗掘を通して文化遺

写真 3　「ヘラクレスが祖国に帰還した」という見出しのポスター（筆者撮影）

産が「発見された場所」から取り除かれることが問題なのは、先史時代からの多様な文化遺産とトルコの国土としてのアナトリアの一体性が損なわれるからということになる。その意味で、トルコ政府による文化遺産の返還の取り組みは、イスラム化以前の時代も含めたアナトリアの諸文明の文化遺産は、トルコ共和国にとって不可欠な存在とみなされていることを示している。

しかし、親イスラム主義的な公正発展党の長期にわたる政権下において、イスラム文化やオスマン帝国時代の文化遺産を重視する動きが文化遺産保護に関わる政策に影響力を持つようになったと感じさせる状況にあることも見逃せない。例えば、一九三四年にアタテュルクの命により、世俗的な博物館とされたイスタンブルのアヤソフィアでは、二〇一二年以降、礼拝の呼びかけが行われ、ムスリムの礼拝の場に戻そうとする動きが強まりつつあるといわれている[49]。また、ビザンツ帝国時代の教会建築で、オスマン帝国の征服後モスクに改装された後、共和国成立後に博物館として「世俗化」されたものが、再びモスクに改装される事例もある。二〇一三年には黒海沿岸のトラブゾンにあるアヤソフィアが、宗教庁の要求によってモスクに戻されている[50]。こうしたイスラムへの回帰とも受け取れる動きに対しては、文化遺産の保護やイスラム主義と世俗主義といった観点から批判も出されている。このように、トルコ国民が受け継いでいるとされているアナトリアの歴史・文化の多様性や重層性とはいかなるものなのかは、誰が何をトルコ国民の文化遺産と決めるのかという問題に左右され、立場によるずれも生じている。

アナトリアの歴史・文化の多様性・重層性とナショナリズムが作り出す時間・空間枠組み

ここまでみてきたように、先史時代から現代に至るアナトリアの歴史・文化の多様性と重層性は、様々な問題を抱えつつも、トルコ共和国の国民意識の構成要素として位置づけられてきた。本章では最後に、そうしたアナトリアにおける歴史・文化の多様性と重層性の重視が、トルコ共和国の国民意識の土台となる時間・空間枠組みの設定においてどのような意味を持っているのかを検討したい。

近年、トルコ政府は国内の主要な文化遺産のユネスコ世界遺産登録に積極的に取り組んでおり、二〇一一年以降に登録された世界遺産は次の通りである。

セリミエ・モスクとその社会的複合施設群（二〇一一年）
チャタルホユックの新石器時代遺跡（二〇一二年）
オスマン帝国発祥の地ブルサとジュマルクズク（二〇一四年）
ペルガモンとその重層的な文化的景観（二〇一四年）
エフェソス（二〇一五年）
ディヤルバクル城塞とヘヴセル庭園の文化的景観（二〇一五年）
アニの考古遺跡（二〇一六年）
アフロディシアス（二〇一七年）
ギョベクリ・テペ（二〇一八年）

ここに挙げたものだけをみても、先史時代からオスマン帝国の時代に至る様々な時代の文化遺産が世界遺産として登録されていることがわかる。さらに、ベルガマやエフェソス、ディヤルバクル、アニなどは、それ自体が重層的な歴史・文化を示している点が世界遺産の意義である「顕著な普遍的価値」として評価されている。

例えば、二〇一五年に登録されたエフェソスの場合、世界遺産としてのエフェソスの構成資産は、紀元前七〇〇〇年前の人類の居住の痕跡であるチュクルイチホユック、古代ギリシャ時代からローマ帝国時代にかけての都市遺跡エフェソス、初期キリスト教時代から巡礼地となったエフェソスの聖マリア教会や、聖ヨハネ教会、アヤスルゥの丘周辺に残る、イーサベイ・ジャーミィなど中世イスラム期の建築などである。それらは先史時代から現代に至る約八〇〇〇年近くの人類の複雑かつ継続的な集住の痕跡であることを示しており、それこそがエフェソスの世界遺産としての価値なのである[51]。

同様に、二〇一六年に世界遺産登録されたアニの考古遺跡の場合、トルコが強調した世界遺産としての顕著な普遍的価値は、中世アルメニア王国の都としてだけでなく、シルクロードの中継都市として、ビザンツ帝国、セルジューク朝、ジョージアといった様々な王朝の支配下のなかでアニが栄えてきたという側面にある[52]。これは、登録の対象のナショナルな次元での意義よりも、人類にとって顕著な普遍的価値を世界遺産としての価値を重視するユネスコの方針にも合致している[53]。一方、アルメニアにとって、アニ遺跡の文化遺産としての意義は「古代アルメニアの都」という点にある。トルコ政府が強調する、歴史・文化の多様性と重層性というナショナルな文化遺産の価値は、ユネスコ世界遺産というグローバルなお墨付きも得て、アルメニアという別の国民国家とアニ遺跡との関係性を弱める効果を持ったといえるかもしれない[54]。このように、国民国家トルコの時間・空間枠組みは、世界遺産登録というグローバルな価値観とも結びつけられている。

一方、ローカルなレベルでも地域の文化を捉え直す動きが進んでいる。近年、トルコでは各地の自治体がその歴史を展示する都市博物館を設立する取り組みが盛んに行われている。上述の世界遺産エフェソスが位置しているセルチュク市においても、二〇一二年にセルチュク・エフェソス都市博物館（Selçuk-Efes Kent Belleği）が開館している。オスマン帝国時代から残る倉庫を改装したこの施設は、先史時代からエフェソス、アヤスルゥを経て、現代のセルチュクに至る都市の記憶（kent belleği）を展示することを目的としており、セルチュクの歴史のパネル展示の他、市民の寄付によって集めた過去の時代を偲ばせる小道具類なども展示されている。

特に興味深いのは、「新しいエフェソス人（Yeni Efesliler）」というタイトルのセルチュク市民のオーラルヒストリー展示である（写真4）。トルコ共和国成立後のセルチュクの住民は、ほぼ移住者によって構成されているといってもよい。エフェソス、アヤスルゥと栄えた現在のセルチュクの一帯は、一七世紀末から一九世紀後半にかけて住む人もわずかな小村といってよい状況となっていた。再び人が集まり始めるのは、スミュルナ（現在のイズミル）からアイドゥンまでの鉄道が敷かれてからであり、アルテミス神殿跡などエフェソス一帯の遺跡発掘が開始された時期とも重なる。[55] 実際、セルチュク市のウェブサイトによれば、現在のセルチュクの人口は、かつて移牧を行っていた人々が二〇パーセント、第一次世界大戦後、住民交換によって退去させられたギリシャ系住民にかわってテッサロニキやクレタ島から移住してきた人々と一九五〇年代に当時のユーゴスラヴィアやアルバニアから移住した人々で六〇パーセント、残りの二〇パーセントもトルコ国内からの移住者によって構成されていることになっている。[56]

写真４　「新しいエフェソス人」の展示（筆者撮影）

　こうした状況をふまえ、「新しいエフェソス人」の展示では、住民のオーラルヒストリーを収集し、彼らや彼らの親世代、祖父母世代のセルチュクへの移住の軌跡と記憶を展示することを通して、そうした様々な背景をもつ人々によってセルチュクが成り立っていることが示されている。[57] しかも、こうした現在のセルチュクの人々を「新しいエフェソス人」と呼ぶことを通して、かつてのエフェソスとの継続性も意識されている。

　国民国家が成立するなかで人工的に国境線が引かれ、その領域における均質な時間・空間枠組みが設定される。先行研究では、そうした、いわば「上からの」均質な時間・空間枠組みと、それにそぐわない異質な要素も多く含んだ、ローカルな人々の時間・空間認識とのズレが指摘されてきた。[58] 特に、そうしたローカルな人々の時間・空間認識は、文化遺産の管理が進むなかで、いわば上から設定された国の時間・空間枠組みに取り込まれていく。[59] こうした状況は、トルコのような歴史的な民族分布が複雑に重なり合う地域に人工的な国境線を引き、国民国家の時間・空間枠組みを作っていくうえで、特に重要な問題となる。

　既にみたように、トルコの場合、アナトリア諸文明の歴史・文化の多様性と重層性は、トルコという国民国家の時間・空間枠組みから排除されず、むしろその核として位置づけられてきた。その結果、現在ではアナトリアに残る多様な過去の痕跡はトルコにとって欠かせない文化遺産とみなされるようになっている。もちろん、ローカルなレベルでいわれる歴史・文化の重層性や多様性と、国民国家の時間・空間枠組みとしての歴史・文化の多様性と重層性は異なる。(60) 近年ではイスラム文化やオスマン帝国の遺産の再評価が進んでいるように、いかなる過去やその意義が国民国家の時間・空間枠組みに採り入れられるかについては、常に選択が働いている〔⇒第一章〕。また、先史時代から現代に至るアナトリアの歴史・文化の多様性と重層性を、国民国家の時間・空間枠組みに位置づけることは、ギリシャやアルメニアといった、かつてアナトリアに多く分布していた民族による近隣の国民国家とアナトリアとの関係性を弱め、アナトリアを国民国家トルコの国土とすることにもつながっている。その意味で、アナトリアに残る様々な過去の痕跡は、トルコ共和国という国民国家の時間・空間枠組みに取り込まれていくだけでなく、逆に、トルコという国民国家のあり方を決めてきた面もあるといえる。

おわりに

トルコ南部地中海地方の中心都市のひとつ、アンタルヤにあるアンタルヤ考古学博物館の正面には、アタテュルクが一九三一年にイスメト〔・イノニュ〕首相に送ったとされる電報の文面が掲げられている〔写真5〕。

祖国を大切に思う気持ちは、その土地に起こった様々な歴史的事件を知ることや、そこに興亡した諸文明を身近に感じ、守ろうとする思いが強くなることから生じる。

本章では、トルコ共和国の成立以来、アナトリアに興亡した諸文明の痕跡がいかにトルコの文化遺産として保護されてきたのか、そうした過去の痕跡がトルコにおける国民意識形成の文脈において、どのように位置づけられてきたのかをみてきた。先史時代から様々な民族や国家が興亡し、オスマン帝国の滅亡まで多様な民族が暮らしてきたアナトリアに、均質な国民という集団を前提とする国民国家の時間・空間枠組みを設定するなかで、その歴史・文化の多様性と重層性とどのように向き合うかが問題となるのは必然であった。アンタルヤ考古博物館の玄関に掲げられたアタテュルクの言葉にもあるように、先史時代から現代に至るアナトリアの歴史・文化の多様性と重層性は、その位置づけについて時代による変化はあるにせよ、アナトリアを国土とみなす国民国家トルコ共和国のあり方に取り込まれていったし、逆に、政府はそれを前提に国民国家を建設せねばならなかったとみることもできる。

また、トルコにおいては、開発と文化遺産保護のバランスや、盗掘被害といった文化遺産をめぐる問題も報告されているが、これらは文化遺産への無関心に起因するものが中心である。そして、そうした国内の文化遺産への「無関心」に対して、トルコの人々自身によって「遺跡は我々のもの」という意識を醸成する取り組みも、地道に続けられてきた。さらに近年では、アナトリアの歴史・文化の多様性と重層性がひとつのキーワードとなって、世界遺産登録が推進されている。ローカルなレベルでの歴史認識においても、それが強く意識されている。

「多様性」、「重層性」といった言葉は、一般的に、異質なものを包み込んで受け入れていくというイメージが強い。しかし、ここで注意しておきたいのは、そうした言葉が用いられることで、アナトリア諸文明の文化遺産は国民国家トルコという国のあり方に結びつけられている点である。トルコは、歴史的・文化的に重層的かつ多様であることを強調することで、アナトリアを周辺の国民国家から切り離し、トルコの国土としているのだ。

写真 5　アンタルヤ考古学博物館の玄関に掲げられたアタテュルク大統領の言葉
（筆者撮影）

＊本章は、ＪＳＰＳ科研費（17K02025）の成果の一部である。

注

（1）ベネディクト・アンダーソン『定本　想像の共同体――ナショナリズムの起源と流行』白石隆、白石さや訳、書籍工房早山、二〇〇七年。

（2）例えば、Nadia Abu El-Haj, *Facts on the Ground: Archaeological Practice and Territorial Self-Fashioning in Israeli Society*, Chicago: The University of Chicago Press, 2002; Yannis Hamilakis, *The Nation and its Ruins: Archaeology, Antiquity and National Imagination in Modern Greece*, Oxford: Oxford University Press, 2007; Lynn Meskell ed., *Archaeology under Fire: Nationalism, Politics, and Heritage in the Eastern Mediterranean and Middle East*, London and New York: Routledge, 1998 など。

（3）Harrison Rodney, *Heritage: Critical Approaches*, London: Routledge, 2013; Smith Laurajane, *Uses of Heritage*, London and New York: Routledge, 2006.

（4）田中英資『文化遺産はだれのものか――トルコ・アナトリア諸文明の遺物をめぐる所有と保護』春風社、二〇一七年：Debbie Challis, *From the Harpy Tomb to the Wonders of Ephesus: British Archaeologists in the Ottoman Empire 1840–1880*, London: Duckworth, 2008; Wendy M. K. Shaw, *Possessors and Possessed: Museums, Archaeology, and the Visualization of History in the Late Ottoman Empire*, Berkeley: University of California Press, 2003.

なお、オスマン帝国から独立したエジプトにおいても、一九世紀後半までに文化遺産保護の法体系を確立し、考古学的な遺物の国外流出を管理する動きが進んだ。これらの国々の動きも、こうした欧米諸国が盛んに行うようになった発掘調査への対応だった（参考：Donald Malcom Reid, *Whose Pharaohs?: Archaeology, Museums, and Egyptian National Identity from Napoleon to World War I*, Berkeley: University of California Press, 2002）。

（5）オスマン帝国政府によって、帝国内で発見された考古学的、歴史的な遺物は国有であるとする見解が最初に示されたのは一八六九年に出された発掘調査に関する法令である。一八七四年、オスマン帝国最初の文化遺産保護に関する法令が出された。この法令は、一八八四年に文化遺産の国家所有をより厳格に定義した新しい法令に置き換えられた。合わせて、帝国内の文化財保護を取り扱う考古学局が設置された。この一八八四年の法令をさらに置き換えたものが一九〇六年法である（田中「文化遺産はだれのものか」三六～四三頁）。

（6）Janet Blake, "The Protection of Turkey's Underwater Archaeological Heritage: Legislative and Other Approaches," *International Journal of Cultural Property*, 2, pp. 273–293, 1994: p. 276; Shaw, *Possessors and Possessed*, p. 126.

（7）一九〇六年法は約五〇年にわたって維持された後、二度にわたって置き換えられている。現行の法律は、一九八三年に制定された『文化・自然遺産の保護に関わる第二八六三法（Kültür ve Tabiat Varlıklarını Koruma Kanunu No. 2863、第二八六三法）』であり、この法律も数次にわたって改正されている（参考：東京文化財研究所文化遺産国際協力センター『各国の文化財保護法令シリーズ21　トルコ【文化・自然遺産保護法】』独立行政法人国立文化財機構東京文化財研究所文化遺産国際協力センター、二〇一七年）。

（8）Renee Hirschon, *Heirs of the Greek Catastrophe: The Social Life of Asia Minor Refugees in Piraeus*, Oxford: Clarendon Press, 1998 [1989]: 20.

（9）Kerem Öktem, "Incorporating the Time and Space of the Ethnic 'Other': Nationalism and Space in Southeast Turkey in the Nineteenth and Twentieth Centuries," *Nations and Nationalism*, 10, 2004, pp. 564–566.

（10）Çağlar Keyder, "The Consequence of the Exchange of Populations for Turkey," in Renee Hirschon ed., *Crossing the Aegean: an Appraisal of the 1923 Compulsory Population Exchange between Greece and Turkey*, Oxford: Berghan, 2003, p. 42.

（11）特に、一九二三年に結ばれたローザンヌ条約の締結によって実施された「住民交換」を通して、一九一三年にはアナトリアにおける人口の二〇パーセントを占めていたキリスト教徒は、一九二三年の末までに、約二・五パーセントまで減少した（Keyder, *The Consequence of the Exchange*, p. 43）。

（12）Öktem, "Incorporating the Time and Space," pp. 564–566.

（13）ただし、トルコ民族は他の民族に優越するという人種主義的主張と、トルコ民族が世界各地に移住して諸民族の祖になったという世界史的役割を説く主張には矛盾が生じるため、「トルコ史テーゼ」が人種主義一色だったとは言い切れない面がある（⇒第一章）。

（14）小笠原弘幸「トルコ共和国公定歴史学における「過去」の再構成――高校用教科書『歴史』（一九三一年刊）の位置づけ」『東洋文化』第九一号、二〇一一年、二九〇頁。

（15）オスマン朝の起源は神話的・伝説的性格が強く、歴史的事実を反映しているとは言い難いが、かなり早い段階から自分たちの祖先はトルコ系オグズ族に属するという自意識を持っていたと考えられている。小笠原弘幸『イスラーム世界における王朝起源論の生成と変容――古典期オスマン帝国の系譜伝承をめぐって』刀水書房、二〇一四年。

（16）田中「文化遺産はだれのものか」一〇五～一一一頁。

（17）セーヴル条約によるオスマン帝国領域の処分から、ローザンヌ条約締結によるトルコ共和国の領域の確定については、（⇒第九章）。

（18）Ayşe Özdemir, "'Hayali Geçmiş': Arkeoloji ve Milliyetçilik 1923–1945 Türkiye Deneyimi,'' in Oğuz Erdur and Güneş Duru eds., *Arkeoloji:*

Niye? Nasıl? Ne İçin? Istanbul: Ege Yayınları, 2003, pp. 7–26.

（19）Zafer Toprak, *Darwin'den Dersim'e Cumhuriyet ve Antropoloji*, Istanbul: Doğan Kitap, 2012.

（20）例えば、ヒッタイト帝国の首都であったハットゥシャは、首都アンカラから約一六〇キロ北東に位置している。

（21）Özdemir, *Hayali Geçmiş*, p. 17.

（22）Özdemir, *Hayali Geçmiş*, p. 15.

（23）T.C. Kültür ve Turizm Bakanlığı Anadolu Medeniyetleri Müzesi, "Müzenin Tarihçesi," http //www.anadolumedeniyetlerimuzesi.gov.tr/TR-77764/muzenin-tarihcesi.html 二〇〇九年（二〇一八年六月一〇日最終閲覧）.

（24）田中「文化遺産はだれのものか」二一三〜二一九頁。

（25）Kaya Akyıldız, and Bariş Karacasu, "Mavi Anadolu: Edebi Kanon ve Milli Kültürün Yapılandırılışında Kemalizm ile Bir Ortaklık Denemesi," *Toplum ve Bilim*, 81, pp. 26–43. 1999, pp. 30–31.

（26）Mehmet Yashin, "Introducing Step-Mothertongue," in Mehmet Yashin ed., *Step-Mothertongue from Nationalism to Multiculturalism: Literature of Cyprus, Greece, and Turkey*, London: Middlesex University Press, 2001, p. 21, fn. 17.

（27）Ayşegül Baykan, and Roland, Robertson, "Spatializing Turkey," in Eliezer Ben-Rafael and Yitzhak Sternberg eds., *Identity, Culture and Globalization*. Leiden: International Institute of Sociology and Brill Academic Press, 2002: pp. 177–192.

（28）例えば、Halikarnas Balıkçısı, *Anadolu'nun Sesi*, Istanbul: Bilgi Yayınları, 1971; Azra Erhat, *Mavi Anadolu*, Istanbul: İnkilâp 1997; Sabahattin Eyüboğlu, *Mavi ve Kara*, Istanbul: Türkiye İş Bankası Kültür Yayınları, 1999［1956］など。

（29）ハリカルナス・バルクチュスとは、筆名であり、本名はジェヴァト・シャーキル・カバアーチルである。この筆名は、トルコ語で「ハリカルナッソスの漁師」という意味になる。

（30）Yashin, "Introducing Step-Mothor tongue," p. 21, fn. 17; Akyıldız and Karacasu, *Mavi Anadolu*, p. 41.

（31）Balıkçısı, *Anadolu'nun Sesi*, p. 17.

（32）Eyüboğlu, *Mavi ve Kaya*, p. 10.

（33）Erhat, *Mavi Anadolu*, p. 11. この言葉は、トルコ共和国のナショナリズム的スローガンとなった、ケマル・アタテュルクの言葉「私はトルコ人だといえることは、なんと幸せなことか（Ne mutlu Türküm diyene）」を借用したものである。

（34）Ekrem Akurgal, *Türkiye'nin Kültür Sorunları*, Istanbul: Bilgi Yayınevi, 1998, p. 113.

（35）Veysel Apaydin, "The Entanglement of the Heritage Paradigm: Values, Meanings and Uses," *International Journal of Heritage Studies*, 25（5）, 2018, p. 494.

（36）Çağma Akalın, Dünyanın En Büyük Müzesi "Türkiye," *Turizminsesi.com*（二〇一四年一一月一四日）

https://www.turizminsesi.com/haber/dunyanin-en-buyuk-muzesi-turkiye-16911.htm（二〇一八年六月二八日最終閲覧）.

（37）Ömer Çelik, "Takdim," in T.C. Kültür ve Turizm Bakanlığı, *Dünyanın En Büyük Müzesi Türkiye*, Istanbul: Korpus Kültür Sanat Yayıncılık, 2015, p. 7.

（38）田中「文化遺産はだれのものか」二二四～二二八頁。

（39）例えば、Güven Arsebük, "Keban Baraj Gölü Bölgesinde Yapılan Arkeolojik Çalışmalar," in Zeki Türkkan ed., *Cumhuriyet Dönemi Türkiye Ansiklopedisi*, Istanbul: İletişim Yayınları, 1983, pp. 70–71; Guillermo Algaze, "A New Frontier: First Results of the Tigris-Euphrates Archaeological Reconnaissance Project, 1988," *Journal of Near Eastern Studies*, 48(4), 1989, pp. 241–281; Numan Tuna, Jean Greenhalgh, and Jale Velibeyoğlu, *Salvage Project of the Archaeological Heritage of the Ilısu and Carchemish Dam Reservoirs Activities in 2000*, Ankara: ODTÜ TAÇDAM, 2002 など。

（40）二〇一一年には、ゼウグマ遺跡出土のモザイク画の展示を中心に据えたゼウグマ・モザイク博物館がガズィアンテップに開館している。Eisuke Tanaka, "Heritage Destruction in Context: The Case of the Roman Mosaics from Zeugma, Turkey," *International Journal of Heritage Studies*, 21(4), 2015, pp. 336–353.

（41）Mehmet Özdoğan, *Türk Arkeolojisinin Sorunları ve Koruma Politikaları*, Istanbul: Arkeoloji ve Sanat Yayınları, 2001; Engin Özgen, "Some Remarks on the Destruction of Turkey's Archaeological Heritage," in Neil Brodie, Jenny Doole and Colin Renfrew eds., *Trade in Illicit Antiquities: The Destruction of the World's Archaeological Heritage*, Cambridge: McDonald Institute for Archaeological Research, 2001, pp. 119–120.

（42）Özgen, "Some Remarks on the Destruction of Turkey's Archaeological Heritage," p. 119.

（43）Anıtlar ve Müzeler Genel Müdürlüğü, *Yitik Miras'ın Dönüş Öyküsü*, Istanbul: Yapı Kredi Kültür Sanat Yayıncılık, 2003.

（44）Mehmet Özdoğan, "Ideology and Archaeology in Turkey," in Lynn Meskell ed., *Archaeology under Fire: Nationalism, Politics and Heritage in the Eastern Mediterranean and Middle East*, London: Routledge, 1998, p. 121.

（45）田中「文化遺産はだれのものか」二五四頁。

（46）例えば、アナトリア中部の都市コンヤ近郊の先史時代遺跡であるチャタルホユック遺跡において一九九三年から再開された発掘調査では、調査隊のメンバーが保守的なムスリム中心の地域住民と積極的に交流し、彼らを調査や文化遺産としての遺跡管理に巻き込んでいく取り組みが続けられてきた（Ayfer Bartu-Candan, "Remembering a Nine-Thousand-Year-Old Site: Presenting Çatalhöyük," in Esra Özyürek ed., *The Politics of Public Memory in Turkey*, New York: Syracuse University Press, 2007, pp. 70–94）。また、日本の調査団が長く発掘に関わっているカマン・カレホユック遺跡においても、地域住民との交流は活発である。中近東文化センター附属日本アナトリア考古学研究所「行事案内・お知らせ」二〇一八年　http://www.jiaa-kaman.org/jp/event.html（二〇一八年七月一四日最終閲覧）.

（47）田中「文化遺産はだれのものか」一四八~一五四頁。「クロイソス王の財宝」とは、一九六〇年代にウシャク地方の古墳群から盗掘され、メトロポリタン博物館が買い上げた古代リュディア時代の古美術品である。古代リュディアの王クロイソスにちなんでトルコでは「クロイソス王の財宝（Karun Hazinesi）」と呼ばれている。

（48）Andrew Wilks, "Turkey Demands Return of Plundered Ancient Artefacts," *Aljazeera. com*, 二〇一八年四月八日 https://www.aljazeera.com/indepth/features/turkey-demands-return-plundered-ancient-artefacts-180408133736710.html（二〇一八年七月一〇日最終閲覧）; 田中「文化遺産はだれのものか」一六一~一六三頁。ヘラクレス像の上半身は、一九六〇年代にトルコ南部アンタルヤ県のペルゲ遺跡から盗掘され国外に持ち出されたと考えられている。一九九〇年にボストン美術館で一般公開されて以降、一九八〇年代に、別に発見されていた下半身だけの像と形状が一致することから、トルコ政府は約二〇年にわたって返還を求めていた。返還された上半身は別に見つかっていた下半身とつなぎ合わされ、現在はアンタルヤ博物館で展示されている。

（49）二〇一六年七月には、それまで禁じられていた、アヤソフィアの建物内からエザンの朗誦が行われるようになったと報じられている。また、ギリシャ政府は、こうした動きに反発し、トルコに対して抗議した。Hürriyet Daily News. First Call to Prayer inside Istanbul's Hagia Sophia in 85 Years, http://www.hurriyetdailynews.com/first-call-to-prayer-inside-istanbuls-hagia-sophia-in-85-years-101161 二〇一六年七月二日（二〇一八年一〇月一〇日最終閲覧）.

（50）トラブゾンのアヤソフィアは、モスクには戻されたが、礼拝の時間には教会時代のモザイク画が隠される形で、博物館としての機能も残されている。The Economist, "Erasing the Christian Past: A Fine Byzantine Church in Turkey has been Converted into a Mosque," https://www.economist.com/europe/2013/07/27/erasing-the-christian-past 二〇一三年七月二七日（二〇一八年一〇月一〇日最終閲覧）.

（51）UNESCO World Heriage Centre, "Ephseus," https://whc.unesco.org/en/list/1018, 二〇一八年（二〇一八年七月一〇日最終閲覧）.

（52）UNESCO World Heriage Centre, "Archaeological Site of Ani," https://whc.unesco.org/en/list/1518, 二〇一八年（二〇一八年七月一〇日最終閲覧）.

（53）有村誠「コーカサス――アルメニアの文化遺産を取り巻く問題」野口淳、安倍雅史編『イスラームと文化財』新泉社、二〇一五年、二〇八~二〇九頁。

（54）有村「コーカサス」二〇九頁。

（55）Challis, *From the Harpy Tomb to the Wonders of Ephesus*, pp. 114-135.

（56）Selçuk Belediyesi, "*Rakamlarda Selçuk*," 二〇一八年 http://selcuk.bel.tr/icerik/21/9/rakamlarda-selcuk.aspx（二〇一八年七月一〇日最終閲覧）.

（57）「新しいエフェソス人」展示の作成に関わったユスフ・ヤワシュ氏によれば、オーラルヒストリーの収集は、セルチュク市の住民だけなく、一九二三年の住民交換によってこの地を去り、ギリシャに移住した人々とその子孫に対しても行われたという。

（58）Paola Filippucci, "A French Place without a Cheese: Problems with Heritage and Identity in Northeastern France," *Focaal European Journal of Anthropology*, 44（1, Owning Culture）, 2004: pp. 72-86; Michael Herzfeld, *A Place in History: Social and Monumental Time in a Cretan Town*, Princeton: Princeton University Press, 1991 など。

（59）Filippucci, "A French Place without a Cheese," pp. 83-84.

（60）Apaydin, "The Entanglement of the Heritage Paradigm," p. 504.

第七章　トルコにおける抵抗文化
――ハンスト・キャンペーンからみる国家・社会関係[1]

柿﨑正樹

はじめに

二〇一八年一月二六日、トルコの首都アンカラで、ヌーリエ・ギュルメンとセミヒ・オザクチャという二人の教員がハンガーストライキ（ハンスト）の終了を宣言した。トルコでは二〇一六年七月一五日にクーデタ未遂事件が発生し、政府は非常事態を宣言、事件への関与が疑われる公務員や軍人、教員やジャーナリストなどおよそ一五万人を処分した。ギュルメンとオザクチャもテロに関与したとして職を追われ、非常事態宣言の解除と復職を求めて一一カ月にわたりハンストを続けていたのである。しかし政府はこの日、彼らの解雇取り消し請求を却下した。このため二人は戦いの場を今後は法廷に移すと発表し、ハンストを終わりにしたのだった。二人を見守ってきた支援者や医療関係者によれば、水、茶、少量の砂糖や食塩を溶かした飲料以外の一切を断っていた彼らの健康状態は極めて悪化していた。ハンスト終了時点でギュルメンの体重は五九キロから三四キロに、オザクチャの体重は八六キロから四五キロに減っていた[2]。

結局二人のハンストに対しトルコ政府は一切の譲歩をせず、要求に応じなかった。この点で、ギュルメンとオザクチャのハンストが当初の目的を達成できなかったことは明らかである。しかし、二人の命を懸けた抗議には、多くの人が支援の手を差し伸べ、連帯や共感を示した。アンカラやイスタンブルでは非常事態下にもかかわらず支援者らがプラカードを手に行進し、政府の対応を批判した。また、国内外のメディアは二人のハンストを連日報じ、日ごとに衰弱する彼らの映像が世界中に流れた。人権団体や国際機関はトルコの人権状況に懸念を表明し、CNNは二〇一六年にギュルメンを「今年の女性」九人の一人に選んでいる[3]。

トルコではこのハンストという抗議手段はそれほど珍しい政治行為ではない。トルコで最もよく知られたハンストは、おそらく、トルコを代表する詩人で左翼活動家でもあったナーズム・ヒクメトによるものである。共産主義を宣伝し、軍の反乱を扇動したとして投獄されたヒクメトは、一九五〇年四月、心臓に病を抱えているにもかかわらず釈放を求めてハンストに踏み切ったのである[4]。さらにヒクメトの母親も息子を支援するために自宅でハンストを開始した。これは、刑務所の外で行われたトルコ初のハンストと言われている。ヒクメトのハンストは国内外の世論を喚起し、トルコ政府は同年七月、彼の釈放を認める決定を下した。

トルコでは一九六〇年代になると共産主義運動が高まり、右派勢力と衝突するようになる。こうして一九七一年三月に治安の極度の悪化と社会混乱を理由に軍が政治に介入し、戒厳令を施行した。この中で軍は左翼の取締りを強化するが、翌年四月一八日、死刑判決を受けアンカラの軍事刑務所に収監されていた学生運動指導者であったデニズ・ゲズミシュら若者三人がハンストを開始した。彼らは弁護士を通じて声明を発表、その中で労働者階級の置かれた厳しい環境と民主主義の後退、当局による虐待などに抗議するために最後の手段としてハンストを開始すると宣言した。三人は弁護士の説得を受けて一二日後にハンストを終了させたが、翌五月、絞首刑に処された[5]。

すでにこの二つのハンストの事例からわかるように、ハンストは主に刑務所や拘置所において被収容者、特に政治犯が用いる抗議形態である[6]。そして共産主義運動に対する取締りが厳しかったトルコにおいては、左翼の政治闘争が激化する一九七〇年代になると政治犯として収容される学生や活動家の数が急増し、それにともなって刑務所も彼らの闘争の場となっていった。さらに一九八〇年に再度クーデタに踏み切った軍部は、政治的混乱の収束に向けて過激分子を弾圧し、トルコの刑務所にはさらに多くの政治犯が収監されることになった。こうしてトルコでは一九八〇年代以降、刑務所におけるハンスト——しかも大規模かつ長期にわたる——が度々発生し、政府に様々な挑戦を突きつけることになる。

非暴力的革命運動の研究で知られ、二〇一〇年末から始まった「アラブの春」にも強い影響を与えたと言われるアメリカの政治学者ジーン・シャープは、ハンストを非暴力的政治行為としての断食と位置づける。シャープによれば、政治行為としての断食には「サティヤーグラハ的断食」、ハンスト、そしてその中間形態の「道徳的圧力による断食」の三種類がある。(7)

「サティヤーグラハ的断食」とは、インドの独立運動を指導したガンディーが実践したことで知られる非暴力的な抵抗手段の一種である。ここでは抵抗者が自己に犠牲を強いることで相手(敵)の良心に訴えかけ、その改心を促す行動である。(8)他方、「ハンスト」とは、相手に要求を飲ませることを目的に食事を拒否する行為であり、「サティヤーグラハ的断食」のように相手の良心を揺さぶることは目的ではない。したがって、ハンストとはあくまでも具体的な結果を追求する政治的な戦略であり、ガンディーはハンストを強制的な抵抗形態とみなし、「サティヤーグラハ的断食」と区別した。そして「道徳的圧力による断食」は、これら二つの中間に位置する断食で、何らかの目的を達成するために相手に道徳的圧力を意図的に加える行為であるが、ハンストほど強制的でもなく、また、「サティヤーグラハ的断食」ほど相手の「転向」を意識したものでもない。

本章で検討するトルコのハンストは、シャープの提示した第二の断食形態である。つまり、ハンストは「政治的な目的を達成するために生命の維持に必要な食事や栄養の摂取を自らの意志で拒否する社会的政治的な抗議戦術」(9)である。したがって、ハンストは署名活動や請願、政治集会やデモ行進などのような抗議参加と基本的には同じ目的を持った政治的行為であるが、ハンストには身体への悪影響や最終的な餓死の危険がともなう。

西欧をモデルとした国民国家としてのトルコ共和国が一九二三年に成立して以来、トルコという「くにのかたち」に抗い続ける人びとがトルコには存在する。たとえば現在のトルコ共和国大統領のレジェプ・タイイプ・エルドアンも、イスラム主義の立場から戦ってきたひとりである。彼は青年時代にトルコの世俗主義に抗うイスラム政治運動に身を投じ、二〇〇三年には首相に就任、二〇一四年には遂に大統領に選出され、この国の政治体制を作り変えようとしている。

一方、本章で取り上げる一九八〇年代から刑務所でハンストという形で政府に政府に挑戦してきたグループは、極左諸政党とクルドの分離独立を掲げたクルディスタン労働者党（ＰＫＫ）の二つである。両者ともトルコ共和国の政治経済体制に異議を唱えその正統性に挑戦を突き付ける点で一致する。前者の極左組織の場合は、封建的秩序打破、社会主義革命の実現、反帝国主義を目標に武力闘争方針を掲げている。トルコでは一九六〇年代に労働組合運動が高揚し、トルコ初の社会主義政党であるトルコ労働者党が一九六五年総選挙で一四議席を獲得した。しかしその後は路線対立が左翼陣営で深まり、一九七一年に発生した軍事介入でトルコ労働者党が解散させられると、左翼運動は革命を目指して過激化していった(10)。一九七〇年代からは数多くのテロに関与し、一九八〇年軍事クーデタの引き金となった。本章で取り上げる刑務所でのハンストをたびたび実施してきた極左組織はすべて非合法組織であり、社会的な支持も極めて限定的であるが、それでも都市部を中心に現在でもデモや抗議集会などを組織する動員力を維持している。

ＰＫＫは、一九七八年に大学生であったアブドゥッラー・オジャランにより結成された組織である。トルコで中央集権化および「トルコ化」が進展するなかで、従来はクルドの部族や宗教界の伝統的指導者がクルドによる抵抗運動を率いていたが、一九六〇年代になるとクルド運動の中心的担い手は都市で教育を受けた若いクルド人になっていった(11)。そしてこうした若者は社会主義の強い影響を受けながらクルドの民族自決を求める運動を展開した。そうした中から台頭したのがオジャランであった。ＰＫＫは一九八四年より武装闘争を開始し、クルド人が多く住むトルコ南東部でトルコ治安当局と衝突を繰り返した。武装闘争によりトルコ国内を不安定化させ、クルドの独立国家樹立を目指したのである。トルコ当局とＰＫＫの戦闘は、オジャランが逮捕される一九九九年まで続き、四万人とも言われる犠牲者を出した。その後ＰＫＫは運動方針を転換し、トルコからの分離独立ではなくトルコ共和国内部での「民主的自治」の実現を掲げている。

この章ではこうした二つの政治勢力による代表的なハンスト・キャンペーンを検討し、ハンストがなぜ発生し、どのように展開したのか、そしてトルコ政府はどのように対応したのか明らかにしたい。そしてわたしたちはハンストという特殊な形でトルコという国に異議を申し立て抗い続ける人びとの存在を知ることで、本書のテーマであるトルコの国民国家創成について、それに抵抗する側の歴史から何かを学ぶことができるだろう。

そこで次節ではまず抗議手段としてのハンストを概念的に整理する。そして第二節では一九八〇年代から一九九〇年代の、第三節では二〇〇〇年代以降のハンスト・キャンペーンを具体的に考察していくこととする。なお、ハンストは個人単独で行われることもあるが、本章ではトルコで発生した集合的ハンストのみを考察する。また、トルコ労働組合運動においてもハンストは一九六〇年代より用いられているが、本章では考察の対象外とする。[12]

第一節　たたかいの政治とハンスト

たたかいの政治と抗議レパートリー

現代社会において人びとは多種多様な方法で政治に参加し、自らの意見や要求を政府や行政当局に突き付け、異議申し立てを行う。何らかの形で政治に影響を与えようとする人びとは、もちろん投票や政党活動、ロビー活動といった制度化された方法で政治に参加することもできるが、デモや座り込み、不買運動など非制度的な抗議方法を選ぶこともできる。そして人びとが公共の場で集合し、何らかの共通の政治的目的を実現するためにエリートや公権力に対峙するとき、そこにはたたかいの政治（contentious politics）が立ち現れる。[13]より強力な相手に対する人びとの集合行為が組織化され、継続的に行われるようになったものが社会運動である。

たたかいの政治や社会運動の政治社会学的研究をリードしてきたチャールズ・ティリーは、こうした人びとの意見や主張の表現方法を「抗議レパートリー」と呼び、これを「人びとが共通の利益のために集合的に戦う方法」[14]と定義した。レパートリーとは、「人びとが意識的な取捨選択を通じて学習、共有、そして実行する有限な数のルーチンの集合」[15]である。そして抗議参加者が選択しうるレパートリーは、たたかいの政治の経験を通じて徐々に形成される。さらにある抗議運動で使われた新しい抗議レパートリーの有効性が認められると、他の社会運動体がそれを採用し、伝播していくことになる。

このような抗議レパートリーの一つがハンストがある。ハンストは断食により自らを意図的に衰弱させることで主義主張を社会に知らしめたり、抗議の対象である政府や当局などから妥協や行動の変化を引き出そうとする行為である。断食とは言っても、ラマダン月にムスリムが行うような、水さえ摂取しない断食ではなく、政治行為としてのハンストの場合は少量の水、食塩、砂糖を摂取するのが通常である。

二〇世紀初頭には参政権を求めるイギリスの女性たちが刑務所内でハンストを行った。一九八〇―八一年には北アイルランドでIRA（アイルランド共和軍）の受刑者らがハンスト闘争を行い、ボビー・サンズら一〇人が命を落とすことになる。一九八九年五月には中国の北京で政治改革を要求するおよそ二〇〇〇人の学生がハンストを開始し、天安門広場に数十万人の市民を呼び集めた[16]。二〇〇三年のイラク戦争後には、テロリストとして収容された被疑者らが、キューバにあるグアンタナモ収容所でハンストを行い、収容所での拷問や不当な長期間の拘留に抗議した。二〇〇四年七月には、東京・青山の国連大学前でクルド人家族がハンストを行い、日本政府に難民認定を求めた[17]。さらに中東では起訴状なしに拘束されたパレスチナ人がイスラエルの刑務所でたびたびハンストを行い、人権侵害に抗議してきた。

ハンスト研究の展開

このように、ハンストが決して珍しい抗議レパートリーでないことは明らかであろう。しかし政治学や社会学におけるハンスト研究は以下の二つの理由でこれまであまり進んでこなかった。まず、抗議としてのハンスト、自傷行為、焼身自殺、自爆テロといった行動は、デモや集会、請願といったより穏健な集合行為とは異なり、「非合理的で病理的、そして個人的な逸脱行為」と長年みなされてきた。したがって、こうした行動の研究は政治社会学ではなく心理学で扱われてきた[18]。第二に、ハンストは公共の場ではなく刑務所や拘置所内で実施されることが多いため、ハンストの実態に関する正確なデータの入手が難しいと考えられてきた[19]。

しかしこうした理由についてわれわれは再考する必要がある。たとえば、自爆テロのような一見非合理的に見える政治的行為について、近年の研究ではその戦略性が明らかになっている[20]。ハンストについても、受刑者や難民申請者のような政治的資源や自由を剝奪された人びとやその支援者らが、世論の喚起や政府への異議申し立てといった目的を達成するために行う合理的な行為だとの見方が広まりつつある[21]。また、たとえハンストが非合理的な行動であったとしても、それによってハンスト研究の意義が減ずるわけではないだろう。ハンスト実行者には相当の覚悟と目的があるはずである。

データの蓄積に関しても、新聞記事や警察統計を用いたイベント分析や定量的な研究が徐々に進んでいる。たとえばスティーブン・スカンランらは米紙ニューヨーク・タイムズの新聞記事索引など報道資料からハンスト事例を抽出し一九〇六年から二〇〇四年の間に世界各地で発生したハンストのデータベースを構築している[22]。さらにフランスでのハンストに関する計量的な研究や[23]、イスラエルと米国におけるハンストを実証的に比較した研究[24]などが近年発表されており、ハンスト研究は徐々にではあるが広がりを見せている。

ハンストと刑務所

スカンランらによる定量分析が示しているように、ハンストの実行者の多くは受刑者や政治犯である[25]。刑務所や拘置所には抗議活動に必要な移動の自由もなく、デモや集会、ストライキなどをすることはできない。こうした人びとにとって、抗議のために使用できる唯一の資源が自身の身体である。それがゆえに彼らはハンストというリスクの高い戦術を選択し、食事を拒否することで自らの命を政治的武器として使用せざるを得ない。

ハンスト実行者は長期にわたる断食が死につながりかねないことを自覚している。ただし、ハンストで実際に死者が出ることはまれである[26]。通常はハンストの目標が達成された時点、もしくは体力や意識の低下が判明した時点で自発的にハンストを中断するか、支援者らがハンスト中止を宣言する。しかしトルコにおけるハンスト・キャンペーンでは死者が時々発生している。特に本章第三節で取り上げる二〇〇〇年に始まり二〇〇七年まで続いたハンスト・

キャンペーンでは一二一人の死者が出る異例の事態となった。

トルコのハンストの特殊性――「死への断食」

トルコの集団ハンストで度々死者が発生した原因は「死への断食（Ölüm orucu）」と呼ばれる特殊な戦術にある。「死への断食」とは読んで字のごとく、「目的が達成されなければ死ぬまで断食を続ける行為[27]」であり、トルコ独特の呼び方である。したがって、体調の悪化が見られた時点で中断するハンストに比べ、「死への断食」はさらに闘争性が高い抗議手段である。また、この場合、たとえ実行者が死亡する前に断食を中断したとしても、その身体には記憶障害や視力の喪失といった深刻な障害が残る。トルコの場合、一般的なハンストでは固形の食物は拒否するものの、生命維持に最低限必要な水、塩、砂糖、ビタミンなどは摂取する。しかし「死への断食」の場合は摂取を薄い食塩水に限定するなど、さらに厳しい断食が行われる。

「死への断食」はハンストが当初の目標を達成できない場合に実行に移される。たとえば、一カ月ハンストを続けても政府が一切の交渉に応じないような場合、世論を喚起し政府に対する圧力を強め、交渉を有利に進めるために「死への断食」に突入する。さらにハンストが刑務所での虐待防止や待遇改善といった直接的な要求のために実施されるのに対し、「死への断食」はよりイデオロギー性が強く、抑圧的政治体制への抵抗や革命に向けた手段として位置づけられる。「死への断食」には固い決意が求められるため、だれでも参加が許されるわけではなく、政治犯の中で厳しい選別が行われる[28]。そして断食の結果命を落とした者は、抗議を続ける仲間や支援者から「殉教者（şehit）」と呼ばれることになる。

第二節　一九八〇年代と九〇年代におけるトルコのハンスト

一九八〇年代におけるハンスト活動の展開

トルコにおける大規模な集団ハンストは一九八〇年代前半に広がった。トルコでは一九七〇年代を通じて政治テロと経済混乱により治安が極度に悪化し、一九八〇年九月一二日、トルコ軍はクーデタに踏み切った。軍事政権は治安回復を最優先課題とし、テロや過激な政治運動に関与した疑いのある学生や活動家らを徹底的に取り締まった。クーデタから一年余の間に一二万人以上が逮捕拘束された[29]。その中にはイスラム主義者や民族主義者も含まれていたが、左翼に対しては特に徹底的な取締りが行われた。

ハンストが大きな社会的関心を集めたのは多くの政治犯が収容されていたトルコ南東部のディヤルバクル刑務所での集団ハンストである。一九八一年三月には刑務所内における激しい虐待に抗議するクルド人受刑者らが集団ハンストを開始したが、翌月には強制的にパンを食べさせられた受刑者がのどを詰まらせて命を落とした[30]。翌年九月になると、立て続けに四人の受刑者がハンストで死亡した。このハンストに参加したPKKの元メンバーで作家のセリム・チュリュッカヤは後年、ハンスト開始から六日間は食事だけではなく水分も摂取しなかったと述べ、その理由として、「死者が出ればと考えていた。死者が出れば社会の注目を集めることができ、その結果虐待が減り、自分たちを守ることができるようになると確信していた」と語っている[31]。

この八一年から八二年にかけてのハンストは、刑務所当局が虐待防止を約束したことで一旦は収束した。しかし刑務所の状況は改善せず、その後刑務官による虐待で受刑者が殺されたことを受けて一九八四年一月には再度PKKのメンバーらがハンストを行った。このハンストは五四日間続き二人が犠牲となった。ディヤルバクル刑務所における深刻な人権侵害は、こうした受刑者らのハンストなどの異議申し立てによりトルコ国内外で広く知られることとなり、さらには受刑者の部分的待遇改善にもつながったと言われている[32]。

一方、イスタンブルの刑務所でもこの時期に集団ハンストが繰り返された。一九八一年四月には一七日間の、八二年四月には二八日間のハンストがメトリス刑務所で行われ、八三年七月にはメトリス刑務所とサーマルジュラル刑務所でハンストが行われた。いずれのハンストも刑務所の劣悪な環境と頻発する虐待が原因であった。

一九八〇年代における最大規模の集団ハンストが実施されたのもこのメトリス刑務所とサーマルジュラル刑務所である。一九八四年四月一一日、「革命的左派（Dev-Sol）」を中心とする非合法極左組織が一斉にハンストを開始した[33]。このハンストはそれまでのハンストと同様に刑務所における虐待や劣悪な環境に抗議する意味もあったが、新たな理由が加わっている。それは前年に政府が新たに導入を決めた囚人服の着用強制に対する抗議である。トルコではオスマン末期の一九〇二年に脱獄した受刑者の確保を容易にする目的で全受刑者に共通の囚人服を着用させる案が検討されたが、当時は必要十分な数の囚人服が確保できないとして見送られていた。しかし一九八〇年に軍事クーデタが発生すると、軍事政権は政治犯に対する共通囚人服の導入を検討するようになった。そして一九八三年八月一四日、政府は政治犯に囚人服を着用させるよう刑務所に通達した。これに対して政治犯らは強い抵抗を示し、ハンストを行うだけではなく、囚人服を拒否し下着のみで裁判に出廷するなどの不服従行動に打って出た。左翼の政治犯にとって、共通囚人服の導入は彼らのアイデンティティを抑圧し身体的自由を奪う国家ファシズムの実践と映ったのである。

集団ハンストの要求に対して政府が頑なな態度を示したことで、四五日後には政治犯の多くが「死への断食」に突入し、抵抗はさらに激しくなった。つまり、このハンストでトルコで初めて「死への断食」が行われたのである。この結果、サーマルジュラル刑務所では一九八四年六月一五日から二六日にかけて四人のハンスト参加者の命が失われることになるが、死者の発生を受けてトルコ政府は受刑者の要求を一部受け入れ、共通囚人服の導入は事実上棚上げされた[34]。これによりハンストも開始から七五日後に終了した[35]。ハンスト側はこれを「革命勢力の勝利」と主張、軍部の圧力に抗って刑務所における新たな権利を獲得したと宣言した。

一九九〇年代におけるハンストと刑務所改革問題

刑務所を中心とする集団ハンストは、一九九〇年代になると新たな展開を見せる。そのきっかけは一九九一年に成立した対テロ闘争法（法律第三七一三号）である。対テロ闘争法ではテロに関与した受刑者を従来の大型雑居房から少人数型の居室へ移送すること、そしてこうした受刑者には一般受刑者との接触やコミュニケーションを認めないことが明記されていたのである。

トルコの刑務所では伝統的に数十人から多いところでは一〇〇人以上が共同生活を送る大型の雑居房が中心であり、受刑者同士の接触が容易であった。政治犯らは刑務所内で政治活動や勉強会、さらにはリクルート活動などを公然と行っていた。いわば、刑務所がこうした政治組織の再生産の場になっていたのである[36]。特に収容される政治犯の数が増えた一九八〇年代半ばから一九九〇年代にかけては、政治犯らが雑居房を次々と事実上のコミューンにしていった。極左組織やPKKなどが支配する雑居房では、毎日五時間の集団学習（マルクス主義関連書籍や党出版物の読書）、二時間の自習、一時間のゲリラ訓練などが行われていた[37]。そのため、刑務所のコミューン化に懸念を強めるトルコ政府が抜本的な打開策として打ち出したのが、大型雑居房から収容人数が一人から三人の居室に政治犯を移送する計画であった。少人数型居室に政治犯を収容し孤立させることで、政治犯同士の接触を断ち切り、刑務所のコミューン化を防ぐことが目的であった。

そしてトルコ政府は一九九一年二月、対テロ闘争法に基づきトルコ北西部のエスキシェヒルにある刑務所を少人数型居室を備えた重警備特別刑務所に指定した。同年一一月には実際にトルコ各地の刑務所から極左組織に属する二〇六人の政治犯が移送された。「細胞（hücre）」と呼ばれる少人数型の居室は密室であるために新型刑務所では拷問や虐待がより発生しやすくなると政治犯らは懸念し、政府に移送撤回と新型刑務所の廃止を求めてハンストを開始した。政治犯にとって雑居房は刑務所当局の暴力から身を守る重要な空間であり、さらに生活の場でもあったのである。

エスキシェヒル刑務所で始まったハンストは、その後イスタンブルのサーマルジュラル刑務所など他の刑務所にも拡大していく。ハンストの広がりにより刑務所内での虐待が問題化し、トルコ医師会の医師団がエスキシェヒル刑務所に派遣され、問診した一九八人の受刑者のうち一一九人に虐待の跡を確認した[38]。そして医師団の発表からわずか二日後、トルコ政府はエスキシェヒル刑務所への政治犯移送の取り止めと刑務所の閉鎖を決定した。

こうして集団ハンストが功を奏したかに見えたのもつかの間、トルコ政府は一九九六年に再度政治犯のエスキシェヒル刑務所への移送に着手する。また、一九九六年だけで四五人の受刑者が拷問により殺害されたと言われており[39]、政治犯たちは危機感を募らせた。こうしたことから同年四月、刑務所の待遇改善を求める受刑者らがまずディヤルバクル刑務所で集団ハンストに突入する。そしてエスキシェヒル刑務所への政治犯の移送を政府が決定すると、五月中旬には全国各地の四三カ所の刑務所で極左組織のメンバーら二〇〇〇人以上の政治犯が一斉に無期限集団ハンストに加わった[40]。しかしトルコ政府の反応は鈍かった。

このため七月になると、ハンストを行っていたおよそ二〇〇人は「死への断食」へと移行し、一日の水分摂取量をそれまでの一・五リットルからわずか六〇〇ミリリットルへ減らした[41]。スト開始から六三日後の七月二一日にはハンストによる最初の犠牲者が発生、さらに同月二八日までに次々と一〇人が命を落とし、一七〇人が重体となった。この頃には「死への断食」に参加する受刑者はさらに増加し二六〇人を数えるまでになっていた。また、ハンスト実行者の家族や支援者、さらにＰＫＫ所属の受刑者らも連帯を表明してハンストを開始、政府に対する圧力を強めた。

一九九六年のこの集団ハンストでは、政府とハンスト側との間に与野党の代表者、市民社会組織、人権団体などが仲介に入り、交渉を取り持った。トルコの著名な作家であるヤシャル・ケマルやオメル・ズュルフュ・リヴァネリらも刑務所を訪問しハンスト実行者らと面会した。後年リヴァネリは当時の様子について、「二〇歳そこそこの若者たちが今にも死にそうだった。すでに意識はほとんどなく、視力も回復不可能なほどに失われていた。わたしは壁にもたれて涙を流したことを今でも忘れない」と振り返っている[42]。

当時のトルコでは一九九五年総選挙で親イスラムの福祉党が躍進し、一九九六年六月に福祉党のネジメッティン・エルバカン党首を首相とする連立政権が成立していた。拡大するハンストと相次ぐ死者の発生を受けて福祉党新政権は七月二七日、最終的に受刑者らの要求を受け入れ、エスキシェヒル刑務所への移送中止を決定した。先述のリヴァネリによれば、リヴァネリらはイスタンブルからアンカラの空港に降り立ったエルバカン首相に直談判すると、首相は「今夜はカドル（力）の夜である。彼らの要求を認めよう[43]」と答えたという。

一九九六年の左翼組織によるハンストは、それ以前のハンストと比べてより周到な準備と戦略に基づいて実施されたものである。「革命的左派」の内部分裂を契機に新たに結成されたＤＨＫＰ－Ｃ（革命的人民解放党／戦線）や、アルバニアのホッジャ主義の流れをくむＭＬＫＰ（マルクス・レーニン主義共産党）など極左八団体はイスタンブルのサーマルジュラル刑務所で「刑務所中央調整室（Cezaevleri Merkezi Koordinasyonu）」を立ち上げた[44]。ここには各左翼組織を代表する受刑者らが集い、刑務所を横断するハンスト・キャンペーンを計画し実施した。各刑務所がばらばらにハンストをするのではなく、意思決定を「中央調整室」で行うことにより、より効果的にキャンペーンを実施し、政府に対してより有利な立場を確保することが目的であった。たとえば、地方の刑務所で政治犯に対する抑圧が行われた場合、すぐさまサーマルジュラル刑務所の「中央調整室」にその情報が伝達され、そこからどのような抵抗運動を行うかが決定され、各刑務所に指令が送られる。こうして、運動方針を中央が決定し、末端の政治犯がそれに従うことになる。

クルド運動によるハンスト・キャンペーン

一九九五年から一九九六年にはトルコ南東部ディヤルバクルの刑務所を中心にＰＫＫによるハンストも発生している。このハンストでは受刑者らはクルド問題の民主的解決やクルド人の権利承認などを要求した。また、ＰＫＫのメンバーたちは自分たちをテロリストではなく「戦争捕虜」としてトルコ政府は扱うべきだと主張した。一九九五年七月には五〇〇〇人の受刑者が各地の刑務所で一斉にハンストを開始し、二人が命を落とした。翌九六年五月および九八年一一月にも同様のハンストが発生している。同時にこの時期にはトルコ人やクルド人が多く住むドイツでも、クルド問題に対する人びとの関心を集めクルド人の置かれた状況を知らしめるべくＰＫＫによるハンストが数多く行われ、クルド人によるハンストがトルコからドイツへ波及した[45]。

第三節　二〇〇〇年代以降における二つの集団ハンスト

F型刑務所導入案と「死への断食」

二〇〇〇年一〇月二〇日、DHKP-C、TKP／ML（トルコ共産党／マルクス主義・レーニン主義）、そしてTKİP（トルコ共産主義労働者党）の非合法極左三政党がトルコ各地の刑務所でハンストを開始した。このハンストはその後規模を急速に拡大し、トルコ政治史上最大規模かつ最長の集団ハンストとなっていく。このハンストでは二〇〇一年三月に最初の死者が発生し、ハンストが最終的に中止されるまでの二二八六日間で延べ二〇〇〇人が参加し、一二二人が死亡した[46]。

この集団ハンストの直接的な原因は、トルコ政府が検討を進めていた「F型」と呼ばれる収容人数一人から三人の少人数型居室の導入と、そこへの政治犯の移送計画であった。これはすでに前節で見たようにトルコで一九九〇年代から検討が行われては中断されてきた刑務所改革の延長である。当時の民主左派党首班連立政権は刑務所が過激派の巣窟になっていることを強く懸念し、F型刑務所の導入を本格的に検討していた。一九九一年以降、一部の刑務所では雑居房が完全に政治犯により制圧され、刑務官がコミューンのリーダー以外の受刑者とは接触できない状況が続いていた。いわば雑居房が国家主権の及ばない解放区になっていたのである。

前回の集団ハンストの結果中止が決まっていた刑務所改革が二〇〇〇年になって再度浮上した背景には、前年にトルコが正式なEU加盟候補国になったことがある。トルコ政府はEU加盟に向けたさまざまな改革に取り組み始めるが、刑務所改革もその一つであった。ヨーロッパでは大人数型の雑居房は不衛生で非人間的、そして暴力の温床となりかねない前近代的な設備であり、個人のプライバシーが確保でき刑務所管理も容易な少人数型監房のほうが文明的とみられている。実際に欧州評議会や欧州拷問等防止委員会も、少人数型が望ましいとする公式の立場を発表していた[47]。

しかしトルコの政治犯たちは、プライバシーが確保される個室よりも雑居房の方がより人間的な環境であると考えていた。[48] なぜなら、雑居房では受刑者との交流が可能で、刑務官の暴力から力を合わせて身を守ることができるからである。また、トルコ社会で重視されるのは個人のプライバシーよりも共同体との一体感であり、EU側の価値観がトルコでそのまま受け入れられるわけではなかったのである。

二〇〇〇年一〇月二〇日に始まったハンストに対し、トルコ政府は一切の交渉を拒否するという強硬な姿勢を示した。このため一カ月後の一一月一九日には受刑者たちはそれまでのハンストから「死への断食」に移行しさらに激しく抵抗していくこととなる。政治犯らは数人ひとかたまりのチームを作り、一〇日ほどの間隔をあけて次々に「死への断食」を開始した。こうすればハンスト期間を延ばすことができ、数カ月後には死者の波を断続的に引き起こし政府を追い込むことができるからである。そして「死への断食」を始める際には彼らは額に赤い鉢巻を巻き、いかなることがあっても断食を止めないと誓いを立てる儀式を行った。

これに対してビュレント・エジェヴィト首相は一二月五日、「死への断食」は一種の自殺行為であり、政府にはこれを止めさせる義務があるとの見解を示した。さらにハンスト実行者を支援する知識人やNGO関係者、さらには強制的栄養摂取に難色を示す医師たちを「自殺を幇助している」と強く非難した。

しかし事態の悪化を受けてエジェヴィト政権は一二月九日、ハンスト側の要求の一部に答えるかたちでF型刑務所導入の延期を発表する。また、国会では政治犯らに対する恩赦や一時釈放の検討が始まった。政府側の妥協案発表を受けて、一九九六年のハンストでも政府と受刑者らの仲介役を務めたヤシャル・ケマルやズュルフュ・リヴァネリ、さらに二〇〇六年にノーベル文学賞を受賞することになるオルハン・パムクらが抵抗を続ける受刑者らと面会した。しかし受刑者たちは政府の妥協案は不十分だとして「死への断食」の続行を発表した。[49]

「生還のための作戦」

ハンスト側との交渉が失敗すると、一二月一五日に内務相、司法相、保健相、国家諜報機関、警察らが極秘会談を行い、死者が出る前に治安当局をハンストが続いている刑務所に投入し、強制的にハンストを終わらせる方針を固めた。当時はすでに数人のハンスト実行者の死が目前に迫っており、政府は犠牲者が出るのを食い止めるためには実力行使もやむをえないと判断したのである。この作戦は「生還のための作戦（Haya'a Dönüş Operasyonu）」と命名された。

そして政府は一二月一九日、実力行使に踏み切った。早朝四時半、治安当局はヘリコプター、ショベルカー、ブルドーザーを投入してハンストが続いている全国二〇カ所の刑務所を急襲した。これに対して政治犯らはバリケードを築き、ベッドや毛布に火をつけるなどして激しく抵抗した。最終的にこの作戦では政治犯三〇人が死亡、一〇〇名以上が負傷し、当局側にも二名の犠牲者が出た。三〇人もの犠牲者が出たことについて政府側は、政治犯らは投降の呼びかけに応じず、銃や簡易爆弾、火炎瓶などを使用し、犠牲者の多くは自ら焼身自殺したと説明した。一方ハンスト側は、治安当局による武力行使によって殺害された、または、仲間の政治犯を助けるために自らに火を放って抵抗したためだと主張した。

「生還のための作戦」は二つの意味で逆説的な政府による力の行使であった。まず、ハンストによる死を防ぐためとして実施された治安部隊の投入によって、政府が救出するとしていた政治犯の多くが生きて還るのではなく刑務所で結局命を落とすことになった。第二に、国家の権力装置のひとつであるはずの刑務所施設を、まさに国家がその武力行使によって攻撃し破壊してしまうという矛盾がこの作戦には内包されていた。

「生還のための作戦」が一二月二二日に終了すると、九四二人の政治犯がF型刑務所へ移送され、命の危険がある者は医療施設へ搬送された。しかし政府の目論見とは裏腹に、ハンスト及び「死への断食」は作戦終了後にさらに拡大した。一二月末の時点でハンスト参加者は一五九六人、「死への断食」参加者は四三二人まで膨れ上がっていた(50)。さらにハンストを最初に開始した極左三組織に加え、ほぼすべての非合法極左政党、そして政治犯らの家族や支援者らも刑務所の外でハンストを開始したのである。

拡大を続けるハンストに対して政府側は強制的な栄養摂取で応じ、死者の発生を食い止めようとしていた。また、政府は「ハンスト実行者らは実際には隠れて食事をしている」とのプロパガンダを流しており、世論を反ハンストに誘導しようとしていたと言われている。これに対してハンスト実行者の中からは刑務所内において焼身自殺を行ったり、水や砂糖などの摂取をさらに減らす者が出てくる。強制的にハンストの中から死者を発生させることで、政府のプロパガンダを否定しようとしたと言える。こうして三月二一日、「死への断食」の最初の犠牲者がアンカラのF型刑務所で発生する。死亡したのは二九歳の青年だった。

ハンスト運動の後退と終結

しかし二〇〇一年春にトルコ政府が健康状態が極度に悪化した政治犯の一時的釈放を認めると、ハンストから離脱する政治犯が出てくるようになる。また、ハンストの続行をめぐっても運動内部で意見対立が目立つようになり、徐々に運動は縮小に向かい始めた。抵抗運動が後退していく中でハンスト継続を決めたのが、今回のハンスト・キャンペーンを始めたDHKP-Cである。彼らはイスタンブルの貧困地区のひとつとして知られるキュチュックアルムトルなどで集団生活を送り、「死への断食」を続けた。[51] 彼らがハンストを続けた家は、「抵抗の家」と呼ばれた。二〇〇一年の秋には一八人がこの「抵抗の家」で命を次々と落としていく。

「生還のための作戦」から一年がたった二〇〇一年一二月、事態の打開を模索するトルコの弁護士会が「三つのドア、三つの鍵」という提案を行った。これは、F型刑務所内の収容人数三人の居室三部屋を一定時間に限り開放し、最大九人の受刑者に指定の廊下において自由な交流を許可するという提案であった。ハンスト側が求める雑居房と、政府側が主張する政治犯の隔離との間を狙った妥協案であり、人権団体や合法左派政党、ハンスト支援者などが賛成したものの、[52] 政府はこの提案を拒否した。これを受けて「死への断食」を行っていた極左組織のほとんどが戦術の転換とハンストからの離脱を表明し、抵抗運動はDHKP-Cと「生還のための作戦」以降に加わったTKEP／L（トルコ共産主義者労働党／レーニン主義）のみによって続けられることになる。また、それまでハンストに同情的であった世論もこの頃になると関心を失い、むしろ「ハンストが目的化してしまっており、若者の命を無駄にしている」との批判が目立つようになった。

結局二〇〇〇年に始まったこのハンストが終結したのは二〇〇七年一月二二日である。ハンスト開始から六年以上がたち人びとの関心も薄れてきた二〇〇六年の春、トルコで有名な人権活動家で弁護士のベヒチ・アシュチが「死への断食」を宣言した。そしてアシュチはＦ型刑務所の廃止ではなく、隔離されている政治犯に一定の行動の自由を与え、ほかの政治犯との交流を認めよと訴えた。これに対し司法省は、それまで一〇人の政治犯を最大人数に一週間で五時間まで認めていた交流時間を一〇時間まで延ばすことで応じた。また、それまでは刑務所での矯正プログラムへの参加が交流許可の条件であったが、司法省はこの条件を撤廃することに合意した[53]。これを受けてアシュチおよび「死への断食」を最後まで続けていた二一人のハンスト実行者がハンストを終了させた。ハンスト側が払った犠牲に比べて、彼らが摑み取った政府からの妥協は交流時間の延長というあまりに小さなものであった。

本章第一節で見たように、ハンストを含む抗議レパートリーはたたかいの政治に参加する人びとが学習したり選択したり、もしくは改良を加えたりすることで徐々に変化していく。二〇〇〇年に始まったこのハンストが長期化した一つの要因は、ビタミンB_1（チアミン）の摂取という戦術的改良であった。通常のハンストでは六〇日から七〇日で生命維持機能が失われハンスト実行者は死に至るが、ビタミンB_1の摂取によりハンスト開始から死亡するまでの期間を二〇〇日以上に伸ばすことができる[54]。実際に一九八〇年代および九〇年代の「死への断食」ではハンスト実行者たちはビタミンB_1を摂取しておらず、ハンスト開始から二カ月ほどで死亡している。しかし二〇〇〇年に始まった「死への断食」では、ビタミンB_1を摂取した政治犯らは半年以上生き続けることができた。最も長くハンストを続けたのはベルカン・アバタイで、彼はハンスト開始から五八九日後に死亡している。

クルド政治犯らによるハンストとオジャラン

刑務所改革をめぐる長いハンストが終わってから数年がたった二〇一二年九月一二日、ＰＫＫのクルド人政治犯ら六五人がハンストを開始した。九月一二日はクルド政治運動を弾圧した一九八〇年軍事クーデタが発生した日である。およそ一カ月後にはハンストは六〇カ所以上の刑務所に拡散し、七〇〇人以上が加わった。

トルコでは二〇〇九年から政府とPKKがノルウェーのオスロで水面下での和平交渉を続けていたが、二〇一一年五月に中断されていた。そして七月にはPKKと治安当局との衝突が再開される。PKKは自爆テロ、誘拐、襲撃を繰り返し、それからの一年余りで七〇〇人以上が犠牲となってしまう[55]。さらに二〇一一年にはクルド人政治家や市町村長、政治活動家ら四〇〇〇人がテロ容疑で逮捕されていた。

ハンストを開始した政治犯らの要求は次の二つに集約できる。まず、特別刑務所に隔離されているオジャラン指導者[56]の待遇改善と釈放である。オジャランの弁護団によれば、二〇一一年七月の最後の接見以降、政府は弁護団にオジャランとの面会を一切認めておらず、一三四回の面会請求すべてを却下した[57]。二つ目の要求は、教育や司法の場におけるクルド語使用の許可など、クルド人の文化的権利を承認し、平等な市民権を確立することであった。

ハンスト開始から一カ月が過ぎると、ハンストを支持するデモがクルド人が多く住むトルコ南東部のディヤルバクルやハッキャーリなどに広がり、デモを押さえ込もうとする治安当局との衝突が頻発するようになる。一一月に入ると、ハンスト実行者らの体調は急速に悪化していく。刑務所を訪問した医師や野党議員らは、ハンストを続ける受刑者に脳機能の障害や内臓疾患、飢餓の兆候が現れ始めているとの懸念を表明した。しかし政府側は受刑者の健康状態は保たれており政府の医師団が毎日状態を確認していると反論した[58]。これに対しトルコ人権協会は、刑務所内でハンスト実行者に対する暴力が行われている上に、身体機能維持に必要な塩、砂糖、ビタミンB1の摂取が禁じられていると訴えた。一方、当時のエルドアン首相は「ハンストは行われていない。これは見世物に過ぎない」と述べた上で、PKKが受刑者にハンストを強制しているとの見方を示した[59]。

トルコ政府のこうしたクルド人受刑者に対する反応は、二〇一一年に発生したいわゆる「アラブの春」の流れの中で中東の民主化の成功事例と見られていたトルコのイメージを損ねることになった。対外的には民主化運動を支持しつつ、国内ではトルコ政府はクルド人を今でもなお抑圧しているとの見方がこのハンストを契機に海外に広がった[60]。

ハンストに対するエルドアン首相の強硬な態度は、クルド人やハンストを支援する人々によるさらに大規模な抗議集会を引き起こすことになる。刑務所内のハンスト参加者の数も一七〇〇人に達し、九月からハンストを続ける受刑者らの健康状態は悪化の一途を辿り、命の危険にさらされるようになった。この結果、トルコ当局とオジャランが協議し、オジャランは弟のメフメト・オジャランを通じて一一月一七日、「ハンストの目的は達せられた。今すぐにハンストを中断すべきだ」と声明を発表する。[61] これに対してハンストを続けていた受刑者の代表は翌一八日、「我々の指導者の呼びかけに応じて本日をもってハンストを終結させることにする」と応じ、九月一二日に始まったこのハンストは一人の死者も出すことなく終わりを迎えた。ハンストで死者が出ていれば、PKKの攻撃はさらに激しくなったはずだと言われており、政府の最大の懸念も治安の悪化にあった。ハンスト終了後、トルコの副首相は「このような抗議が二度と発生しないことを願う。トルコは民主的な国だ。人々の要求は何であれ国会の場で検討されるべきだ」とコメントを残した。[62] より重要なことは、長期にわたり刑務所で孤立していたオジャランのPKKに対する影響力が改めて確認されたことで、これ以降トルコ政府とPKKとの間で正式な和平交渉が始まることになったことである。

おわりに

本章ではトルコにおける政治犯による集団ハンストという抗議レパートリーを考察した。刑務所におけるハンストは一九八〇年代から徐々に広がり、一九九〇年代から闘争性を強めた。ハンスト・キャンペーンを組織したのはトルコの極左勢力とPKKであった。この二つの政治潮流はそれぞれ共産主義及びクルド・ナショナリズムの立場からトルコ共和国の「くにのかたち」に異議を唱え続けてきたが、一九八〇年の軍事クーデタで厳しく弾圧され、多くのメンバーらが政治犯として刑務所に収容された。

政治犯らによるハンストは死者を出すほど激しくそして長期に及んだ。ハンスト実行者の死という極めて個人的なリスクをともなうにもかかわらずハンストが繰り返し行われた理由は、それがある程度の成果をもたらしたからだと言える。一九八〇年代のハンストでは時の政府は刑務所の環境改善を部分的にではあるが約束したし、政治犯に対する共通囚人服の導入は中止された。また、エスキシェヒルの特別刑務所への移送計画に対する一九九六年のハンストでは、トルコ政府は計画中止を決定したのであった。また、二〇一二年のPKKメンバーらによるハンストは、刑務所に隔離されていたオジャランの指導力をトルコ政府に再確認させ、その後の和平交渉につながっていった。他方二〇〇〇年に始まったハンストならびにその後の「死への断食」の場合、極左勢力は政府と一切の妥協を拒否した結果、次第に世論や他の左翼勢力の支持を失った。その結果、最終的には一二二人の犠牲者と引き換えに政府からほんのわずかな妥協を引き出して終わりを迎えることになった。

こうしたトルコのハンストをたたかいの政治の抗議レパートリーの視点から振り返ると、一九八〇年代から試行錯誤や戦術的工夫が続けられており、ハンストはトルコの抗議運動において確固たる地位を獲得したと考えられる。当初はそれぞれの刑務所で目の前の虐待に抵抗する目的で個別的にハンストは実施されていたが、その後は刑務所横断的なコーディネーションがなされるようになった。また、「死への断食」というより激しい断食方法が導入されると共に、ビタミンB_1の摂取によってハンスト期間が大きく伸びた。これによりハンストは以前よりもさらに強い圧力を政府に与えることが可能となった。したがって、トルコのハンストは決して非合理的もしくは病理的な政治行為ではないことがわかるだろう。

これまで見てきたトルコのハンストは、トルコ共和国においてどの時代にも国家のあり方とその正統性に疑問を投げかけ抗おうとする人びとが存在することを我々に教えてくれる。刑務所のハンストは一九八〇年代前半の軍事政権下で本格化した。そして一九八三年の民政移管および再民主化後、刑務所でのハンストは収束するどころかむしろ戦術の変化をともないながら拡大していったのである。さらにハンストは中道左派政権下でも中道右派政権下でも発生し、公正発展党政権下でも行われた。

以上を踏まえると、トルコ政治史における刑務所とは、国家が犯罪者や政治犯の身体を拘束しその自由を制限するためだけの施設ではなく、国家とそれに対抗する政治勢力がたたかいを繰り広げる政治空間であることを示していると言える。本章でみてきたように、トルコでは政府が反政府運動の抑圧を目的に政治活動家らを刑務所に収監すればするほど、逆に刑務所を彼らは新たな活動拠点として再構築し、そこである種の自由と政治的資源を獲得し、政府への異議申し立てを行ってしまうという事態が繰り返されてきた。そしてこのような刑務所を介した国家と社会の関係を激烈なかたちで示す現象がハンストであると言えるだろう。

注

（1）本稿の一部は 2018 World Congress for Middle Eastern Studies（二〇一八年七月一六—二二日）において報告したものである。なお、学会参加にあたりテンプル大学ジャパンキャンパスより助成を受けた。記して謝意を表したい。

（2）Timothy Jones, "Two Turkish Teachers End Almost 11-month Hunger Strike," *Deutsche Welle*, 2018/01/26.

（3）Frida Ghitis, "8 Leading Women (and One Girl) of 2016," *CNN*, 2018/12/26.

（4）Banu Bargu, *Starve and Immolate: The Politics of Human Weapons*, New York: Columbia University Press, 2014, p. 171.

（5）Bargu, *Starve and Immolate*, p. 172.

（6）一九六〇年に発生した軍事クーデタで失脚し死刑判決を受けた第三代大統領のジェラル・バヤルも、収監された刑務所において三日間のハンストを行っている。Clement H. Dodd, *Politics and Government in Turkey*, Berkeley: University of California Press, 1969, p. 78.

（7）Gene Sharp, *The Politics of Nonviolent Action (volumes I—III)*, Boston: Porter Sargent, 1973, pp. 360-368.

（8）Sharp, *The Politics*, pp. 367-368.

（9）Stephen J. Scanlan, Laurie Cooper Stoll and Kimberly Lumm, "Starving for Change: The Hunger Strike and Nonviolent Action, 1906-2004," *Research in Social Movements, Conflicts, and Change*, 28, p. 278.

（10）トルコにおけるさまざまな左翼運動については、Özgür Mutlu Ulus, *Army and the Radical Left in Turkey: Military Coups, Socailist Revolution and Kemalism*, London: I.B. Tauris, 2011 を参照。

（11）M. Hakan Yavuz, "Five Stages of the Construction of Kurdish Nationalism in Turkey," *Nationalism and Ethnic Politics*, 7(3), 2001, pp. 9-11.

（12）労働組合によるハンスト運動については、たとえば "Açlık Grevi," *Türkiye Sendikacılık Ansiklopedisi*, vol. 1, Istanbul: Türkiye Ekonomik ve Toplumsal Tarih Vakfı, 1996, pp. 3-4.

（13）Sidney Tarrow, *Power in Movement: Social Movements and Contentious Politics*, Cambridge: Cambridge University Press, 2011（3rd ed.）; Charles Tilly and Sidney Tarrow, *Contentious Politics*, Boulder: Paradigm Press, 2006.

(14) Charles Tilly, *Popular Contention in Great Britain, 1758–1834*, Boulder: Paradigm Publishers, 1995, p. 41.

(15) Tilly, *Popular Contention*, pp. 41–42.

(16) Sharon Erickson Nepstad, *Nonviolent Revolutions: Civil Resistance in the Late* 20th *Century*, Oxford: Oxford University Press, 2011, p. 26.

(17) クルド人難民二家族を支援する会『難民を追いつめる国——クルド難民座り込みが訴えたもの』緑風出版、二〇〇五年。

(18) Johanna Siméant, "Hunger Strike," in David A. Snow, Donatella della Porta, Bert Klandermans, and Doug McAdam eds., *The Wiley-Blackwell Encyclopedia of Social and Political Movements*, Oxford: John Wiley and Sons, 2013. https://doi.org/10.1002/ 9780470674871.wbespm311

(19) Israel Waismel-Manor, "Striking Differences: Hunger Strikes in Israel and the USA," *Social Movement Studies*, 4 (3), 2005, p. 282.

(20) たとえば、Robert Pape, *Dying to Win: The Strategic Logic of Suicide Terrorism*, New York: Random House, 2015.

(21) Johanna Siméant and Christophe Traïni, *Bodies in Protest: Hunger Strikes and Angry Music*, Amsterdam: Amsterdam University Press, 2016, pp. 29–30.

(22) Scanlan, Stoll, and Lumm, "Starving for Change."

(23) Johanna Siméant, "L'efficacité des corps souffrants: le recours aux grèves de la faim en France," *Sociétés Contemporaines*, 31, 1998, pp. 59–79.

(24) Waismel-Manor, "Striking Differences."

(25) Scanlan, Stoll, and Lumm, "Starving for Change," pp. 296–297.

(26) トルコの場合、長期のハンストを予定している人びとは、断食に耐える体を準備するために数週間以上「饗宴と飢餓」という、大量に食べて数日間断食するサイクルを繰り返す食事療法を実施することもある。Patrick Anderson, "To Lie Down to Death for Days: The Turkish Hunger Strike, 2000–2003," *Cultural Studies*, 18(6), p. 837.

(27) N. Yasemin Oguz and Steven H. Miles "The Physician and Prison Hunger Strikes: Reflecting on the Experience in Turkey," *Journal of Medical Ethics*, 31(33), 2003, pp. 169–172.

(28) Özge Nadide Serin, *Writing of Death: Ethics and Politics of the Death Fast in Turkey*, PhD Dissertation, Columbia University, 2013, retrieved from https://academiccommons.columbia.edu/catalog/ac:185117, pp. 34–35.

(29) Erik J. Zürcher, *Turkey: A Modern History*, London: I.B. Tauris, 2017 (4th ed.), p. 284.

(30) Ata Soyer, "Açlık Grevleri/ Ölüm Oruçları, TTB ve Son Tartışmalar," *Türk Tabipleri Birliği Toplum ve Hekim Dergisi*, no. 6, 2000. http://www.ttb.org.tr/eweb/aclik_grevleri/a_soyer.html（二〇一八年一二月三日最終閲覧）.

(31) Selim Çürükkaya, "30 Yıl Sonra O Günler ve Ölüm Orucu," *Ma Diya*, 2011/02/28. http://www.madiya.net/index.php?option=com_

content&view=article&id=438:30-yl-sonra-o-guenler-ve-oeluem-orucu&catid=37:roeportaj&Itemid=（二〇一八年一二月三日最終閲覧）. チュリュッカヤはＰＫＫ創設者の一人で一九九一年に釈放されたのちレバノンでＰＫＫに合流するも、指導部と対立しその後脱退した。

（32）Bargu, *Starve and Immolate*, p. 173.

（33）「革命的左派」は一九七八年にドゥルスン・カラタシュやビュレント・ウルエルらが結成したマルクス・レーニン主義を信奉する反米的極左組織。一九八〇年にはニハト・エリム元首相を暗殺するなど、頻繁に政治的テロに関与した。

（34）Bargu, *Starve and Immolate*, p. 181.

（35）なお、共通囚人服の導入については、二〇一六年のクーデタ未遂事件後にエルドアン大統領がクーデタに関与して逮捕された被告らに、米国のグアンタナモ刑務所で使用されているのと同じような共通の囚人服を着用させるべきだとして、三〇年を経てトルコで再び検討されることになる。"Turkey Coup Suspects to Wear Brown Uniforms, Erdogan Says," *BBC*, 2017/08/07.

（36）Scott Anderson, "The Hunger Warriors," *The New York Times Magazine*, 2001/10/21. https://www.nytimes.com/2001/10/21/magazine/the-hunger-warriors.html（二〇一八年一二月三日最終閲覧）.

（37）Arda İbikoğlu, "Disciplinary Evolution of Turkish Prisons, 1980s–1990s," *Studies in Law, Politics, and Society*, 50, 2010, pp. 82–85.

（38）Bargu, *Starve and Immolate*, p. 184.

（39）Peter Kandela, "Careful Smiles around the Blue Mosque in Turkey," *Lancet*, 352(9133), 1998, p. 1043.

（40）Human Rights Foundation of Turkey, *1996 Human Rights Report*, Ankara, 1998, p. 293.

（41）Joe Beynon, "Hunger Strike in Turkish Prisons," *Lancet*, 348(9029), 1996, p. 737.

（42）Ömer Zülfü Livaneli, "Erbakan, Ecevit ve Ölüm Oruçlarının Arka Planı," *Vatan*, 2010/11/28.

（43）Livaneli, "Erbakan." カドル（力）の夜（Laylat Al-Qadr）はラマダン月の二七日目の夜で、預言者ムハンマドに天使ジブリール（ガブリエル）を通じて最初の啓示が下ったとされる神聖な夜である。

（44）Bargu, *Starve and Immolate*, p. 186.

（45）Alynna J. Lyon and Emek M. Uçarer, "Mobilizing Ethnic Conflict: Kurdish Separatism in Germany and the PKK," *Ethnic and Racial Studies*, 24(6), 2001, pp. 925–948.

（46）一二二人には後述する「生還のための作戦」の犠牲者なども含む。ハンストの直接的な死者、つまり餓死したものは六七人である。

（47）Penny Green, "Turkish Jails, Hunger Strikes and the European Drive for Prison Reform," *Punishment and Society*, 4(1), 2002, pp. 97–101.

（48）Penny Green, "Criminal Justice and Democracy in Turkey: The Paradox of Transition," in Penny Green and Andrew Rutherford eds.,

Criminal Policy in Transition, Oxford: Hart Publishing, 2000, p. 204.

（49）「死への断食」続行を命じたのは、ベルギーに逃亡していたＤＨＫＰ－Ｃのリーダーであるカラタシュであったと言われている。このため、トルコ政府は刑務所でハンストを続ける若者らは「テロの犠牲者」であるとみていた可能性がある。

（50）Bargu, *Starve and Immolate*, p. 204.

（51）Anderson, "Hunger warriors."

（52）"Üç Kapı Üç Kilit'e 17 Bin İmza Meclis'te," *Hürriyet*, 2002/04/01.

（53）Ertuğrul Mavioğlu, "Yaşama Doğru Küçük Bir Adım Yetti," *Radikal*, 2007/01/24.

（54）Gurcan Altun, Bulent Akansu, Betul Ugur Altun, Derya Azmak, and Ahmet Yilmaz, "Deaths Due to Hunger Strike: Post-mortem Findings," *Forensic Science International*, 146, 2004, pp. 35-38. ビタミンB_1の摂取は、長期の断食が引き起こすウェルニッケ・コルサコフ症候群（意識障害や小脳失調、眼球運動障害、記憶障害など）を予防し、断食終了後にその他の後遺症が残らないようにするためにも必須である。Oguz and Miles, "The Physician," p. 171.

（55）Ivan Watson and Yesim Comert, "Report Says Turkey's Kurdish Conflict Has Turned More Violent," *CNN*, 2012/09/18.

（56）オジャランは一九九九年にケニアでトルコ当局に拘束され、六月には分離主義を標榜する武装組織を結成したとして死刑判決を受けた。しかしその後トルコは二〇〇二年にＥＵ加盟基準にあわせて死刑を廃止したため、オジャランの死刑も終身刑に減刑されている。

（57）Daren Butler and Syhmus Cakan, "Militant Chief Ocalan Wants Turkey to End Hunger Strike," *Reuters*, 2012/11/18.

（58）Ivan Watson and Gul Tuysuz, "Mass Hunger Strike in Turkish Prisons Enters 52nd Day," *CNN*, 2012/11/02.

（59）"Erdoğan: Açlık Grevi Tamamen Şov," *Hürriyet*, 2012/11/01.

（60）たとえば、Constanze Letsch, "Turkish Kurds' Jail Hunger Strikes Fails to Move Erdogan Government," *The Guardian*, 2012/10/25.

（61）"Kurdish Prisoners End Hunger Strike After Ocalan Appeal," *BBC*, 2012/11/18.

（62）Daren Butler and Syhmus Cakan, "Kurd Militants End Hunger Strike in Turkey, Deal Seen," *Reuters*, 2012/11/18.

第 III 部

交雑する空間のなかのトルコ国民

——国境，移民・難民，隣国からの眼差し——

1939 年，ハタイ返還を祝うトルコ共和国第二代大統領イノニュ。「ハタイ」とは，一説にはヒッタイト時代に由来する言葉で，ヒッタイト人をトルコ人の祖先とするトルコ史テーゼにもとづいて命名された名称である。この併合がトルコ共和国における最後の大きな領土変更となり，現在まで続くトルコの地理的輪郭が定められた。

（出典）https://commons.wikimedia.org/wiki/File:İsmet_İnönü_Hatay%27da_(1939).jpg

第八章　トルコ共和国の境界──領域紛争と国境

沖祐太郎

はじめに

二〇一七年一二月七日、トルコ共和国のエルドアン大統領は、ギリシャのプロコピス・パヴロプロス大統領の招待をうけ、トルコの大統領として六五年ぶりにギリシャを訪問した。両者は二国間の交通網の整備、観光の促進、難民問題での協力などについて話し合いを行ったが、もっとも世間の注目を集めたのは、このような事項ではなく、両国の「領域」に関する対立であった。この訪問に先立つ一二月六日、エルドアンがギリシャのメディアに対し、ローザンヌ条約はトルコにとって公正な条約ではない、その改定を考える必要があると述べたことが対立の原因である[1]。同条約は、トルコ・ギリシャ両国の「国境」を定めるものであり、エルドアンはその再検討を訴えたのである。一二月七日の首脳会談にあたってもこの議題が持ち出され、複数のメディアがこの会談は失敗であった、エルドアンの発言が両国の関係強化に水を差したと書き立てた[2]。

エルドアン政権の外交姿勢は、それ以前の同国の外交姿勢よりも積極的であり、軍事力を重視するものであるとも評価されている[3]。ローザンヌ条約の改定要求についても、その外交姿勢の一端を示すものと捉えることができるかもしれない。しかし、本章ではその政治的な是非を問うわけではなく、本件においても焦点となっているトルコの「領域」について、国際法の観点から検討していきたい。自国、あるいは他国の領域に関して、その時々の政権が何らかの政治的な主張を行うことは決して珍しいことではない。個々の政治的な主張に流されることなく、現時点で、法的にその領域がどこまで確定しているのかを検討すること、それが本章の課題である。

トルコの「領土」は、現在、西でブルガリアとギリシャに、東でジョージア、アルメニア、アゼルバイジャン、イラン、さらに南東ではイラク、シリアと接している。トルコ領土の境界は、これら諸国との国境を画定させることによって、まずは知ることができる。しかし、トルコを他の国家から隔てるのは陸上の国境線のみではない。トルコは、黒海、エーゲ海、地中海という三つの海に囲まれた国家であり、他の沿岸国も近接している。そのため、これらの海においても領海、排他的経済水域（EEZ）、大陸棚等について他国との境界線を引く必要がある。冒頭で触れたギリシャとの間でのローザンヌ条約の改定問題の背景にも、エーゲ海上の島々の帰属問題や領海、大陸棚の境界画定等の年来の懸念事項がある。そこで本章では、領土に限定せず、領海や大陸棚等にもふれつつ、トルコの空間的輪郭とそれをめぐる紛争の変遷をたどることとする。なお、これまでトルコの領域、あるいは領域紛争に関しては、個別の研究が多数蓄積されてきている。本章においては、これらの先行研究を参照し、トルコの国境にかかわる主要事例を中心的にとりあげる。

ところで、本章の検討の前提として確認しておくべき点が、トルコ共和国とオスマン帝国との国際法上の関係である。国際法の観点から見た場合、トルコ共和国は、オスマン帝国と同一の国家であるのか、それとも別の法的存在であるのかについて二〇一一年以降、いわゆる「アルメニア人虐殺」に対するトルコの責任の有無をめぐる議論を端緒として、多くの議論がなされてきた[4]。そこでも確認されたように、オスマン帝国とトルコ共和国とは法的には同一の国家であり、ただ国家を代表する政府が変わっただけであるとの考えが一般的である[5]。この理解を前提とすれば、オスマン帝国の国際法上の権利義務は、トルコ共和国が当然に引き継ぐことになる。領域に関しても同様であり、トルコ共和国政府が国家を代表することになった際の領域は、オスマン帝国が当時保持していた領域である。

そこで以下では、まずはトルコの領域の大部分を確定させた第一次世界大戦後の諸条約の規定を、オスマン帝国政府が当事者であるものも含めて概観する（第一節）。その後、戦間期に処理された領域紛争として、イラク北部の都市であるモスルの帰属問題と現在ではトルコ領でハタイと呼ばれているアレクサンドレッタの帰属問題とを扱う（第二節）。その後、第二次大戦以降にトルコが関わることになった領域紛争について概観し、その特徴を検討する（第三節）。

第一節　トルコ共和国の領域の形成——セーヴルからローザンヌへ

セーヴル条約によるオスマン帝国領域の処分

一九一四年、オスマン帝国はドイツを中心とする同盟国側として第一次世界大戦に参戦した。中立を維持する可能性も模索したオスマン帝国政府ではあったが、一九世紀以来喪失し続けてきた領土を回復するという期待もあり決定された参戦であった。しかし、その期待は大きく裏切られる。オスマン帝国は、カフカス、スエズ運河地区、両海峡地区、ガリポリ、イラクなどで戦い、善戦した時期や地域はあるものの、全体的には敗色が濃厚となり、一九一八年一〇月三〇日、連合国との間でムドロス休戦協定が締結される。この休戦協定の後、両海峡地区や北イラクのモスル、さらにはアナトリア南部などが連合国の占領下におかれることとなった。一九二〇年四月にはイギリス、フランス、イタリア、日本の間でオスマン帝国領の戦後の分割を主要な議題とするサン・レモ会議が行われ、そこでの議論を踏まえ八月一〇日にはセーヴル条約へのオスマン帝国政府の署名が行われる。この条約によって予定されたオスマン帝国の領土の喪失は、極めて著しいものであった。

セーヴル条約は一三部四三三条からなる条約であるが、オスマン帝国の領域に関しては第二部「トルコの国境」（二七—三五条）、第三部「政治条項」（三六—一三九条）に規定がある。[6] まず、「トルコの国境」とのタイトルをもつ第二部においては、第二七条においてトルコの国境をヨーロッパ側とアジア側とにわけ、前者については「黒海」、「対ギリシャ」、「マルマラ海」、後者については「西・南」、「シリア」、「メソポタミア」、「東・北東」、「黒海」とさらに区分し、それぞれの国境の特徴となる地点や国境線を示している。また、条約文と齟齬がある場合には条約文が優先する旨が明示されているものの（二八条）、国境を示す意味を持つ地図も三種類付されている。もっとも、この第二

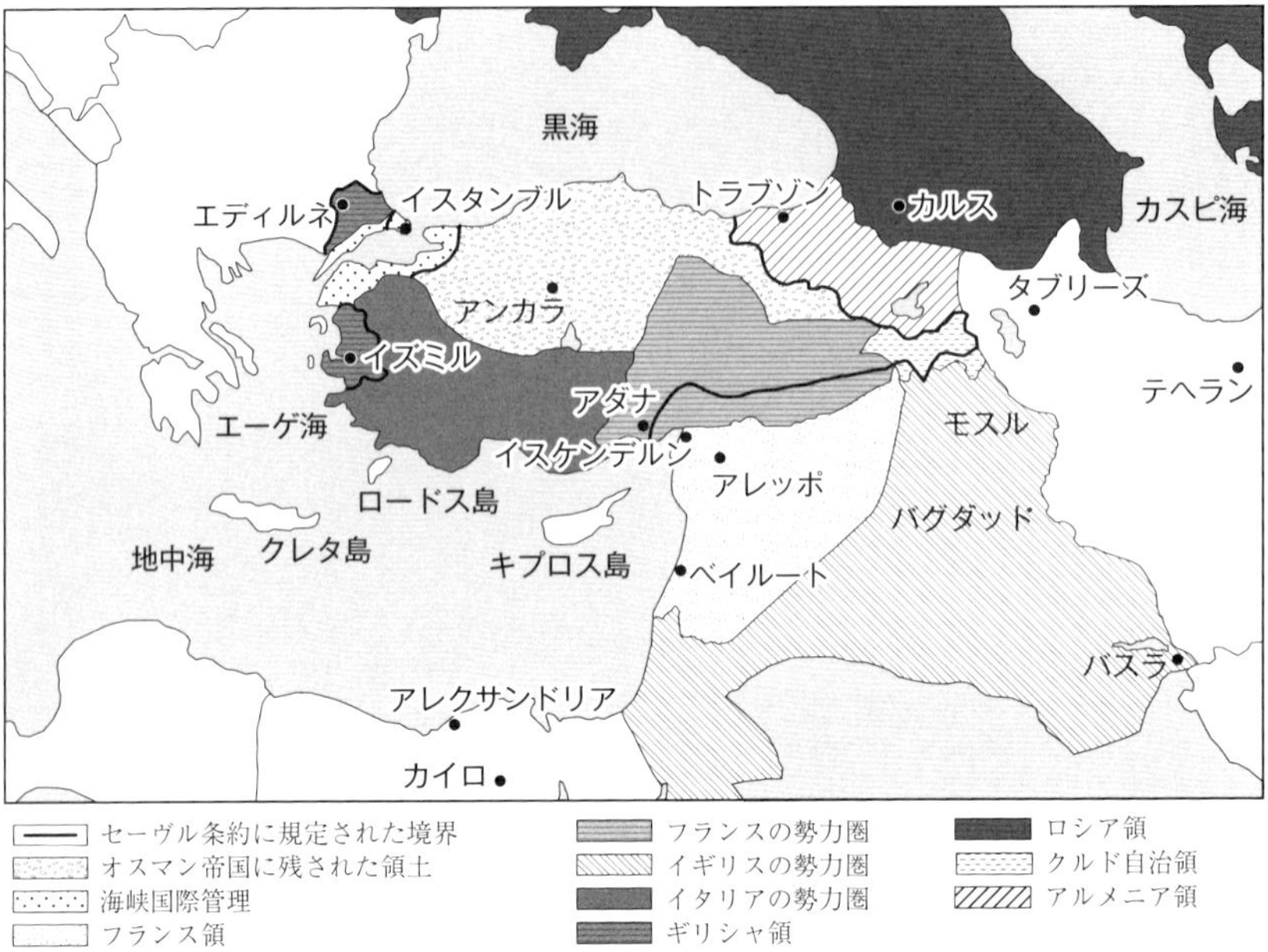

地図1　セーヴル条約によるオスマン帝国領の処分

（出典）Cevdet Küçük, “Sevr Antlaşması,” *Türkiye Diyanet Vakfı İslâm Ansiklopedisi*, vol. 37, 2009, p. 2をもとに作成.

部に関しては第二九条以下の条文が、将来設置されるべき「国境画定委員会」について規定したものであることから、本条約自体によって規定される国境が必ずしも確定的なものと考えられているわけではないことには留意すべきである。第三部には、オスマン帝国が喪失することになる領域について規定されている。関連する規定によれば、ヨーロッパ側のオスマン帝国の領土は、イスタンブルとその近郊を除き、ギリシャに割譲ないしその保護下に置かれることとなった（イズミルにつき六五―八三条、エーゲ海上の諸島につき八四―八七条）。そしてアラブ地域については、シリア・レバノン地域がフランスの委任統治下に、イラク、パレスチナ、トランスヨルダンがイギリスの委任統治下におかれ、ヒジャーズは若干の制限を規定されつつも国家として独立（九八―一〇〇条）、クルディスタンにはクルド人の自治区が設定されることになった（六二―六四条）。オスマン帝国の中心部であるアナトリアでさえ、東部ではアルメニアが「自由かつ独立の国家」として成立することとされた（八八―九三条）。さらには、アナトリア中西部とともに残されたイスタンブルですら、両海峡地区は、非武装化され海峡委員会の管理下におかれることとなった（三七―六一条）。

このようにセーヴル条約によるオスマン帝国の領域の喪失は甚だしく、同国の最盛期と比較すると、五パーセント程度となったとの評価もある。(7) さらに、そこで喪失される領域は、ムドロス休戦協定の締結後に連合国が占領した地域や、占領すらしていなかった地域をも含むものであった。そのため、この経験は「セーヴル・シンドローム」とも呼ばれる西欧諸国に対する警戒感・不信感として、トルコの人々、特にエリート層の中に根ざしていることがしばしば指摘されている。(8)

一九二一年の諸条約によるオスマン帝国領域の処分

以上のようにオスマン帝国領域の徹底的な分割を規定したセーヴル条約ではあったが、オスマン帝国議会では批准されず署名のみの状態に留まり、国際法上の効力を持つには至らなかった。そして、ムスタファ・ケマル〔・アタテュルク〕を指導者とするアンカラの革命政府が、いわゆる「独立戦争」を戦いぬくことによって、セーヴル条約の規定は事実上、実現不可能なものとなっていった。(9)

本格的な独立戦争の展開やイスタンブル政府によるセーヴル条約の締結に先立つ一九二〇年一月二八日、ムスタファ・ケマルの強い影響下にあったオスマン帝国下院議会において、内政・外交上の基本方針を内外に示すいわゆる「国民誓約」が採択されている。(10) この国民誓約はその後のトルコの領域の変遷にとって、極めて重要な文書である。国内的な文書であり、国際法としての効力をもつものではないが、トルコは政治的にこの文書に拘束されていく。

この国民誓約（全六条）では、オスマン帝国の領土に関しては、アナトリア全域、イスタンブルとその周辺、イラク北部のモスル地域をも含む地域の一体性が主張され、その他の領域の処分については住民投票によるべきことが宣言されている。例えば第一条前半では、アラブ人が住民の多数を占める地域で、かつ、そこがムドロス休戦協定の締結時にすでに占領下にあった場合、同地域の帰属先は住民投票によって決定されるべきであると規定している。占領下にある領域の帰属先を住民投票、すなわち住民の意思によって決定すべきとする考え方は、当時の領土帰属に関する国際法の原則を念頭におくと極めてラディカルな考え方である。

さらに、国民誓約の第一条後半では「ムスリム・オスマン人」の居住地域については、ムドロス休戦協定で定められた境界の内側であるか外側であるかにかかわらず、現実的にも法的にも、いかなる理由によっても分割され得ない一体的な存在であると主張している[11]。「ムスリム・オスマン人」、すなわち、トルコ人の領土に関しては、休戦協定によって定められた境界の外側、すなわち現在占領下にある地域であっても、割譲され得ないとする、非常に強い政治的な意思が表明されている。

しかし、このような国民誓約が想定するトルコの領土とセーヴル条約が規定するそれとの間には大きな乖離がある。この国民誓約の実現をめざす独立戦争を経て、実力によってセーヴル条約の規定内容の変更を最終的に承認しつつ締結された条約が後述するローザンヌ条約である。しかし、同条約の締結前に、トルコの領土に関連する三つの条約が締結されている。一九二一年三月一六日のソ連との間でのモスクワ条約、同年一〇月一三日のソ連、アルメニア、アゼルバイジャン、ジョージアとのカルス条約、フランスとの間でトルコ軍がギリシャ軍に対して優勢となった後の一九二一年一〇月二〇日に締結されたアンカラ条約（フランクリン・ブイヨン協定）がそれである。これらの条約によってトルコの北方およびシリア地域の国境については、ローザンヌ条約を待たずに定められることになる。

まず、ソ連との間で締結された一九二一年三月一六日のモスクワ条約であるが、この条約に関して決定的に重要なのは、その第一条において「本条約は、一九二〇年一月二八日の国民誓約に含まれる諸領域の総体をトルコであると理解する」として、先の国民誓約が承認されたことである。さらに同条において、トルコ北東部の国境について詳述し、第二条においてバトゥムのソ連への割譲が合意され、第三条でナヒチェバン地区のアゼルバイジャンの保護下での自治とその範囲が規定されている。また、それぞれの境界については附属書によって詳細に示されている。アルメニア、アゼルバイジャン、ジョージアをも当事国とするカルス条約は基本的にモスクワ条約で設定された国境を踏襲しつつ、アルメニア共和国の崩壊とアルメニア・ソビエト社会主義共和国の成立などの情勢の変化を反映し締結されたものである[12]。

これらの条約とセーヴル条約とをオスマン帝国の空間的輪郭という観点から比較すると、アルメニア共和国の崩壊により、オスマン帝国はアナトリア東部の大部分の地域を回復している。そして、その結果、ソ連と直接に国境を接することにもなった。オスマン帝国の東方の国境は、これらの条約によって確定し、現在のトルコの国境もそれを踏襲しつつ現在まで至っている[13]。

次いで、フランスとの間で締結されたアンカラ条約であるが、この条約は一三か条のみの簡単な条約であり、またそれ自体でトルコの「国境」を明示的に規定する条約ではない。ただ、第三条でトルコ、フランスの両軍が一定の境界線まで撤退すべきことを定め、その上で第八条においてその境界線が示されている。その内容は、境界線の出発点を「アレクサンドレッタ湾のパヤス」として、その他の目印となる地点を示したうえで、「鉄道」や「旧道」に沿わせるというものである。この規定に続いて両当事者からなる委員会が設置され、具体的な境界線が画定されるべきことが約されている。このことからも分かるが、本条文のみから十分明確な国境線を導き出すことは容易ではない。実際、後には「旧道」が具体的には何を意味するのかということなどが争われている。それでも、セーヴル条約第二七条で規定されていた境界線と比べると、フランスは約一万八〇〇〇平方キロメートルの地域をトルコに割譲したことになる。

ところで、本条約において注目すべきは、その第七条である。そこでは、「アレクサンドレッタ地区に対しては特別な統治体制がとられる。この地区の住民は文化的発展のためのあらゆる便宜を享受する。トルコ語［の使用］は公式の承認を受ける」と規定されている。このアレクサンドレッタ地区は、トルコとシリアの境界にあたる地域である。ここに特別な地位を認めたことで、戦間期のトルコの領域紛争の舞台となる。

ローザンヌ条約によるトルコの領域の基本的確定

トルコの「独立戦争」は、西方では主としてギリシャを相手に戦われたものであるが、一九二一年九月以降、トル

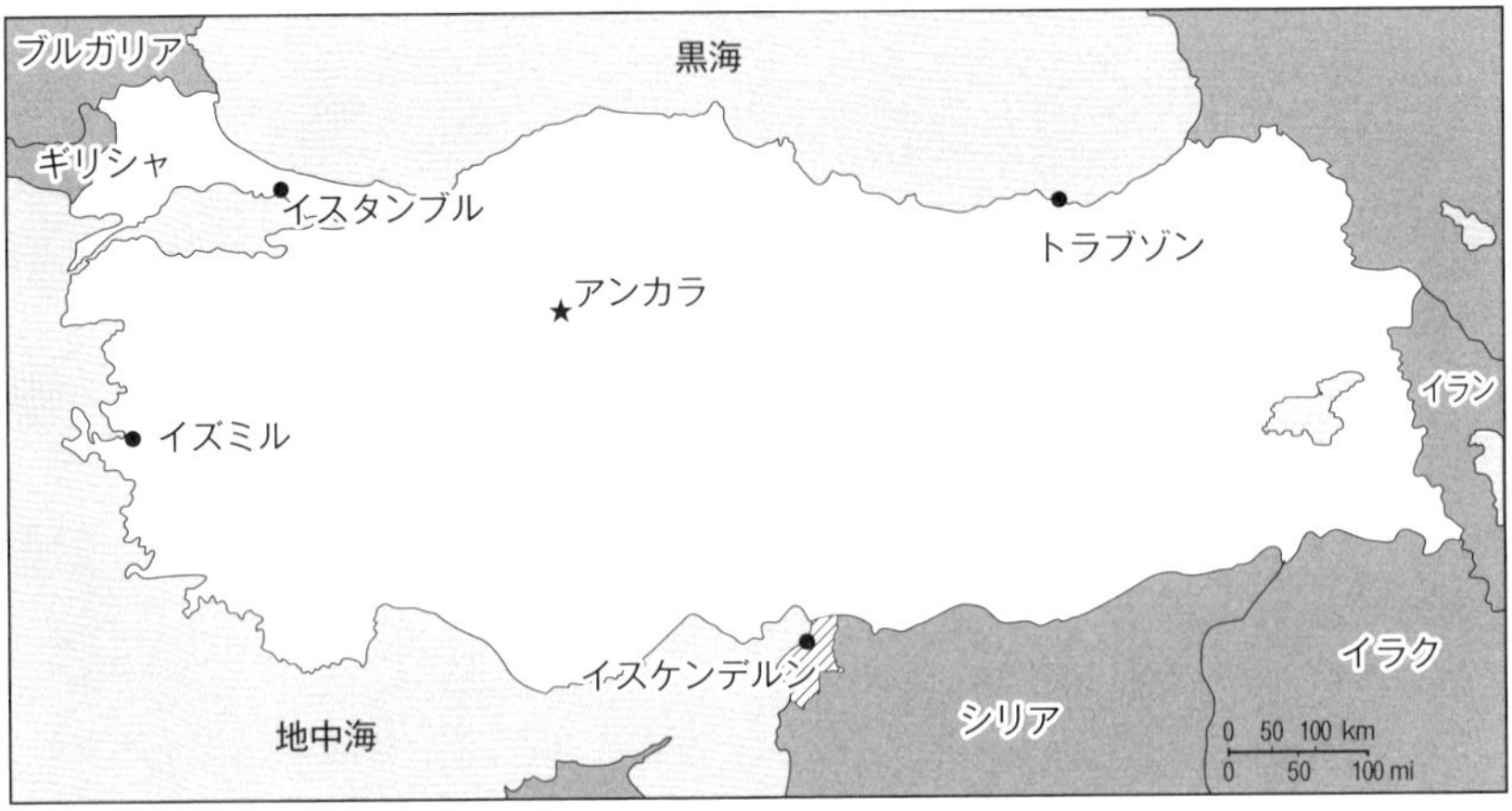

地図 2　ローザンヌ条約
イスケンデルン（アレクサンドレッタ）地区は 1939 年にトルコに編入。
（出典）筆者作成.

コは総力戦を戦い抜き、九月九日にはギリシャの占領下にあったイズミルを奪還し、その後、海峡地区からの連合軍の撤退をも達成した。このようなトルコの軍事的勝利の結果、一九二三年七月二四日にローザンヌ条約が署名され、各国の批准を経て翌年八月六日に発効した。この条約は独立戦争、そして第一次世界大戦の講和条約として批准を経ており、国際法上の効力を備えている。なお、「セーヴル条約が破棄されローザンヌ条約が締結された」との説明がなされることもあるが、必ずしも正確な表現ではない。セーヴル条約は前述の通り国際法上の効力はないため、このローザンヌ条約によって、国際法上は初めてトルコの第一次世界大戦が終了したのである。

ローザンヌ条約は、当事国間での戦争状態の終結を謳った第一条に続く、「領域条項」（一―二九条）においてトルコの領域について規定している[14]。第二条において「黒海からエーゲ海まで」の国境を（1）対ブルガリア、（2）対ギリシャに分けて示し、第三条において「地中海からペルシャ国境まで」の国境を（1）対シリア、（2）対イラクと区分して規定している。ローザンヌ条約は全一四三条からなるが、領域に関連する条項はそれほど多くない。それでも、セーヴル条約と比較するとローザンヌ条約によってトルコは、国民誓約を実現するほどの領域を回復することとなった。しかし、次節で検討するように、ローザンヌ条約の領域に関する条項は簡潔なものであり、それが後のトルコの領域紛争の一因となる。

第二節　戦間期トルコ共和国の領土紛争

ローザンヌ条約第三条と二つの領土紛争

ローザンヌ条約の締結によって、トルコはその地位に対する国際的な承認を獲得することができた。そのため、その後トルコはムスタファ・ケマルに帰せられる「内に平和、外に平和」というスローガンに示されるように、国内政治を重視し、対外的な紛争は避けるという政策を採用していくことになる。[15]

しかし、領域の確定に関連するローザンヌ条約の規定は明確ではなかったし、トルコにとって十分に満足のいくものでもなかった。[16]その結果生じた問題として先行研究においてしばしば指摘され、注目を集めてきたのがモスルとアレクサンドレッタの帰属問題である。[17]いずれの問題にも関連するのが、次のローザンヌ条約第三条である。

地中海からペルシャの国境まで、トルコの国境は以下のように設定される。

（1）対シリア

一九二一年一〇月二〇日のフランス・トルコ協定第八条に規定された国境

（2）対イラク

トルコとイギリスの間で九か月以内に締結される友好的な取極によって決定される。

上記期間中に両政府の間でいかなる合意もなされなかった場合、紛争は国際連盟の理事会に付託される。

トルコ・イギリスの両政府は相互に国境問題につき決定がなされるまでの間、当該決定によってその最終的な運命が決されるべき領域の現状を変更しうるいかなる軍事的その他の行動もとらない。

いずれも具体的な国境自体を示すものではなく、シリアとの国境に関しては先に締結された条約に、イラクとの国境については後の解決に委ねられている。しかし、この両規定が、戦間期に具体的な紛争となって争われる。いずれの紛争も当事国のみで解決することはできず、国際連盟が役割を担うことで一応の解決をみた。以下では、時系列順にまずはモスル帰属問題から検討していく。

モスル帰属問題

前述したトルコとイラクとの国境に関するローザンヌ条約第三条（2）は、文言自体は一般的ではあるものの、その念頭に置かれているのは、モスルの帰属問題であった。

モスルは、現在ではイラク北部の中心的都市である。市街はティグリス川両岸に広がり、世界有数の石油生産地としても知られている。非常に長い歴史を持つ都市で、古代メソポタミア文明のアッシリア帝国の時代に建設され、一三世紀にモンゴル帝国によって破壊されるものの、オスマン帝国の統治期に再興され、州都として周辺地域統治の中心とされていた。モスルはオスマン帝国の一地域であったわけであるが、第一次世界大戦に際して、ムドロス休戦協定後にイギリスに占領される。しかし、一方でトルコは、国民誓約などによって、モスルが自国領域の不可分の一部である旨を主張し続けた。ここに、モスルをめぐるトルコとイギリスの対立が生じることとなる。当時すでにモスルに大量の石油が埋蔵されていることが明らかになっていたこともまた、両国の間の対立を激化させる一因となった。

当然、ローザンヌ会議においてもモスルの帰属は重要な議題の一つとされ議論の対象となった。しかし、平和条約の締結自体が頓挫することを防ぐため棚上げにされ、ローザンヌ条約自体は、前述したような後の解決を待つ規定にとどまった。同条約の締結後、トルコとイラクを委任統治するイギリスとの間で直接の交渉が行われたもの(18)の、イギリスが国際連盟理事会への紛争の付託を強く望んだこともあって全く進展せず、本件は一九二四年八月六日に国際連盟の理事会に付託されることとなった。連盟は、九月、事実調査のための委員会（ウィルセン委員会）を立ち上げ、現地調査を行い、翌年六月一六日には同委員会の報告書（ウィルセン・ペーパー）が連盟理事会に提出される。さらに、理事会の決定の法的な性質をめぐり、すなわち理事会の決定は法的に拘束力を有し、トルコとイラクの間の国境を最終的に確定するものであるのかといった点をめぐって、イギリスとトルコとの間で見解の対立が生じていたため、理事会は一九二五年九月一九日常設国際司法裁判所（ＰＣＩＪ）に勧告的意見を求める。当時の代表的な国際法学者でもあるマックス・フーバーを裁判長とする裁判所は一一月二一日、勧告的意見を採択する。[19]その内容は、理事会の決定は法的拘束力を持つこと、そしてそこで決定された国境は最終的なものであるというものであった。そして、その後の一二月一六日、理事会はウィルセン委員会の活動に先立ち暫定的に設定されていた境界線であるブリュッセル・ラインを国境とすべきことを決定する。ＰＣＩＪの勧告的意見に基づけば、この時点でトルコとイラクの国境、そしてモスルのイラク側への帰属は法的に確定したことになる。その後、翌年には、トルコ、イラク、イギリスの間で条約が締結され、国境がブリュッセル・ラインに基づくことが確認されている。[20]そして、イラクに対するイギリスの委任統治が終了した後も現在にいたるまで、トルコ・イラク間の国境は基本的に当時のまま維持されている。[21]

以上のような展開を経て、モスルはイラクに帰属するという決着をみたわけであるが、ここで注目したいのはトルコがいかなる主張によってモスルを自らの領域であると主張したのかである。

まず、ローザンヌ会議におけるトルコ側の主張は、「民族的、政治的、歴史的、地理・経済的、軍事・戦略的」なものであった。その大要は、「モスルの住民の大多数はアラブ系ではなくトルコ系またはクルド系である」、そして「彼らはトルコへの帰属を望んでいる」、「そのためモスルはトルコに帰属すべきである」というものである。ここに見出されるのは、領土に居住する住民の意思に領土自体の帰属先の決定を委ねるべきだという考え方である。

一方でイギリスはローザンヌ会議において「イギリス軍は大戦中、トルコ軍を破り、モスルとイラク全土を征服した。イギリスはこれらの地域の保持を、征服の権利によって主張することができるのである[22]」と主張した。伝統的に国際法においては、領域の変動が生じるのは、「先占」「割譲」「添付」「時効」「征服」などの権原が生じた場合であると考えられている。[23]トルコが主張するような、住民の意思によって国家の領土が変動するという事態は、想定されないものである。一方で、イギリスが主張するような征服による領域の取得は、議論の余地はあるものの、基本的には当時の国際法に沿って理解可能なものであった。

この点に関連して、注目すべきなのが、ウィルセン・ペーパーの次の一節である。

委員会は、法的観点からみれば、紛争地域はトルコの固有の一部であるとみなさなければならないとの見解に賛同する。イラクは、征服の権利やその他の法的権利を援用することによって、紛争地域に対する権利主張を行うことはできない。単に、イラク国家が建設されたのだから、その領域はイラクの通常の発展を可能にするようなものでなければならないなどと道徳的な主張を行いうるのみである。

委員会はこのような法的な評価がどの程度重視されるべきかを決定する資格があるとは考えない。それは国際連盟理事会が扱うべき事柄である。そのため、委員会は最終結論においては、これらの点についていかなる説明も行わない。[24]

ウィルセン・ペーパーは、理事会がモスルをイラクに属すると判断する基礎となった文書である。しかし、そのような文書ですら、イギリスによる主張を否定した上で、法的にはモスルはトルコの固有の領土であるとみなしているのである。この理解を敷衍するならば、そもそもモスルはオスマン帝国の領土であり、その後、軍事的な占領等はあったものの、それは領域主権の主体を変更する征服などとはみなせない。そのため、オスマン帝国と法的には同一の国家であるトルコ共和国にモスルは帰属するというものである。法的な議論として決して奇異なものではない。

そうであるならば問題となるのは、トルコはなぜ、このような議論を行わなかったのかという点である。もちろん、このような主張を全く行っていないわけではない。「歴史的」な主張として、モスルがオスマン帝国にこれまで帰属してきたことは触れられている。当時の代表的な国際法学者であるクインシー・ライトも、この点をトルコによる法的な主張として評価している。[25]しかしながら、それ以上にトルコの主張においては、住民の大多数がトルコ系またはクルド系であり、彼らがトルコへの帰属を望んでいるということに重きが置かれている。ローザンヌ会議においてもトルコ側は、イギリスの征服の権利の主張を否定する際、「ある国の住民はかれらの意思に反して、ある国の主権下から他国の主権下へと移されることはない」と述べ、さらにこの主張が「大戦中の協商国の主張ではなかったのか？　そしてウィルソン大統領が将来の平和の基礎とすべきものと声高に宣言していたものではなかったのか？」と訴えかけていた。[26] ウィルソンによって提起され広がっていた「自決権」への強い依拠がみえる。しかし、当時、自決権は領域の帰属を決定づけるような国際法の原則とまで言えるものではなかった。今日の国際法においても特殊な場合を除いては同様である。[27] ここからは、領域の確定という場面におけるトルコ共和国政府の民族性の過度の重視が見出せるように思われる。[28] 同様の傾向は、そもそも国民誓約における住民投票の強調にも、[29] そしてアレクサンドレッタ問題においても見出される。

アレクサンドレッタ問題

モスル帰属問題が決着をみたのち一〇年、トルコは新たな領域紛争に直面することになる。それが、アレッポの北方に位置するアレクサンドレッタの帰属をめぐる問題である。[30] アレクサンドレッタは地中海に面する地域で、トルコの立場からすると（おそらくは国際社会の多くの国の立場も同様だが）、現在ではトルコ領ハタイ県とされている。古代より続く重要な都市であるアンタクヤ（アンチオキア）やイスケンデルン湾に面した商業都市であるイスケンデルン（かつてはアレクサンドリア・ニア・イッサス、あるいはアレクサンドレッタと呼ばれていた）を擁する。一九三〇年代半ば、この地域には二二万人程度の住民がいたとされているが、少なくとも五つの言語が用いられ、十六の宗派が存在していたとされており、住民の民族的構成は極めて複雑なものであった。この複雑さがアレクサンドレッタの帰属をめぐる紛争の一因である。

そもそもアレクサンドレッタの帰属については、前述したようにトルコとフランスの間で一九二一年に結ばれた講和条約であるアンカラ条約にすでに規定があった（第七条）。その趣旨は、アレクサンドレッタがシリアの一部としてフランスの委任統治下に入るにあたり、同地域にはトルコ系住民が多いために特別の自治を認めるというものであった。この規定はローザンヌ条約第三条においても、前述のようにそのまま承認されている。

アレクサンドレッタを含むシリアに対するフランスの委任統治は、一九二三年九月二三日の国際連盟の委任状発効に伴いはじまるが、決して安定したものではなかった。一九二五年に始まる二年間の反乱の後は、隣国イラクの独立（一九三二年）、国際連盟への加盟などもあり、シリアにおいてもフランスと同盟を結び独立を目指そうとする動きが活発になる。一九三六年にはパリにおいてシリア代表団とフランス政府との交渉が行われ、シリアの三年以内の独立、フランスによるシリアの国際連盟加盟支援、両国の特別な関係の維持などを主たる内容とする条約が調印され、両国の批准を待つこととなった。

ところが、この条約にトルコが激しく反発することになる。アレクサンドレッタが従来の地位を失い、シリアの一部とされることに異議を唱えたのであり、ここにアレクサンドレッタ問題と呼ばれる紛争が生じることとなる。[31]

一九三六年一二月八日、トルコは国際連盟に対し、アレクサンドレッタ問題についての理事会の仲介を求める。理事会においては、仲介案を提示する役割を担う報告者が任命され、フランス、トルコによる議論が行われ、翌年一九三七年一月二七日には報告者による報告書が採択された。その内容は、アレクサンドレッタをシリアの一部に留めつつも、国内統治に関しては完全な自治権を許し、トルコ語の公用語としての使用も認めるべきことの勧告であった。[32]同年の五月二九日にはこの報告書に基づき、いわゆる「アレクサンドレッタ規約」と「基本法」とが理事会で決定される。[33]これらは、アレクサンドレッタの地位を国際的に規定する基本文書である。そして、同日にはフランス・トルコ間で連盟の決定を尊重する旨の合意も結ばれる。翌一九三八年には三月、五月に基本法に基づく議会開催のための議会選挙が行われた。そして同年七月四日に、フランス・トルコ間で両国の相互不可侵とアレクサンドレッタの領土保全とをその内容とする条約が締結される。そして一九三八年九月二日、五月の議会選挙に基づく議会が開催され、そこでハタイ共和国の設立が宣言される。ハタイ共和国といっても、法的にはフランスによる委任統治下にあるシリアの一部である。

ここまでの過程は、連盟理事会の決定に従いつつ、その趣旨に沿う二国間合意がトルコ・フランス間で形成されていったものと理解できる。しかし、その後の一九三九年六月二三日になされた両国間の合意はこの潮流に沿うものではなかった。この合意においては、国内的な自治などではなく、ハタイがトルコに編入されることが合意されたのである。[34] 続く六月二九日にはアレクサンドレッタ議会においても、トルコへの編入が可決され、さらに七月七日にはトルコ共和国議会がハタイ県設置法を承認する。ここに至って、アレクサンドレッタはハタイ県としてトルコに併合されることとなった。そしてトルコとシリアとの国境は、アレクサンドレッタをトルコ側に含む形で引かれることとなった。

このような展開をみせたアレクサンドレッタ問題に対し、まずは、エリザベス・ピカードが指摘するように、一九三六年の時点でのトルコはアレクサンドレッタに対する主権を放棄しているという立場をとっていたことは確認されるべきであろう。実際に、その後も、対外的にはアレクサンドレッタの自国領土への編入を求める法的な主張は行っていない。そうではなく、トルコ語話者が多数を占めることを理由とした、同地域の自治を求める主張が主たるものであった。そして、実際にはトルコ人としてのアイデンティティを養成するため、さらにはそれを対外的に誇示するための様々な試みをトルコは行ってきた。[35]

アレクサンドレッタを法的にトルコ領とするには、シリア、実際には委任統治国として外交権を持っていたフランスから、合意によって割譲されるしかない。ハタイ共和国は自らの議会と住民投票によってトルコへの編入を決議しているが、法的にこの編入を実現したのはトルコ・フランス間の合意である。そのため、先行研究は、フランスが、自らが主権を有しているわけではなく、委任統治を行っているにすぎないシリアの領域をなぜ放棄することができたのか、という点に着目してきた。当然、法的な説明は困難であり、第二次世界大戦開戦の気運の高まりと、ソ連との関係などの外在的な要因によってアレクサンドレッタの編入は説明される。しかし、トルコは国際法に基づいて領土の取得や回復などを主張したわけではなく、同地区において住民のアイデンティティを問い、作りあげることで、結果として領域の獲得に成功したのである。

戦間期トルコ共和国の領域紛争とその解決

モスル問題、アレクサンドレッタ問題は、国際連盟の仲介、そしてモスル問題についてはトルコの譲歩、アレクサンドレッタについてはフランスの譲歩によって、国家間の武力紛争には至らず、平和裏に解決された。この二つの問題が一応の解決をみたことによって、トルコの国境は大部分が確定することとなった。

戦間期に処理されたこの二つの問題に共通してみられるのが、住民のアイデンティティあるいはその民族的同一性に基づく領域支配の主張である。そして、この主張の説得性や妥当性の多寡が領土帰属の決定自体と直接的に結びついたわけではない点も、二つの問題に共通である。

第三節　第二次大戦後トルコの領域紛争

安定しないトルコの領域

第二次世界大戦に際し、トルコはその大半の期間、中立を維持した。その結果、第二次世界大戦によってトルコの領域に変動が生じるということはなかった。それでは、戦後のトルコの領域が安定しているかというと、決してそのようなことはない。もっとも顕著な紛争が、キプロス問題であり、この問題を筆頭にギリシャとの間には一九五〇年代以降、様々な領域紛争が存在している。また、戦間期の取極によって確定された国境であっても、決して安定しているわけではない。領有自体を争う明示的な紛争は発生していないが、軍隊などの越境が頻繁に行われる不安定な国境となっている。以下では、まずトルコ・イラク間の国境とトルコ・シリア間の国境の、戦間期以降の展開を確認する。その後、戦間期には争われなかったギリシャとの間の領域紛争について概観する。

越境される国境：イラク、シリア

まず、トルコ・イラク間の国境のその後の展開について概観する。モスル帰属問題が終結した後、トルコがこの地域の回復を図ったことはなく、トルコ・イラク間の国境はその意味では安定している。たしかに湾岸戦争の後、トゥルグト・オザルやスレイマン・デミレルなど、トルコの大統領や首相が、国境の人工的性格を批判し、モスルとキルクークをトルコの領有とすべきことをほのめかすような発言を行ったこともある。攻撃的な発言ではあるが、基本的に発言のみであり、この後に何らかの国境変更のための試みが行われたわけではない[36]。

しかし、それではトルコ・イラク間の国境が安定したものと呼べるかというと、そうではない。一九八〇年代初頭以降、PKKゲリラの追跡のためにトルコ軍が頻繁に両国の国境を越境し、一部の都市を制圧するなどの軍事的な介入を行っている。また、イラン・イラク戦争の間はイラクが北部のクルド人地区を管理できないことを理由に頻繁に越境行為が行われていた。さらに、一九九五年には三万五〇〇〇人規模の、一九九七年には五万人規模の部隊での越境が行われている。一九八〇年代にはこのようなトルコの越境行為を容認する条約がトルコ・イラク間で締結されていた。すなわち、トルコの行為に対するイラクの同意が見出せる。しかし一九九一年以降、当時のイラクのサダム・フセイン政権は、トルコの行為を非難するようになり、一九九七年の侵攻に関しては、安保理に対し、トルコの行為はイラクの領域主権を侵害するものであって、明白な国際法違反であると非難している。トルコはこれらの行為に関して、あくまでこれらの越境行為は特殊なものであり、イラクの領土保全は保障されねばならない旨を繰り返し確認している[37]。ここからも分かるように、トルコの行為は国境の変更を目的としたものではないとは言えよう。しかしながら、国境の安定性や不可侵性を曖昧なものとしてしまうことは確かであろう。

同じく戦間期に確定されたトルコ・シリア間の国境のその後の展開について概観する[38]。トルコとフランスの間で決定されたアレクサンドレッタ地区（ハタイ）の併合に対して、当時のシリアのメディアは極めて批判的であった。しかし、一九四六年のシリア独立の際、シリアの独立をトルコが承認するかわりに、シリアはハタイの返還を公式には求めないことが両国間で合意された[39]。その後、いくつかの例外はあるが、ハタイの返還を求める声明や行動をシリア政府が起こすということは今日までほとんどなかった。

それでは、ハタイの併合、あるいはシリア・トルコ間の国境をシリアは黙認しているとみなせるかというと、少なくともシリア政府は、そのようにみなされないための取組を行ってきた。例えば、トルコ側からの国境地帯における自由貿易地区の設定の申出などは拒み続けてきた。また、シリア政府が発行する地図においても、ハタイはシリア領として描かれ続けてきた。

しかし、一九九八年のアダナ合意以降、両国関係が改善に向かうと、二〇〇〇年代以降には、国境地帯の自由貿易地区設定、さらにはハタイも貫流するオロンテス川のダムの共同開発計画などが実行され、両国の国境の曖昧化、あるいはシリアによるトルコの領域支配の黙認ともみなしうるような事態が増加してきた。シリア内戦の勃発以降も、トルコによるハタイの領有に関するシリアの態度にはそれほど大きな変化は見られない。シリア国内の反体制派は、ハタイがトルコ領であることを前提として活動しているようにもみえる。例えば、自らが実効支配する地域のために作成した教科書においては、ハタイをシリアから除いて示しているし、また、実証的には未だ確認されていないが、二〇一二年に反体制派とカタール、トルコ、アメリカとの間で結ばれた秘密条約によると、反体制派はハタイがシリアの一部であると主張しない旨、合意したと言われている。シリア政府側は、これらの行為に対し、同地域の住民のシリア人としての民族性を強調するドキュメンタリーを作成し放映するなどは行っているものの、目立った外交的な抗議などは行っていない。

以上のような経緯を踏まえると、シリア政府は決して現状の国境に明示的に合意しているわけではないものの、少なくともそれを問題化することは避けており、徐々に黙示の合意が形成されつつあるようにも見える。しかし、このことは両国の国境が安定的に管理されていることを全く意味しない。二〇一六年のユーフラテスの盾作戦、二〇一八年のオリーブの枝作戦などでは、トルコ軍自体が越境しシリアに侵攻していることに加え、国境地帯は難民、体制派、反体制派の移動が盛んに行われる多孔性な空間となってしまっている。

ギリシャとの国境

トルコとギリシャの関係は、ギリシャの独立以来、ほとんどの期間に亘って友好的であるとは言いがたいものであった。戦間期から一九五〇年代まで、例外的に友好的な期間が続いたものの、それ以降、特に一九七四年以降は、両国の間に多数の紛争が存在している。

両国の国境も、やはり基本的にローザンヌ条約によって確定されており、関連する条文は陸上の国境については第二条、エーゲ海上の島々の帰属については、第一二条から第一五条までである。第二条が規定する陸上の国境については、これまで両国間で目立った争いはない。問題はエーゲ海である。

エーゲ海に関するトルコ・ギリシャ間の紛争について、アレクシス・ヘラクリデスは、以下の七つの点を巡って争われていると論じている。すなわち、（1）大陸棚、（2）領海の幅、（3）ギリシャ領空の幅、（4）東ギリシャ諸島の非軍事化、（5）イミア／カルダク島とグレーゾーン問題、（6）飛行情報区に関連する権利・義務、（7）NATOの活動である。[40] さらにここに、厳密な意味ではトルコ・ギリシャ間の領域紛争とは呼べない部分もあるが、キプロス問題を数えることができよう。これらの問題は相互に関連したものであり、ローザンヌ条約第一二条以下の規定の解釈が決定的な重要性を持っている。まず第一二条の規定を確認すると以下の通りである。

インブロス、テネドス、そしてラビット諸島は除き、特にリムノス、サモトラキ、ミティリーニ、ヒオス、サモス、そしてイカリアなどの東地中海の島々に対するギリシャの主権に関する諸決定［※具体的な決定名は引用者により省略］は、イタリアの主権下におかれる島々を尊重することを規定する諸条項を前提として、保障される。

本条約にこれに反する規定が含まれている場合を除き、アジア側の海岸から三カイリ以内に所在する諸島についてはトルコの主権下にとどまる。

これらは東地中海［エーゲ海］に所在する島の帰属についての規定であり、ギリシャ、イタリア、トルコに分有されることがわかる。イタリアの主権下におかれる島については、本条に示されている通り、第一五条に次のような規定がある。

トルコは、イタリアに対し以下の諸島に対する全ての権利と権原とを放棄する。その諸島とは、スタンパティア［アスティパレア］、ローデス［ロードス］［……］など、現在イタリアによって占領されている島、そしてそれらに付属する

（dependent）小島嶼、さらにカステロリゾ島にも及ぶ。

本条には名称が列挙されている島と「それに付属する小島嶼」に対する主権がトルコからイタリアに割譲されることが示されている。第一二条と第一五条とをあわせて理解すると、トルコには「インブロス、テネドスそしてラビット諸島」、さらに「沿岸から三カイリ以内にある島」が、イタリアには第一五条で名称が示されている島と「それらに付属する（dependent）小島嶼」が帰属することが、そしてギリシャには、やや不明確ではあるものの、その他の東地中海上の島々が帰属することになる。

第二次世界大戦の後、この状況に変化が生じる。ギリシャとイタリアとの間で一九四七年に締結されたパリ条約によって、イタリアが東地中海上の諸島と「そこに隣接する（adjacent）小島」をギリシャに対して割譲することになったのである。これによって東地中海上の島はその大多数が、ギリシャの領域となり一部のみトルコのものとなることになった。しかし、そもそもローザンヌ条約によってイタリアの主権下におかれることになった「それらに付属する小島嶼」やパリ条約によりイタリアからギリシャへと割譲された「それらに隣接する小島」などは、曖昧な表現であるため、関連する条約文中に名称を明示されていない島々については、その帰属について争いうる余地が潜在的に存在していた。

この問題が顕在化したのが、一九九五年に発生したイミア／カルダク諸島をめぐる紛争である。[41]この紛争は、トルコ・ギリシャ間の諸問題のなかで唯一、「領土」の帰属をめぐる問題である。具体的な紛争は、一九九五年一二月、トルコ船籍の貨物船が、イミア島で座礁し救助を要請したことからはじまる。遭難信号を受信したギリシャ船が、救助のために駆け付ける。ところが貨物船の船員は、当初同船はトルコ領海内にあるとしてギリシャによる救助を拒否し、結局救助された後も、請求された費用について支払いを拒絶した。この問題は政府間の交渉にとりあげられ、トルコ外務省は本島については領域主権をめぐる争いがあること、そしてトルコの主権下にあると考えていることを通知した。これに対し、ギリシャは先述したローザンヌ条約やパリ条約に言及し、即座にトルコの主張に反論する。そして、この事件がギリシャ、トルコ両国のメディアによって伝えられると、紛争は一気に過熱することになる。無人島であったイミア島に、両国の活動家やジャーナリストあるいは政治家が上陸し、それぞれの国旗を掲げるというような事態となった。さらに翌一九九六年一月二八日にはギリシャ軍の特殊部隊が東岸に、三一日にはトルコ軍の特殊部隊が東岸に上陸し、現在も判然としない理由によりギリシャ軍のヘリコプターが墜落し三名の犠牲者が出ることになる。これらの事態を受けて、両国の武力衝突の危険が極めて高まったが、アメリカの仲介によって衝突は避けられた。しかし、イミア島の帰属をめぐる紛争自体は解決しておらず、未だくすぶり続けている。

現在も進行中のこの紛争において、トルコはどのような議論で自らの主張を正当化しているのであろうか。前提としてまず問題となるのはイミア島の所在である。同島は、アジア側の沿岸から三カイリの海域の外に所在する。そのためローザンヌ条約第三条後段に基づいてトルコの領土であるとは言えない。それではギリシャの領土ということになるかというと、その点で意見が分かれ得る。そしてイミア島は、その名称をローザンヌ条約第一二条にも第一五条にも明示されておらず、第一五条の「それに付随する小島」に該当するか、パリ条約の「接続する小島」にあたるのかも明確ではない。

トルコは、イミア島はこの「付随する小島」にも「接続する小島」にも含まれないとした上で、同島は、ギリシャ側の近接するカリムノス島からは五・五カイリであるのに対し、トルコ本土からは三・六二カイリあるいは三・八五カイリ、トルコ領土であるチャヴシュ島からは二・二カイリであるため、トルコ領土であると主張する。ローザンヌ条約によっては帰属を確定されていない諸島（「グレーゾーン」）があるとの解釈を示した上で、地理的近接性に基づく領域主権の主張を行っている。地理的近接性に基づく領域主権の主張は、決して説得的なものではないが[42]、そもそもの紛争の出発点の一つがローザンヌ条約の規定の曖昧さにあったことには留意しておくべきであろう[43]。

トルコ・ギリシャ間の海洋紛争においても、ローザンヌ条約が引き合いに出されることがある。その代表例が、領海の幅、より具体的にはギリシャが領海の幅を広げる可能性に言及したことに端を発する両国の紛争である。ここまでの検討からも明らかなように、エーゲ海上の島の大多数はギリシャの領土である。その一つの当然の帰結として、ギリシャの領海となる部分が極めて広くなる。ギリシャは六カイリの領海を設定しているが、一二カイリに拡大する可能性を示しており、そうなるとトルコは公海へのアクセスを複数失うこととなる。(44)

ギリシャの領海拡張の試みは、国連海洋法条約によって領海の幅が一二カイリ以内とされたことに伴う措置である。締約国は一二カイリ以内で領海を設定することができる。現在、一六七カ国がこの条約の締約国となっているが、トルコは、同条約の数十年にもおよぶ起草会議に積極的に参加していたにもかかわらず、排他的経済水域の境界画定に関する第七四条、大陸棚の境界画定に関する第八三条、島の定義に関する第一二一条、そして領海の幅に関する第三条につき、エーゲ海のような閉鎖海あるいは半閉鎖海には適用できないと反対し、締約国となっていない。(45)

トルコはギリシャの領海拡張の試みに対して、海洋法条約の規定を前提とした批判も行っている。しかし、目を引くのは少なくとも当時はトルコ政府が行っていた「ローザンヌ条約の基本的考え」や「ローザンヌ条約がもたらした均衡」に反するという主張である。(46) これはエーゲ海に関するローザンヌ条約の規定を単に領域の帰属を定めるものではなく、全体としてトルコとギリシャの間の政治的均衡を図るものと理解する見解であり、条約の解釈として説得的なものであるとは言い難い。しかし、それでもローザンヌ条約に言及するところに、いかにトルコの態度がこの条約に規定されているかを読み取ることもできよう。

トルコとギリシャとの間の領域紛争のその他の一つとして、大陸棚におけるガス田開発問題についても触れておきたい。そもそも両国の領域紛争が最初に表面化したのは、エーゲ海の大陸棚におけるガス田開発をめぐってであり、国際司法裁判所においても争われている。(47) そして、二〇〇九年以降、東地中海において、ほぼ毎年のように大規模なガス田が発見されており、潜在的な紛争の可能性が高まっている。東地中海に大陸棚を有しうる国家としてレバノン、トルコ、イスラエル、ギリシャ、エジプト、キプロス共和国、北キプロス・トルコ共和国など非常に多数の国家が数えられることが一因である。(48) トルコのみに着目すると、トルコの大陸棚が重複しうる国は多くない。しかし、トルコは北キプロスとして大陸棚を主張している。本章においては、キプロスをめぐるトルコとギリシャの紛争については扱わなかった。(49) この紛争自体は、トルコが領域としての主張をしているわけではなく、領域紛争とは呼べないためである。しかし、北キプロスを介した大陸棚設定の主張は、トルコ政府によって行われており、ここに至ってキプロス問題もトルコの領域問題としての性質を帯びつつある。

おわりに

本章においてはトルコ共和国の領域の輪郭を、トルコ共和国の建国以前から今日までたどりつつ検討してきた。本章で扱った事例は決して網羅的なものではないが、それでもトルコがその領域に関して、多くの問題を抱えていることは確認されたであろう。

国際法学においては「明確な領域」、「永久的住民」、「政府」、「外交能力」の四つが国家の資格要件とされる。領域と住民はともに、国家の要件ではあるが、領域の変動に関して住民の意思は第一次的には考慮されない。しかし、成立から今日までのトルコ共和国の領域の変動を検討すると、住民投票などによってトルコ系住民の意思あるいはそのアイデンティティを知ることが重視されている。これは、トルコの領域に対するアプローチの主たる特徴であると言えよう。

また、本章冒頭で言及したエルドアン大統領の発言は、ローザンヌ条約の改定を訴えるものであった。本章のこれまでの検討によって、トルコの領域がいかにこの条約によって規定されてきたかが確認された。しかもその確定は、条約自体のみによってなされたのではなく、その後の交渉等によってなされたものであった。エルドアン大統領によるローザンヌ条約改定の主張は、このような積み重ねを前提に評価されねばならないであろう。

＊本章は、ＪＳＰＳ科研費（18K12645）の成果の一部である。

注

（1）http://www.ekathimerini.com/ 223941/article/ekathimerini/comment/on-way-to-athens-erdogan-seeks-update-of-lausanne-treaty（二〇一八年一〇月一五日最終閲覧）.

（2）https://www.trtworld.com/magazine/turkey-still-debates-whether-treaty-of-lausanne-was-a-fair-peace-deal-14632（二〇一八年一〇月一五日最終閲覧）.

（3）今井宏平「ポスト「イスラーム国」時代のトルコの外交」平成二九年度外務省外交・安全保障調査研究事業報告書『反グローバリズム再考――国際経済秩序を揺るがす危機要因の研究　グローバルリスク研究』日本国際問題研究所、二〇一八年、七五～七六頁。

（4）Vahagn Avedian, "State Identity, Continuity, and Responsibility: The Ottoman Empire, the Republic of Turkey and the Armenian Genocide," *European Journal of International Law*, 23(3), 2012, pp. 797–820; Pulat Tacar and Maxime Gauin, "State Identity, Continuity, and Responsibility: The Ottoman Empire, the Republic of Turkey and the Armenian Genocide　A Reply to Vahagn Avedian," *European Journal of International Law*, 23(3), 2012, pp. 821–835.

（5）一般的には次の文献を参照せよ。James Crawford, *The Creation of States in International Law*, London: Oxford University Press, 2006, pp. 667–676; Emre Öktem, "Turkey: Successor or Continuing State of the Ottoman Empire?" *Leiden Journal of International Law*, 24(3), 2011, pp. 561–583; Patrick Dumberry, "Is Turkey the "Continuing" State of the Ottoman Empire Under International Law?," *Netherlands International Law Review*, 59(2), 2012, pp. 235–262.

（6）Lawrence Martin ed., *The Treaties of Peace 1919–1923*, vol. 2, New York: Carnegie Endowment for International Peace, 1924, pp. 789–941.

（7）Fatma Müge Göçek, *The Transformation of Turkey: Redefining State and Society from the Ottoman Empire to the Modern Era*, New York: I. B. Tauris, 2011, p. 114.

（8）Göcek, *The Transformation of Turkey*, pp. 98–184.

（9）新井政美『トルコ近現代史』みすず書房、二〇〇一年、五三～一八八頁。

（10）粕谷元「オスマン帝国からトルコ共和国へ（一九二〇年一月）」歴史学研究会編『世界史資料一〇　二〇世紀の世界Ⅰ』岩波書店、二〇〇六年、一八一～一八二頁。

（11）新井『トルコ近現代史』一六二頁。

（12）アルメニアをめぐる諸条約の背景、起草過程については次の文献を参照せよ。Richard G. Hovannisian, *The Republic of Armenia vol. IV: Between Crescent and Sickle: Partition and Sovietization*, Berkeley: University of California Press, 1996.

(13) George Bournoutian, "The Iran–Turkey–Armenia Borders as Depicted in Various Maps," *Iran and the Caucasus*, 19(1), 2015, pp. 97–107.
(14) Martin, *The Treaties of Peace*, pp. 961–969.
(15) William Hale, *Turkish Foreign Policy 1774*, New York: Routledge, 2013（3rd ed.）, pp. 31–55.
(16) Amit Bein, *Kemalist Turkey and the Middle East*, Cambridge: Cambridge University Press, 2017, p. 13.
(17) Majid Khadduri, "The Alexandretta Dispute," *The American Journal of International Law*, 39(3), 1945, p. 406.
(18) イラクは一九二一年にファイサルを国王として建国され、一九三二年一〇月までイギリスによる委任統治下におかれた。しかし、イラクは他の委任統治領とは異なり国際連盟理事会の委任状が存在しないため、国際連盟規約基づく委任統治であるのか、さらにイラクに対する主権はイギリス、国際連盟、イラクのいずれにあるのかなどといった疑問が生じることにもなった。この点につき一般的には、委任状は存在していないものの、イギリスとイラクが締結した一連の条約を検討する限り委任関係とみなせると評価されている。以下の研究を参照せよ。田岡良一「英・イラクの新同盟条約」『外交時報』第五五巻、一九三〇年、二一～三五頁。
(19) *PCIJ Series B*, No. 12, 1925.
(20) 小串敏郎『東アラブの歴史と政治』勁草書房、一九八五年、五三～五五頁; Philip Robins, "Turkish Policy and the Gulf Crisis: Adventurist or Dynamic?" in Clement Henry Dodd ed., *Turkish Foreign Policy: New Prospects*, Huntingdon: Eothen Press, 1992, p. 85.
(21) Nevin Coşar and Sevtap Demirci, "The Mosul Question and the Turkish Republic: before and after the Frontier Treaty, 1926," *Turkish Yearbook of International Relations*, 35, 2005, pp. 43–59.
(22) "Records of Proceedings of the Lausanne Conference on Near Eastern Affairs, 1922–1923," *Cmd. 1814*, 1923, p. 344.
(23) 深町朋子「国家領域」柳原正治、森川幸一、兼原敦子編『プラクティス国際法講義〈第三版〉』信山社、二〇一七年、一九〇～二〇七頁。
(24) League of Nation, "Question of the Frontier between Turkey and Iraq," *Report submitted to the Council by the Commission instituted by the Council Resolution of September 30th*, 1924, p. 88.
(25) Quincy Wright, "The Mosul Dispute," *The American Journal of International Law*, 20(3), 1926, p. 455.
(26) "Records of Proceedings of Lausanne Conference," p. 348.
(27) Karen Knop, "Statehood: Territory, People, Government," in James Crawford and Martti Koskenniemi eds., *The Cambridge Companion to International Law*, Cambridge: Cambridge University Press, pp. 101–107.
(28) Sharon Korman, *The Right of Conquest: The Acquisition of Territory by Force in International Law and Practice*, Oxford: Oxford University Press, 1996, pp. 156–159.

(29) 国民誓約の第二条、第三条においても住民投票による領域の帰属確定が主張されている。新井『トルコ近現代史』一六二〜一六三頁。

(30) アレクサンドレッタ問題については今日まで極めて膨大な先行研究が存在する。問題の概観を把握するにあたっては、以下の著作を参照せよ。小串『東アラブの歴史と政治』八〇〜八二頁。黒木英充「シリア・トルコの国境問題」『シリア・レバノンを知るための六四章』明石書店、二〇一三年、二三四〜二三九頁。

(31) Peter Shambrook, *French Imperialism in Syria, 1927–1936*, Reading: Ithaca Press, 1998, pp. 291–297.

(32) League of Nations, *Official Journal*, 1937, pp. 118–120.

(33) League of Nations, *Official Journal*, 1937, pp. 573–589.

(34) League of Nations, *Official Journal*, 1939, pp. 356–360.

(35) Roberta Micallef, "Hatay joins the Motherland," in Inga Brandell ed., *State Frontiers: Borders and Boundaries in the Middle East*, London: I. B. Tauris, 2006, pp. 141–158; Sarah D. Shields, *Fezzes in the River: Identity Politics and European Diplomacy in the Middle East on the Eve of World War II*, New York: Oxford University Press, 2011.

(36) Michael M. Gunter, "A De Facto Kurdish State in Northern Iraq," *Third World Quarterly*, 14(2), 1993, p. 302.

(37) 以上の経緯については次の文献を参照せよ。Åsa Lundgren, "Defending through Violation: Ankara's Contradictory Strategies over the Turkish-Iraqi Border," in Inga Brandell ed., *State Frontiers: Borders and Boundaries in the Middle East*, London: I. B. Tauris, 2006, pp. 107–108.

(38) 以下の記述は次の研究に依拠したものである。Emma Lundgran Jörum, *Beyond Syria's Borders: A History of Territorial Conflicts in the Middle East*, London: I. B. Tauris, 2014, pp. 89–111.

(39) Alon Liel, *Turkey in the Middle East: Oil, Islam, and Politics*, trans. Emanuel Lottem, Boulder: Lynne Rienner, 2001.

(40) Alexis Heraclides, *The Greek-Turkish Conflict in the Aegean: Imagined Enemies*, New York: Palgrave Macmillan, 2010, p. 77.

(41) 以下の経緯、法的論点については多数の先行研究が存在するが、簡便なものとして次の文献を参照せよ。Martin Pratt and Clive Schofield, "The Imia/ Kardak Rocks Dispute in the Aegean Sea," *Boundary & Security Bulletin*, 4(1), 1996, pp. 62–69; Sarah Green, "The Imia/ Kardak Dispute: the Creation if Rocky Zones in the Agean between Greece and Turkey," in Emmanuel Brunet-Jailly ed., *Border Disputes: A Global Encyclopedia*, vol. 2, Santa Barbara: ABC-CLIO, 2015, pp. 640–649.

(42) 深町朋子「領土帰属判断における関連要素の考慮」『国際問題』第六二四号、二〇一三年、二八〜三九頁。

(43) ところで、本件に関して十分に注目されていないように思われるが、留意すべきことは、トルコがイミア島を島ではなく「岩」と主張しているということである。後述するようにトルコは締約国ではないが、国連海洋法条約によると「島」であるか「岩」

であるかの国際法的帰結は非常に大きい。同条約の第一二一条を参照せよ。

（44）Brian W. Beeley, "The Turkish-Greek Boundary: Change and Continuity," in Carl Grundy-Warr ed., *International Boundaries and Boundary Conflict Resolution*, Durham: International Boundaries Research Unit, 1989, pp. 29–40.

（45）なお、トルコは黒海の沿岸国でもあり、ブルガリア、ルーマニア、ウクライナ、ロシア、ジョージアとの領海、排他的経済水域、大陸棚の境界画定が問題となりうる。境界画定が完了しているわけではないが、トルコとソ連が締結していた一連の境界画定条約が明示的に承継されるなど、これらの諸国との間には大きな問題は生じていない。なお、黒海においてはトルコも一二カイリの領海を設定している。

（46）Yannis A. Stivachtis, "What is the 'Basic Thinking' of the Lausanne Treaty?" *The Turkish Yearbook of International Relations*, 26, 1998, pp. 101–122.

（47）もっとも国際司法裁判所においては、大陸棚の境界画定の問題までは扱われていない。高田映「エーゲ海大陸棚事件」山本草二、古川照美、松井芳郎編『国際法判例百選』有斐閣、二〇〇一年、二〇二〜二〇三頁。

（48）https://worldview.stratfor.com/article/eastern-mediterraneans-new-great-game-over-natural-gas（二〇一八年一〇月一五日最終閲覧）.

（49）キプロス問題についてその概要は、以下の文献を参照せよ。今井宏平『トルコ現代史』中央公論新社、二〇一七年；Evanthis Hatzivassiliou, *The Cyprus Question, 1876–1960*, Minneapolis: University of Minnesota, 2002.

第九章　トルコの移民・難民政策

今井宏平

はじめに

二〇一八年八月二〇日現在、国連難民高等弁務官事務所（ＵＮＨＣＲ）の発表によると、トルコに流入しているシリア難民の数は三五四万五二九三人となっている。トルコは世界最大のシリア難民受け入れ国であり、イスタンブルには五〇万人以上のシリア難民が暮らしている。一九二三年にトルコ共和国が建国されてから二〇一一年に至るまで、トルコへの難民、難民申請者、移民の総人数は約二〇〇万人であったことからもわかるように三五〇万人以上にのぼるシリア難民がトルコに与えている影響は甚大である。

一方で、トルコおよびオスマン帝国はヨーロッパとアジアの架け橋と表現されることもあるように、その地理的特徴により、人々の移動の中継地点となっていた。二〇一五年に出版されたカヤとエルドアンの共編『トルコの移民の歴史』の副題は、「一四世紀から二一世紀にかけてのトルコへの移民」となっており、歴史的にトルコおよびオスマン帝国にいかに多くの移民もしくは難民が流入していたかを明らかにしている[1]。同書はバルカン半島や東欧からアナトリアへの移民、トルコ共和国建国時のギリシャとの間の住民交換、チェルケス人やタタール人のアナトリアへの移動、アフリカからオスマン帝国およびトルコへの移民、ユダヤ教徒のオスマン帝国への移民について扱っており、まさにオスマン帝国およびトルコへの東西南北からの移動をカバーしている。さらにトルコからヨーロッパへの移住、トルコが移民の「トランジット国」となっている現状、そしてシリア難民の流入についても触れられている。いずれにせよ、オスマン帝国およびトルコにとって移民／難民の問題は常に存在してきた課題であり、シリア難民の受け入れも古くて新しい問題と言えよう。

本章では、この古くて新しいトルコの移民および難民政策について、四つの視点から概観したい。第一の視点は、移民送り出し国としてのトルコである。一九五〇年代から六〇年代にかけて、多くのトルコ人がドイツをはじめとした西ヨーロッパに出稼ぎ労働者として渡り、現在でも多くのトルコ人がヨーロッパで生活している。トルコ人が西ヨーロッパに渡った背景とその実態について検証する。第二の視点は、移民の「トランジット国」としてのトルコの実態である。トルコはヨーロッパに隣接するその地理的特徴のために、ヨーロッパに渡ろうとする移民の一時的な滞留地となってきた。「一時的」といっても、その滞在期間は数日の場合もあれば、数十年に及ぶこともある。第三の視点は、移民および難民受け入れ国としてのトルコの実態である。トルコへの移民は優遇政策が採られていたこともあり、伝統的に他国に住むトルコ系の人々がほとんどであった。第四の視点は、第二の視点と関連するが、非トルコ系の人々であり、その規模が膨大であったシリア内戦による難民の流入である。シリア難民の流入は、これまでのトルコの移民政策を大きく覆す事件であり、同時にトルコ政府の非トルコ系の移民および難民の受け入れの課題を浮き彫りにした。

第一節　移民送り出し国としてのトルコ

ガスト・アルバイターとしてのトルコ移民

トルコは一九六〇年代から七〇年代にかけて、移民の送り出し国であった。もちろん、トルコから一方的に人々が移動を希望したわけではない。ドイツ（西ドイツ）を始め、イタリア、オランダ、ベルギーといったヨーロッパ各国が国外労働者を募ったためであった。トルコ系の移民は、労働力としてヨーロッパに渡った移民の中では後発であったが、次第にその数を増やしていった(2)。トルコ政府は一九六一年に西ドイツとガスト・アルバイターに関する政府間協定を結んだのを皮切りに、一九六四年にオーストリア、オランダ、ベルギー、一九六五年にフランス、一九六七年にスウェーデン、一九七一年にスイスと同様の協定を結んだ。[3] 一九七三年の時点で一五〇万人のトルコ人が一三ヵ国でガスト・アルバイターとして働いていた。[4] 一九六一年から七三年にかけて、ガスト・アルバイターとして西ヨーロッパに渡ったトルコ人の内訳は、西ドイツへが六四万八〇二九人、フランスへが四万五三六六人、オーストリアへが三万四四五九人、オランダへが二万三三五九人、ベルギーへが一万五三〇九人、スイスへが六三六〇人、デンマークへが三五七九人、イギリスへが二〇六二人となっている。[5]

ガスト・アルバイターとしてのトルコ人は地方出身で労働環境に恵まれなかった者、もしくはヨーロッパで一攫千金を目指した者と理解されがちであるが、サヤルによると、最初にヨーロッパに渡ったトルコ人労働者はイスタンブル、アンカラ、イズミルといった主要都市で働いていた熟練労働者もしくは職人であった。[6] 熟練労働者および職人は、一九六一年の協定前から、すでにドイツのシンクタンクの要請などでドイツに滞在していた。こうした人々は、主にハンブルグ、ブレーメン、キールといった北部の都市に滞在した。[7] 前述した地方出身で労働機会を求めていた人々がドイツに渡るのはその後であり、ヨーロッパでの雇用における経済的・社会的恩恵についての情報がトルコ国内で拡散し、地縁・血縁を頼って多くのトルコ人が殺到した。[8] トルコ人のガスト・アルバイターの動機はヨーロッパで高い収入を得ることであり、ヨーロッパに定住することではなかった。[9]

加えて、トルコ政府もトルコ人のヨーロッパでの出稼ぎ労働を後押しした。その理由は、一九六〇年代から七〇年代にかけてのトルコの経済状態が必ずしも安定しておらず、労働者の国外への移動はトルコ国内の失業率を抑えることができ、且つ移住先からトルコ国内への送金が見込まれるためであった。また、一九六三年から六七年にかけて、トルコでは高度成長のための第一次五ヵ年計画が実施され、そこでは「飽和した人的資源の輸出」も重要な政策の一つとされた。[10] 加えて、徐々に女性の移民も増えていき、男性だけの単身の出稼ぎから、家族単位でドイツへ滞在する者が増えていった。また、学歴に関しては、トルコの国家計画機構(SPO)が一九七一年に出稼ぎのトルコ人に実施した調査によると、非識字の人が三パーセント、識字だが学校に通っていない人が七パーセント、小学校卒業者が六三パーセント、中学卒業者が一四パーセント、高校卒業者が三パーセント、職業訓練校卒業者が八パーセント、大学卒業以上の高等教育を受けた人が三パーセントという割合となっている。[11] 一九七〇年にトルコ国内で実施された調査では、非識字の人が四七パーセント、識字だが学校に通っていない人が一〇パーセント、小学校卒業者が三六パーセント、中学卒業者が三パーセント、高校卒業者が一パーセント、職業訓練校卒業者が二パーセント、大学卒業以上の高等教育を受けた人が一パーセントという割合であった。両者を比較すると、ガスト・アルバイターは小学校卒業者、中学校卒業者、そして職業訓練校卒業者の割合が多いことがわかる。高等教育を受けた人の割合は少ないが、当時のトルコの労働力と比較すると、ガスト・アルバイターの教育レベルは低かったわけではなかった。トルコ政府の公的な労働者送り出し機関であるトルコ雇用サーヴィスを通して西ヨーロッパに渡った県別の出身者は表1のようになっている。送り出し県の上位は、貧しい県ではなく、イスタンブル（一六万六二八四人）、アンカラ（六万二〇〇六人）、イズミル（四万四四〇人）となっている。次いで、コンヤ（二万二八八〇人）、ゾングルダク（二万二六四一人）、トラブゾン（二万三四六人）、デニズリ（一万九五三六人）、バルケスィル（一万九二五八人）となっている。黒海沿岸や地中海沿岸から西ヨーロッパに渡った人々が多かったことがこの表から理解できる。

こうした西ヨーロッパへの外国人労働者の流入を終わらせたのは、一九七三年の第一次石油危機に端を発する各国の経済の停滞であった。これにより、外国人労働者の募集は停止された。ただし、家族の再統合のための追加的移住のみ、許可された。[12] 上述したように、それまで、トルコ人のガスト・アルバイターは一時的な滞在がほとんどであったが、一九六〇年代後半から家族を呼び寄せる者が多くなったこと、そしてこの追加的移住のみ許可されるようになったことで、西ヨーロッパ、特にドイツ在住のトルコ人の多くは定住を志向するようになった。現在、三五〇万人のトルコ人が西ヨーロッパに住んでおり、その内、二〇〇万人以上がドイツに在住している。一方で、一九八〇年から九九年までの間に約一五〇万人がトルコに帰還し、その後も毎年三万人がドイツからトルコに戻っている。[13] クヌルオールらが四八人に対して聞き取りを行った研究では、トルコ人の帰還の理由は、一つの原因ではなく、トルコ人に対する差別、環境への適合の難しさ、経済的な負担など、さまざまな理由がある。

表1　1961年から73年にかけてのトルコ雇用サーヴィスを通したガスト・アルバイターの出身県別人数

県　名	人　数	県　名	人　数
アダナ	17, 672	イズミル	40, 440
アドゥヤマン	1, 286	カルス	8, 512
アフヨン	10, 901	カスタモヌ	2, 330
アール	1, 264	カイセリ	18, 539
アマスヤ	3, 950	クルッカレ	5, 304
アンカラ	62, 006	クルシェヒル	7, 221
アンタルヤ	5, 262	コジャエリ	6, 620
アルトヴィン	2, 738	コンヤ	22, 880
アイドゥン	11, 171	キュタフヤ	13, 926
バルケスィル	19, 258	マラティヤ	8, 745
ビレジク	2, 112	マニサ	11, 564
ビンギョル	2, 160	マラシュ	5, 625
ビトリス	150	マルディン	2, 109
ボル	6, 909	ムーラ	2, 623
ブルドゥル	5, 107	ムシュ	2, 319
ブルサ	14, 244	ネヴシェヒル	8, 786
チャナッカレ	3, 486	ニーデ	7, 600
チャンクル	2, 643	オルドゥ	7, 487
チョルム	7, 732	リゼ	5, 117
デニズリ	19, 536	サカリヤ	15, 112
ディヤルバクル	2, 427	サムスン	15, 696
エディルネ	8, 752	スィイルト	531
エラズー	3, 330	スィノプ	3, 303
エルズィンジャン	10, 201	スィヴァス	15, 626
エルズルム	7, 873	テキルダー	7, 382
エスキシェヒル	11, 179	トカト	4, 127
ガーズィアンテプ	11, 022	トラブゾン	20, 346
ギレスン	11, 123	トゥンジェリ	4, 373
ギュミュシュハネ	9, 605	ウルファ	2, 316
ハッキャーリ	99	ウシャク	8, 398
ハタイ	10, 154	ヴァン	459
ウスパルタ	7, 408	ヨズガト	12, 637
イチェル	7, 319	ゾングルダク	22, 641
イスタンブル	166, 284	合　計	787, 057

（出典）Ahmet Akgündüz, *Labour Migration from Turkey to Western Europe, 1960–1974: A Multidisciplinary Analysis*, Hampshire: Ashgate, 2008, pp, 181–183.

第二節　移民のトランジット国家としてのトルコ

トランジット国家とトランジット移民

トルコは一九六〇年代から七〇年代まで移民の「送り出し国」という側面が強かったが、七〇年代末以降、移民の「トランジット国家」となる。[14]その背景には、ソ連のアフガニスタン侵攻、イラン革命、イラン・イラク戦争、ソ連の崩壊があった。ソ連のアフガニスタン侵攻とその後の同国の混乱により、多くのアフガニスタン人がイランなどの隣国やアメリカなどに移住した。一九七九年のイラン革命により、イスラム共和国となったイランへの定住は難しいと考えたアフガニスタン人はイランからさらにトルコへと渡った。また、世俗的なイラン人も同時にトルコへ移り住んだ。

アフガニスタン人にせよ、イラン人にせよ、トルコを最終目的地と考えていた人々は少なかった。彼らはトルコからヨーロッパ諸国に渡ることを念頭に置いたうえで、その資金調達のためにトルコで一定期間働く選択をした。一九九六年から二〇〇六年までに約六二万人が不法移民としてトルコに滞在していたと言われているが、その内、五二パーセントはトルコに一時的に滞在する「トランジット移民」であった。[15]トルコはヨーロッパ連合（EU）とトランジット移民について九〇年代後半から協議を重ねている。

「トランジット移民」とは、マルコーニの定義に基づくと、（i）自国から最終目的地である他国まで移動する過程で一時的に第三国に滞在する人。合法な場合と違法な場合がある、（ii）第三国に滞在する場合、その法的地位が不確かで保障されていないことが多い。最終目的地に移れない間に第三国で不法移民化する場合もある、（iii）結果的に最終目的地に移動できない場合もある、（iv）難民、経済難民、亡命申請者などが「トランジット移民」に当たる、とされる。[16]また、トランジット移民は第三国に滞在する際、第三国に文化的に統合しようとする意識は低いと考えられている。[17]一方でアゼルバイジャン系イラン人やアフガン・トルコマーン人のように、トルコ人と民族的または言語的に親近性がある人々の中にはトルコを最終目的地とする者も存在した。

不法なトランジット移民

トルコをトランジット国家と考える人々は、後述するような、共和国初期から断続的にトルコにやってきたトルコ系の移民ではなく、トルコと民族的なつながりが薄い人々であった。その典型はイスタンブルで冷戦後の時代に増加したマグレブからの移民である。マルコーニの定義では、トランジット移民は合法的な場合と非合法の場合があるとされているが、圧倒的に非合法の滞在である場合が多い。トルコにおける移民研究の第一人者であるイチドゥイグは、トルコにおける非合法移民の流入を四つの時期に区分している[18]。第一の時期は、一九七九年から八七年までの時期で、前述したイラン革命に端を発する移民がヨーロッパもしくはアメリカへの渡航の準備期間として一時的に滞在した。第二の時期は、一九八八年から九三年の時期で、この時期は二つの移民の波があった。一つ目の波は、自国政府からの迫害や攻撃から逃げた北イラクやブルガリアからの難民であった。二つ目の波は、経済的な理由でトルコにやってきた旧ソ連圏の移民であった。後者は、短期間トルコで小遣い稼ぎをして母国に帰還する者が圧倒的に多く、「シャトル型」の移民と呼ばれた。シャトル型の移民について付言しておくと、彼らはイスタンブルに二ヵ月に一度のペースでやってきて、短期間滞在する間に比較的安価でかつ質の高い革製品や綿製品といった衣類、車のスペアパーツなどを大量に購入し、それを祖国で高額で売りさばく商法を行っていた[19]。

第三の時期は、一九九四年から二〇〇〇年もしくは二〇〇一年にかけての時期で、不法滞在がより常態化し、一時的にトルコに滞在する移民がより多様化した。第四の時期は二〇〇〇年代以降で、不法移民による犯罪がトルコ国内および国際的な問題となったことで、トルコ政府および各国政府が不法移民の取り締まりを強化し始め、さらに安価な中国製品が大量にトルコに入ってきた時期である。こうした要因により、とりわけ旧ソ連圏からの「シャトル型」の移民は激減した[20]。

不法滞在のトランジット移民は、トルコ当局に捕まることを恐れて、極めて限定的な範囲で生活し、参入可能な職種も限定的である。例えば、アフガニスタン移民はイスタンブルのゼイティンブルヌ地区の限られた場所に住んでおり、職種としては、革製品の製造などに携わる場合が多い。後述するように、トルコ系のアフガニスタン移民は一九八〇年代のはじめからトルコに入ってきていたが、非トルコ系のアフガン移民が増加するのは、アメリカ同時多発テロ事件を受け、アメリカがアフガニスタンのタリバーン政権を攻撃した後である。イランやパキスタンに滞在した後、トルコに入ってきた人々が多い。トルコ系のアフガニスタン移民がトルコでの定住を志向したのに対し、二〇〇〇年代に入ってきた非トルコ系のアフガニスタン移民は、不法移民もしくは亡命申請者としてトルコに入り、ヨーロッパへの定住を最終目標とする者が多かった[21]。二〇一五年の時点で、ＵＮＨＣＲに登録していたアフガン難民はトルコに三万九〇〇〇人いたと言われているが、実際には一〇万人以上が滞在していたと見積もられている[22]。

逆ルートのトランジット

二〇一一年からのシリア内戦に際し、一部の人々はトルコをこれまでとは逆ルートのトランジット国家として活用した。つまり、ヨーロッパから中東へのトランジット・ルートとしてである。トルコは「イスラム国（以下、ＩＳ）」発足当初から外国人戦闘員の主要な「交通路」として使用されたため、「ジハーディスト・ハイウェイ」と揶揄された。シリアに潜入する外国人戦闘員の多くがトルコを経由地として利用する理由として、次の二点が指摘できる。まず、チェチェン人、ウイグル人、セルビア人などはトルコにコミュニティがあるため、地縁・血縁関係を頼ってトルコに入国を試みた。また、これは主に西洋諸国に限定されるが、トルコの入国手続きが容易であるためにトルコに入国してシリアに渡った。西ヨーロッパからＩＳに加わった人が多い上位五ヵ国はフランス、イギリス、ドイツ、ベルギー、オーストリアであるが、フランスとドイツの国籍の者はパスポートのみでトルコに九〇日間の滞在が可能であった。また、イギリス、ベルギー、オーストリアはヴィザ取得が必要であるが、Ｅヴィザで対応可能となっていた。そのため、外国人戦闘員はほとんど手続きの必要なくトルコに入ることができた。トルコ入国後の外国人戦闘員の経路としては、以下の三つのパターンがあった。第一のパターンは、イスタンブルからシリア国境沿いのハタイ県、シャンルウルファ県、ガズィアンテプ県までさらに飛行機を乗り継ぎ、シリアに渡る経路である。この経路は、当初最も使用されるが、トルコ政府の検閲強化により次第に使用されなくなった。第二のパターンは、イスタンブル

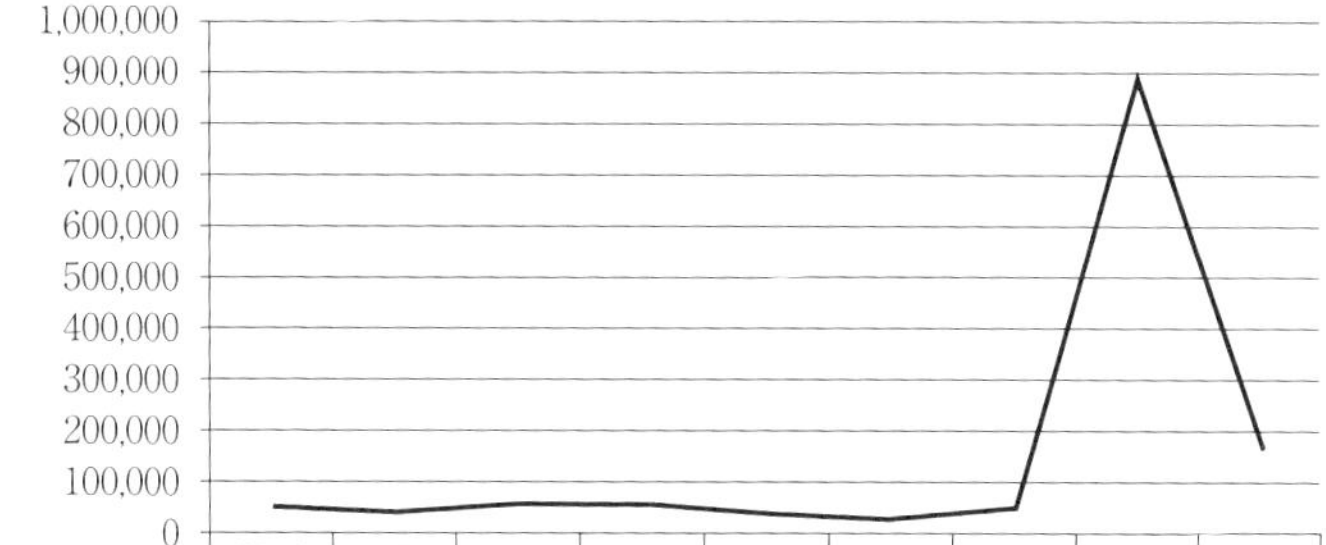

	2008	2009	2010	2011	2012	2013	2014	2015	2016
不法移民の数	52,300	40,000	55,700	57,000	37,200	24,800	50,830	885,386	162,785

図1　トルコ・ギリシャ国境間を渡った不法移民の推移

（出典）“Eastern Mediterranean Route,” FRONTEX website（http://frontex.europa.eu/trends-and-routes/eastern-mediterranean-route/）; *FRAN Quarterly Q2・April-June 2016*（http://frontex.europa.eu/assets/Publications/Risk_Analysis/FRAN_2016_Q2.pdf）.

から地中海のリゾート地であるアンタルヤまで飛行機を乗り継ぎ、そこからシリア近郊の県へバスで移動する経路である。アンタルヤには欧米からの観光客が多く訪れるので、外国人戦闘員は観光客に紛れて移動することができた。第三のパターンは、イスタンブルから直接バスでシリア近郊の県へ移動する経路である。この経路は最も所要時間が掛かるが、最も拘束される危険性が少ないとされた。

この逆トランジット・ルートは、トルコとヨーロッパ各国の検閲の強化、そしてＩＳの衰退とともに消滅した。しかし、いまだにＩＳから各国への戦闘員の帰還は安全保障上の大きな問題であり、そのルートとなる可能性が高いトルコは警戒を怠っていない。

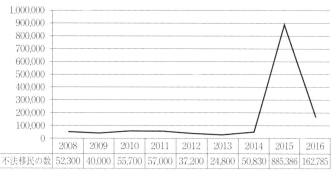

ヨーロッパ難民危機とトランジット国家

二〇一五年夏からトルコ・ギリシャ間のエーゲ海を渡り、ＥＵ圏内に入る移民が急増した（図1参照）。これらの人々は、トルコに流入していたシリア難民、そして一時的にトルコにトランジット移民として滞在していたアフガニスタン人、パキスタン人をはじめとした不法移民、さらにトルコ以外の諸国家（シリア、レバノン、ヨルダン）に滞在していたシリア難民により構成された。ヨーロッパに渡る移民の主要なルートとなったのは、エーゲ海のトルコ・ギリシャ国境を通り、その後バルカン半島を通って北上し、最終的にドイツを目指す通称「バルカン・ルート」であった。二〇一五年のトルコ・ギリシャ国境を通ってEUに渡った不法移民の数をみると、第一四半期が一万四一五二人だったのに対し、第二四半期が六万八一七八人、第三四半期が三一万九一四六人、第四四半期が四八万三九一〇人となっており、第三四半期以降に急増している。トルコからギリシャのレスボス島までは約五・五キロメートルと距離が短く、多くの移民がこのルートを選択した。二〇一六年二月の時点で、テレグラフ紙が報じた、どのギリシャの島を経由した難民が多かったのかという調査によると、レスボス島（五七万三六二五人）、ヒオス島（一四万六五〇七人）、サモス島（一一万三四四六人）、レロス島（三六六一人）、ロードス島（二二五五人）、コス島（一一八一人）という結果であった。[23]

また、トルコとヴィザ・フリー協定を結んだ北アフリカの国々では、北アフリカからイタリアやスペインへの密航が危険をともなうため、わざわざトルコまで飛行機を使って移動し、トルコからギリシャを経由してヨーロッパに入る不法移民が存在するとみられる。[24] このように、ヨーロッパ難民危機はトルコのトランジット国家としての特徴を世界に知らしめる事件となった。しかし、一六年三月のトルコとEUの難民協定の締結により、トルコからヨーロッパへの不法移民は再度、大幅に減少し、不法移民にとっては、トルコをトランジットとするメリットも少なくなっている。

第三節　移民受け入れ国としてのトルコ

トルコ系移民の受け入れ

トルコ共和国建国の一九二三年から一九三九年はトルコが最初の移民受け入れ国となった時期であった。エロルなどの研究によると、一九二三年から三九年の間にギリシャ、ブルガリア、ルーマニア、ユーゴスラヴィアなどから約八〇万人の人々がトルコにやってきたとされる。[25] この時期にトルコへの移民が増えた要因は、祖国解放戦争によりトルコの人口が激減したことを受け、トルコのエリート、特にトルコ・ナショナリズムに傾倒していた人々が主に東欧とバルカン半島に住んでいたトルコ系住民を始めとしたムスリムの人々にトルコへの移住を呼びかけ、トルコ系ムスリムの人々がその呼びかけに積極的に応じたためであった[26]。加えて、政府間の合意により、トルコとギリシャの間で住民交換が行われたこともトルコ共和国をより「トルコ人化」させた[27]。トルコのエリートたちは、トルコ系住民に加えて、非トルコ系ムスリムであるポマック（ブルガリア語を話すムスリム）、ボスニア人、タタール人、アルバニア人など、オスマン帝国の遺産とトルコ文化を共有する人々の移住も同時に呼びかけた[28]。トルコ系住民と非トルコ系ムスリムのトルコへの移住は法的にも保証されたが、その中でも重要であったのが、一九二六年に採択された「定住法」と一九三四年に採択された「定住に関する法律二五一〇条」であった。定住法は、トルコ系住民に加え、前述のポマック、ボスニア人、タタール人のトルコ共和国への定住を推奨した。その一方で、アルバニア人はすでにトルコに住んでいる人々による家族の呼び寄せだけが認められた。また、ロマ（ジプシー）に関しては、トルコ系のロマは「適切な」地域に住むこと、非トルコ系ロマは国外に退去することが定められた。一九三四年の法律は、さらにトルコ・ナショナリズムが反映された。この法律ではトルコの血統と文化を受け継ぐ個人だけがトルコに移住もしくは定住、または難民認定の可能性を得ることができるというものであった。この法律は二〇〇六年に改訂され、定住と市民権の獲得にトルコ系の特権が有利に働くことが確認された。このトルコ系移民に対する特権は、自ずとトルコ系の人々をトルコに向かわせることとなった[29]。

トルコ系移民は一定数がバルカン半島やブルガリアから断続的に帰還していたが、一九八〇年になってその数が増加する。まず、アフガニスタンからの多くのトルコ系移民が帰還する。これは、ソ連のアフガニスタン侵攻後の一九八二年と八三年に、当時のケナン・エヴレン大統領による、二年間で合わせて五二〇〇人のトルコ系アフガニスタン人をトルコに公的に受け入れる決定に基づくものであった。彼らは当初、ハタイ、ガーズィアンテプ、シャンルウルファなど南東部に土地が宛がわれたがすぐにイスタンブルのゼイティンブルヌ地区に移り住んだ。

また、イラクのサッダーム・フセイン政権が一九八八年に自国のクルド人に対して実施したハラブジェ大虐殺の際に、五万人のイラク・クルド人がトルコに流入した。同様に、一九九一年の湾岸戦争終結後、フセイン政権崩壊を確信したクルド人たちが、独立国家建設を目指し、フセイン政権に対して武装蜂起した。しかし、余力を残していたフセイン政権は逆に反撃し、毒ガスなどを使用してクルド人の村を襲撃したため、多くのクルド人が難民としてトルコ国境に押し寄せた。トルコ政府は当初、すでに多くの移民・難民を抱えており、経済的負担が大きいという理由で受け入れを拒否していた。しかし、各国政府・国際世論の圧力が強まったため、国際社会と連帯する形でクルド人を一時的に受け入れた[30]。

加えて、九〇年代には、バルカン半島での動乱に際し、トルコ系およびムスリム系住民が多くトルコに帰還した。一九八一年時点で、ユーゴスラビアには一〇万人、マケドニアには八万六〇〇〇人、コソヴォに一万二〇〇〇人のトルコ系住民が住んでいたと言われていた[31]。

そして、トルコ系移民の最大の流入はブルガリアからの移民であった。オスマン帝国の版図であったブルガリアには独立後も多数のトルコ系住民およびポマックが住んでいた。その中でもトルコ系住民は、陸続きでトルコ共和国と接するという地理的特徴もあり、断続的にトルコに流入してきた。一九二三年から三三年までに一〇万一〇〇〇人、三四年から三九年までに七万六三二一人、四八年から五一年までに一四万五五八一人、六八年から八四年までに一一万三三九三人がトルコへと渡っている[32]。そうした中、一九八〇年代に同化政策を進めたのがトドル・ジフコフ政権であった。一九八四年一一月から八五年一月にかけて、トルコ系住民をはじめとしたムスリムに対して改名を強要し、極右勢力がトルコ系住民を襲撃する事件も多発するようになった。トルコ系住民がジフコフ政権下で耐えられなくなり、トルコ国境を開放した一九八九年五月二九日からトルコ系住民の大規模な移動が始まった[33]。一九九〇年五月までの一年間で約三四万人がトルコに入国した。ただし、一九八九年八月には国境が閉鎖されたため、表2にあるように、ヴィザなしの移民は八月以降入ってこれなくなった[34]。トルコ系住民は、主にイスタンブル、ブルサ、ブルガリアに隣接するエディルネ、テキルダーなどに移り住んだ。

ブルガリアからの移民はトルコ系なので、文化的にトルコには統合されやすいと考えられたが、表2にあるように、トルコに渡ったトルコ系住民の約三分の一が、その後、再びブルガリアに帰還している。この背景には、受け入れのための特定の省庁なども存在せず、トルコ系移民のための法律が整っていなかったこと、そして労働条件などで

表2　1989年から90年にかけてのブルガリアからトルコへの移民　（単位：人）

年月日	ヴィザあり移民	ヴィザなし移民	合計	ブルガリアへの帰還者	トルコでの居住許可取得者
1989年5月	-----	1, 630	1, 630	-----	1, 630
1989年6月	22	87, 599	89, 251	40	89, 211
1989年7月	79	135, 237	224, 567	76	224, 451
1989年8月	512	87, 396	312, 475	3, 677	308, 682
1989年9月	1, 859	-----	314, 334	26, 181	284, 360
1989年10月	3, 619	-----	317, 953	21, 486	266, 493
1989年11月	4, 531	-----	322, 484	16, 293	254, 731
1989年12月	4, 843	-----	327, 327	27, 688	231, 886
1990年1月	2, 779	-----	330, 106	8, 292	226, 373
1990年2月	3, 645	-----	333, 751	6, 816	223, 202
1990年3月	4, 595	-----	338, 346	10, 033	217, 764
1990年4月	4, 360	-----	342, 706	7, 341	214, 783
1990年5月	3, 254	-----	345, 960	5, 349	212, 688
合　計	34, 098	311, 862	345, 960	133, 272	212, 688

（出典）Nersin Ersoy McMeekin, "Bulgaristan'ın Türklere Yönelik Politikası ve 1989 Büyük Göçü," in Hüseyin Mevsim and Muzaffer Kutlay eds., *Tarihe Not Düşmek: 1989 Göçü*, USAK Yayınları, 2013, p. 123.

現地のトルコ人との間に明確な差別があったことにトルコ系移民が不満を抱いたことが指摘できる(35)。そうした中、トルコ系移民が頼りにしたのは、それ以前にトルコに渡っていた知り合い・友人・家族といった地縁・血縁であった。逆に、そうしたネットワークを持たず、トルコでの差別を経験したトルコ系移民はブルガリアに舞い戻ることが多かったと考えられる。

ブルガリアからトルコにやってきたトルコ系移民の統合に関する研究は非常に少ない。その中で有益な研究はメンギュによるブルガリアから来たトルコ系移民に対する世論調査である(36)。メンギュはブルガリアからのトルコ系移民七八名に対して調査を行った。それによると、トルコ系移民の七八パーセントは近隣住民と良好な関係を築いている、逆に一二パーセントは良好な関係が築けていないと回答している。その一方で、回答者の六八パーセントが自分たちブルガリア生まれのトルコは土着のトルコ人と異なると認識していると答えている。また、回答者の七八パーセントがトルコにおける彼らの最大の問題は失業と答えている。そのうえで、自分たちがトルコに統合されていると考えるかという質問において、六二パーセントがトルコ社会に統合されている、二〇パーセントが部分的に統合されている、一八パーセントが統合されていないと回答している。メンギュの世論調査はブルガリアからやってきたトルコ系移民の研究の空白を埋めるものであるが、決定的な問題は、調査対象人数が七八人というそのサンプル数の少なさである。

メンギュの研究と対照的な研究手法が、メヴシムとクゥトライによる、ある個人に対する詳細な聞き取り調査である[37]。研究として、客観性を求めるものではなく、あくまで個人のライフストーリーに焦点を当てる形の実証研究であった。

第四節　シリア難民流入のインパクト

トルコのシリア難民対策

トルコに流入する難民もしくは亡命希望者は、一九五一年の難民の地位に関する条約に則った人々と、この条約に則っていない人々に大別される[38]。トルコは難民の地位に関する条約の批准に地理的制限を設けており、ヨーロッパからの難民のみ、公式の難民として扱っている。しかし、トルコに流入してくる難民は、シリア難民をはじめ、現在では非ヨーロッパ地域からの難民が圧倒的に多い。また、トルコ政府は難民の受け入れに関して、常に「一時的」な場合のみを想定しており、難民をトルコ社会に統合するための法的整備が不十分である。トルコにおいて、移民及び難民に関する独自の法律は一九九四年になるまで整備されなかった。一九九四年にバルカン半島からの大規模な移民に対応するため、「他国からの庇護申請者の滞在許可に関する条件」という法律が制定された。とはいえ、この法律は基本的に「いかに難民・移民の入国を防ぐか」に主眼が置かれており、統合について検討するものではなかった[39]。未曽有のシリア難民流入を受け、二〇一三年四月に「外国人および国際保護法（法律第六四五八号）」が議会で承認され、二〇一四年四月から同法が施行された。これは、公式な難民認定がなされない非ヨーロッパ地域からの移民・難民保護のための大きな一歩であったが、あくまで「一時的な保護（Geçici Koruma）」という地位の範囲内での法律であった。

最初のシリア難民がトルコに到着したのは、二〇一一年四月二八日であった。その後、難民は増加の一途を辿り、二〇一八年八月時点では三五〇万人以上のシリア難民がトルコで生活している。トルコ政府はシリア難民を「客人（トルコ語では misafir）」と見なし、門戸を開放してきた。シリア難民のトルコにおける地位は、九〇パーセントが一時的な保護、残りの一〇パーセントも一時的な保護に申請し、その採択を待っている人々である。二〇一一年一〇月から施行された一時的な保護の下で難民は、無料の健康診断、公共の教育機関もしくは四〇〇ある一時的な教育センターへの入学、条件付きでの労働許可の権利を保障され、テレビ・ガス・水・携帯電話の契約も可能であった。[40] 二〇一五年夏以降、ヨーロッパに流入したシリア難民をはじめとした移民に対し、ヨーロッパ各国が否定的な態度を示し、受け入れを渋っている現実を考えると、トルコのシリア難民への対応は歓待といってもよい。

シリア難民がトルコに流入した当初、トルコのシリア難民の受け入れの中心となったのがトルコ災害・緊急時対応庁（AFAD）である。AFADはその名の通り、災害と緊急時に際し、活動する国家機関である。シリア内戦への対応でAFADが最も力を入れているのが難民キャンプの運営である。トルコ政府は、AFADが中心となり、これまでにシリアに隣接する県を中心に一〇県に二六の難民キャンプを設立した。これらのキャンプは簡易的であるものの清潔で快適であったが、多くの難民はキャンプの外での生活を選択していくこととなる。現在、キャンプで生活するシリア難民は全体の七パーセントほどと言われており、三〇〇万人以上のシリア難民がキャンプの外で生活している。内務省の傘下の移民管理総局（Göç İdaresi Genel Müdürlüğü）の二〇一八年八月九日付けの調べによると、キャンプの外で生活しているシリア難民が集中しているのは、トルコ最大の都市であるイスタンブル（五六万四一八九人）、そしてシリア国境沿いのシャンルウルファ県（四七万二九六人）、ハタイ県（四四万二〇七一人）、ガーズィアンテプ県（三九万一九二八人）という四つの県である。[41]

なぜシリア難民は比較的待遇がよいキャンプではなく、キャンプの外での生活を望むのだろうか。その理由は、非正規の場合が多いが、仕事を得られるという点、国境沿いの県であれば親戚や知り合いなどが住んでいるという点、そしてキャンプではシリア人同士のしがらみがあり、生活しにくい点などが指摘されている。加えて、現在トルコで生活しているシリア難民の多くがトルコでの定住を望んでいることもシリア難民がキャンプの外に住む一因となっている。

しかし、シリア難民の定住に向けた動きはあまり進んでいない。トルコ政府は、シリア難民をあくまで一時的な保護というステイタスで受け入れている。また、二〇一六年一月から限定的ではあるが、一時的な保護下のシリア難民に対する労働許可を出した。雇用は各会社の人口比一〇パーセントまでとされ、雇用には最低でも六ヵ月間のトルコ人IDの取得と住居契約が必要とされた。二〇一六年一一月二四日に発表された報道では、二〇一六年にシリア人一万二二七人に労働許可が下りた[42]。これは前年よりも六〇〇〇人多い数字ではあったが、トルコに流入するシリア難民の数を考えると、非常に少ない。トルコの難民に対する対応はいまだに整備途上である[43]。また、当然ながらシリア難民を長期間受け入れているトルコの経済的負担も大きい。

トルコに滞在するシリア難民の属性

トルコに流入したシリア難民とはどのような人たちであったのか。シリア内戦の構図がそのまま持ち込まれていることは容易に想像がつく。それは、アサド政権支持者や、クルド人などシリア内戦でトルコ政府が支持する反体制派と対峙する勢力の支持者は少ないという点である。後者に関しては、反体制派にもクルド人が含まれているので、一定数の人々が流入していると考えられるが、クルディスタン労働者党（PKK）に近い民主統一党（PYD）に近しい人々は少ないと考えられる。加えて、これも当然であるが、地理的にトルコ近隣の地域、大都市ではアレッポから逃げてきた人々が多いと考えられる。

こうした諸点はある程度想像可能であるが、その実態に関してはこれまで十分に把握されてこなかった。その理由の一つとして、トルコ国内でシリア難民に対する大規模調査が行われてこなかったことが挙げられる。しかし、二〇一八年に入り、トルコ国内でのシリア難民に関する二つの大規模調査が実施された。一つは、筆者も調査に参加した、科研費・基盤研究（B）「中東の紛争地に関係する越境移動の総合的研究：移民・難民と潜入者の移動に着目して」（代表者：高岡豊）によるトルコにおけるシリア難民八一二人を対象とした調査である。もう一つは、イスタンブルにあるトルコ・ドイツ大学（Türk-Alman Üniversitesi）教授のムラト・エルドアン（Murat Erdoğan）が中心となって実施した調査、シリア人バロメーターである。[44] ただし、シリア人バロメーターはキャンプ外のシリア難民以外に、トルコ人のシリア難民意識、キャンプ在住のシリア難民も考察の対象としている。また、インタビューイーの詳細な情報は掲載していない。

科研費の調査に関しては、アラビア語話者を通じてシリア難民八一二人に対して、移動に関する一〇の質問と属性に関する一八の質問に答えてもらうというものであった。[45] 八一二人の選定に関しては、シリア難民が多い県、具体的にはイスタンブル（一九〇人）、シャンルウルファ（一六〇人）、ハタイ（一五九人）、ガーズィアンテプ（一五二人）、アダナ（六四人）、メルスィン（六〇人）、キリス（二七人）という内訳であった。この調査によって明らかになった属性の特徴としては、①シリア北部の出身者が多い（アレッポ五五・五パーセント、イドリブ一三・八パーセント）、②熱心なムスリムが多い、③アラビア語以外の言語能力に乏しい（英語理解者一四・七パーセント、フランス語理解者二・三パーセント、ドイツ語理解者二パーセント、クルド語理解者八・九パーセント、トルコ語理解者三九・九パーセント）[46]、④高学歴者が少ない（非識字者一七パーセント、小学校未入学者一三パーセント、小学校卒業者一五パーセント、中学校卒業者一五パーセント、高校卒業者七パーセント、大学卒業者六・八パーセント、大学院卒業者一・八パーセント）、というものである。このシリア人の属性に関しては、同様に錦田愛子、高岡豊、浜中新吾、溝渕正季、清水謙がスウェーデンで実施した調査と比較すると、トルコに住むシリア人の属性の特徴が浮き彫りとなる。[47] スウェーデンに関しては、シリア人（二四六人）以外にイラク人（三六人）とパレスチナ人（九人）も調査対象となっているが、英語理解者が五三パーセントと高い。また、学歴に関しても高校卒業者一四パーセント、大学

卒業者一四パーセント、大学院卒業者が一九パーセントと高学歴者が多い。

おわりに

本章では、移民の送り出し国、トランジット国、受け入れ国としてのトルコについて素描してきた。トルコから西ヨーロッパに渡ったトルコ人は、ガスト・アルバイターの制度が廃止されてからも家族を呼び寄せ、さらに移民の第二世代、第三世代、さらには第四世代へと引き継がれている。しかし、前述したように、さまざまな理由からトルコに帰国するトルコ人もおり、第三世代や第四世代になってもドイツ人から差別されていると感じている人々も少なくない。その象徴的な事件が、ドイツで最も成功したトルコ人の一人と言われていたサッカー選手のメスト・エジルの代表引退騒動である。

二〇一八年のＦＩＦＡワールドカップで前回王者のドイツが予選リーグを突破できずに惨敗したことは記憶に新しい。中心人物の一人で、ワールドカップで低調なパフォーマンスに終わったエジルは、大会前にロンドンで同じくトルコ系ドイツ人のイルカイ・ギュンドアン、ジェンク・トスンとともにレジェプ・タイイプ・エルドアン大統領を表敬訪問していたこともあり、ドイツ国内から猛烈なバッシングを受けた。これに対しエジルは、ドイツとトルコの両方に敬意を表していることを述べたうえで、自身を「勝てばドイツ人に、負ければ移民と評される」として代表引退を発表するとともに、ドイツ社会にいまだにトルコ系移民が受け入れられていないことを示唆している。生まれも育ちもドイツながら、トルコ語でのインタビューを聞いてトルコ人たちが「エジルのトルコ語はだいぶうまくなった」と温かいまなざしを向けていたエジルが提起した問題は、ドイツ社会とトルコ系移民の溝の深さを改めて世間に知らしめることになった。

トルコを「トランジット国家」たらしめてきたのは、非トルコ系のアフガニスタン移民、パキスタン移民、マグレブからの移民であった。その背景には、もちろんヨーロッパとアジアおよび中東をつなぐトルコの地政学的な特徴がある。しかし、この「トランジット国家」としてのトルコは、二〇一六年以降、その機能が停滞することとなる。その理由は、トルコに滞留していた「トランジット移民」の多くが二〇一五年夏から一六年春にかけてのヨーロッパ難民危機の際、ヨーロッパに向かったため、そして一六年春以降、トルコからヨーロッパ（ギリシャとブルガリア）に渡るルートのチェックが非常に厳しくなったためである。地理的な位置から、トルコが潜在的に「トランジット国家」であることに変わりはないが、実際には、ヨーロッパ難民危機を境に不法移民や亡命希望者にとって、「トランジット国家」としてのトルコの魅力は低下したと言えるだろう。

トルコに流入する移民や難民は、本章で見たように、シリア危機前は圧倒的にトルコ系移民の帰還もしくは定住が多かったが、シリア危機でその状況は一変した。トルコは世界最大の難民受け入れ国となっているが、トルコの経済的負担は大きく、また、トルコ人のシリア難民に対する感情も年々悪化している。ＩＳの支配地域がほぼ壊滅したこと、シリア内戦が終息する兆しが見え始めていることから、シリアに帰還を希望する難民も少なからずいると言われているが、アサド政権が支配するシリアには帰る気がない難民の数も多い。二〇一八年に入り、トルコリラの価格が急落するなど、経済が苦しくなっているトルコが今後シリア難民に対してどのような措置を講じていくのか、特に一時的な保護を継続するのか、統合に向けた歩みを進めていくのか、注目される。

＊本章は、ＪＳＰＳ科研費（16H03307, 17H04504）の成果の一部である。

注

（1）Ayhan Kaya and Murat Erdogan, *Türkiye'nin Göç Tarihi: 14. Yüzyıldan 21. Yüzyıla Türkiye'ye Göçler*, Istanbul: İstanbul Bilgi Üniversitesi Yayınları, 2015.

（2）トルコ以外にガスト・アルバイターとして西ヨーロッパに労働力を提供したのは、ユーゴスラヴィア、ギリシャ、スペイン、ポルトガル、イタリアという南ヨーロッパおよび南東ヨーロッパの国々であった。西ドイツは一九五五年にイタリア、一九六〇年にスペインとギリシャ、一九六一年にトルコ、一九六三年にモロッコ、一九六四年にポルトガル、一九六五年にチュニジア、一九六八年にユーゴスラヴィアと雇用協定を締結した。内藤正典『アッラーのヨーロッパ――移民とイスラム復興』東京大学出版会、一九九六年、八九頁。

（3）スイスとの協定だけは他国の協定のように包括的ではなかった。

（4）Nermin Abadan-Unat, “Turkish Migration to Europe（1960–1975）: A Balance Sheet of Achievements and Failures,” in Nermin Abadan-Unat ed., *Turkish Workers in Europe 1960-1975: A Socio-Economic Reappraisal*, Leiden: Brill, 1976, p. 12.

（5）Philip L. Martin. *The Unfinished Story: Turkish Labour Migration to Western Europe*, Geneva: International Labour Office, 1991, p. 22.

（6）Sabrı Sayarı, “Migration Policies of Sending Countries: Perspectives on the Turkish Experience,” *The ANNALS of the American Academy of Political and Social Science*, 485, 1986, pp. 88–89. ただし、近藤が指摘しているように、それまでトルコ人が全くドイツにいなかったわけではない。すでに二〇世紀の初頭からベルリンに一〇〇〇人以上のトルコ人が住んでいた。近藤潤三『移民国としてのドイツ：社会統合と並行社会のゆくえ』木鐸社、二〇〇七年、二二七頁。

（7）Abadan-Unat, “Turkish Migration to Europe（1960–1975）,” pp. 13–14.

（8）Sayarı, “Migration Policies of Sending Countries,” p. 89.

（9）Suzanne Paine, *Exporting Workers: The Turkish Case*, London : Cambridge University Press 1974, pp. 87–88.

（10）Abadan-Unat, “Turkish Migration to Europe（1960–1975）,” p. 14.

（11）Paine, *Exporting Workers*, p. 192.

（12）内藤『アッラーのヨーロッパ』八九頁。

（13）Filiz Kunuroglu, Kutlay Yagmur, Fons J. R. Van De Vijver, and Sjaak Kroon, “Motives for Turkish Return Migration from Western Europe: Home, Sense of Belonging, Discrimination and Transnationalism,” *Turkish Studies*, 19（3）, 2018, p. 423.

（14）Ahmet İçduygu and Deniz Yükseker, “Rethinking Transit Migration in Turkey: Reality and Re-presentation in the Creation of Migratory Phenomenon,” *Population, Space, and Place*, 18（4）, 2012, pp. 442–443.

（15）İçduygu and Yükseker, “Rethinking Transit Migration in Turkey,” p. 444.

（16）Giovanna Marconi, “Mexico and Turkey as Transit Countries,” in Ahmet İçduygu and Deniz Sert eds., *Borders under Stress: The Cases of Turkey-EU and Mexico-USA Borders*, Istanbul: The ISIS Press, 2012, pp. 145–146.

（17）Didem Danış, Cherie Taraghi, and Jean-François Perouse, “Integration in Limbo: Iraqi, Afghan, Maghrebi and Iranian Migrants in Istanbul,” in Ahmet İçduygu and Kemal Kirişci eds., *Land of Diverse Migrations: Challenges of Emigration and Migration in Turkey*, Istanbul: İstanbul Bilgi Üniversitesi Yayınları, 2009, p. 453.

（18）Ahmet İçduygu, “Transit Migration in Turkey: Trends, Patterns, and Issues,” *CARIM Research Reports*, No. 4, European University

Institute, 2005, pp. 6-7.

(19) Danış, Taraghi, and Perouse, "Integration in Limbo," p. 478.

(20) 例えば、ロシアでは一般の人々が国内に持ち込める荷物をそれまでの二〇〇キログラムから五〇キログラムに減らし、かつ五〇キログラム持ち込む場合でも持ち込み料を課すようになった。Danış, Taraghi, and Perouse, "Integration in Limbo," p. 478. 一方で、二〇〇〇年代においてもマグレブからやってくる人の中にはシャトル型の移民が存在した。

(21) Ahmet İçduygu and Sibel Karadağ, "Afghan Migration through Turkey to Europe: Seeking Refuge, Forming Diaspora, and Becoming Citizens," *Turkish Studies*, 19(3), 2018, pp. 492-493.

(22) İçduygu and Karadağ, "Afghan Migration Through Turkey to Europe," p. 492.

(23) "Which Greek Islands are Affected by the Refugee Crisis?" *The Telegraph*, 2016/03/03.

(24) 欧州国境・沿岸警備機関（FRONTEX）の広報、Ewa Moncure 氏とのインタビュー（二〇一七年八月二九日ワルシャワにて実施）。

(25) Erol Ülker, "Assimilation of the Muslim Communities in the First Decade of the Turkish Republic (1923-1934)," *European Journal of Turkish Studies*, 7, 2008, p. 4; Kemal Kirişci, "Disaggregating Turkish Citizenship and Immigration Practices," *Middle Eastern Studies*, 36(3), p. 8.

(26) Ülker, "Assimilation of the Muslim Communities," p. 7.

(27) 一九二三年一月三〇日に「ギリシャ・トルコ住民の交換に関する条約および議定書」がアンカラ政府（まだトルコ共和国が発足していない段階）とギリシャの間で署名され、同年五月一日に強制交換の実施が決定した。これにより、約八二〇万人のトルコ人がギリシャからトルコに移り、約一八〇万人のギリシャ人がトルコからギリシャに移った。また、ギリシャには約六〇万人のアルメニア人と四万人のユダヤ教徒も移動した。しかし、イスタンブルのギリシャ正教徒と西トラキアに住むムスリムは対象外となった。その後も、一九五〇年代以降のキプロス問題によるトルコとギリシャの関係悪化で、ギリシャ人排斥運動が起こり、トルコから去るギリシャ人は後を絶たなかった。ギリシャ人排斥運動で有名なのは、一一名が亡くなった、一九五五年にギリシャがキプロスに対する自決権を国連に要求したことに端を発したイスタンブルでのギリシャ人襲撃事件である。

(28) Ülker, "Assimilation of the Muslim Communities," pp. 8-9.

(29) これは、非トルコ系ムスリムだけでなく、非ムスリムの人々にとっても深刻な影響を及ぼした。例えば、それまでヨーロッパ諸国に比して、差別の少なかったユダヤ人であったが、それはヨーロッパが人種によってユダヤ人を差異化してきたのに対し、トルコ人は、トルコ語の使用など、ナショナリズムへの同意に基づいてその差異化を緩和してきたためであった。しかし、一九三四年の法律はより「純粋な」トルコ・ナショナリズムを目指す動きであり、非ムスリムの差異化も助長した一九三〇年代から二

○○○年代までにトルコからイスラエルに約六万二〇〇〇人の人々が移住している。一方、トルコには現在、約二万から二万五〇〇〇人のユダヤ教徒が住んでいる。トルコの反ユダヤ主義に関しては、例えば、柿崎正樹「「トルコ国民」概念とユダヤ教徒――トルコの反ユダヤ主義を中心に」『異文化コミュニケーション研究』第一八号、二〇〇六年、一一三〜一四三頁を参照。

(30) 北イラクのクルド人をめぐるトルコと国際社会の連携に関しては、今井宏平『中東秩序をめぐる現代トルコ外交』ミネルヴァ書房、二〇一五年、六六〜六八頁。

(31) Ahmet İçduygu and Deniz Sert, "The Changing Waves of Migration from the Balkans to Turkey: A Historical Account," in Hans Vermelen et. al. eds., *Migration in the Southern Balkans*, Springer, 2015, p. 98.

(32) Darina Vasileva, "Bulgarian Turkish Emigration and Return," *The International Migration Review*, 26(2), 1992, pp. 345–346.

(33) 二〇一二年から、ブルガリア政府はジフコフ政権時代の一次資料の開示を始めた。そこにはトルコ系ブルガリア人に対する政策や一九八九年五月二九日の国境開放に関する文書も閲覧することが可能である（ただし、ブルガリア語のみである）。詳細は以下のブルガリア政府のウェブサイトを参照（www.archives.bg/politburo）。"Turkish Exodus in 1989 was Ethnic Purge: Bulgarian Archives," *Hürriyet Daily News*, 2012/09/11.

(34) Kemal Kirişci ve Sema Karaca, "Hoşgörü ve Çelişkiler: 1989, 1991 ve 2011'de Türkiye'ye Yönelen Kitlesel Mülteci Akınları," in Murat Erdoğan and Ayhan Kaya eds., *Türkiye'nin Göç Tarihi: 14. Yüzyıldan 21. Yüzyıla Türkiye'ye Göçler*, Istanbul: İstanbul Bilgi Üniversitesi Yayınları, 2015, p. 303.

(35) Kirişci and Karaca, "Hoşgörü ve Çelişkiler," p. 349.

(36) Seda Cakar Mengu, "The Image of Turkey for the Turkish Immigrants from Bulgaria," *İletişim Fakültesi Dergisi*, 33, 2009, pp. 111–114.

(37) Hüseyin Mevsim and Muzaffer Kutlay, *Tarihe Not Düşmek: 1989 Göçü Kitap Serisi 1–5*, Ankara: USAK Yayınları, 2013.

(38) Kemal Kirişci, "UNHCR and Turkey: Cooperating for Improved Implementation of the 1951 Convention Relating to the Status of Refugees," *International Journal of Refugee Law*, 13(2), pp. 74–78.

(39) Doğuş Şimşek and Metin Çorabatır, *Challenges and Opportunities of Refugee Integration in Turkey, Research Centre on Asylum and Migration*（*IGAM*）, December 2016, p. 59.

(40) International Crisis Group, *Turkey's Refugee Crisis: The Politics of Permanence*, 2016, p. 3.

(41) http://www.goc.gov.tr/icerik6/gecici-koruma_363_378_4713_icerik（二〇一八年八月二一日最終閲覧）.

(42) "60 Bin Yabancıya Çalışma Izni," *Anadolu Agency*, 2016/11/24.

(43) トルコの難民受け入れ政策に課題が多いことは、移民統合政策指数（Migrant Integration Policy Index：以下ＭＩＰＥＸ）の数値でも示されている。ＭＩＰＥＸは労働市場アクセス、家族呼び寄せ、教育、長期滞在、政治参加、国籍取得、反差別、健康という八つの政策分野でそれぞれスコアを提出（最高スコアは一〇〇点）している。トルコは二〇一四年に三八ヵ国で実施されたMIPEXでその総合数値が最下位であった。トルコの数値が特に低いのが教育（五）、政治参加（一一）、労働市場アクセス（一五）で、労働市場アクセスと長期滞在は三八ヵ国中最下位、教育は三七位、政治参加と反差別は三六位と軒並み低い。"Turkey," MIPEX 2015, http://mipex.eu/turkey（二〇一八年八月二〇日最終閲覧）.

（44）Murat Erdoğan, *Syrians Barometer-2017*, 2017（https://mmuraterdogan.files.wordpress.com/2016/06/syrians-barometer-executive-summary.pdf）.

（45）Yutaka Takaoka and Shingo Hamanaka, "General Research on Cross-Border Migration Related to Conflict in the Middle East: Report of the Syrian Refugee Survey in Turkey（2017）," *CMEPS-J Report*, No. 9, 2017（https://cmeps-j.net/wp-content/uploads/2018/01/report_turkey2017.pdf）.

（46）トルコ語に関しては、トルコでの生活で必要不可欠なため、トルコに渡ってから習得した可能性が指摘できる。

（47）Aiko Nishikida, Yutaka Takaoka, Shingo Hamanaka, Masaki Mizobuchi, and Ken Shimizu, "Report of Arab Refugee Survey in Sweden（2016）," *CMEPS-J Report*, No. 12, 2018（https://cmeps-j.net/poll_surveys/sweden2016）.

第一〇章　イラクからみるトルコ——世論調査の計量分析から

山尾大

はじめに

アラブ諸国からみると、トルコは中東域内の大国である。その大国と境界線を共有する隣国にとって、それは時にとてつもなく厄介な相手であり、非常に大きな脅威だ。とはいえ、場合によっては非常に強力なパートナーにもなり得る。そのような隣国イラクからは、トルコはいったいどのようにみえているのか、本章ではこの問題を扱いたい。

そもそもイラクはオスマン帝国の一部であった。というより、現在のイラクという国家は、オスマン帝国の三州、すなわちモスル、バグダード、バスラの各州を外部から統合する形で作られた（⇒第八章）。しかも、歴史的にみると、この三州はほとんど地理的な一体性がなかった。北部のモスル州はシリアのアレッポ経済圏とつながっており、南部のバスラ州はペルシア湾からインド洋へと広がる海洋経済圏とつながっていた。こうした地域を、英国が第一次世界大戦後に統合することでイラクが建国された。したがって、イラクは「人工国家」であると考えられてきた[1]。

このように、建国以前からトルコとの関係は切り離せない。両国は、チグリス・ユーフラテス川の水利をめぐる問題を抱えつつ、比較的順調に歩調を合わせてきたが、一九九〇年の湾岸危機をさかいに大きく変化することになる。それ以降、両国関係の問題の中核を占めるようになったのが、トルコ内で「テロ組織」とされている左派系のクルド民族主義組織、クルディスタン労働者党（ＰＫＫ）である。周知の通り、ＰＫＫは一九七八年にアブドゥッラー・オジャランによって形成された、クルド人の独立国家の建設を目指す組織である。ＰＫＫは湾岸戦争以降、北イラクに活動の拠点を移し、トルコがそれに越境攻撃を加えるようになった。クルド人の問題は、両国にとって、国民形成にかかわる重大な問題である。両国の歴代政権は、この問題を時に力によって、また時に飴をまくことによって隠蔽しようとしてきたが、両国が直面した様々な戦争・紛争やそれらが引き起こした困難が、この問題の深刻さを繰り返し浮き彫りにしてきたのだ――湾岸戦争、イラク戦争、そしてイスラム国（ＩＳ）を契機にして。

以上のような問題意識のもと、本章では、隣国イラク人が、トルコをどのようにみているか、そしてそうしたトルコ観を形成するにいたった要因を分析することを目的にする。

このように書くと、多くの読者はイラク人が持つトルコのイメージを聞き取り調査によって明らかにする章だと考えるかもしれない。だが、そうしたタイプの調査は、両国の境界が四半世紀にわたり紛争の前線にあるという事実によって非常に困難になっている。同様に、イラク人のトルコ観を複数の文献から浮かび上がらせる手法も、そのような研究がほとんどないことから現実的ではない[2]。そこで、本章では、イラクで行った世論調査の膨大なミクロデータをもとに、イラク人の対トルコ観とそれが作られる要因について、計量分析によって解析するという手法をとりたい。ゆえに、本章はトルコそのものを扱わない点、そしてデータの計量分析が中心となる点で、本書の他の章とはかなり性格が異なる。

第一節　錯綜する両国関係とリサーチデザイン

イラク・トルコ関係の歴史的変容

はじめに、イラクとトルコの関係を、ごくごく簡単に瞥見してみよう。冒頭で述べたように、イラクはオスマン帝国の一部を切り貼りしてできた国家である。周知のように、ドイツ側について第一次世界大戦に参戦したオスマン帝国に対して、英国がアラブ人を扇動してトルコと戦わせたのが「アラブの反乱」であるが、イラクの初代国王になったのはその指導者の太守フサインの三男ファイサルであった[3]。

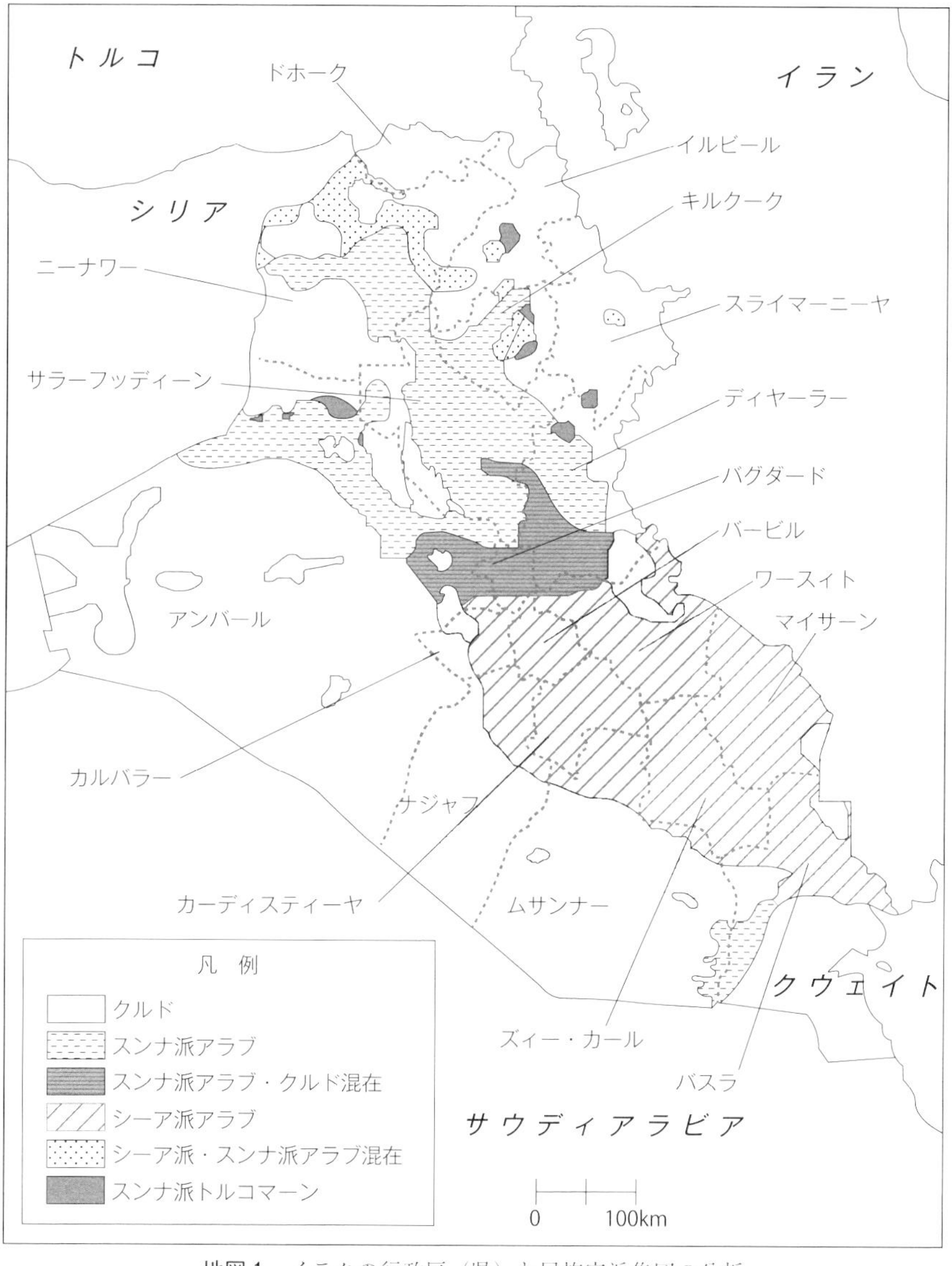

地図1　イラクの行政区（県）と民族宗派集団の分析

（出典）Iraq Coalition Casualty Count（http://icasualties.org/）をもとに筆者作成（2012年7月17日最終閲覧）.

王政期には、親英路線をとったイラク王室とアタテュルク率いるトルコ政府は良好な関係を維持した。この時期、両国に生じた最も重要な出来事は、バグダード条約の締結であった。強い影響力をもっていたヌーリー・サイード首相が、トルコのアドナン・メンデレス首相との対話を通して一九九五年二月に調印したバグダード条約は、ソ連の中東への進出の拡大を阻止することを目的としたものであった[4]。

こうした親密な両国関係は、一九五八年のクーデタでイラク王政が崩壊すると、次第に歪みをみせるようになる。争点となったのは水問題である。発端は、チグリス川とユーフラテス川の上流国に当たるトルコが、二二のダム建設計画（GAP）[5]を発動したことにあった。この問題は、トルコ・シリア間でより深刻化したが、イラクにとっても脅威であった[6]。とはいえ、経済的なつながりは維持してきた。たとえば、一九七三年にイラク北部の油田地帯キルクークからトルコのジェイハーンに通じるパイプラインの敷設が合意され、七七年一月に完成している。

こうして適度に距離をおきつつ比較的良好な関係を維持してきた両国関係に劇的な変化が訪れるのが、イラクによるクウェイト侵攻に起因する湾岸危機後であった。というのも、湾岸戦争後に出された安保理決議六八八号（一九九一年四月）によって、北緯三六度線以北にイラク航空機の飛行禁止区域が作られたからである。その結果、イラクの反体制派は、クルド地域を「解放区」として利用できるようになった。だが、トルコにとって問題だったのは、トルコの反体制派PKKもまたここに流入し、活動の拠点を形成したことである。これを許容できないトルコは、イラク北部に軍事侵攻を開始した[7]。こうして、イラク領内のPKK拠点にトルコ軍が越境攻撃を加えるという現在まで続くパターンがみられるようになったのである。

そして、二〇〇三年の米軍によるイラク侵攻（イラク戦争）後には、キルクークとトルコマーン人が両国関係の重要なイシューとして浮かび上がってくる。というのも、クルディスタン地域政府（KRG）の自治が正式に始まり、KRGへの帰属をめぐる係争地問題（その中心がキルクークである）が発生し、トルコ語を話す少数派のトルコマーン人の利害が脅かされるようになったからである。

ところで、トルコマーン人とは、古くはアッバース朝時代やその後のモンゴル軍の制圧後の時代にイラクに移動した中央アジアやアゼルバイジャンのトルコ系遊牧民の子孫を指すが、現在のトルコマーン人のほとんどはオスマン帝国時代にアナトリアから移住した者の子孫である。彼らはモスルからキルクーク周辺に住んでおり、多くは商業に従事してきた比較的裕福なスンナ派であるが、一部シーア派も存在する。前者は特にキルクークに多く、政治的には「トルコマーン戦線」という政党を形成して民族の利害をめぐってクルド人と激しい対立を繰り返している[8]。このトルコマーン人を、トルコはしばしば支援してきたのである。

ともあれ、トルコにとってKRGが事実上の独立国家としてふるまい始めたことは、イラク戦争直後にはとくに脅威に映った。というのも、国内にPKKをはじめ一定のクルド人を抱えるトルコにとって、とりわけクルディスターン民主党（KDP）の指導者マスウード・バールザーニーが主張するクルド民族主義は、トルコ国内への波及という懸念を惹起させるに充分だったからである。したがって、イラク戦争直後には、トルコとKRGの利害が対立し、両者の関係が緊張した。その反動で、トルコはクルド人と対立するトルコマーン人への支援を強化した。ところが、その後、バールザーニーがPKKから一定の距離をおき、国境を超えたクルド民族主義に言及しなくなったことによって、トルコのエルドアン政権とKRGの関係は急速に改善していった。二〇〇七年末にはキルクーク・ジェイハーン・パイプラインも再開し、二〇〇九年にはKRGがこのパイプラインを用いて独自に石油を輸出することもイラク中央政府が承認した。こうして、両国関係は通商分野を中心にかなり緊密になった[9]。KRG主都のイルビールを歩くとトルコ製品であふれている。

そして、もうひとつ、イラク戦後の両国関係に大きなインパクトを与えた出来事があった。ISによるイラク諸都市の支配である。ISの台頭を契機にトルコ軍の軍事侵攻が再び激化した。それはトルコ軍がIS掃討作戦に参加したからではない。別の要因、つまりトルコ軍が「テロとの戦い」の名のもとでPKK掃討作戦を強化し始めたからである。

それにはもちろん理由があった。そもそもPKKは、二〇一三年三月、トルコ政府と停戦合意を結び、戦闘員をイラク北部のKRG領内に撤退させ始めた[10]。こうしてPKKは湾岸戦争以降作り上げてきた拠点を、KRG内の山間部にさらに確立していくことになる。こうした状況のなかでＩＳが台頭してきた。そして、イラク軍やＫＲＧの軍隊ペシュメルガがＩＳに敗走を繰り返す一方で、ＰＫＫは前線に立って健闘するようになった。ＰＫＫの活躍が目立ったのは、モスルからシリア国境に伸びる幹線道路上にあるイラク側最後の町スィンジャールであった。この町は、ＫＲＧが帰属を主張する係争地の一つで、住民の大半はヤズィード派である。[11] 彼らの多くはＫＲＧへの統合を希求しており、イラク戦争後はＫＤＰの支配下にあった。だが、上述のように、襲撃してきたＩＳを前にＫＤＰのペシュメルガが敗走し、町を支配下においたＩＳがヤズィード派の女性を性奴隷にしたことは、記憶に新しい。重要なのは、撤退したＫＤＰのペシュメルガに代わってスィンジャール解放作戦の前線に立ったのが、ＰＫＫとその姉妹組織でシリア北部に拠点を持つ人民防衛隊（ＹＰＧ）だったという点である。ＰＫＫ／ＹＰＧはヤズィード派の人々を救出し、スィンジャールの解放に大きく貢献したというわけだ。[12] だからこそ、スィンジャール山地に加え街中ではＰＫＫ／ＹＰＧの人気が高まり、スィンジャール抵抗部隊（ＹＢＳ）も組織された。[13]

問題はこうしたＰＫＫ系クルド組織の勢力拡大をトルコが良しとせず、再び軍事攻撃を強化するようになったことである。ＰＫＫがＩＳ掃討作戦で影響力を拡大することは、二〇一三年以降の和平プロセスで決まった武装解除の方向性とは真逆の動きであるとして、トルコはＹＢＳの拠点があるスィンジャール山地への空爆を正当化した。トルコにとっては、ＩＳに対する「テロとの戦い」は、ＰＫＫに対する「テロとの戦い」に他ならなかった。[14] 再三の軍事攻撃に対して、イラク政府は国境を超えたトルコ軍の進軍はイラクの主権と安全保障に対する侵害だと批判し続けている。とはいえ、トルコ軍は依然としてイラク領内に実力行使によって留まっており、イラク政府がとり得る効果的な策は何もない。

世論調査という方法論

このように、イラクとトルコの関係は非常に複雑であるが、近年の問題はもっぱらＰＫＫとトルコマーンにかかわることが中心であり、多くのイラク人がトルコを介入アクターとみていることは間違いない。

表1　イラクの人口と2017年世論調査のサンプル数

	県	サンプル数	割　合	人　　口	人口の割合
クルド地域	ドホーク	n.d	n.d	1, 252, 343	3. 39
	イルビール	70	7	1, 797, 708	4. 87
	スライマーニーヤ	70	7	2, 095, 851	5. 67
スンナ派地域	ニーナワー	n.d	n.d	3, 612, 339	9. 78
	キルクーク	50	5	1, 548, 212	4. 19
	サラーフッディーン	70	7	1, 544, 081	4. 18
	ディヤーラー	60	6	1, 584, 948	4. 2
	アンバール	80	8	1, 715, 149	4. 6
シーア派地域	バグダード	380	38	7, 877, 888	21. 33
	バービル	n.d	n.d	1, 999, 034	5. 41
	ワースィト	n.d	n.d	1, 335, 230	3. 62
	カルバラー	n.d	n.d	1, 180, 545	3. 20
	ナジャフ	80	8	1, 425, 723	3. 86
	カーディスィーヤ	n.d	n.d	1, 250, 166	3. 38
	マイサーン	n.d	n.d	1, 078, 086	2. 92
	ズィー・カール	n.d	n.d	2, 029, 345	5. 49
	ムサンナー	n.d	n.d	788, 262	2. 13
	バスラ	140	14	2, 818, 804	7. 63
合　　計		1, 000	100. 00	36, 933, 714	100. 00

（出典）人口はイラク計画省（2015年）の発表による（http://www.cosit.gov.iq/ar/）.

とはいえ、トルコに対するイメージは、時代や民族宗派集団、居住地域によってかなり異なるだろうことは、想像に難くない。クルド人などのトルコ国境に近い地域に住む者や、民族的に近いトルコマーン人などは、他の地域の人々や民族とは異なるトルコ観を持っているだろう。また、PKKとの関係によってもトルコに対するイメージは大きく変わってくるかもしれない。すでに述べたように、こうした多様なトルコ観を現地調査によって解明することは、紛争地という性格上極めて困難である。

そこで登場するのが世論調査である。筆者は二〇一一、一六、一七、一八年の四回にわたり、イラク国内で世論調査を実施してきた。筆者を中心とする研究チームが質問票の草案を作成し、現地の実査機関と協議を重ねて完成させるという共同プロジェクトである。実査は、二〇一一年はベイルートに拠点をおくイラク戦略研究所、それ以外はバグダード大学社会学部に依頼した。

表2　全調査のサンプル数と民族宗派別の配分

	民族宗派					合計	調査年			
	スンナ	シーア	クルド	その他	回答拒否		2011	2016	2017	2018
イルビール	1	0	232	41	15	289	○	○	○	○
	0.3%	0.0%	80.3%	14.2%	5.2%	100.0%				
スライマーニーヤ	0	0	177	0	13	190	○		○	○
	0.0%	0.0%	93.2%	0.0%	6.8%	100.0%				
キルクーク	33	28	45	46	3	155	○		○	○
	21.3%	18.1%	29.0%	29.7%	1.9%	100.0%				
ニーナワー	35	0	5	5	5	50	○			
	70.0%	0.0%	10.0%	10.0%	10.0%	100.0%				
サラーフッディーン	112	33	1	4	62	212		○	○	○
	52.8%	15.6%	0.5%	1.9%	29.2%	100.0%				
ディヤーラー	46	47	33	10	64	200		○	○	○
	23.0%	23.5%	16.5%	5.0%	32.0%	100.0%				
アンバール	84	2	1	2	71	160			○	○
	52.5%	1.3%	0.6%	1.3%	44.4%	100.0%				
バグダード	287	744	50	67	278	1426	○	○	○	○
	20.1%	52.2%	3.5%	4.7%	19.5%	100.0%				
ナジャフ	2	264	0	1	9	276	○	○	○	○
	0.7%	95.7%	0.0%	0.4%	3.3%	100.0%				
バスラ	66	311	4	2	110	493	○	○	○	○
	13.4%	63.1%	0.8%	0.4%	22.3%	100.0%				
合計	671	1436	551	213	630	3501	701	800	1,000	1,000
	19.2%	41.0%	15.7%	6.1%	18.0%	100.0%	20.0%	22.9%	28.6%	28.6%

（出典）筆者作成.

サンプリングは、イラク計画省が発表した人口データにもとづいてあらかじめ民族宗派の割合と県別人口の割合を固定した後にランダムに回答者を選択する、いわゆる層化無作為抽出法をとった。表1はイラクの県別人口とその比率を、本章で最も多く使う二〇一七年調査のサンプル数とその比率に照合させたものである。紛争地という性格上、全ての県で調査を実施することが困難であるため、多少の歪みは存在するが、おおむね県別の人口比にそうように工夫した。

表2は民族宗派集団ごとのサンプル数と各調査の実施地域（県）を示したものである。上述のように、全ての県での調査が困難であるため、イラク全体の民族宗派集団の割合に適合するように調整した。各調査のサンプル数は、二〇一一年の七〇一、一六年の八〇〇、一七年と一八年のそれぞれ一〇

〇〇であり、全て合わせると三五〇一人分のミクロデータをそろえた(15)。

以下の節ではこれらのデータを利用して、それぞれの質問項目からイラク人がトルコに対してどのようなイメージや見解を有しているか、そして様々なトルコ観を形成するにいたった要因は何かという問題を、計量分析を通して明らかにしていきたい。

第二節　イラク人のトルコ観——世論調査の記述統計から

中東地域の政治安定への貢献

はじめに世論調査の結果を概観することで、イラク人がトルコ人をどのようにみているかを俯瞰してみよう。まず、トルコにかかわる質問項目を各調査から取り出し、最も重要な要素の一つであると考えられる民族と宗派に着目して整理してみる。

二〇一一年調査では、「トルコが中東地域の政治安定にどの程度寄与するか」という質問を投げている。その回答を民族宗派集団別に集計したのが、図1である。ここからわかるように、スンナ派、シーア派、そしてキリスト教徒に似通った回答傾向が認められ、いずれも中東政治の安定にトルコが貢献していると考える者は半数程度である。それに対して、クルド人の半数はトルコの貢献に対して否定的な回答を行っている。反対に、トルコマーン人は二八・六パーセントが「とても寄与している」、五二・四パーセントが「寄与している」と答え、八割を超える者が肯定的な姿勢を示している。このように、トルコが中東地域の安定にどの程度貢献していると考えるかは、民族宗派集団によってかなり大きな差が出ることがわかる。

個人生活への貢献

地域政治の安定という抽象的な問題ではなく、より直接的に日々の生活にかかわるトルコの役割はどのように評価

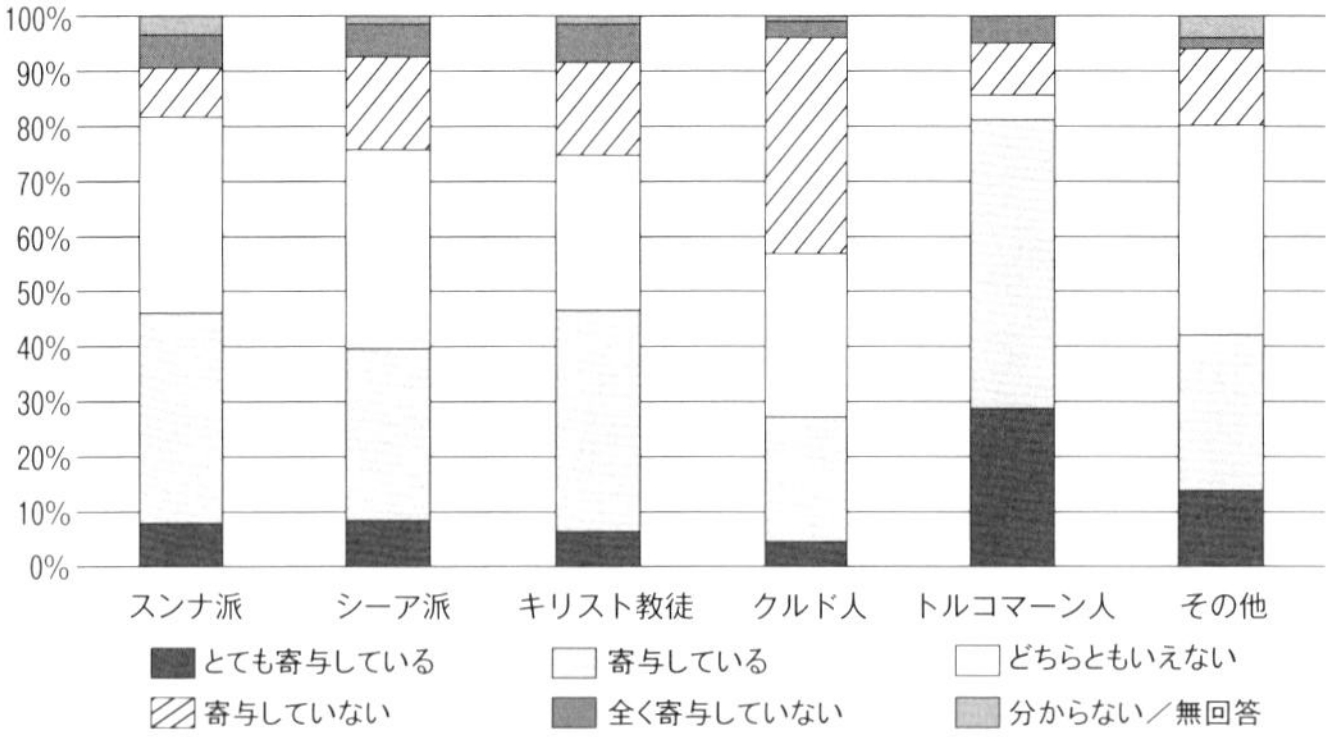

図 1　中東地域の安定へのトルコの寄与

（出典）2011 年世論調査をもとに筆者作成.

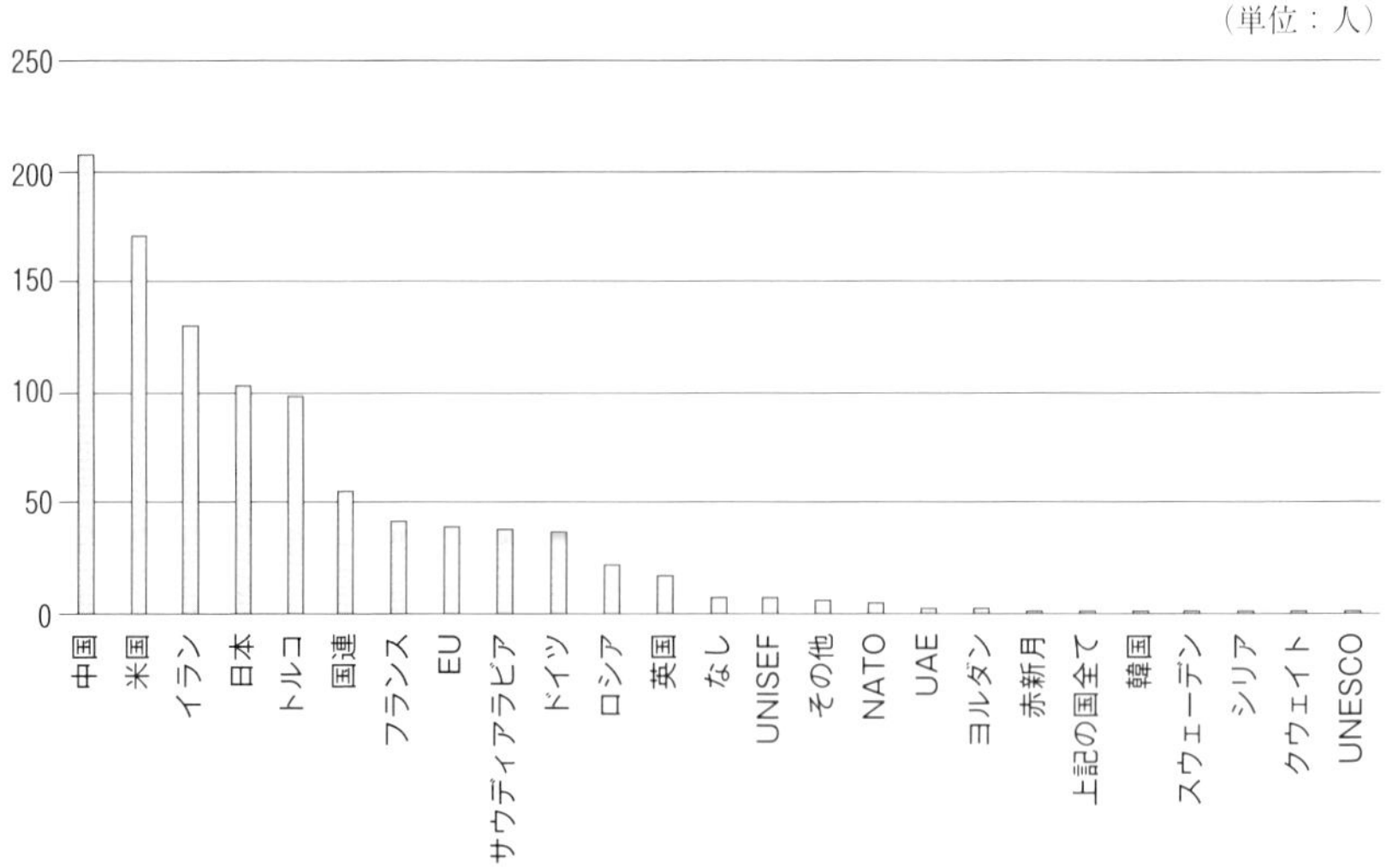

図 2　個人生活に最も貢献している国

（出典）2017 年世論調査をもとに筆者作成.

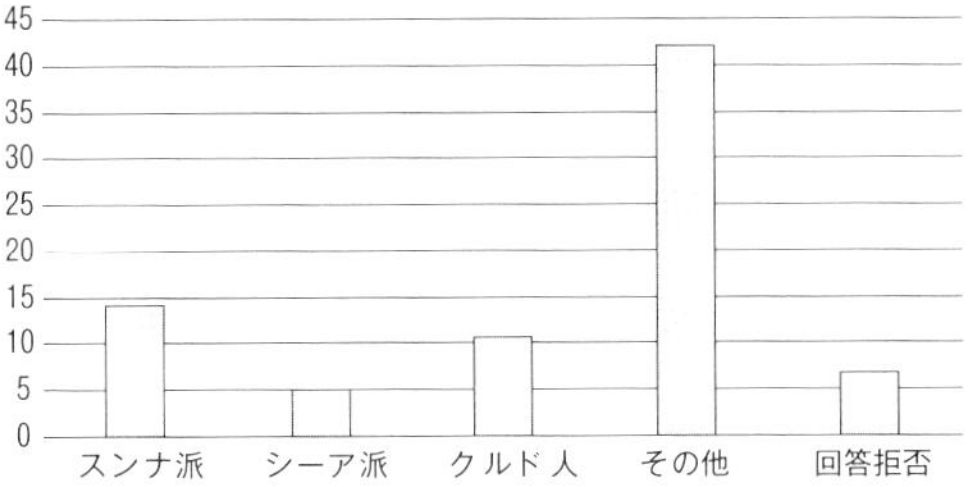

図3　個人生活への貢献でトルコを選択した回答者の宗派・民族別の割合

（出典）2017年世論調査をもとに筆者作成.

されているのだろうか。二〇一七年調査で「あなたの生活に最も貢献している国や機関はどこですか」という質問をしている。その回答を集計したのが図2である。イラクの復興事業に近年急激な進出を果たしている中国と、戦後イラクの再建を主導してきた米国がそれぞれ一位と二位につけており、トルコはイランと日本に続く第五位にランキングしている。イラクに隣接する大国としてイランに次いで上位に入っていることは、一定のイラク人がトルコによる個人生活への貢献に期待していることを示している。その背景には、ＩＳの台頭によって居住地を追われ、難民になった者の多くがトルコに流出したという事情があるだろう。二〇一七年の調査では、外国に住んでいる親戚の有無を尋ねているが、外国に住む親戚がいると回答した六〇七人のうち、トルコ在住の親戚がいると答えた者が最も多く、七八人であった[16]。そして、その理由のなかで圧倒的な割合を占めているのが避難である（七八人中七〇人が居住理由で避難を選んでいる）。つまり、ＩＳ後の難民のかなりの割合がトルコにとどまっていることを意味している（⇒第九章）。こうしたことも、個人生活へのトルコの貢献に対する評価につながっていると考えられる。

　では、個人生活に最も貢献している国としてトルコを選んだ回答者は、各民族宗派集団内にどの程度存在するのだろうか。それを示したのが図3である。最も少ないのがシーア派で、わずか五パーセント以下、最も多いのはその他の少数派であるが、多くはトルコマーン人ではないかと考えられる。

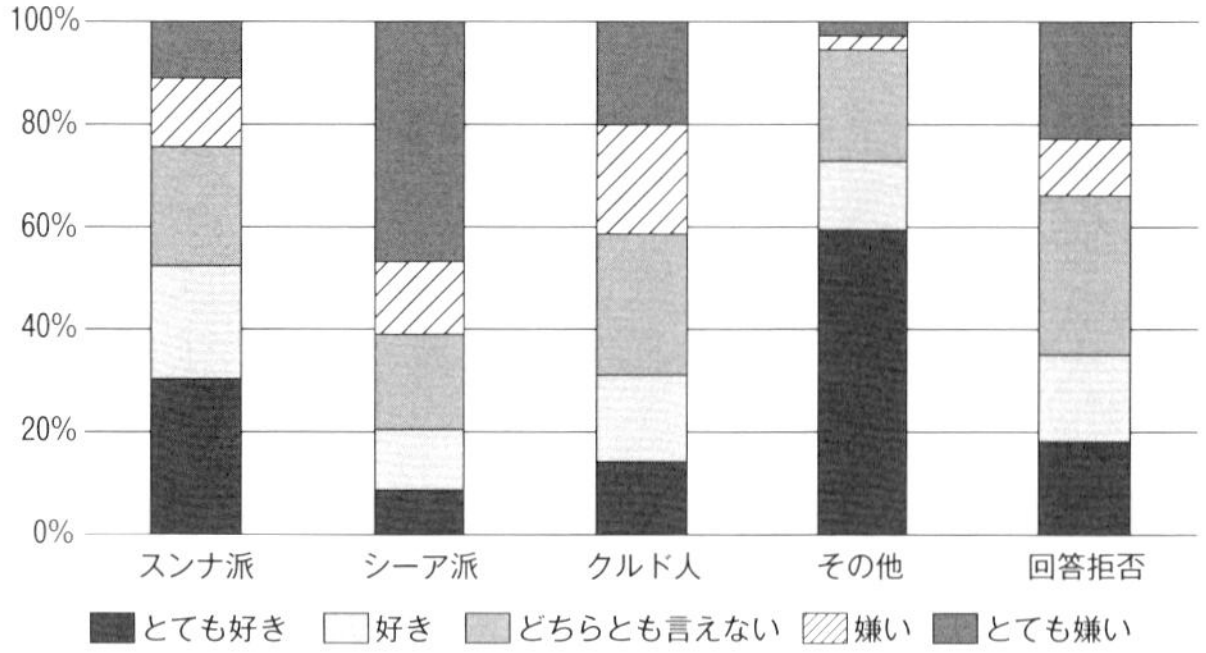

図4　トルコに対する好感度

（出典）2017年世論調査をもとに筆者作成.

トルコに対する好感度

このように、地域政治への安定や個人生活への影響についての評価には、民族宗派ごとに差がみられた。では、トルコに対する好感度はどうなっているのだろうか。二〇一七年調査では「トルコはどの程度好きですか」という極めて単刀直入な問いを投げている。その回答を民族宗派ごとに集計したのが図4である。これが示しているように、スンナ派とその他の少数派（多くがトルコマーン人と考えられる）は、トルコを「とても好き」、あるいは「好き」と好意的にみているのに対して、シーア派とクルド人は半数以上がトルコを「嫌い」、あるいは「とても嫌い」と答えている。スンナ派とトルコマーン人がトルコに好意的になりやすいのは、おそらくそれぞれ宗派と民族の共通性があるためだと考えられる。このように、好感度には、政治や生活への貢献以上に、トルコに対する好感度には民族宗派ごとの差異が認められるのである。

外的脅威認識

反対に、外的脅威としてトルコを認識しているイラク人はどの程度いるのだろうか。二〇一七年調査で「あなたにとって最も脅威となる国はどこですか」という質問を行った。その回答を民族宗派ごとに集計したのが図5である。ここでも民族宗派ごとの差異が明確に出ている。反米感情が一定程度残っているために、どの集団も米国を最大の脅威と認識する傾向が一定程度あるが、シーア派はサウディアラビア、その他の集団はイラン

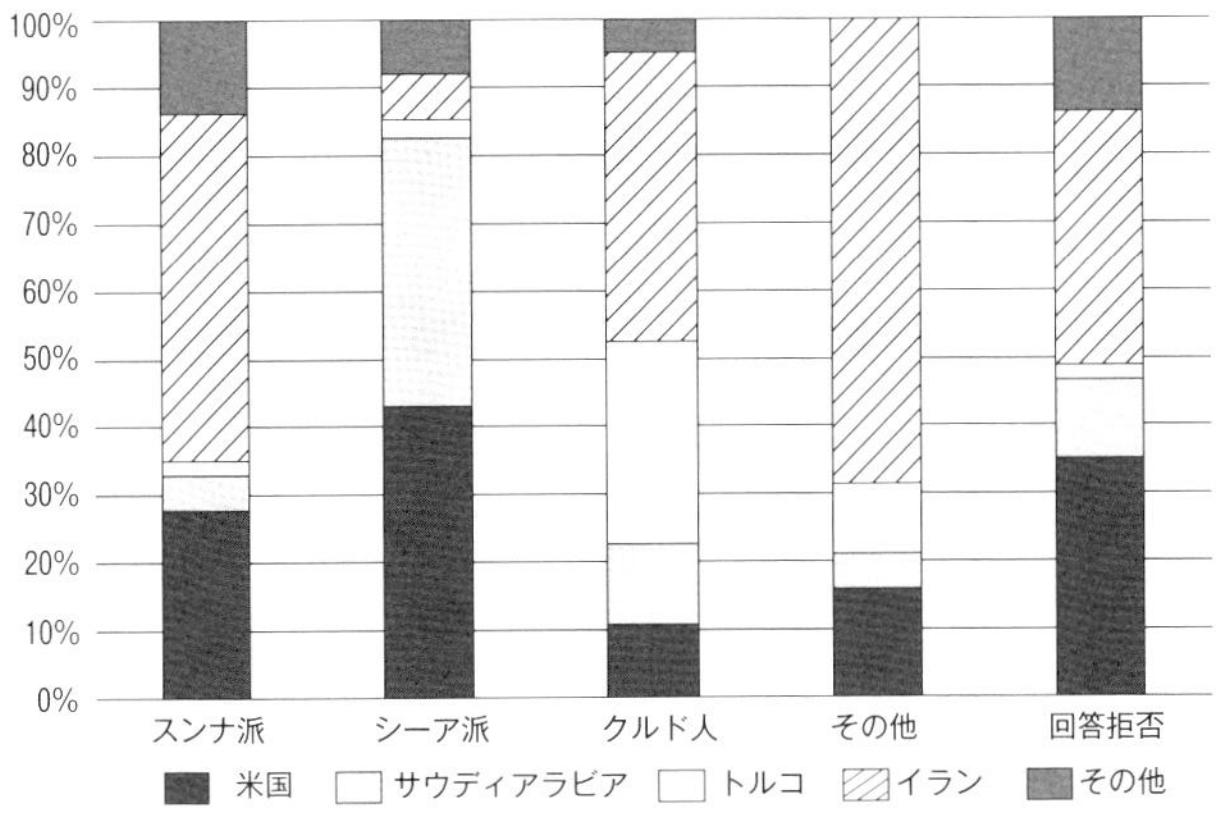

図5　最も脅威となる国

（出典）2017年世論調査をもとに筆者作成.

を最大の脅威と認識する割合が高くなっている。とはいえ、目を引くのは、二九・八パーセントという多くのクルド人がトルコを最大の脅威と認識している点である。これは他の集団と比較して目立って多く[17]、トルコがＫＲＧというクルド人が集住する地域に軍事介入を繰り返しているという事実を反映したものであろう。

トルコの介入停止

だとすれば、北イラクに軍事介入を繰り返すトルコの行動に対して、イラク人はどのように考えているのだろうか。「外部介入の停止」については二〇一六年と二〇一八年の両方の調査で尋ねている。二〇一六年は「サウディアラビアとトルコの介入をなくすことがイラクの安定にとってどの程度重要だと考えるか」という質問で、これにはサウディアラビアが含まれているため必ずしもトルコだけのインパクトを図ることはできないにしても、図６に示したように、いずれの民族宗派も、多くの者が「とても重要」と回答している。ここでも介入の停止を「とても重要」と答える割合はクルド人が最も多く、九割を超えている。反対にスンナ派のみ見解にばらつきが認められることがわかるだろう。

同じく二〇一八年調査では、「トルコの介入をどの程度なくすべきだと思いますか」とより直接的な質問を投げており、その結果を民族宗派集団ごとに集計したのが図７である。ここからは、二〇

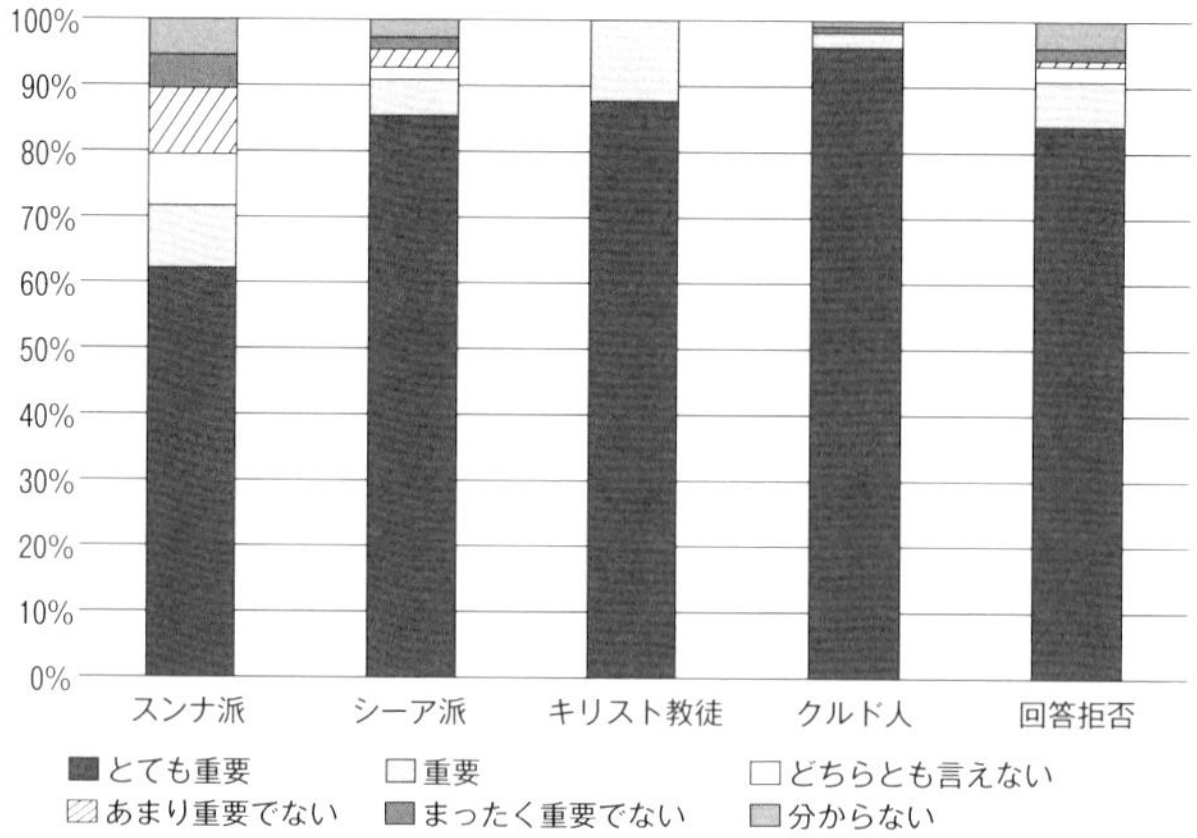

図6　サウディアラビアとトルコの介入の停止

（出典）2016年世論調査をもとに筆者作成.

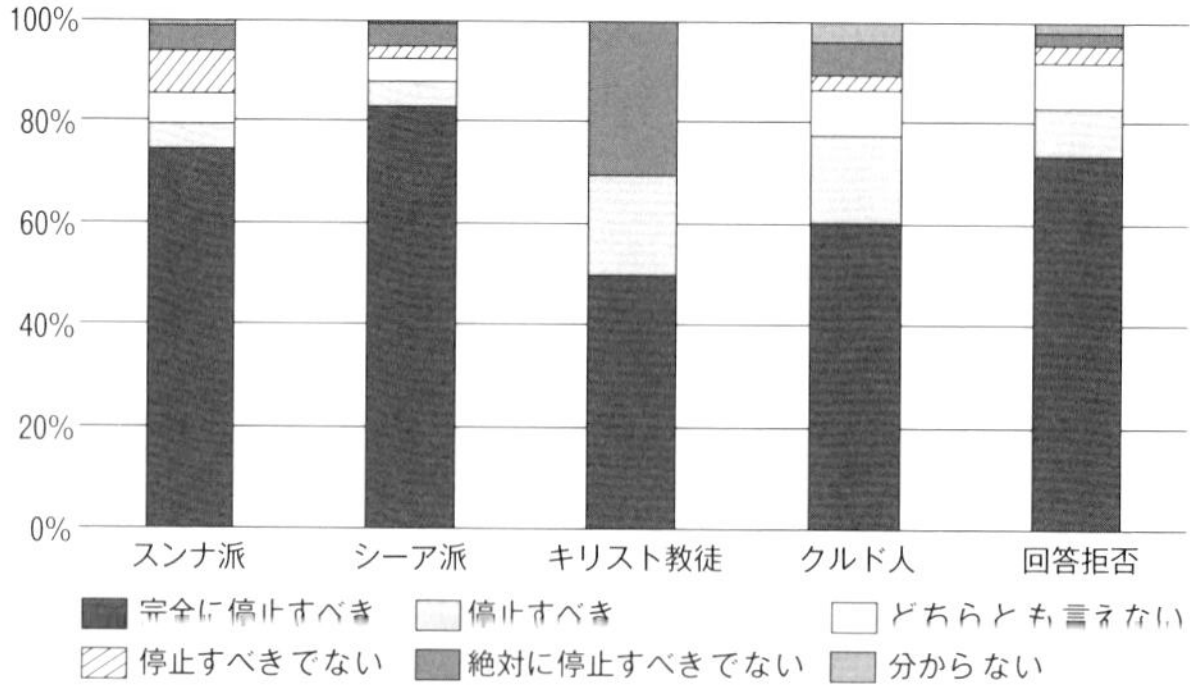

図7　トルコの介入をどの程度なくすべきか

（出典）2018年世論調査をもとに筆者作成.

一六年とは若干異なる結果が出ていることがわかる。注目すべきなのは、キリスト教徒の約三割が絶対に停止すべきでないと答えている点、クルド人の回答にばらつきが出ている点である。二〇一六年調査では介入の停止に肯定的な見解がほぼすべてを占めていたのに対し、二〇一八年調査では一割程度のクルド人がトルコの介入に肯定的な回答を行っており、同じく一割程度がわからないと回答している。とはいえ、介入については、それ以外の問題と比較して民族宗派集団ごとに有意な差はなく、おおむね否定的な見解が圧倒的に多いのが特徴だろう。

このように、イラク人がトルコをどのようにみているかという問題を、四つの世論調査をもとに概観すると、介入への否定的姿勢を除き、民族宗派集団ごとに異なるトルコ・イメージを持っていることが明らかになった。すなわち、トルコマーン人はトルコの政治的安定と個人生活への貢献を評価する傾向にあるのに対して、クルド人はトルコを最大の外的脅威とみなしやすい。また、シーア派はトルコに対する好感度が低い、などである。反対に、極めて多くのイラク人が、民族宗派の差異にかかわらずトルコによる外部介入を停止すべきだと考えているのである。

第三節　トルコ観はどのような要因で作られたのか──計量分析から

ロジスティック回帰分析

以上のようなトルコ観はどのような要因で形成されているのだろうか。本節では、以上の五つのトルコ観（中東地域政治の安定への貢献度、生活への貢献の有無、好感度、最大の外的脅威であるか否か、外部介入の停止の重要性）を形作るうえで、どのような要因が影響を与えているのかを浮き彫りにするために、五つのロジスティック回帰分析を行う。

まず第一の中東政治の安定へのトルコの貢献度については、二〇一一年調査の「トルコが中東地域の政治安定にどの程度寄与するか」という質問への回答を、一＝全く寄与していない、二＝寄与していない、三＝どちらとも言えない、四＝寄与している、五＝とても寄与していると順序のある変数にコード化し、順序ロジットモデルを用いて分析する。

第二の個人生活への貢献については、二〇一七年調査の「あなたの生活に最も貢献している国や機関はどこですか」という質問に対する回答を、一＝トルコ、〇＝それ以外の国・機関にダミー変数化したうえで、二項ロジットモデルを用いて分析する。

第三の好感度については、二〇一七年調査の「トルコはどの程度好きですか」という質問への回答を、一＝とても嫌い、二＝嫌い、三＝どちらとも言えない、四＝好き、五＝とても好きという順序ある変数にコード化し、順序ロジットモデルを用いて分析する。

第四の外的脅威については、二〇一七年調査の「あなたにとって最も脅威となる国はどこですか」という質問に対する回答を、一＝トルコ、〇＝それ以外の国にダミー変数化したうえで、二項ロジットモデルを用いて分析する。

第五の外部介入の停止については、二〇一八年調査の「トルコの介入をどの程度なくすべきだと思いますか」という質問への回答を、一＝絶対に停止すべきでない、二＝停止すべきでない、三＝どちらとも言えない、四＝停止すべき、五＝絶対に停止すべきという順序ある変数にコード化し、順序ロジットモデルを用いて分析する。

以上の従属変数（解明したい問題）に影響を与える可能性のある独立変数については、前節の記述統計の結果を参考にしながら、五つの分析に可能な限り共通の変数を投入した。具体的には、民族宗派変数[18]と地域変数[19]、そしてイデオロギー[20]、政策[21]、クルド系政党支持ダミー、トルコに住む親戚ダミーを投入した。それに加え、いくつかの統制変数も投入した[22]。

これら五つのロジスティック回帰分析の結果は、表3の通りである。

結果の分析

この結果をもとに、一〜五の問題にどのような要素がどの程度の影響を与えているのかをみていこう。

①中東地域の政治の安定への貢献

第一に、トルコが中東地域政治の安定にどの程度貢献していると考えるかに与える影響である。表3からは、トルコの貢献への評価に有意な影響を与えているものは、トルコマーン人、国民統合の強化、中央地方関係の改善への姿勢、外部介入の停止、収入である（*の数が多いほうが統計的に有意となり、回帰係数が正の値ならばトルコの貢献を高く評価、負の値なら低く評価しやすくなる）。なかでも重要と考えられるのは、トルコマーン人と外部介入の停止である。端的に言えば、トルコマーン人はその他の民族宗派集団よりも中東政治の安定に対するトルコの役割を高く評価しやすく、（イラクの安定のために）外部介入の停止を重視する者ほど、トルコの役割を高く評価しやすいということだ。視覚的にわかりやすいよう、結果をもとに確率を推計してみよう。図8が示しているように、トルコマーン人はトルコが「とても寄与している」と考える確率が、非トルコマーン人と比べて圧倒的に高くなっている。

他方、トルコが中東地域政治の安定に寄与していると考える確率が、外部介入の停止を重要と考えるにつれて、どのように変化するかを示したのが図9である。ここから分かるように、外部介入の停止をまったく重要でないと考える者は、トルコマーン人で三五・二パーセント、非トルコマーン人で一一パーセントの確率でトルコが政治安定へ寄与していると考えるが、外部介入の停止をとても重要と考える者は、トルコマーン人で五七・二パーセント、非トルコマーン人で二三・二パーセントの確率でトルコの政治安定への貢献を評価することになる。

トルコマーン人がトルコの中東地域政治の安定への貢献を高く評価することは、驚くべきことではない。上述のように民族的に近しいトルコマーン人は、とりわけイラク戦争後にトルコの支援を受けるようになったからだ。だが、興味深いのは、イラクの安定にとって外部介入の停止が重要だと考える者ほど、トルコの役割を高く評価するという点である。これは、一定のイラク人が、トルコの軍事侵攻は対PKK作戦に限定されており、PKK掃討作戦はイラクの安定にもつながるという認識を持っていることを意味するのかもしれない。

表 3　ロジスティック回帰分析の結果

	地域政治の安定	生活への貢献	好感度	外的脅威	外部介入の停止
モデル	順序ロジット	二項ロジット	順序ロジット	二項ロジット	順序ロジット
シーア派	−0. 170 (0. 217)	−1. 354*** (0. 334)	−1. 623*** (0. 173)	−0. 145 (0. 683)	0. 380* (0. 203)
クルド人	−0. 205 (0. 385)	−1. 632** (0. 734)	−1. 045** (0. 461)	0. 631 (0. 841)	0. 256 (0. 369)
トルコマーン人	1. 484** (0. 604)				
キルクーク県	0. 433 (0. 426)	0. 745 (0. 457)	2. 584*** (0. 395)	0. 468 (1. 037)	−4. 857*** (0. 391)
KRG	−0. 093 (0. 417)	−1. 522** (0. 666)	0. 112 (0. 441)	2. 430** (0. 983)	−0. 705* (0. 390)
アラブ民族主義	−0. 019 (0. 115)	0. 066 (0. 116)	0. 280*** (0. 059)	−0. 080 (0. 171)	−0. 560 (0. 077)
イラク国民主義	0. 215 (0. 138)	0. 136 (0. 202)	−0. 077 (0. 095)	0. 201 (0. 225)	0. 178* (0. 093)
クルド民族主義	0. 197* (0. 106)	−0. 039 (0. 132)	0. 022 (0. 067)	0. 406* (0. 225)	0. 134* (0. 065)
国民統合の強化	0. 369*** (0. 093)	−0. 008 (0. 224)	0. 132 (0. 113)	0. 200 (0. 252)	
連邦制の確立	−0. 026 (0. 065)	−0. 691*** (0. 119)	−0. 024 (0. 053)	0. 032 (0. 169)	−0. 025 (0. 063)
中央地方関係の改善	−0. 202** (0. 085)	0. 238 (0. 151)	−0. 007 (0. 069)	0. 635** (0. 314)	0. 001 (0. 067)
外部介入の停止	0. 225** (0. 089)				
KRG の独立		0. 350*** (0. 130)	0. 031 (0. 068)	−0. 062 (0. 168)	−0. 181*** (0. 069)
クルド系政党支持	−0. 309 (0. 298)	1. 893*** (0. 642)	0. 108 (0. 413)	−0. 264 (0. 931)	0. 270 (0. 285)
トルコに住む親戚		1. 095** (0. 495)	−0. 408 (0. 316)	−1. 174 (0. 837)	
教育	−0. 003 (0. 043)	−0. 049 (0. 067)	0. 062* (0. 037)	0. 020 (0. 087)	−0. 130*** (0. 050)
収入	−0. 160* (0. 084)	0. 115 (0. 133)	−0. 116 (0. 075)	−0. 021 (0. 206)	−0. 010 (0. 060)
年齢	0. 000 (0. 001)	0. 000 (0. 011)	0. 001 (0. 006)	0. 004 (0. 014)	0. 024*** (0. 007)
定数項		−1. 655* (0. 941)		−1. 795 (1. 333)	

(表3続き)

しきい値1	−6. 159*** (0. 882)		−2. 161*** (0. 676)		0. 560 (0. 686)
しきい値2	−4. 123*** (0. 852)		−1. 432** (0. 675)		1. 723** (0. 698)
しきい値3	−2. 526*** (0. 840)		−0. 375 (0. 676)		2. 659*** (0. 707)
しきい値4	−0. 646 (0. 835)		0. 691 (0. 675)		3. 392*** (0. 711)
サンプル数	454	714	699	714	986
χ^2	69. 566	95. 778	252. 080	112. 762	297. 439
対数尤度	1244. 459	413. 345	1940. 250	223. 120	1353. 742
Nagelkerke R^2		0. 246		0. 389	
Pseudo R^2	0. 053		0. 115		0. 180

*p ＜ 0. 1　**p ＜ 0. 05　***p ＜ 0. 01
(注) カッコ内は標準誤差.
(出典) 筆者作成.

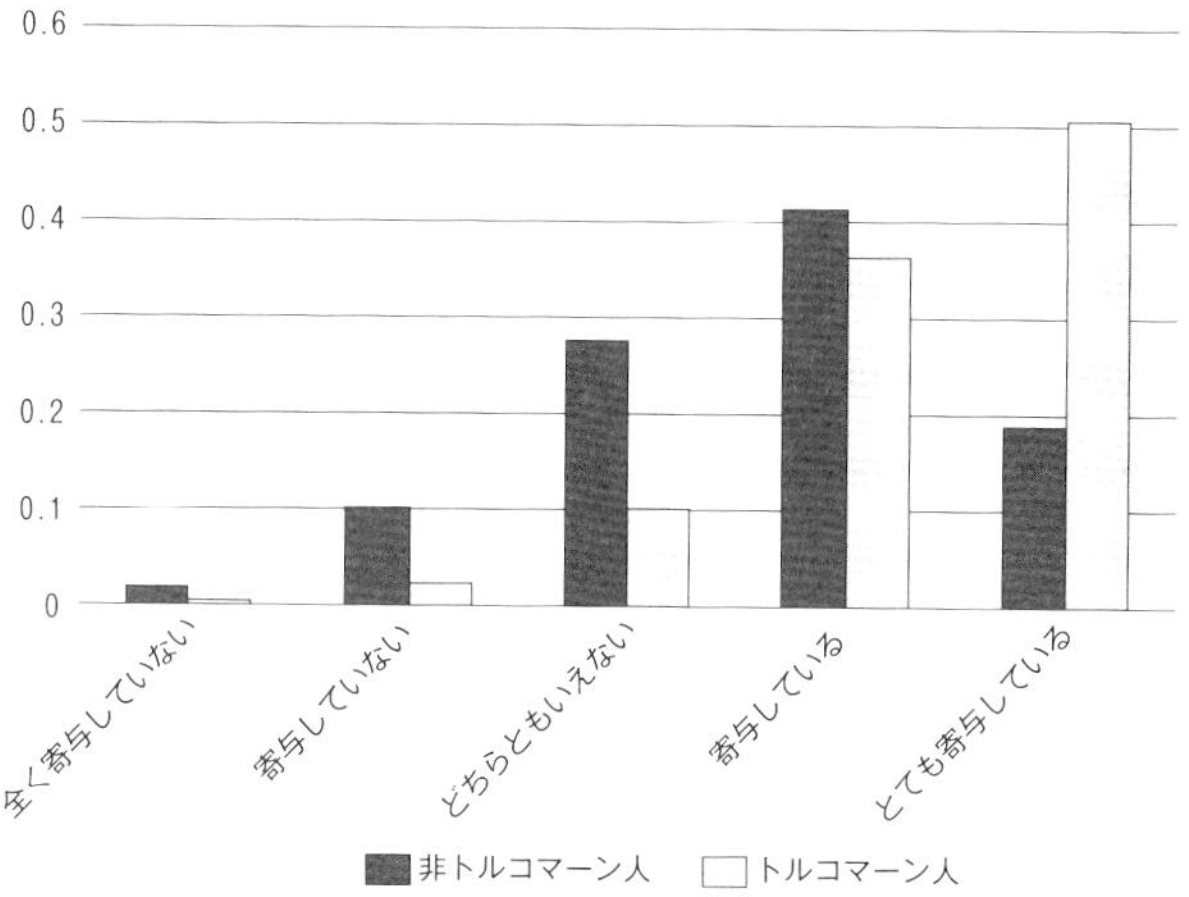

図8　地域政治の安定の推計——トルコマーン

(出典) 筆者作成.

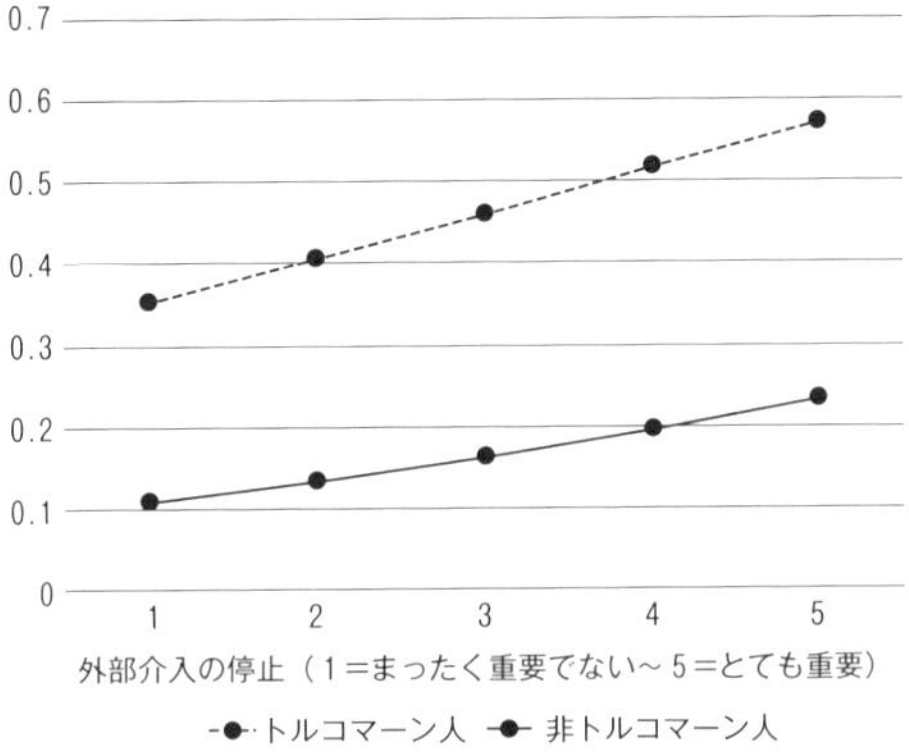

図9　地域政治の安定の推計——外部介入の停止

（出典）筆者作成.

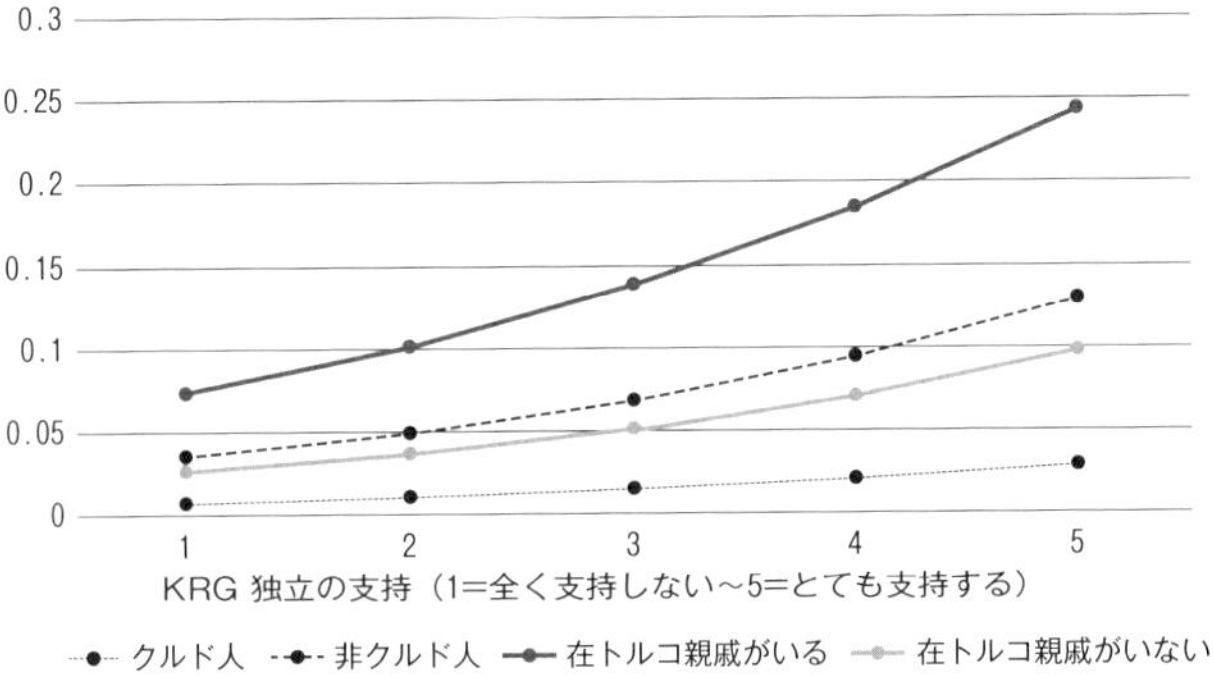

図10　個人生活への貢献の推計——在トルコ親戚の有無，クルド，KRG 独立

（出典）筆者作成.

②個人生活への貢献

第二に、個人生活に最も貢献している国としてトルコを選択する要因についてである。表3の結果から統計的に有意な要素を抜き出すと、シーア派、クルド人、KRG、連邦制の確立、KRGの独立、クルド系政党支持、トルコに住む親戚、である。なかでも重要なのは、クルド人とKRGの独立、トルコに住む親戚である。端的に言えば、クルド人（やシーア派）であれば生活への貢献者としてトルコを選びにくく、トルコに住む親戚がいる者はトルコを選択しやすく、同様にKRGの独立を支持する者ほどトルコを選びやすいという結果だ。これを図示してみよう。図10のように、クルド人はそれ以外の民族宗派集団よりも個人生活へ貢献している国としてトルコを選びにくいため、トルコの貢献を低く評価する傾向にある。反対に、トルコに住む親戚がいる者は、そうでない者に比べてトルコの個人生活への貢献を高く評価することがわかる。さらに、KRGの独立を支持する者は、そうでないものに比べてトルコの貢献を高く評価する傾向にある。図10からわかるように、トルコに暮らす親戚がいる者でKRGの独立を全く支持しないものは七・四パーセントの確率で生活への最大の貢献者としてトルコを選択するが、その確率はKRG独立を支持する者で二四・四パーセントにも増えるのである。

トルコに暮らす親戚がいる者がトルコの貢献を評価しやすいのはある意味では当然のことかもしれない。トルコに逃れた親戚の生活は受入国のトルコに支えられているかもしれないし、トルコに逃れた親戚から支援を受けているかもしれないからだ。反対に、トルコの貢献を低く評価する傾向のあるクルド人ですら、KRGの独立を支持する者ほど、個人生活への最大の貢献者としてトルコを選択しやすいという点は、大変興味深い[23]。これは、基本的にトルコに批判的なクルド人ですら、KRGの独立を達成した後には、隣国トルコとの良好な関係に期待を込めざるを得ないというアンビバレントな感情を有している点を、図らずも浮き彫りにしていると考えられるからである。確かにクルド人にとって北部に軍事侵攻を繰り返すトルコの貢献は評価しがたい。だが、KRGが独立したあかつきには、適切な外交関係を有する心強い（おそらくシニア）パートナーとして、トルコをみているということだろう。

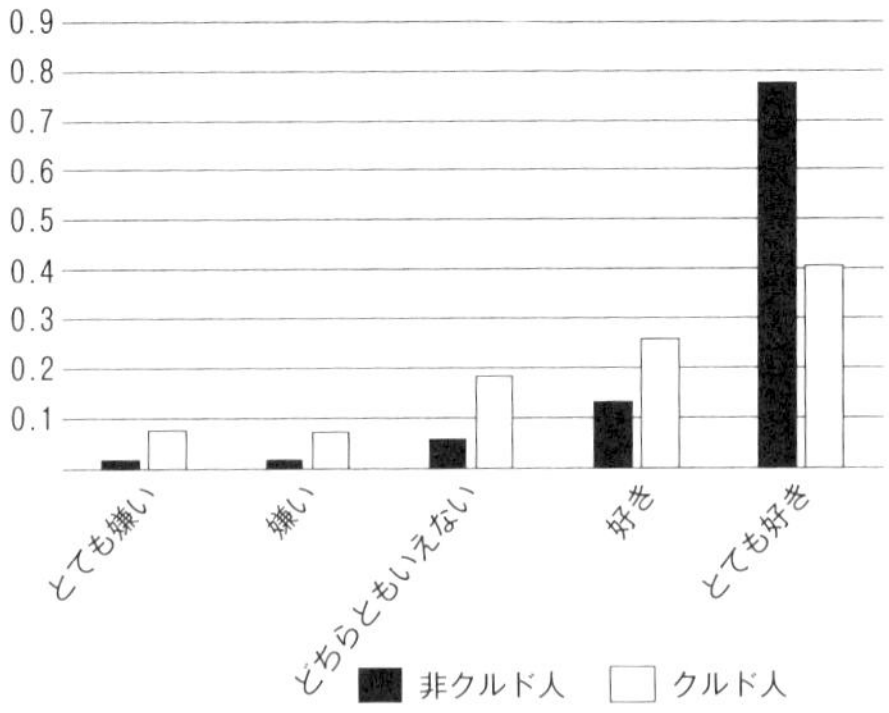

図 11　好感度の推計――クルド

（出典）筆者作成.

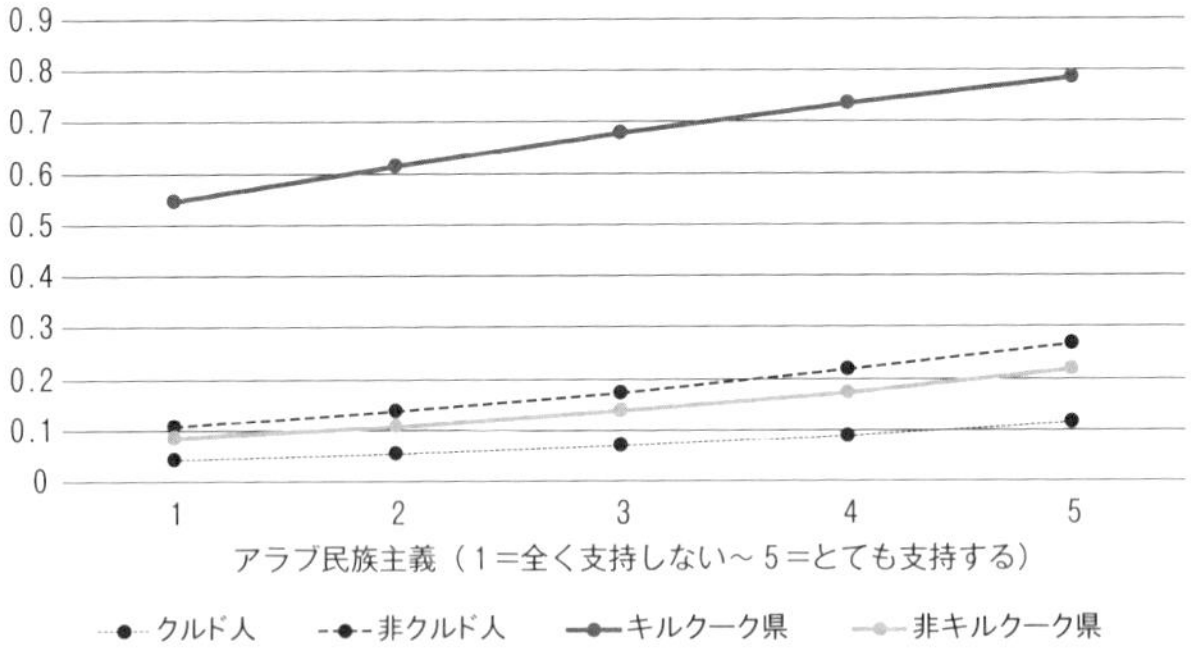

図 12　好感度の推計――キルクークとアラブ民族主義

（出典）筆者作成.

③トルコに対する好感度

第三に、トルコへの好感度に与える影響である。表3からは、シーア派、クルド、キルクーク県、アラブ民族主義、教育が有意となっている。なかでも重要なのは、クルド、キルクーク県、アラブ民族主義である。端的に言えば、クルド人（やシーア派）は他の民族集団と比較してトルコに好意的になりにくく、反対にキルクーク県の人々は、その他県と比べてトルコに好感を持ちやすくなるということである（図11）。また、図12のように、トルコを好きと答える確率は、クルド人であれば非クルド人と比較して低くなり、キルクーク県であれば、それ以外の県と比較して圧倒的に高くなる。また、アラブ民族

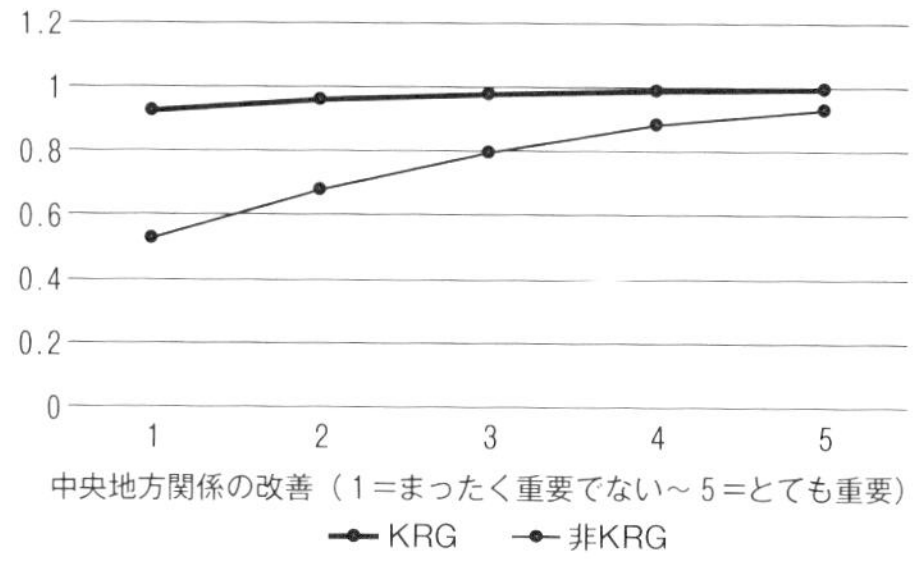

図13　外的脅威――KRG，中央地方関係

（出典）筆者作成.

主義を支持すればするほど、トルコを好きと答える可能性が高くなる。なお、トルコ国内に在住する親戚の有無は、好感度には影響を与えなかった。

④外的脅威認識

第四に、最大の外的脅威としてトルコを選択する要因についてである。表3のなかで統計的に有意になったものは、KRG、クルド民族主義、中央地方関係の改善である。なかでも重要と考えられるのが、KRGと中央地方関係の改善である。端的に言えば、KRGに住んでいる者は、他の地域と比較して圧倒的にトルコを最大の外的脅威と認識しやすく、同様に中央地方関係の改善を重視する者ほど、トルコを外的脅威と認識しやすくなるという結果である。この結果をもとに確率を推計したのが図13である。ここから読み取れるように、KRGでは、それ以外の地域と比較してトルコを最大の外的脅威と認識する確率が大きく上がる。そして、連邦政府とKRGの中央地方関係の改善を重視する者は、それだけトルコを外的脅威と認識しやすい。図13からは、中央地方関係の改善をまったく重要でないと考える者は、KRG地域以外では五二・六パーセントが最大の外的脅威としてトルコを選ぶのに対し、KRGでは九二・七パーセントと、トルコを選択する者が飛躍的に多くなることがわかる。

PKK掃討作戦という「対テロ戦争」でトルコがKRGに軍事介入を繰り返してきたことに鑑みるならば、戦場となっているKRGの人々がトルコを最大の脅威と認識するのは、理の当然である。むしろここで興味深いのは、KRG

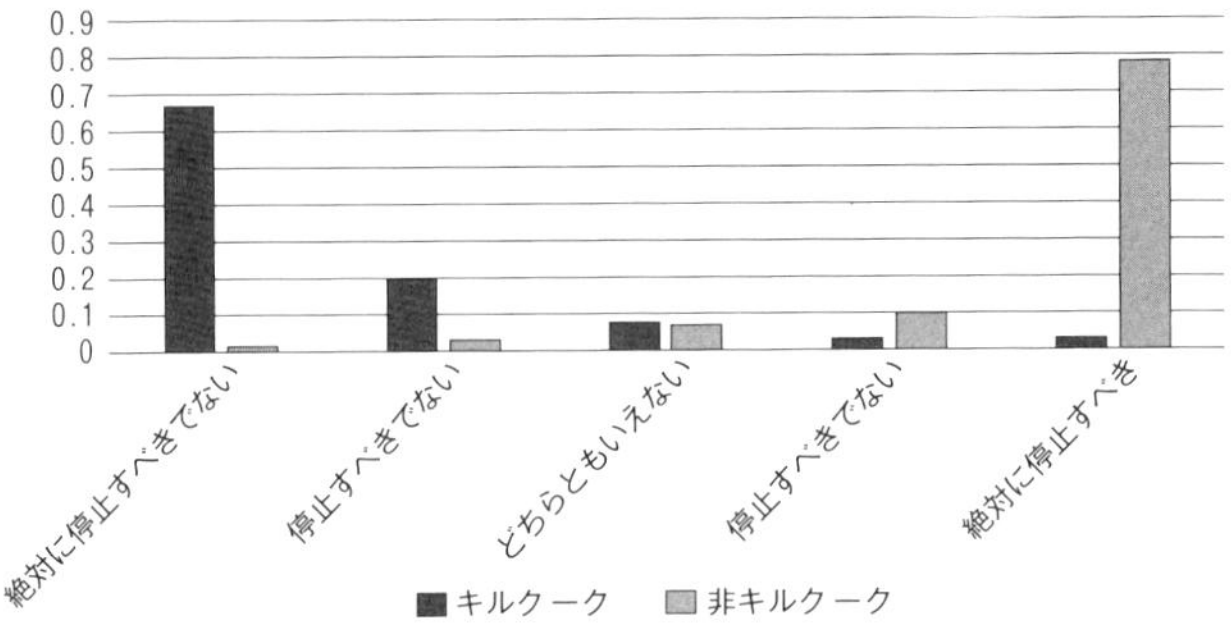

図 14　外部介入の停止――キルクーク

（出典）筆者作成.

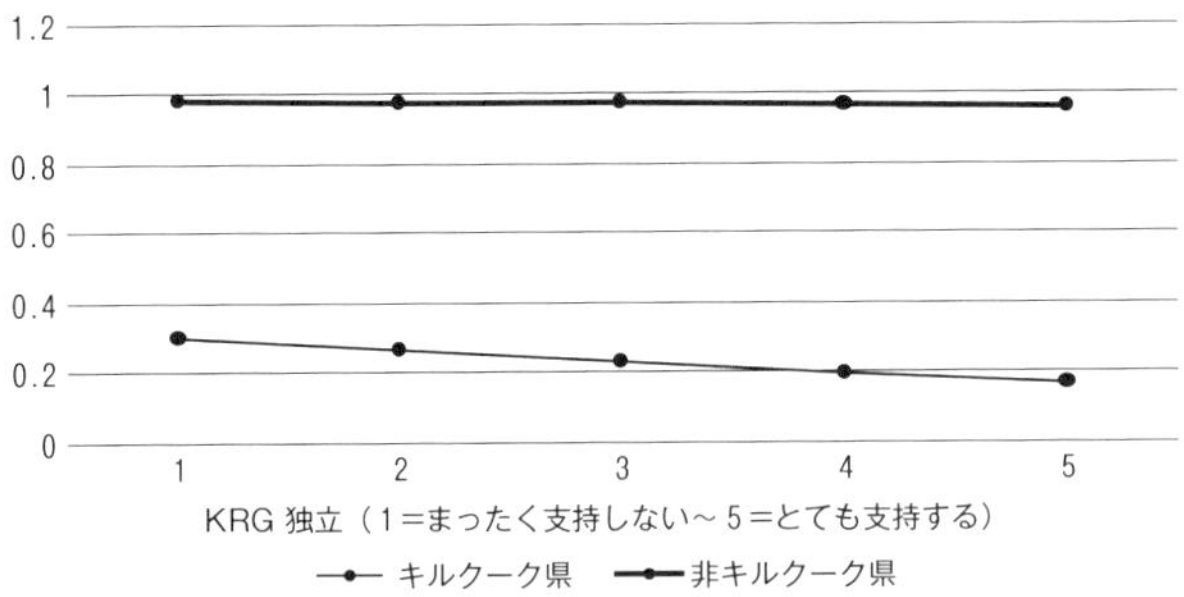

図 15　外部介入の停止――KRG 独立

（出典）筆者作成.

以外の地域でも、中央地方関係の改善を重要視する者ほど、トルコを最大の外敵脅威と認識する確率が上がるという点である。これは言い換えるなら、KRGと連邦政府の関係の改善を通して既存のイラクの枠組みを重視する者にとっては、軍事介入を繰り返すトルコがイラクの主権に対する脅威と認識されやすいことを如実に表している。

⑤トルコの介入停止

最後に、トルコの介入停止に対する認識は、いかなる要因に規定されているのだろうか。表3のなかから統計的に有意な変数を抜き出すと、シーア派、キルクーク県、KRG、イラク国民主義、クルド民族主義、KRG独立、教育、年齢である。なかでも重要なのは、キルクーク県とKRGの独立であろう。端的に言えば、キルクーク県では、他の地域と比較してトルコの外部介入を停止すべきだと考える者の確率が大幅に下がるということである。

図14からは、キルクーク県ではトルコの介入を「絶対に停止すべきでない」と答える確率が七割に迫るほど高い一方で、非キルクーク県では「絶対に停止すべき」との見解が八割弱と最も高くなっており、正反対の傾向を示していることがわかる。また、トルコの介入を「停止すべき」と回答する確率を推計した図15が示しているのは、KRG独立を支持するものほど、介入を停止すべきだと考える確率がわずかだが下がるという点である。

トルコに対する好感度が高いキルクーク県で、トルコの介入停止に消極的な結果が出たことは、驚くべきことではない。とくに、この調査が二〇一八年に実施されたことに鑑みるなら、至極妥当であろう。というのも、二〇一七年九月にKRG独立の是非を問う住民投票が実施され、その後の混乱でキルクーク県の秩序が一時的に崩壊したため、トルコの介入が安定の再建につながると考える者（とくにキルクーク県のトルコマーン人）が出てきたからであろう(24)。とはいえ、多くのイラク人がトルコの介入を停止すべきと考えていることには変わりない。

おわりに

冒頭の問いに戻ろう。イラク人は、隣国トルコをどのようにみているのだろうか、またイラク人のトルコ観はどのような要因によって形作られているのだろうか。

世論調査のミクロデータを分析した本章が導き出した結論は、次の通りである。つまり、民族や宗派が重要な規定要因となって形成されるのは、トルコが中東地域の政治的安定にどの程度寄与しているかという認識、個人的な生活に最も貢献している国としてトルコを選択するかどうか、そしてトルコに対する好感度であった。他方、トルコとの近さという地理的な要因が決定的に重要な影響を与えているのが、トルコを最大の外的脅威と認識するかどうか、そしてトルコの介入停止をどの程度重視するかという点であった。

民族や宗派がトルコ観の規定要因となる場合、やはりシーア派やクルド人はトルコに対して否定的な見方をとりやすい。反対に、トルコマーン人などの少数派はトルコの役割を高く評価する傾向がみられる。とはいえ、民族と宗派が重要である場合ですら、トルコ在住の親戚の存在といった人間関係の深さやＫＲＧ独立などの政策志向、そして地域的な要因もあわせて重要な影響を与えており、民族と宗派のみで説明することは危険がともなう。これは、トルコによる経済進出の拡大や難民の受け入れなどを背景にして、民族宗派集団の内部に異なる多様なトルコ観が形成されてきたことに起因していると言えるだろう。

他方、地理的要因がトルコ観を規定している場合、ＫＲＧではトルコを最大の脅威と認識する一方で、キルクーク県ではトルコの介入に消極的な意見が少ないという差がみられた。無論、これはＩＳの台頭によって「対テロ戦争」を称したトルコ軍の越境攻撃が再活性化してきたことと密接に関係している。トルコの介入を受ける地域ではトルコを脅威と認識しやすく、介入によって安定や利益が得られる可能性がある地域では、トルコに好意的になりやすいのは、極めて自然な現象である。

このように、民族宗派や地理的要因、政策や人的つながりなどが複雑に絡み合って、イラク人のトルコ観が形成されている。本章が浮き彫りにしたのは、両国の政治・社会・経済的な関係の変化によっては今後も大いに変わり得る、可変的でダイナミックなトルコ像に他ならない。

注

（1）たとえば、Ofra Bengio, "Iraq," in Bruce Maddy-Weitzman ed., *Middle East Contemporary Survey*, 23, The Moshe Dayan Center for Middle Eastern and African Studies, The Shiloan Institute Tel Aviv University, 1999, pp. 262–294; "Iraq: From Failed Nation-State to Binational State?" in Asher Susser ed., *Challenges to the Cohesion of the Arab State*, Tel Aviv: The Moshe Dayan Cente, 2008, pp. 59–83 を参照のこと。

（2）無論、両国関係を扱った論文やレポート類は多数刊行されている。たとえば、Henri J. Barkey, "Turkey and Iraq: the Perils（and Prosperity）of Proximity," *United State Institute of Peace Special Report*, 141, 2005 を参照。だが、イラク人がトルコをどのようにみ

ているかを直接扱った研究は、管見の限り見当たらない。
(3) ファイサルについては、Ali Allawi, *Faisal I of Iraq*, Yale University Press, 2014が詳細な研究書となっている。
(4) チャールズ・トリップ『イラクの歴史』大野元裕監訳、明石書店、二〇〇四年、二〇九〜二一二頁。
(5) トルコ開発省のホームページ (http://www.gap.gov.tr/english) より引用 (二〇一八年八月二七日最終閲覧)。
(6) 様々な交渉や合意が繰り返されてきたが、最大の進展は二〇〇八年に合意されたトルコ、イラク、シリアの三か国での共同委員会の形成である。それによって本格的な交渉が開始された。
(7) 湾岸戦争後のクルド地域の事情については、勝又郁子『クルド　国なき民族のいま』新評論、二〇〇一年が詳しい。
(8) 他方、シーア派のトルコマーン人は、民族アイデンティティよりも宗派（シーア派）意識が強く、イスラム主義政党との距離が非常に近い。
(9) トルコは、二〇〇〇年代後半に入って、とくにKRGへの経済進出を飛躍的に拡大させている。トルコの輸出相手先国の割合は、二〇〇五年には一位ドイツ（一二・九パーセント）に対して、五位のイラクは三・七パーセントに過ぎなかったが、二〇〇九年には一位のドイツ九・五パーセントに対して、五位のイラクは五パーセントを占めるようになり、対イラク輸出のシェアが拡大している。Anat Lapidot-Firilla, "Neighbor to the World's Superpower: Turkey's Challenge in Northern Iraq," in Amnon Cohen and Noga Efrati eds., *Post-Saddam Iraq: New Realities, Old Identities, Changing Patterns*, Brighton: Sussex Academic Press, 2011, pp. 243-265.
(10) イラクの中央政府はこれを歓迎してこなかった。KRGもまた、停戦合意そのものは歓迎したものの、トルコ軍の越境攻撃の原因になる可能性のあるイラク領土への撤退という決定には、必ずしも好意的ではなかった。
(11) ゾロアスター教やマニ教、スーフィズムなどの要素が混淆し、世界を管理する孔雀天使や輪廻を信仰する厳格な宗教階級を有する宗派の人々。イラク北部やアナトリア南東部に分布する。
(12) ただし、スィンジャールの町の南部を解放したのは、ペシュメルガでもPKK／YPGでもなく、シーア派民兵のアンブレラ組織である人民動員隊であった。
(13) 吉岡明子「対「イスラーム国」戦後のスィンジャール情勢――統治をめぐるイラクの課題」『中東協力センターニュース』二〇一七年九月号、九〜一八頁。
(14) このより顕著な傾向はシリアでみられた。シリアでは、クルド民族主義組織の民主統一党（PYD）や同党が主導する西クルディスターン移行期民政局（ロジャバ）、そしてその武装部隊でPKKとは姉妹組織にあたる人民防衛隊（YPG）が北東部に大きな支配地を有しており、トルコはこれに対して軍事攻撃を加えている。米国がロジャバをテロとの戦いの同盟者とみなしていることに対しても、トルコは強く反対している。
(15) 結果の単純集計については、現代中東政治研究ネットワーク（CMESP-J.net）のホームページ（https://cmeps-j.net/ja/）および新学術領域「グローバル関係学」のホームページ（http://www.shd.chiba-u.jp/glblcrss/index.html）に掲載。

（16）二位はドイツの七〇人、三位は米国六二人である。

（17）トルコを最大の脅威と認識する者の割合は、スンナ派で二・三パーセント、シーア派で一・五パーセント、その他の少数派で一〇・五パーセントである。

（18）シーア派ダミー（一＝シーア派、〇＝その他とするダミー変数）、クルド人・ダミー（同上）、トルコマーン人・ダミーを投入した。

（19）キルクーク県ダミー（一＝キルクーク県、〇＝その他の県）、ＫＲＧダミーを投入した。

（20）アラブ民族主義（一＝全く支持しない、二＝支持しない、三＝どちらともいえない、四＝支持する、五＝強く支持する）、イラク国民主義（同上）、クルド民族主義（同上）を投入した。

（21）国民統合の強化（一＝全く支持しない、二＝支持しない、三＝どちらともいえない、四＝支持する、五＝強く支持する）、連邦制の確立（同上）、中央地方関係の改善（同上）、外部介入の停止（同上）、ＫＲＧの独立（同上）を投入した。

（22）統制変数として、教育（一＝非識字、二＝読書可能、三＝小学校、四＝中学校、五＝高等学校、六＝専門学校、七＝大学生、八＝大卒、九＝大学院／院卒）、収入（一＝月収一〇〇米ドル以下、二＝一〇〇～五〇〇ドル、三＝五〇〇～一〇〇〇ドル、四＝一〇〇〇～一五〇〇ドル、五＝一五〇〇～二〇〇〇ドル、六＝二〇〇〇ドル以上）、年齢を入れた。

（23）クルド人はトルコの生活への貢献を評価しにくいにもかかわらず、クルド系政党の支持者はトルコを選択しやすい点も興味深い。

（24）住民投票とその後の混乱については、山尾大「ＩＳなきイラクをめぐる競合――選挙戦略とクルディスターン地域政府（ＫＲＧ）の住民投票」『中東協力センターニュース』（一月号）、二〇一八年、八～二八頁。山尾大「潰えた民族の悲願――クルディスターン地域政府（ＫＲＧ）の独立に向けた住民投票の歴史的意味」『歴史学研究』九七一号（六月号）、二〇一八年、六九～七七頁を参照のこと。

補遺　基本統計量

〈地域政治の安定（2011年調査）〉

	観測数	最小	最大	平均	標準偏差
シーア派	701	.00	1.00	.3966	.48954
クルド人	701	.00	1.00	.1897	.39237
トルコマーン人	701	.00	1.00	.0300	.17059
キルクーク県	701	.00	1.00	.0785	.26909
KRG	701	.00	1.00	.1641	.37059
アラブ民族主義	605	1	3	1.81	.884
イラク国民主義	647	1	3	1.80	.646
クルド民族主義	580	1	3	1.95	.861
国民統合の強化	688	1	5	1.86	1.040
連邦制の確立	681	1	5	3.00	1.409
中央地方関係の改善	686	1	5	2.19	1.201
外部介入の停止	688	1	5	1.83	1.107
クルド系政党支持	701	.00	1.00	.1427	.34997
教育	692	1	9	5.98	2.230
収入	619	1	6	2.64	1.134
年齢	654	16	85	31.68	11.078

〈生活への貢献、好感度、外的脅威（2017）〉

	観測数	最小	最大	平均	標準偏差
シーア派	1,000	.00	1.00	.4710	.49941
クルド人	1,000	.00	1.00	.1410	.34820
キルクーク県	1,000	.00	1.00	.0500	.21805
KRG	1,000	.00	1.00	.1400	.34716
アラブ民族主義	916	1.00	5.00	2.4345	1.44898
イラク国民主義	971	1.00	5.00	1.5767	.96058
クルド民族主義	942	1.00	5.00	3.1136	1.34680
国民統合の強化	994	1.00	5.00	1.3129	.70796
連邦制の確立	969	1.00	5.00	2.2693	1.37296
中央地方関係の改善	958	1.00	5.00	1.9123	1.16937
KRGの独立	947	1.00	5.00	3.8881	1.38557
クルド系政党支持	1,000	.00	1.00	.1720	.37757
トルコに住む親戚	1,000	.00	1.00	.0800	.27143
教育	1,000	1.00	9.00	6.2760	2.01541
収入	885	1.000	6.000	2.31186	1.033339
年齢	996	17.00	94.00	36.8906	13.60391

〈外部介入の停止（2018年）〉

	観測数	最小	最大	平均	標準偏差
シーア派	1, 000	. 00	1. 00	. 4230	. 49428
クルド	1, 000	. 00	1. 00	. 1560	. 36304
キルクーク県	1, 000	. 00	1. 00	. 0500	. 21805
KRG	1, 000	. 00	1. 00	. 1400	. 34716
アラブ民族主義	1, 000	1	6	2. 29	1. 471
イラク国民主義	1, 000	1	6	1. 75	1. 187
クルド民族主義	1, 000	1	6	2. 81	1. 395
連邦制の確立	1, 000	1	6	2. 87	1. 604
中央地方関係の改善	1, 000	1	6	2. 53	1. 570
KRG の独立	1, 000	1	6	3. 51	1. 656
クルド系政党支持	1, 000	. 00	1. 00	. 1410	. 34820
教育	1, 000	1	9	6. 29	1. 948
収入	1, 000	1	7	2. 64	1. 636
年齢	1, 000	18	76	36. 07	13. 029

終章　激動の五年間（二〇一三〜一八年）と大統領制の始まり

今井宏平

本書は、「国民形成」をキーワードとしてトルコ共和国の歩みを読み解く作品であった。多様な分野からトルコ共和国の九六年に亘る歴史を照射しているのが特徴である。しかし、序章で小笠原が記したように、終章では最近五年間のエルドアンおよび公正発展党の動きを真正面から扱い、その改革および問題点を素描し、トルコ共和国の現在地を確認したい。

第一節　権力基盤を固める公正発展党

公正発展党の長期政権の特徴

二〇一七年は公正発展党が与党となって一五年目の節目の年であった。また、同年四月一六日の国民投票によって、それまでの議院内閣制から大統領制への移行が決定し、二〇一八年六月二四日には大統領制移行へのメルクマールとなる大統領選挙と総選挙が実施された。こうした節目の年である二〇一七年および二〇一八年において、公正発展党とレジェプ・タイイプ・エルドアンのリーダーシップとは何だったのかを振り返る動きが見られた。まず、公正発展党に近いシンクタンク、政治・経済・社会研究センター（SETA）は、『公正発展党の一五年』という四冊本を刊行した。四冊は、政治、外交、社会、経済から構成されており、多様なイシューから公正発展党の一五年間を再検証している。(1)また、エルドアン大統領の側近であるヤルチュン・アクドアンは、『リーダー：政治におけるリー

表1　2000年代にトルコで実施された総選挙・地方選挙における得票率

政　　党	2002年総選挙	2004年地方選挙	2007年総選挙	2009年地方選挙	2011年総選挙
公正発展党	34.28%（367）	41.7%（58）	46.6%（341）	40.11%（45）	49.92%（326）
共和人民党	19.4 %（178）	18.3%（ 9）	20.9%（112）	28.18%（13）	25.96%（135）
民族主義行動党	8.34%	10.1%（ 4）	14.29%（ 71）	14.66%（10）	13.00%（ 53）
クルド系政党＊	6.23%	5.1%（ 5）	5.2%（ 26）	5.04%（ 8）	6.63%（ 36）
至福党	2.48%	3.9%	2.3%	4.76%	1.24%
民主左派党	1.22%	2.1%（ 3）	（共和人民党と連立）	2.44%（ 2）	0.25%
民主党（正道党）	9.55%	9.95%	5.4%	2.23%（ 1）	0.65%

（出典）筆者作成．括弧は総選挙が獲得議席数，地方選挙が勝利した県の数である．
＊クルド系政党は通常，独立候補として立候補している。2002年総選挙と2004年地方選挙は民主人民党（Demokratik Halk Partisi），2007年総選挙と2009年地方選挙は民主社会党（Demokratik Toplum Partisi），2011年総選挙は平和民主党（Barış ve Demokrasi Partisi）が参加した。また，2004年の地方選挙では，民主人民党は社会民主主義人民党（Sosyal Demokrat Halk Partisi）と選挙協力して，社会民主主義人民党として参加した。

ダー性とエルドアン』という著作において、カリスマ性、発する言葉の強さ、ポピュリズム、アドバイザーと知識人グループ、また、政治の分野では公正と道徳などの観点から、エルドアンのリーダー性について検証した(2)。

公正発展党は二〇〇二年の選挙、二〇〇七年の選挙、そして二〇一一年の選挙で勝利するにつれ、自信を深めていった。二〇〇二年から二〇〇七年までの時期は、大統領であったアフメト・ネジデト・セゼルが公正発展党の政策に制限をかけていたこともあり、経済政策と福祉政策、そしてEU加盟交渉に力が入れられた。二〇〇七年の大統領選挙において、公正発展党で外務大臣を務めていたアブドゥッラー・ギュルが大統領に就任したことで、ようやく公正発展党は公共の場でのスカーフの解禁や、クルド人やアレヴィー教徒に対する宥和政策といった独自の政策を実施できるようになった。そして続く二〇一一年の総選挙にも勝利したことで、公正発展党は長期政権を築くこととなる。表1のように、この時期、公正発展党は選挙において圧倒的な強さを誇っていた。

一方で、大統領のセゼルと同様、公正発展党の行動に制限をかけようとしていたのが軍部であった。二〇〇七年の大統領選挙にギュルが立候補を表明した際は、ウェブサイトでこれを牽制した。しかし、エルゲネコン事件、インターネット・メモ事件、バルヨズ計画という名で知られる、一連の政府転覆計画が二〇〇九年から二〇一〇年にかけて突如明るみに出て、多くの軍人がこの事件に関連もしくは責任をとって辞任した。しかし、現在ではこれらの政府転覆計画は、軍部の力を削ぐためにギュレン運動が画策したというのが通説となっている。いずれにせよ、二〇一〇年以降、軍部の権限は急速に失墜した。

ファト・ケイマンとシェブネム・ギュミュシュチュは、第一期（二〇〇二年～二〇〇七年）の公正発展党の戦略を、①市場主義経済の重視と改革の実行、②ネオリベラリズムの規制とセーフティーネットの充実化、③サービスを重視した政策、④積極的な外交、という四つに分類した。[3]一方でケイマンとギュミュシュチュは、公正発展党は第二期（二〇〇七年～二〇一一年）となり、経済や福祉よりも安全保障を強調した言説、我々と彼らという二項対立、ナショナリストとコミュニタリアンの言説の極化が見られるようになったと指摘している。[4]ケイマンとギュミュシュチュが第二期の特徴と述べた要素は、二〇一〇年代に入り、より一層激化している。その中でも、公正発展党とエルドアンは勝利を積み重ねてきた。

安全保障国家化するトルコ

二〇一三年以降、トルコでは選挙、もしくは政治的な事件が立て続けに起こっている。まず、二〇一三年五月から六月にかけて、通称「ゲズィ抗議」が起こった。これは、イスタンブルの中心地の一つであるタクシム広場に隣接するゲズィ公園の再開発計画に反対する一部の市民活動家による抗議運動が発端となった。抗議者に対する警察の強引な取り締まりと、当時首相であったエルドアンの「再開発計画を変更するつもりはない」という発言が導火線となり、ゲズィ公園の再開発と森林伐採に反対する運動は、次第に反政府運動へと発展、トルコの四〇以上の都市に飛び火した。同年七月三日にイスタンブル第一検察裁判所においてゲズィ公園の再開発計画が中止する決定がなされ、抗議運動はひとまず沈静化した。しかし、二〇一三年はこれだけでは終わらなかった。同年一二月には、公正発展党の有力議員の汚職・贈収賄疑惑が明らかになり、それまでのクリーンな党のイメージを失墜させた。この事件はギュレン運動によるものであり、結果的にこの事件を境に公正発展党とギュレン運動の対立は決定的となった。[5]

二〇一四年八月一日には、トルコで初めての国民の直接投票による大統領選挙が実施された。そして、二〇〇三年から首相を務めていたエルドアンが、五一・八パーセントの得票率によって第一二代大統領に選出された。この大統領選挙の四カ月前には、地方選挙も実施された。前述のゲズィ抗議および汚職・贈収賄疑惑によって公正発展党はそれまでの選挙よりも苦戦が予想されたものの、蓋を開けると四五・六六パーセントの支持率を獲得し、安定した強さを見せつけた。

それに対して、二〇一五年六月七日の総選挙は、初めて公正発展党が総選挙で過半数の議席を獲得できない選挙となった。これにはいくつかの要因があるが、大きく二つ挙げると、二〇一四年八月に大統領となったエルドアンの過度の政治への介入、そしてクルド系政党である人民民主党の躍進であった。トルコの議院内閣制において、大統領は政治的中立を保つことが憲法にも明記されている中で、エルドアンは出身政党である公正発展党に肩入れするとともに、議院内閣制から大統領制への移行を声高に主張した。[6] こうした大統領の権限を越えた政治への介入と政治的主張は国民から敬遠された。世論調査会社のメトロポール社が選挙後に実施した世論調査でもその結果は明らかであった。[7]「公正発展党が総選挙で単独与党となれなかった要因は何だと思うか」という質問では、「エルドアン大統領の発言」が最も高い一六・三パーセント、次いで「汚職」が一四・二パーセント、「人民民主党への投票」が六・九パーセントという結果となっている。「公正発展党が単独与党の座から滑り落ちた原因は誰にあるのか」という質問では、「エルドアン大統領」という回答が五〇・六パーセントに上り、「ダヴトオール首相」の一一・二パーセントを大幅に上回った。

その後、公正発展党を軸に議席を獲得した他の野党—共和人民党、民族主義者行動党、人民民主党によって連立協議が実施されたが、物別れに終わったため、再選挙が同年一一月一日に実施されることが決定した。連立協議から再選挙に至る約三ヵ月の間、トルコの安全保障を揺るがす三つの事件が起きた。まず、二〇一三年三月から進められてきたＰＫＫとの和平交渉が七月後半にとん挫し、ＰＫＫとトルコ政府との衝突が再度起こり始めた。次いで、七月末と一〇月後半に、ハタイ県とアンカラ県において、「イスラム国」に近いテロリストによる自爆テロが立て続けに起こり、それぞれ三二名、一〇九名と多くの死者を出した。これにより、選挙の焦点は安全保障の問題、言い換えれば、いかに平和で安定したトルコを維持するか、ということになった。例えば、メトロポール社が一〇月に実施した世論調査における「トルコの最も重要な問題は何か」という質問では、四七・二パーセントの人がテロ、特にPKKのテロと回答している[8]。公正発展党は二〇〇二年から一三年に亘り単独与党の座を維持し、その間に安定と繁栄を提供してきたことをアピールした。結果として、トルコ国民は安定を優先し、公正発展党は短期間のうちに得票率で八・六パーセント、議席数で五九議席を積み上げ、圧勝した[9]。

第二節　強まるエルドアンのリーダーシップ

転換点としてのクーデタ未遂事件

前述したように、エルドアン大統領の大統領制への執着は、権力の集中に疑問を呈する国民との間に乖離があった。しかし、二〇一六年七月一五日に起きた、ギュレン運動が黒幕と言われるクーデタ未遂事件によって、風向きが変わる。二〇〇四年にEU加盟交渉国となり、最後の軍事クーデタからも三六年経っている中、実際に民主主義を無視した武力による軍事クーデタが起こったこと、そしてクーデタ未遂事件が三〇〇人前後の人々が死亡するというトルコ共和国史上稀にみる暴力性を伴っていたことに動揺したトルコ国民は、強いリーダーを希求するようになる。そして、それはエルドアン大統領が主張していた大統領制の考えと共鳴した。特に、民族主義者行動党の支持者たちの公正発展党への鞍替えが顕著となった。ただし、民族主義者行動党の一部の支持者の離反は、クーデタ未遂事件だけに起因するわけではなかった。民族主義者行動党は二〇一一年の総選挙、二〇一五年の六月と一一月の総選挙でも一〇パーセント以上の得票率を記録し、大国民議会で議席を獲得しているが、直近の総選挙でその得票率は減少しており（二〇一一年一三・〇パーセント、二〇一五年六月一六・三パーセント、二〇一五年一一月一一・九パーセント）、党首のデヴレト・バフチェリへの風当たりが厳しくなっていた[10]。党内で影響力を減退させていたバフチェリであったが、二〇一六年一一月にその影響力の回復を図るべく大胆な行動をとる。公正発展党と協力することを表明するとともに、それまで反対していた実権的な大統領制への移行も含む憲法改正案を一転して支持する姿勢を明確にしたのである。

これは公正発展党にとっても願ってもない追い風であった。憲法改正に関しては、大国民議会の全五五〇議席中三六七議席の賛成があれば議会を通過し、大統領が承認するだけで改正となる。また三三〇議席の賛成があれば、議会通過後、国民投票でその是非を問うことが可能である。公正発展党は三一六議席を有しているが、それだけでは三六七議席はおろか三三〇議席にも達しない。そのため、四〇議席を有する民族主義者行動党の協力は公正発展党にとっても憲法改正に関する国民投票を実施するために必要不可欠であった。

実権的大統領制の実現

親イスラム政党であるとともに中道右派政党でもある公正発展党と、極右のナショナリスト政党の民族主義者行動党の「ナショナリズム同盟」は二〇一六年一二月一〇日に二一項目の憲法改正を大国民議会で審議することを要請し、二〇一七年一月二〇日に両党の議員三三九人の賛成で一八項目の憲法改正案が大国民議会で承認された。そして、同年四月一六日の国民投票において、賛成五一・四パーセント、反対四八・六パーセントの賛成多数で憲法の改正が決定した。

憲法改正の最大の特徴は、執政制度が議院内閣制から大統領制に変わる点である。少しだけ議院内閣制と大統領制の違いを見てみたい。議院内閣制と大統領制は行政部門の活動を統括するリーダーをどのように選出し、議会や国民とどのような関係を構築するかを定める執政制度において最も多く採用されている二つの統治形態である。最大の違いは、執政長官の選出の仕方であり、議院内閣制は議会によって間接的に執政長官が選ばれるのに対し、大統領制は国民の直接投票によって選出される。また、フランス、ドイツ、韓国などのように大統領と首相が共に存在する国も多いが、こうしたケースでは、実質的に大統領と首相のどちらが執政長官としての役割（行政権）を果たしているかによってどちらの制度か決定される。韓国は大統領制、トルコは大統領制移行までは議院内閣制であった。また、大統領と首相が行政権を分担している場合は、半大統領制と定義される。加えて、トーマス・ポグントケとポール・ウェブは、二〇〇四年に民主主義国家が「大統領制化」していることを指摘したが、これは議院内閣制を採る国家において、制度上ではなく実際の運用において首相や調整役もしくは象徴として機能するはずの大統領の個人的権限が高まっていることを指している[11]。

民主主義体制下における執政制度の特徴は、強力な権力を有する執政者を輩出しないことである。例えば、議院内閣制で選出される首相は、通常、行政権と立法権を行使する能力を兼ねるが、その信任は議会に負っているので、任期は必ずしも固定されていない。一方、大統領は、通常、任期は固定されているが、立法権は議会が有している。要するに、政変などが起こり得ないと仮定される民主主義体制下では、三権分立とチェック・アンド・バランスによって抑制された権力を行使することが重要視されるのである。

一方で、トルコにおいては、三権分立によって権力を抑制することよりも大統領に権限を集中させることで、外部勢力の政治への介入を抑制することが念頭に置かれた。トルコは一九四五年に複数政党制を導入し、民主主義国の道を歩み始めたが、これまでに軍部による二度のクーデタ、二度の書簡によるクーデタ、三度のクーデタ未遂を経験している。特に昨年七月一五日の軍部の一部の反乱戦力によるクーデタ未遂事件はエルドアン大統領と彼の出身政党で与党である公正発展党の政策決定者たちに、実権的な大統領制の制度化の必要性を認識させた。民主主義体制下でも、とりわけ新興民主主義国に区分される国々ではいまだに政権が外部勢力によって打倒されるケースがみられる。今回のトルコの憲法改正のように、三権分立とチェック・アンド・バランスよりも、外部勢力への対応のために権力を集中するという措置は今後、他の新興民主主義国でも採用される可能性もあるだろう。

今度はトルコ政治史における実権的大統領制について考えてみよう。建国の父であるムスタファ・ケマルは一党独裁期の大統領として新生トルコを牽引した。ケマルの出身政党である共和人民党の一党独裁であったため、非常に強い権限を有していたが、執政制度は議院内閣制であった。ケマル以外に強い大統領と言えたのが、一九八三年から八九年まで首相、八九年から九三年の急死まで大統領を務めたトゥルグト・オザルである。オザルも大統領に選出された八九年一〇月から九一年一〇月まで出身政党の祖国党が与党であったため、権力行使が容易であった。特に一九九〇年八月から九一年三月にかけての湾岸危機において、オザルは独断で多国籍軍と協力する方針を固めた。[12] しかし、これに対して外務大臣、国防大臣、統合参謀総長が相次いで辞任する事態となった。結局、九一年一〇月に祖国党が野党となり、オザルの権力は低下した。二〇一四年八月から大統領制に移行するまでのエルドアン大統領も出身政党の公正発展党が単独与党の座を失った二〇一五年六月から一一月までの期間を除き、強い権力を保持している。[13]

このように、クーデタ後の軍政期を除き、ケマル、オザル、エルドアンは大統領として強い権限を有していた。しかし、執政制度は議院内閣制であったため、彼らはあくまで「大統領制化」した大統領であった。よって、大統領制に基づき、行政権を持つ実権的な大統領は制度上、最も強力な権力行使が可能となる。

大統領制移行のための大統領選挙・総選挙は、二〇一八年六月二四日に実施された。大統領選挙ではエルドアン大統領の再選が有力視されていた。エルドアン大統領以外の立候補者は、共和人民党からムハッレム・インジェ、優良党からメラル・アクシェネル、人民民主党からセラハッティン・デミルタシュが出馬した。当初はエルドアンの圧勝が予想されたが、予想以上にインジェの求心力が高まり、もしも第一回の投票で過半数を採る候補者が出ず、上位二名による決選投票に進んだ場合は、アクシェネルとデミルタシュの票がインジェに流れ、エルドアンも敗れる可能性があると見られた。しかし、蓋を開けてみると、エルドアン大統領が地力を発揮し、五二パーセントの得票率で再選を果たした。ここに至り、エルドアンはトルコ共和国史上、最も強い権力を持つ大統領となったのである。ただし、エルドアンにも誤算はあった。党首を務める公正発展党が単独与党になれなかったことである。「ナショナリズム同盟」を組む民族主義者行動党が予想に反し、一〇パーセント以上の得票を獲得し、選挙後も協力体制が続いていることでカバーしているが、公正発展党の得票率は、二〇一五年一一月の総選挙を例外として、徐々に減退している。

民主主義に関するトルコと欧米の間のギャップ

二〇一六年七月のクーデタ未遂事件以降、トルコと欧米の関係がこれまで以上に乖離してきているように感じられる。エルドアン大統領をはじめとした公正発展党の政治家たちは、ギュレン運動によるトルコへの攻撃を徹底して防ごうとし、二年近く国家非常事態宣言を適用し、多くのギュレン運動関係者を逮捕した。しかし、こうしたトルコのやり方は、欧米の民主主義の基準とは異なるものと理解された。それは前述した大統領が三権を掌握する大統領制にも当てはまる。エルドアン大統領をはじめとした公正発展党の政治家たちは、比較政治学でいうところの選挙民主主義または手続き的民主主義、つまり普通選挙を実施し、そこで勝利することこそが民主主義と考えている。[14]しかし、欧米の基準では民主主義とはさまざまな要素から成り立っており、選挙という手続きでの勝利だけでは民主主義国とは見なされない。例えば、リンスとステパンは民主化の定着に関して、市民社会、政治社会[15]、法の支配、国家機構、経済社会という五つの領域が重要だとしたうえで、市民社会においては結社とコミュニケーションの自由、政治社会においては自由で包括的な選挙による競合、法の支配においては立憲主義、国家機構においては合理的で合法的な官僚制規範、経済社会においては制度化された市場が必要不可欠だと述べている。[16]

この欧米とトルコの民主主義の差は、例えば、フリーダムハウスの二〇一八年の報告書などに顕著に表れている。フリーダムハウスは市民の自由度と政治的権利から各国の自由度を「自由」、「部分的に自由」、「自由ではない」という三つの項目に分類している。トルコはフリーダムハウスが調査を始めた一九九九年から二〇一七年までは「部分的に自由」に分類されていたが、二〇一八年の報告書『世界における自由：危機の民主主義』で初めて「自由ではない」に分類された。[17]フリーダムハウスはその理由として、憲法改正、国家非常事態宣言、反政府勢力への圧力、NGOや市民社会に対する取り締まりを挙げている。[18]エルドアン大統領は欧米メディアがトルコを攻撃しているとして、その報道を規制するようになっている。そこにはエルドアン大統領の欧米不信があるが、その背景にはやはり民主主義に関するエルドアンおよび公正発展党の考えと欧米の考えのギャップがある。しかし、皮肉なことにトルコ政府が欧米のメディアを規制すればするほど、欧米の中でのトルコの民主主義に対する疑念が強くなる。

また、トルコ政治分析の第一人者であるイルテル・トゥランは、『トルコの民主主義への困難な道のり』という著書の中で、民主化をもたらす三つの力を、民主主義の適用、外圧、そして経済的な発展に分類している[19]。そして、経済的な発展が、社会の発展、産業発展、市民社会の台頭、個人主義の高まり、市場経済、法治主義と不可分に結びつき、民主化の発展に貢献していることを指摘している。そして、トゥランは公正発展党政権期の民主化の進展に関しても、経済的な繁栄がその背景にあると、さまざまなデータを提示しながら説明している[20]。

公正発展党の選挙での勝利、そして安定した支持率は経済的発展によるところが大きかった。トゥランの主張のように、公正発展党政権期、安定した経済がトルコの民主化を発展させた。しかし、二〇〇〇年代に一〇パーセント前後を記録していたトルコの経済成長率は、リーマンショック後に五パーセント以下に落ち込み、二〇一五年以降は二パーセント以下の経済成長率となっている。さらに二〇一八年に入り、トルコリラは五月後半、そして八月に大幅に下落した。五月後半の下落は大統領選に際して、エルドアン大統領に対する市場の牽制、そして八月の下落はアメリカとトルコの関係が極度に悪化したことに起因する。また、大手格付け会社のトルコに対する格付けも下がっている。トゥランの考えに基づくと、最近のトルコの経済不振は、民主化を停滞させている原因と言えよう。

二〇一三年以降、公正発展党は国内においては権力をより確固たるものとしている。しかし、欧米諸国からは公正発展党の権力基盤の強化は逆に国内に圧力をかけて達成されていると理解されている。こうしたトルコ政府と欧米諸国の間の認識ギャップは二〇一三年のゲズィ抗議から始まっている。権力基盤を強化しているはずなのに、この認識ギャップが以前よりも公正発展党の政権運営を不安定なものとしている。エルドアン大統領は大統領制下で大統領となり、絶大な権力を手にした。しかし、この認識ギャップを解消できないと今後も外圧に苦しむことになるだろう。また、国内で公正発展党の支持、不支持をめぐり大きな亀裂が見られることも懸念事項である。加えて、アメリカとの関係悪化を差し引いてもトルコの経済成長は徐々に低下してきている。トゥランが指摘したように、経済の安定は公正発展党の民主化を後押しする主要因であった。

エルドアン大統領および公正発展党は、この欧米との認識ギャップ、国内の亀裂の修復、そして経済の立て直しを、次のダブル選挙の年であり、建国一〇〇周年に当たる二〇二三年までに達成することができるだろうか。エルドアン大統領と公正発展党の対応が注目される。

注

（1）Şerif Dilek, Sadik Ünay, and Nurullah Gür eds., *AK Parti'nin 15 Yılı: Ekonomi*, Istanbul: SETA Kitapları, 2017; İsmail Çağlar and Ali Aslan eds., *AK Parti'nin 15 Yılı: Toplum*, Istanbul: SETA Kitapları, 2017; Kemal İnat, Burhanettin Duran, and Ali Aslan eds., *AK Parti'nin 15 Yılı: Dış Politika*, Istanbul: SETA Kitapları, 2018; Ali Aslan and Nebi Miş eds., *AK Parti'nin 15 Yılı: Siyaset*, Istanbul: SETA Kitapları, 2018.

（2）Yalçın Akdoğan, *Lider: Siyasi Liderlik ve Erdoğan*, Istanbul: Turkuvaz Kitap, 2017.

（3）Fuat Keyman and Sebnem Gumuscu, *Democracy, Identity, and Foreign Policy in Turkey: Hegemony through Transformation*, Hampshire: Palgrave, 2014, pp. 37-38.

（4）Keyman and Gumuscu, *Democracy, Identity, and Foreign Policy in Turkey*, p. 51.

（5）公正発展党とギュレン運動の関係はすでに二〇一二年の初頭から緊張し始めていた。その発端となったのは、二〇一二年の春にＰＫＫと秘密裏に交渉を進めていた国家情報局長のハカン・フィダンが警察に拘束された事件であった。警察はギュレン運動の巣窟と見られていた。

（6）エルドアン大統領は、議院内閣制でありながら自身が政治の中心となるように政治に介入した。そのため、議院内閣制が「大統領制化」したと指摘された。詳細は、岩坂将充「議院内閣制における政治の『大統領制化』――トルコ・エルドアン体制と大統領権限の強化」『日本比較政治学会年報』第一八巻、二〇一六年、一二九～一五六頁。

（7）http://www.metropoll.com.tr/upload/content/files/1785-turkiyenin-nabzi-haziran-2015.pdf（二〇一八年九月四日閲覧）。

（8）http://www.metropoll.com.tr/upload/content/files/1788-turkiyenin-nabzi-ekim-2015.pdf（二〇一八年九月四日閲覧）。

（9）逆に得票率を減らしたのが、人民民主党と民族主義者行動党であった。前者はＰＫＫとの和平がとん挫し、ＰＫＫとトルコ政府の抗争が再発したため、後者は支持者の一部がより安定を提供できると考え、公正発展党に流れたためであった。

（10）ただし、民族主義者行動党を選挙で勝てる政党へと発展させたのは一九九七年に党首に就任したバフチェリであった。この点に関しては、例えば、今井宏平「民族主義者行動党はなぜ大統領制に賛成したのか」『中東レビュー』第四号、二〇一七年を参照。

（11）詳細はトーマス・ポグントケ、ポール・ウェブ『民主政治はなぜ「大統領制化」するのか』岩崎正洋監訳、ミネルヴァ書房、二〇一四年。

(12) この点の詳細は、今井宏平『中東秩序をめぐる現代トルコ外交』ミネルヴァ書房、二〇一五年、五七～八二頁。

(13) エルドアン大統領のリーダーシップとトルコ共和国における立ち位置に関しては、例えば、柿﨑正樹「エルドアン大統領の歴史認識―ケマリズム史観への挑戦」『中東研究』五三〇号、二〇一七年、八～二一頁。

(14) 選挙民主主義に関しては、Andreas Schedler, "What is Democratic Consolidation?" *Journal of Democracy*, 9(2), 1998, pp. 91–107.

(15) 政治社会とは、「公権力や国家機構に対する影響力行使の正統性が争われ、政体が自らを再構成する領域」とされる。J・リンス、A・ステパン『民主化の理論：民主主義への移行と定着の課題』荒井祐介、五十嵐誠一、上田太郎訳、一藝社、二〇〇五年、二九頁。

(16) リンス、ステパン『民主化の理論』二六～二七頁。

(17) Freedom House, Freedom in the World 2018: Democracy in Crisis, 2018. https://freedomhouse.org/report/freedom-world/freedom-world-2018（二〇一八年九月一四日最終閲覧）.

(18) Freedom House 2018, "Turkey: Profile," https://freedomhouse.org/report/freedom-world/2018/turkey（二〇一八年九月一四日最終閲覧）.

(19) İlter Turan, *Turkey's Difficult Journey to Democracy: Two Steps Forward, One Step Back*, Oxford: Oxford University Press, 2015, pp. 15–16.

(20) Turan, *Turkey's Difficult Journey to Democracy*, pp. 206–210. 公正発展党と民主化の関係、特に外圧の重要性に関しては、間寧「外圧の消滅と内圧への反発――トルコにおける民主主義の後退」川中豪編『後退する民主主義、強化される権威主義――最良の政治制度とは何か』ミネルヴァ書房、二〇一八年、一〇三～一二七頁を参照。

執筆者一覧（執筆順）

小笠原 弘幸（おがさわら　ひろゆき）

九州大学大学院人文科学研究院　准教授

主要業績：

『イスラーム世界における王朝起源論の生成と変容――古典期オスマン帝国の系譜伝承をめぐって』刀水書房，2014 年。

『オスマン帝国――繁栄と衰亡の六〇〇年史』中央公論新社，2018 年。

“Enter the Mongols: A Study of the Ottoman Historiography in the 15th and 16th Centuries,” *Osmanlı Araştırmaları*, 51, 2018, pp. 1–28.

穐山 祐子（あきやま　ゆうこ）

一橋大学大学院言語社会研究科　特別研究員

主要業績：

「「国民」の測りかた――トルコ共和国における近代人口センサス導入をめぐって」『言語社会』7 号，2012 年，178–192 頁。

「「トルコ文字」導入課程にみる文字表象の政治性」『言語社会』9 号，2014 年，178–192 頁。

濱崎 友絵（はまざき　ともえ）

信州大学人文学部　准教授

主要業績：

「生活の中の音楽――人々の歌，トルコ民謡」大村幸弘，永田雄三，内藤正典編『トルコを知るための 53 章』明石書店，2012 年，222–226 頁。

『トルコにおける「国民音楽」の成立』早稲田大学出版部（モノグラフ 83），2013 年。

「トルコにおける『アラベスク』の誕生と展開」『信州大学人文科学論集』2 号，2015 年，9–29 頁。

川本 智史（かわもと　さとし）

金沢星稜大学教養教育部　専任講師

主要業績：

『イスラム建築がおもしろい！』彰国社，2009 年（深見奈緒子編著，共著）。

「エディルネ旧宮殿の成立と空間構成」『日本建築学会計画系論文集』第 77 巻第 679 号，2012 年，2211–2217 頁（2014 年日本建築学会奨励賞）。

『オスマン朝宮殿の建築史』東京大学出版会，2016 年。

上野 愛実（うえの　まなみ）
大阪市立大学都市文化研究センター　研究員
主要業績：
「トルコ共和国におけるナクシュバンディー教団エレンキョイ・グループとその機関誌『金の樋』」『オリエント』58(1)，2015年，57-69頁。
「1970年代のトルコにおける道徳教育——宗教性の観点から」『東洋学報』99(2)，2017年，27-51頁。
"Sufism and Sufi Orders in Compulsory Religious Education in Turkey," *Turkish Studies*, 19(3), 2018, pp. 381-399.

田中 英資（たなか　えいすけ）
福岡女学院大学人文学部現代文化学科　准教授
主要業績：
"Heritage Destruction in Context: the Case of the Roman Mosaics from Zeugma, Turkey," *International Journal of Heritage Studies*, 21(4), 2015, pp. 336-353.
『文化遺産はだれのものか——トルコ・アナトリア諸文明の遺物をめぐる所有と保護』春風社，2017年。
"Archaeology Has Transformed "Stones" into "Heritage": the Production of a Heritage Site through Interactions among Archaeology, Tourism, and Local Communities in Turkey," *História: Questões & Debates*, 66(1), 2018, pp. 71-94.

柿﨑 正樹（かきざき　まさき）
テンプル大学ジャパンキャンパス政治学科　上級准教授
主要業績：
"Anti-Iraq War Protests in Turkey: Global Networks, Coalitions, and Context," *Middle Eastern Studies*, 47(1), 2011, pp. 81-99.
"Determinants of Political Confidence in a Time of Political Realignment: Religion, Economy, and Politics in Turkey," *Mediterranean Quarterly*, 23(1), 2012, pp. 67-88.
"The Republican People's Party and the Military in 1970s Turkey," *International Journal of Turkish Studies*, 19(1/2), 2013, pp. 57-73.
「エルドアン大統領の歴史認識——ケマリズム史観への挑戦」『中東研究』第530号，2017年，8-21頁。

沖　祐太郎（おき　ゆうたろう）
九州大学法学研究院　専任講師
主要業績：
「エジプトにおける国際法受容の一側面――フランス語版『戦争法』（カイロ，1872 年）のテキスト分析を中心に」『法政研究』第 83 巻 3 号，2016 年，505-534 頁。
「カリフ制国家と国際法」『Nomos』2016 年増刊号，2016 年，29-38 頁。
「世界史のなかにおける法のあり方――イスラーム法から」柳原正治編『法学入門』放送大学教育振興会，2018 年，23-35 頁。

今井 宏平（いまい　こうへい）
日本貿易振興機構（ジェトロ）アジア経済研究所　研究員
主要業績：
『中東秩序をめぐる現代トルコ外交――平和と安定の模索』ミネルヴァ書房，2015 年。
『トルコ現代史――オスマン帝国崩壊からエルドアンの時代まで』中央公論新社，2017 年。
『国際政治理論の射程と限界――分析ツールの理解に向けて』中央大学出版部，2017 年。
The Possibility and Limit of Liberal Middle Power Policies: Turkish Foreign Policy toward the Middle East during the AKP Period（2005-2011）, Lanham: ROWMAN & LITTLEFIELD, 2017.

山尾　大（やまお　だい）
九州大学大学院比較社会文化研究院　准教授
主要業績：
『現代イラクのイスラーム主義運動』有斐閣，2011 年。
『紛争と国家建設』明石書店，2013 年。
『「イスラーム国」の脅威とイラク』岩波書店，2014 年（吉岡明子と共編）。

索　引

あ行

か行

さ行

た行

な行

は行

ま行

や行

ら行

トルコ共和国《きょうわこく》 国民《こくみん》の創成《そうせい》とその変容《へんよう》
——アタテュルクとエルドアンのはざまで——

2019 年 4 月 10 日　初版発行

編　者　小笠原　弘　幸

発行者　笹　栗　俊　之

発行所　一般財団法人　九州大学出版会
〒 814-0001　福岡市早良区百道浜 3-8-34
九州大学産学官連携イノベーションプラザ 305
電話　092-833-9150
URL　https://kup.or.jp/

印刷・製本／大同印刷㈱

Printed in Japan　ISBN978-4-7985-0257-1